Odette Vincent
1995

LE ROMAN
DE GOYA

LION FEUCHTWANGER

LE ROMAN DE GOYA

roman

Traduit de l'allemand par
HENRI THIES

CALMANN-LÉVY

Titre original de l'ouvrage
GOYA ODER DER ARGE WEG DER ERKENNTNIS

ISBN 2-7021-1382-6
© CALMANN-LÉVY 1953
Imprimé en France

PREMIERE PARTIE

1

DONA CAYETANA, treizième duchesse d'Albe, donnait à ses amis une soirée théâtrale en son palais de Madrid. Une troupe d'acteurs royalistes de Paris, réfugiés par delà les Pyrénées, jouait une œuvre de Berthelin : *le Martyre de Marie-Antoinette*, traitée en style classique, malgré son actualité.

L'assistance — peu nombreuse mais composée surtout de membres de la haute noblesse — semblait perdue dans la grande salle volontairement laissée dans l'ombre pour mettre en valeur le jeu, sur la scène. Les ïambes, nobles et monotones, dans leur langue choisie, demeuraient parfois un peu obscurs aux oreilles espagnoles ; la salle était chaude et, dans leurs confortables sièges, les spectateurs se laissaient peu à peu envahir par une douce somnolence.

Sur la scène, la martyre royale donnait maintenant à ses enfants, Madame Royale et le Dauphin, de nobles leçons. Puis, tournée vers sa belle-sœur, la princesse Elisabeth, elle faisait vœu de rester digne, en toutes circonstances, de feu son époux, le roi.

La duchesse d'Albe ne s'était pas encore montrée à ses invités, mais son mari, le marquis de Villabranca, qui, selon la coutume, avait ajouté à ses nombreux titres celui de sa femme, était assis au premier rang. L'élégant et discret seigneur, un peu fluet, mais au visage plein, suivait de ses beaux yeux sombres le jeu de l'actrice maigre qui déclamait, emphatique, et prétendait incarner la reine morte. Le duc goûtait peu les manifestations artistiques qui n'étaient pas de tout premier ordre et s'était montré, dès le début, quelque peu sceptique. Mais sa chère duchesse avait déclaré que le deuil imposé à la cour par l'horrible fin de la reine Marie-Antoinette rendait la vie de Madrid mortellement ennuyeuse et qu'il fallait entreprendre quelque chose.

Cette évocation du martyre royal animerait la maison, affirmerait la part prise au triste destin des souverains de France. Le duc comprenait que sa femme, dont les caprices étaient célèbres dans toutes les cours d'Europe, s'ennuyât dans la grande solitude de son palais de Madrid; il avait accepté et supportait, patient et résigné, la représentation.

Sa mère, la veuve du dixième marquis de Villabranca, assise à côté de lui, écoutait d'une oreille distraite. Cette Habsbourg des planches parlait et pleurait trop. Non, Marie-Antoinette, elle le savait pour l'avoir vue et lui avoir parlé à Versailles, en son temps, avait été une charmante femme, gaie, aimable, manquant peut-être un peu de retenue. Après tout, ce n'était qu'une Habsbourg, et elle n'avait rien de la noblesse accomplie d'une Villabranca. Les rapports de Marie-Antoinette avec Louis XVI, discret et silencieux, n'avaient-ils pas eu une certaine ressemblance avec ceux de Cayetana d'Albe et de son don José, son mari ? A la dérobée, elle jeta un regard à son fils préféré, si tendre et si faible. Il aimait sa femme, nul ne l'ignorait qui les avait vus ensemble, mais il vivait dans son ombre et, pour le monde, il n'était que le mari de la duchesse d'Albe. Qu'on le connaissait peu, son fils ! On vantait sa distinction tranquille mais on méconnaissait trop souvent ses qualités profondes, l'étonnant équilibre de sa nature, et sa femme savait trop peu de lui.

Perdu dans son large fauteuil, M. de Havré, le chargé d'affaires du successeur au trône de France qui s'efforçait, de Vérone, de gouverner la France au nom du petit roi prisonnier des républicains, exhibait son brillant uniforme. Il n'est pas facile de régir un pays dont on n'occupe pas un pouce ni d'être l'ambassadeur d'un tel régent. M. de Havré, vieux diplomate, avait, durant toute sa carrière, représenté Versailles et son lustre, et se trouvait maintenant dans une situation bien pénible. Les messages dont il se faisait l'ambassadeur semblaient étranges parfois dans la bouche d'un homme dont l'habit montrait sa trame et qui, sans la protection de la cour d'Espagne, n'aurait pas été en mesure de payer son déjeuner. M. de Havré, couvrant de son chapeau les parties les plus atteintes de sa jaquette, avait à ses côtés sa fille Geneviève, jeune personne mince et pâle dans la grâce de ses seize ans. Elle aussi, dans l'intérêt de la France comme dans le sien propre, aurait trouvé avantage à renouveler sa garde-robe. Déchus à ce point, l'invitation de la duchesse d'Albe était chose dont on pouvait se réjouir.

Sur la scène, on condamnait à mort la martyre royale. Celle-ci répondait n'avoir qu'un désir : rejoindre son époux. Mais il n'était pas question d'adoucir sa fin. On lui réservait une honte dernière. Depuis de longues années, déclarait le justicier sans Dieu, Marie-Antoinette avait, par sa débauche, abaissé la France aux yeux du monde et, par la volonté du peuple, ce serait nue jusqu'à la taille qu'on la mènerait au lieu du supplice.

Les spectateurs avaient lu maints récits de ces événements, mais ce détail était nouveau. Ils prêtèrent l'oreille, frémissants, intéressés, secouant leur somnolence. Le spectacle prit fin sous l'attention générale.

Le rideau baissé, les applaudissements éclatèrent. On se leva, heureux de se détendre.

Les bougies allumées, on put se reconnaître.

Un homme se détachait de la masse élégante malgré le soin et la richesse de son costume. Il n'était pas grand. De lourdes paupières, la lèvre inférieure pleine et proéminente, le nez charnu et d'un trait depuis le front, la tête léonine. Il se promenait à petits pas. Chacun le connaissait et répondait avec respect à son salut : « Quel plaisir de vous voir, don Francisco », entendait-on répéter.

Don Francisco de Goya se réjouissait que la duchesse d'Albe l'eût compté au nombre de ses hôtes choisis et de l'amabilité dont il était l'objet. La route avait été longue et rude du village de Fuendetodos au palais d'Albe. Mais le petit Francho était arrivé. Peintre du roi. Pintor de Camara. Quand il fixait les traits de telle grande dame ou de tel seigneur, il était difficile de savoir qui faisait une grâce à l'autre.

Il s'inclina profondément devant la vieille marquise de Villabranca.

— Comment avez-vous trouvé la pièce, don Francisco ? demanda-t-elle.

— Je ne puis me figurer que la reine Marie-Antoinette ait pu parler de la sorte, répondit-il. S'il en était ainsi, j'en regretterais moins sa mort.

La marquise sourit.

— Quoi qu'il en soit, il est fâcheux que Leurs Majestés n'aient pas été là.

Une certaine malice perçait dans son ton. Elle l'examinait de ses beaux yeux hardis, sa grande bouche aux lèvres minces imperceptiblement tordue. Il sourit, lui aussi, et pensa ce que la marquise taisait, à savoir que les Bourbons d'Espagne auraient ressenti un tressaillement peu agréable à écouter, une soirée durant, ce qui était réservé aux cous de leurs parents de France.

— Quand ferez-vous donc mon portrait, don Francisco ? poursuivit la marquise. Je sais : je suis une vieille femme et vous avez mieux à faire.

Il protesta vivement, avec conviction. Malgré ses cinquante-cinq ans, la marquise était toujours belle. Il émanait d'elle le parfum d'une vie riche encore inachevée. Goya contemplait ce visage averti, aimablement résigné, la robe sombre, simple et riche, le châle blanc précieux que retenait une rose. Elle était telle que, dans ses rêves de jeunesse, lui apparaissait une grande dame. L'idée de la peindre le comblait d'aise.

La duchesse attendait ses hôtes dans la grande salle de réception, et le majordome les pria de s'y rendre. Goya accompagna la marquise. Sans hâte, ils suivirent la galerie de tableaux qui unissait la salle de théâtre au salon de réception. Des œuvres choisies de vieux maîtres espagnols, flamands, italiens s'y trouvaient. Il semblait difficile de ne pas s'arrêter à contempler chacune. Emouvante dans la lueur dansante des cierges, la vie d'autrefois irradiait des murs.

— Je n'y puis rien, dit la marquise à son compagnon. Mais j'aime mon Raphaël. De tout ce qui est accroché ici, je préfère *la Sainte Famille*.

Goya, à l'encontre du jugement général, n'était pas un partisan de Raphaël. Il s'efforça de trouver une réplique aimable et peu compromettante.

Arrivés au bout de la galerie, par la porte à double battant, ils aperçurent Cayetana, duchesse d'Albe. Selon le vieil usage, elle se tenait sur une estrade basse recouverte de tapis, séparée du reste de la salle par un grillage aux larges mailles. Elle ne portait pas, comme les autres femmes, une robe au goût du jour, mais s'était habillée à l'ancienne mode espagnole. La marquise sourit. C'était bien de doña Cayetana. Elle prenait ce que la France lui offrait de bon mais ne voulait pas oublier qu'elle était Espagnole. Cette soirée était la sienne. Les invitations avaient été faites en son nom; son mari n'y avait pris aucune part. Personne ne pouvait trouver à redire que la première partie de la soirée eût été française, et qu'elle consacrât la seconde à l'Espagne. Mais s'offrir dans ce costume aux yeux de ses hôtes, dans sa propre maison, en maja, était un peu excessif.

— Notre doña Cayetana a toujours des idées extravagantes, dit la marquise. Elle est chatoyante, poursuivit-elle en français.

Goya ne répondit pas. Subjugué, sans mot dire, arrêté à la porte, il dévorait Cayetana des yeux. Sur sa robe gris argent, elle portait de la dentelle noire. Presque dorée rayonnait la chaude pâleur de son visage ovale, sans fard. Des cheveux noirs, crêpelés, couronnés d'un haut peigne, l'encadraient de leur exubérance. Gracieux dans leurs chaussures fines, ses pieds pointaient sous la jupe largement étalée. Elle caressait de sa main gauche gantée un comique petit chien blanc au poil laineux, couché sur ses genoux. Mais la droite, nue, étroite, grasse, enfantine, appuyée au bras de fauteuil, les doigts légèrement écartés, retenait l'éventail presque fermé.

Devant le silence persistant de Goya, la marquise crut qu'il n'avait pas compris son français et traduisit :

— Elle est changeante comme une chatte.

Don Francisco se taisait toujours, et contemplait. Il avait vu souvent la duchesse, avait fait son portrait et même, par jeu, reproduit ce visage d'une grande dame dont Madrid parlait si volontiers dans les esquisses galantes qu'il destinait aux tapisseries des châteaux royaux. Mais il ne la reconnaissait plus. Non, il ne l'avait jamais vue. Etait-ce bien elle, l'Albe ?

Ses genoux tremblaient. Chaque cheveu d'elle, chaque pore de sa peau, ses épais sourcils, ses seins à demi découverts sous la dentelle noire éveillaient en lui une passion sans borne.

Il avait entendu les paroles de la marquise sans bien les comprendre et répondit mécaniquement :

— Oui, doña Cayetana est très indépendante et vraiment espagnole.

Il se tenait toujours sur le seuil, les yeux sur la femme, qui leva la tête dans sa direction. Le voyait-elle ? Elle continuait à parler, caressant toujours son petit chien. Mais, de sa main droite, elle éleva l'éventail et l'ouvrit. On en vit l'image — un chanteur, sous un balcon. Puis, le refermant, elle l'ouvrit encore.

De surprise et de joie, Francisco en eut le souffle coupé. Il existait un langage de l'éventail par le truchement duquel les majas, les filles du peuple, se faisaient comprendre des hommes à l'église, aux fêtes, dans les lieux publics, et le signal venu de l'estrade était très encourageant.

Peut-être, entre temps, la vieille marquise avait-elle parlé et peut-être avait-il répondu. Il n'en savait rien. Il la quitta brusquement, sans façon, et marcha vers l'estrade.

Les conversations allaient leur train, discrètes, ponctuées de rires, de heurts d'assiettes et de verres.

Une voix très jeune, un peu dure et cependant harmonieuse les domina :

— Un peu bête, notre Marie-Antoinette, au demeurant ? demandait l'Albe, qui ajouta aussitôt, doucement ironique : J'entends l'Antoinette de M. Barthelin.

Il était tout près d'elle.

— Comment cela vous a-t-il plu, senor de Goya ?

Il la contemplait sans répondre. Il n'était plus de première jeunesse — quarante-cinq ans — ni beau. Ses cheveux drus, poudrés, encadraient un visage rond au nez plat et charnu, des yeux profondément enfoncés, une grosse lèvre inférieure, un habit élégant serrant un corps un peu épais. Dans sa tenue de cour, trop soignée, ou eût dit un paysan vêtu à la dernière mode.

De nouveau, la voix roucoulante :

— Mes dentelles vous plaisent ? Elles viennent de la part de butin du maréchal d'Albe, il y a trois cents ans de cela, dans les Flandres, ou au Portugal, je ne sais. Que découvrez-vous donc en moi ? reprit-elle. Vous avez déjà fait mon portrait, pourtant, et vous devez me connaître !

— Ce portrait, ce n'est rien s'écria-t-il, la voix rauque soudain. Les dessins des gobelins non plus. Je voudrais faire un nouvel essai, doña Cayetana.

Elle ne dit ni oui ni non. Elle le regardait, impassible, de ses yeux sombres, aux reflets métalliques. Et, un bref instant — une éternité — ils furent seuls dans la foule.

Elle rompit d'elle-même le charme. Elle n'avait pas, pour le moment, le temps de poser devant son peintre ; elle s'occupait à faire construire une maison de campagne à Moncloa. On en parlait beaucoup à Madrid ; la duchesse, rivalisant avec feu la reine de France, voulait avoir son Trianon ; pouvoir y passer, à l'occasion, quelques jours dans la solitude ou y recevoir ses amis personnels — non pas ceux de sa famille.

Elle retrouvait le ton du début de la conversation.

— Ne voulez-vous pas me peindre autre chose, don Francisco ? Un éventail, peut-être ? « El abate y la maja », par exemple ?

On avait donné à Madrid, à portes closes, une petite comédie très osée, intitulée *El fraile y la maja* — le moine et la fille — de Ramon de la Cruz.

A cette demande, rien d'étonnant. Il n'était pas rare qu'une dame se fît peindre un éventail ; doña Isabel de Farnesio en avait réuni une collection de plus de mille.

L'entretien, pour discret qu'il fût, avait été remarqué et suivi de tous.

« Pauvre don Francisco », pensait au bout de la grande salle la vieille marquise, qui, en esprit, revoyait le tableau de Rubens accroché dans la galerie — Hercule aux pieds d'Omphale dont il tient le fuseau. La vieille dame n'en voulait pas au peintre, le seul roturier dans cette assemblée de grands seigneurs, de l'avoir quittée aussi impoliment. C'était à peine si elle reprochait à la femme de son fils ses façons critiquables pour ne pas dire effrontées. Elle comprenait doña Cayetana ; elle avait eu ses aventures, elle aussi.

A son fils, si faible et si doux, il fallait cet apport de force et de vitalité, cette femme à ses côtés pour lui permettre de goûter la vie. Les grandes maisons d'Espagne étaient sur leur déclin et toute leur force résidait dans les femmes, témoin, dans celle-ci, sa belle-fille, qui coquetait si hardiment avec le peintre, un homme, celui-là.

Le duc d'Albe, lui aussi, suivait le jeu de sa femme et du peintre, de ses grands yeux pensifs. Lui, don José Alvarez de Toledo, treizième duc de Berwick et d'Albe, onzième marquis de Villabranca et propriétaire de bien d'autres titres encore. Des cent dix-neuf grands d'Espagne, deux seuls atteignaient à son rang, et tous les biens de ce monde lui avaient été impartis. Mais que lui importait l'Histoire où ses aïeux avaient su écrire leur nom, encore redouté dans les Flandres ? Tout son plaisir était de faire ou d'entendre de la musique. Elle seule lui donnait de la force, et il s'était hardiment opposé au roi quand celui-ci avait refusé de subventionner plus longtemps l'Opéra, au Coliseo del Principe : il avait fallu, pour le faire se taire, un ordre royal. Sous ses yeux, sa belle duchesse appâtait son peintre, et la tristesse l'envahit : jamais elle n'avait eu, pour lui, semblable expression dans le regard. Seul, il se consolerait, archet aux doigts, avec Haydn ou Boccherini, il oublierait cette représentation stupide et ses suites. Sentant sur lui le regard tendre de sa mère, il se tourna vers elle et lui sourit imperceptiblement. Ils se comprenaient sans parler ; elle savait qu'il tolérait le jeu de sa femme.

Sur l'estrade, Goya sut soudain que la femme ne s'occupait plus de lui, qu'elle l'ignorerait tout le reste de la soirée. Il partit aussitôt, au mépris de toute correction.

Au dehors, le mauvais temps l'accueillit — une de ces désagréables nuits de janvier à Madrid, toute de vent et de bourrasques de pluie mêlées de neige. Sa voiture et ses gens en livrée l'attendaient ainsi qu'il convient au peintre de la cour quand il est invité par la duchesse d'Albe. Mais, au grand étonnement de ses domestiques, il renvoya son carrosse. Il préférait aller à pied, sans tenir compte, lui, d'ordinaire si économe, des dommages qu'en subiraient son haut chapeau de soie et ses chaussures.

L'avenir se dressait soudain devant lui, menaçant. L'avant-veille encore, il avait pu écrire à son ami Martin Zapater, à Saragosse, que tout s'arrangerait bien pour lui, et c'était alors la vérité. Réconcilié avec sa femme Josefa, il aimait ses enfants, et les trois qui lui restaient étaient robustes. Le frère de sa femme, l'insupportable Bayeu, premier peintre du roi, ne lui donnait plus en exemple son talent et sa vie irréprochable. Les deux beaux-frères s'étaient réconciliés ; d'ailleurs Bayeu souffrait d'une maladie d'estomac et ne durerait pas longtemps. Francisco sacrifiait moins aux femmes, et Pepa Tudo, son amie depuis huit mois, se montrait raisonnable. Il s'était remis de sa grave maladie de l'année précédente et n'avait l'oreille dure que lorsqu'il le désirait. Ses finances n'étaient pas en mauvais état. En toute occasion Leurs Majestés lui prouvaient à quel point elles l'estimaient. Don Manuel, duc d'Alcudia et favori de la reine, en faisait autant, et tout ce qui avait à Madrid nom et argent se pressait dans son atelier pour se faire peindre. « Viens vite, Martin de mon cœur, écrivait-il en fin de sa lettre. Viens voir comme ton ami de toujours, ton petit Francho, Francisco de Goya y Lucientes, membre de l'Académie et peintre de la cour, mène une vie heureuse. » En haut et en bas de sa lettre, il avait tracé une croix pour que dure son bonheur et, en post-scriptum, il demandait à son ami d'offrir à la Vierge del Pilar deux cierges de plusieurs livres.

Mais croix et cierges n'avaient pas servi, et il n'était plus aujourd'hui ce qu'il avait été deux jours auparavant. La femme de l'estrade avait tout renversé. C'était divin de sentir se poser sur soi le regard de ces deux grands yeux dans ce visage hautain. Il lui faudrait combattre et souffrir pour cette femme, il le savait : mais, ne faut-il pas payer les belles choses à leur prix ?

Son portrait d'elle ? Une erreur. Il en avait fait une poupée. Fantasque, elle l'était à coup sûr, mais il n'avait pas su voir le reste. Et pourtant, il était un grand peintre, meilleur que tous les autres, même que Bayeu et Maella, qui passaient avant lui à la cour. Ils avaient été les élèves de Mengs et de Winckelmann, mais il avait meilleur œil qu'eux, et Vélasquez l'avait enseigné et la nature. En réalité, il se l'avouait, il n'avait commencé à peindre vraiment que ces dernières années, ces derniers mois même ; en fait, depuis sa maladie. Il lui avait fallu franchir le cap de la quarantaine avant de savoir ce qu'était vraiment la peinture. Depuis lors, il travaillait plusieurs heures chaque jour. Et voilà que cette femme paraissait dans sa vie. Une femme magnifique évidemment, mais qui lui volerait son temps et son ardeur à la tâche. Il se prenait à maudire le sort, elle et lui-même; il allait payer chèrement cette passion.

Un tintement de clochette dans la neige; un prêtre et un enfant de chœur portant le saint sacrement parurent, courbés dans le vent, se hâtant vers la maison d'un mourant. Etouffant un juron, le peintre sortit son mouchoir et l'étendit dans la boue pour mettre genou en terre comme l'exigeaient la coutume, l'Inquisition et sa foi.

Mauvais présage que cette rencontre. Cette femme lui porterait malheur : « Mieux vaut affronter un taureau de neuf ans dans une impasse, murmura-t-il, qu'une femme quand ton cœur brûle. » Il était du peuple, et les vieux proverbes chantaient dans sa mémoire.

Il se hâtait, rasant les murs pour éviter la boue de la rue. On était harcelé de soucis. Il avait fait le portrait de M. de Havré, l'ambassadeur, et le Français ne l'avait pas payé. Trois fois il lui avait envoyé sa note et, pour finir, on lui avait fait comprendre, à la cour, qu'on le verrait d'un assez mauvais œil importuner plus avant le seigneur français. Francisco avait toutes les commandes qu'il pouvait désirer, mais, quand il s'agissait de se faire payer, les difficultés surgissaient. D'un autre côté, les frais augmentaient. La voiture et les chevaux coûtaient cher, les domestiques réclamaient toujours davantage, mais que faire ? Un peintre de la cour ne peut pas marchander. Si feu son père avait pu savoir que son petit Francho dépensait plus d'argent en deux jours que ne coûtait l'entretien de toute la famille Goya à Fuendetodos pendant toute une année, il se serait retourné dans sa tombe. Mais, d'autre part, n'était-ce pas superbe de pouvoir payer tout ce luxe ? Et ses lèvres se plissèrent en une moue satisfaite.

Il arrivait devant chez lui; le sereno lui ouvrit la porte. Dans sa chambre, Goya, jetant ses vêtements mouillés, se mit au lit. Le sommeil ne venait pas. En robe de chambre, il gagna son atelier. Il était glacé. A pas feutrés, Goya passa dans le couloir. La lumière filtrait sous la porte d'Andrea, son domestique. Le peintre frappa; pour ses quinze réaux, ce garçon pouvait bien allumer le feu. L'homme, à demi vêtu, s'exécuta de mauvaise grâce.

Assis devant la cheminée, Goya contemplait la flamme. Les ombres s'agitaient sur le mur, grotesques ou attirantes, sinistres ou menaçantes. Une tapisserie, au mur, représentait une procession. La lumière dansante mettait en valeur le saint, effigie colossale portée à bras, les visages brutaux ou émus, dans la foule. Le cardinal à la barbe en pointe peint par Vélasquez fixait le mur d'en face de ses yeux sombres où se lisait l'ennui, et la très vieille statue de bois brun noir de la Vierge d'Atocha, la protectrice de Francisco, se faisait ironique et hostile.

Se levant, Goya secoua son rêve d'un brusque mouvement d'épaules et se mit à arpenter la pièce à grands pas.

2

Il travaillait. De sa toile, une dame le regardait, très jolie, le visage mince un peu railleur, les yeux largement écartés sous de hauts sourcils, la bouche large à la lèvre inférieure un peu forte. Elle posait pour la troisième fois devant son peintre, qui avait, au surplus, fait d'elle plusieurs esquisses. Maintenant, il complétait son œuvre, travaillait vite, d'une main sûre. Et, pourtant, il était depuis plus de trois semaines sur ce portrait, et cela ne « venait » pas.

Tout était « vrai ». C'était bien celle qu'il voulait représenter ; il la connaissait depuis longtemps ; il avait fait d'elle plusieurs fois le portrait ; c'était la femme de son ami Miguel Bermudez. Tout était là, tout le mystère, l'ironie, la ruse qui se cachaient sous ces traits, mais il manquait un rien, et ce rien était l'essentiel. Il l'avait rencontrée à une réception chez don Manuel, duc d'Alcudia, le tout-puissant favori du jour dont Miguel Bermudez était le secrétaire intime ; elle portait une robe jaune clair couverte de dentelle blanche et, soudain, il l'avait vue tout entière, secrète, ensorcelante, gouffre sans fond. Un ton gris d'argent avait dominé cette apparition et, à la seule vue de doña Lucia Bermudez dans sa robe jaune, il avait su ce qu'il voulait, ce qu'il devait faire d'elle. D'elle, il avait tout rendu, le visage, la chair, l'attitude et la parure, jusqu'au fond gris clair, tout cela était assurément exact. Et pourtant, non ! Ce n'était pas cela !

Cet échec, il en connaissait la raison, sans oser se l'avouer. Plus de deux semaines s'étaient écoulées depuis la soirée au palais d'Albe, et la femme de l'estrade n'avait pas donné signe de vie. Si elle n'était pas venue, que ne l'avait-elle au moins appelé ? Que ne lui avait-elle réclamé son éventail ? Elle n'avait pensé qu'à ce ridicule château de Moncloa. Il aurait pu aussi aller la voir de son propre chef, mais son orgueil ne l'aurait pas souffert. Cette femme devait l'appeler ; elle l'appellerait. Cet entretien sur l'estrade, on ne pouvait l'effacer comme il effaçait ces dessins qu'il aimait à faire sur le sable.

Francisco n'était pas seul dans l'atelier. Comme presque toujours, son élève et collaborateur Agustin Esteve était là ; la pièce était assez vaste pour qu'on ne se gênât pas mutuellement.

Aujourd'hui, don Agustin travaillait au portrait équestre du général Ricardo. Goya avait peint la face froide et dure du vieil officier, laissant au consciencieux Agustin le soin de reproduire le cheval et les mille détails de l'uniforme et des décorations auxquels le général attachait une grande importance. Agustin Esteve, un grand garçon au début de la trentaine, au long visage mince, au menton un peu pointu, n'était pas bavard ; Francisco, au contraire, aimait à se confier. Mais, ce jour-là, il se taisait lui aussi ; il n'avait pas soufflé mot de sa soirée chez la duchesse.

Silencieusement, l'élève vint se placer derrière le maître et étudia longuement cette toile où la femme, gris argent, se détachait sur un fond gris. Il vivait depuis sept ans chez Goya et passait toutes ses journées avec lui. Don Agustin n'était pas un grand peintre et le savait, douloureusement. Mais il comprenait l'art et connaissait mieux que tout autre les forces et les faiblesses de son maître. Goya n'aurait pas pu se passer de sa critique grognonne ou de ses reproches muets. Ils le mettaient en fureur mais il en avait besoin. Il l'aimait tout en l'envoyant au diable. Ils n'auraient su vivre l'un sans l'autre.

Agustin étudiait la toile, longuement. Cette femme ironique, il la connaissait bien, il l'aimait, sans espoir. Doña Lucia Bermudez était connue dans tout Madrid pour ne pas avoir de *cortejo,* pas d'amant déclaré. Francisco, s'il avait voulu s'en donner la peine, serait parvenu à le devenir. Il s'y refusait, et ce mépris, s'il tranquillisait Esteve, le froissait aussi. Il était cependant assez connaisseur pour juger de l'œuvre en soi et faire abstraction de ses sentiments. C'était bon, mais Francisco n'avait pas atteint son but. Joyeux et déçu tout à la fois, il retourna à son grand chevalet et se mit en silence à travailler à la croupe de son cheval.

Goya était habitué à ces examens, attendait le jugement d'Agustin, et son silence l'enrageait. Cet effronté, ce peintre raté voué aux soupes de mendiant, ce pique-assiette... Que serait-il devenu sans lui, Francisco ? Cet eunuque, cet incapable, osait s'écarter sans un mot pour l'œuvre du maître ? Mais il fallait se taire, faire celui qui n'a rien vu. Il se remit au travail.

Deux minutes il se contint puis, par-dessus l'épaule, avec une douceur menaçante :

— Que dis-tu ? J'ai aujourd'hui l'oreille bien dure. Tu pourrais ouvrir un peu plus tes lèvres paresseuses.

— Je n'ai rien dit, répliqua sèchement et très haut don Agustin.

— Evidemment ! jeta Francisco furieux, tu joues les statues de sel quand on veut t'entendre, et quand on ne te demande rien tu te fais cascade, cataracte !

Devant le silence obstiné de l'autre, il poursuivit :

— J'ai promis au général Ricardo de lui livrer cette semaine sa machine. Quand en auras-tu fini avec ce cheval ?

— Aujourd'hui. Mais vous allez sans doute trouver moyen d'ajouter je ne sais quoi à l'âme du général !

— C'est ta faute, s'emporta Goya, si je ne tiens pas ma parole ! J'aurais cru, ajouta-t-il sarcastique, que tu avais au moins assez de métier pour ne pas rester huit jours sur les fesses d'un cheval !

Agustin ne prenait pas en mal la grossièreté de l'ami. Ce que disait Francisco ne comptait pas : ce qu'il peignait seul importait. Pinceau en main, il exprimait ses sensations et ses vues, les poussait jusqu'aux confins de la caricature. Et les portraits que Goya Francisco avait faits de lui, Agustin, ne faisaient pas mentir la dédicace : « A don Agustin Esteve, son ami Goya. » Ils étaient vraiment l'œuvre d'un ami.

Goya se remit à sa toile, et les deux hommes restèrent un temps sans parler. Puis on frappa à la porte et, hôte inattendu, l'abbé entra, don Diego.

On ne gênait pas Goya en le regardant travailler ; discipliné, il méprisait ces peintres qui, tel Antoine Carnicero, cet incapable, parlaient sans cesse d'atmosphère, d'ambiance. Amis et enfants étaient les bienvenus dans l'atelier. Ils pouvaient poser des questions et bavarder pendant qu'il peignait. La porte n'était fermée qu'après le repas du soir, pris de bonne heure. Il n'admettait alors qu'un ami, ou une amie, ou il restait seul.

L'abbé était le bienvenu, et Goya le vit sans déplaisir faire le tour de l'atelier. Le gros homme allait et venait d'un pas étonnamment léger. Don Diego avait une façon bien personnelle de tout regarder, de prendre en main livres, objets ou papiers pour les reposer après les avoir examinés. Goya, juge pourtant avisé, connaissait l'abbé depuis longtemps sans être parvenu à se faire une idée bien nette de son caractère. Sous le front haut et beau brillaient deux yeux vifs et gais. Le nez était plat et droit, la bouche très grande et sensuelle. Le visage pâle, jovial, spirituel, convenait assez peu à la robe noire de l'ecclésiastique. Malgré sa rudesse, l'abbé se soignait et, sur lui, l'habit se faisait élégant ; des dentelles de prix montraient leurs pointes sous la lourde soie noire, les boucles des souliers leurs pierres brillantes.

Tout en allant et venant dans l'atelier, l'abbé bavardait, ironique, amical, incisif parfois, sans jamais être ennuyeux. Il était bien renseigné, tout aussi bien admis auprès des maîtres de l'Inquisition que dans les milieux des libres penseurs.

Francisco, qui l'écoutait d'une oreille distraite, tressaillit soudain. N'avait-il pas dit : « Ce matin, au lever de doña Cayetana... » ? Il avait vu remuer les lèvres de l'abbé sans entendre les mots. Une peur affreuse l'envahissait. Etait-ce le retour brusque de cette maladie dont il se croyait guéri à tout jamais ? Etait-il sourd ? Il adressa un regard implorant à la vieille statuette de bois de la Vierge d'Atocha. « Qu'elle me préserve, elle et tous les saints », fut, en cet instant, sa seule pensée.

Mais il entendait de nouveau, et l'abbé parlait maintenant du docteur Joaquin Peral, qui s'était sans doute trouvé, lui aussi, au lever de doña Cayetana. Le docteur Peral était revenu depuis peu de l'étranger pour devenir soudain la coqueluche de la société madrilène ; il venait de sauver de la mort le comte Espaja. En outre, contait l'abbé, le docteur était versé en toutes sciences, en tous arts. On se le disputait dans les salons. Mais, très adulé, il se faisait prier. Toutefois, il venait chaque jour présenter ses hommages à la duchesse d'Albe, qui le prisait beaucoup.

Francisco se contraignit au calme. Si observateurs qu'ils fussent, Agustin et ce don Diego n'avaient peut-être pas remarqué cet accès de surdité.

— Ces gratteurs de mentons et ces tireurs de sang à la palette ne m'ont jamais fait le moindre bien, grogna-t-il.

L'abbé sourit :

— Vous vous montrez injuste envers le docteur Peral, dit-il. Il sait fort bien son latin et son anatomie. Et je parle du latin en connaissance de cause.

Il se tut soudain. Debout derrière Goya, il regardait le tableau auquel celui-ci travaillait. Agustin l'observait avec attention. L'abbé appartenait au cercle des amis de Bermudez, et Agustin croyait avoir entendu dire que ses attentions envers la belle Lucia n'étaient pas les simples galanteries d'un abbé mondain.

Don Diego ne quittait pas des yeux l'image de doña Lucia, et Agustin attendait son avis, vainement.

L'abbé continuait à parler du docteur Peral, le grand médecin, des superbes tableaux qu'il avait apportés de l'étranger et qui étaient encore dans leurs caisses. Le docteur Peral cherchait une maison digne de sa collection. Il venait, pour l'instant, d'acheter une magnifique voiture, plus belle peut-être que celle de don Francisco. Une carrosserie de style anglais, décorée par Carnicero, qui s'était, lui aussi, trouvé au lever de doña Cayetana.

— Lui aussi ! ne put s'empêcher de s'écrier Goya qui, tout aussitôt, s'efforça au calme, résista de toutes ses forces à une nouvelle vague de fureur et de surdité. Il y parvint, non sans peine. Il se les représentait tous, de ses yeux de peintre : l'abbé, le barbier et Carnicero, ce barbouilleur parvenu à grand'peine au titre de peintre de la cour; il les voyait assis en rond, ces trois gêneurs, tandis qu'on habillait et qu'on frisait la femme. Il les entendait bavarder, notait leurs gestes précieux. Ils se repaissaient de la vue de la femme qui leur souriait, à la fois dédaigneuse et coquette.

Il aurait pu, lui aussi, aller à son lever. Elle aurait certainement eu pour lui un sourire plus accentué, plus amical que pour les autres. Mais cet os, elle pouvait l'offrir au premier chien venu. Il n'irait pas, même s'il était sûr qu'elle se jetterait dans ses bras. Pas pour un empire.

Entre temps, l'abbé expliquait qu'à la fin, proche, du deuil de la cour, la duchesse donnerait une fête pour inaugurer son petit château de Moncloa, le palais Buenavista. Il était cependant bien hasardeux de tirer des plans, après les nouvelles militaires de la veille.

— Quelles nouvelles ? demanda Agustin, plus prompt qu'à l'ordinaire.

— Dans quel monde vivez-vous donc, chers amis ? s'écria l'abbé. Serais-je vraiment le premier à vous porter le message de malheur ?

— Quelles nouvelles ? insistait Agustin.

— Ignorez-vous donc que les Français ont repris Toulon ? répliqua l'abbé. On n'a pas parlé d'autre chose au lever de doña Cayetana.

Sinon, ajouta-t-il non sans une pointe de méchanceté, des chances de Costillares aux prochaines courses de taureaux et du nouveau carrosse du docteur Peral.

— Toulon est tombé ? demanda Agustin d'une voix émue.

— La nouvelle semble être connue depuis quelques jours déjà, précisa l'abbé. Mais on la taisait sans doute. Un très jeune officier aurait enlevé la forteresse, au nez de notre flotte et des bâtiments anglais. Un simple capitaine. Un certain Buonafede, ou Buonaparte.

— Eh bien, nous aurons bientôt la paix, dit Goya d'une voix où l'amertume le disputait à l'ironie.

Agustin lui jeta un regard sombre.

— Rares sont ceux en Espagne, jeta-t-il, qui pourraient désirer une paix sur de telles bases.

— Beaucoup ne le voudront pas, en effet, approuva l'abbé.

Il parlait d'un ton léger, mais le double sens de sa phrase fit converger sur lui les regards. Un certain mystère entourait l'abbé. Il portait depuis des années le titre de « secrétaire de l'Inquisition », que le nouveau grand inquisiteur, très fanatique, lui avait conservé. Certains en concluaient qu'il espionnait pour l'Inquisition. D'autre part, il était lié d'amitié avec des hommes d'Etat aux idées avancées et sous le nom desquels il avait fait paraître certains ouvrages qui le faisaient suspecter d'être partisan secret de la République française. Goya lui-même ne voyait pas très clair en cet homme ironique et tolérant. Un point seul restait acquis : ce cynisme de jouisseur n'était qu'un masque.

L'abbé parti, Agustin se tourna vers son maître :

— Voici venir l'heure de votre ami don Manuel, dit-il. Vous allez vous trouver encore mieux en selle.

Il s'agissait de don Manuel Godoy, duc d'Alcudia, le favori qui, dès le début, s'était montré l'adversaire de la guerre et avait décliné l'offre officielle de prendre le gouvernement.

Goya avait plusieurs fois fait le portrait de don Manuel, à la grande satisfaction de celui-ci, et s'était vanté auprès d'Agustin d'avoir quelque poids auprès d'un des hommes les plus puissants d'Espagne. Aussi l'ironie d'Agustin le touchait-il doublement. Sa première pensée avait été en effet que la paix était proche et que son protecteur allait prendre le pouvoir. N'était-il pas naturel qu'il s'en réjouît ? Quant à lui, il ne faisait pas de politique, qu'il jugeait trop complexe. La guerre, la paix ne regardaient que le roi, ses conseillers et ses grands. Ce n'était pas l'affaire de Francisco, d'un peintre.

Sans répondre, il alla se placer devant le portrait de doña Lucia.

— Tu n'as rien dit du tableau, se plaignit-il.

— Vous savez fort bien ce qu'il en est, répondit Agustin venant se placer à ses côtés. Il n'y manque rien et tout y manque pourtant, poursuivit-il d'un ton chagrin et autoritaire à la fois.

— Je n'aurais pu trouver compagnon plus agréable pour les heures sombres ! railla Goya.

Et, comme Agustin restait à contempler l'image :

— C'est ta Lucia, cependant. On la reconnaît, oui ou non ?

Et, cherchant à blesser, il poursuivit méchamment, martelant les mots :

— Elle te regarde. Que peux-tu demander de plus, toi, l'amoureux platonique ?

Agustin serrait les lèvres. Il ne parlait jamais lui-même de son amour pour doña Lucia, mais Goya le raillait quand il était d'humeur mauvaise.

— Je sais que je ne suis pas attirant, répondit-il d'une voix sourde. Mais si j'avais vos dons et vos titres, je n'essaierais pas de séduire la femme de notre ami don Miguel Bermudez.

3

Quand il n'avait rien de mieux à faire, Goya aimait passer la soirée avec sa famille ; sa femme lui plaisait et ses enfants l'amusaient. Mais sa méchante humeur lui permettrait-elle de supporter l'innocent bavardage de la table familiale ? Il préféra aller voir son amie Pepa Tudó.

Pepa fut agréablement surprise. Elle ne négligeait jamais sa tenue, à l'encontre de beaucoup de Madrilènes, et portait ce jour-là un joli peignoir bleu d'où sa peau blanche jaillissait, radieuse. A demi renversée sur le divan, faisant valoir ses formes rondelettes, elle jouait de l'éventail tout en s'entretenant paresseusement avec Goya.

Conchita, sa duègne, entra et demanda ce que don Francisco voulait pour son dîner. La sèche Conchita s'était vouée à Pepa dès sa naissance et l'avait suivie dans sa vie courte et mouvementée. Les deux femmes établirent le menu, et la vieille sortit pour acheter le nécessaire, avant tout la manzanilla un peu vulgaire que Francisco préférait à toute autre.

Ils se taisaient maintenant. Il faisait très chaud dans le joli salon de Pepa. Dans la cheminée, la grille était pleine de charbon. Le bien-être incitait à la paresse, retardait la discussion, inévitable. Pepa avait une façon hardie, bien à elle, de tourner vers son interlocuteur son visage très blanc, au front large et bas sous de beaux cheveux blond roux, de le fixer de ses yeux verts, très écartés l'un de l'autre.

— Qu'as-tu fait ces derniers jours ? dit enfin Francisco.

Elle avait chanté, appris trois jolis couplets que Maria Pulpilla chantait dans son nouveau vaudeville. Elle avait aussi joué aux cartes avec la duègne. N'était-ce pas remarquable : Conchita, honnête comme l'or, trichait au jeu ! Elle l'avait, c'était sans contredit possible, volée de trois réaux. Pepa était aussi allée chez sa couturière, Mlle Lisette, à la Puerta Cerrada. Son amie Lucia l'avait assurée que Mlle Lisette lui ferait un prix. Mais, même à ce prix d'exception, le manteau dont elle avait besoin aurait été trop cher. Force avait été de se rabattre sur la Buceta.

— Enfin, je suis allée voir Lucia, raconta Pepa, et elle est venue ici.

Goya voulait savoir ce que Lucia pensait du portrait. Mais Pepa le faisait attendre, et il lui fallait poser la question. Oui, elle avait parlé du portrait, à plusieurs reprises.

— Tu l'as peinte dans sa robe jaune qui vient de chez Mlle Lisette. Elle l'a payée huit cents réaux. Tu vois ces prix !

Goya se contenait de son mieux.

— Et du portrait, qu'en pense doña Lucia ? demanda-t-il.

— Elle s'étonne qu'il ne soit pas encore terminé. Cela dure trop, dit-elle, et elle ne comprend pas que tu te refuses à le montrer à son mari. A dire vrai, je m'étonne, moi aussi, babillait Pepa. Je sais bien que don Miguel est difficile à contenter et qu'il marchande toujours, mais pourquoi te donnes-tu toute cette peine ? Que te paiera-t-il ? Rien du tout, probablement, parce qu'il est ton ami. Sûrement pas trois mille réaux, en tout cas.

Goya s'était levé et arpentait la pièce. Peut-être aurait-il mieux fait d'aller voir sa famille.

— Dis-moi, Francisco, pourquoi tout ce travail ? insistait Pepa. Mon portrait pour l'amiral ne t'a pas pris plus de trois jours et il t'a donné quatre mille réaux. Lucia est-elle donc si difficile à peindre ? Ou bien est-ce que tu veux coucher avec elle, ou que tu l'as déjà fait ? Elle est très jolie, c'est vrai.

Pepa parlait aisément, sans émotion.

Le visage massif de Goya était sombre. Pepa voulait-elle plaisanter ? Non, sans doute. Elle pouvait être terriblement positive. S'il l'avait sérieusement voulu, il aurait sûrement pu avoir doña Lucia, si femme. Mais... il y avait beaucoup de mais. Pepa se montrait parfois insupportable. Et, au fond, elle n'était pas de son goût. Elle était trop rondelette. Un joli petit cochon rose, à la peau bien lisse.

Pepa prit sa guitare et chanta. Doucement, avec âme. A détailler ses vieilles romances populaires, enfouie dans un coin du divan, elle offrait un tableau charmant. Dans ces vers désuets, elle racontait sa propre vie, et Goya le savait.

A vingt-trois ans, elle avait déjà beaucoup vécu. Fille d'un riche planteur, elle avait été élevée en Amérique. Elle n'avait que dix ans quand son père avait perdu ses navires et ses biens. Rentrée en Europe avec sa famille, elle avait connu une vie nouvelle, étroite et pauvre. Son heureuse nature l'avait empêchée de souffrir sérieusement de ces vicissitudes. Puis le jeune officier de marine Felip Tudo était entré dans sa vie. Beau garçon, de caractère facile, il avait été un mari agréable, mais il était pauvre et avait dû s'endetter pour elle. A la longue, cette union leur eût apporté peu de joies, à l'un comme à l'autre. Il avait péri au cours d'une croisière de son escadre dans les eaux mexicaines et il était sûrement au paradis, l'excellent homme. Puis, quand Pepa avait présenté à l'amiral de Mazarredo une supplique demandant l'augmentation de sa pension, le gros homme, déjà sur le retour, s'était épris d'elle, éperdument. Pour la *viudita*, la petite veuve affriolante, comme il l'appelait, il avait meublé le coquet appartement de la calle Mayor. Pepa avait parfaitement admis que l'amiral ne la présentât pas à ses amis de la haute noblesse; c'était beaucoup déjà qu'il eût tenu à lui faire faire son portrait par le célèbre peintre de la cour. La guerre durait et don Federico courait les mers lointaines avec son armada; il était heureux que le peintre se soit déclaré, avec chaleur, prêt à tenir compagnie à l'esseulée.

Pepa était de caractère tranquille et savait se contenter de ce qu'elle avait; mais elle se rappelait souvent la vie large aux colonies, les terres immenses, les esclaves innombrables. De toute cette richesse, il ne lui restait plus que la vieille et fidèle Conchita, honnête comme l'or, et qui ne trichait qu'aux cartes. Francisco Francho était un grand peintre. Malheureusement, il avait beaucoup à faire, son art l'absorbait, la cour prenait ses loisirs, ainsi que ses amis et les femmes. Même auprès de sa Pepa, ses pensées appartenaient rarement à Pepa.

Et Pepa rêvait, tout en chantant. Elle se voyait l'héroïne d'une de ses romances, belle jeune femme capturée par les Maures ou vendue par son amant. Cela ne devait pas être désagréable d'être la maîtresse blanche, adorée, d'un vaillant prince à la peau brune. Le bonheur l'attendait peut-être à Madrid; un nouveau bonheur, tout proche, et elle se voyait comme ces dames qui, trois ou quatre fois l'an, partaient en voyage vers leurs maisons de campagne, leurs châteaux, pour revenir bientôt à la cour, toujours entourées d'un essaim de maîtres de cérémonies, de soubrettes et de coiffeurs, habillées à la dernière mode de Paris et couvertes des bijoux que, dans les siècles passés, les chefs d'armée d'Isabelle la Catholique ou de Charles V avaient reçus pour leur part de butin.

La duègne vint prier Pepa de l'aider à mettre le couvert. Le repas était bon, abondant, et ils mangèrent de grand appétit.

Du haut de son cadre, l'amiral Federico de Mazarredo les regardait. L'amiral s'était fait faire son portrait par Goya, pour sa sœur, puis avait commandé une copie pour Pepa. Agustin Esteve avait honnêtement travaillé, et l'amiral assistait au repas de Pepa et du peintre.

Ce n'était pas la passion qui avait poussé Goya dans les bras de Pepa, mais l'abandon et la chaleur avec lesquels elle s'était donnée à lui le réjouissaient, le satisfaisaient. En bon paysan réaliste, il comprenait que Pepa sacrifiait beaucoup à son amour. Il connaissait l'état de ses affaires. Après la mort de son officier de marine, elle avait pris des leçons de diction avec la Tirana, la grande artiste, et y avait laissé le peu d'argent qui lui restait. Maintenant, depuis le début de la guerre, elle recevait une pension mensuelle de quinze cents réaux. De cette somme, combien venait du gouvernement et combien de l'amiral, à titre de cadeau personnel ? On ne le savait pas clairement. Quinze cents réaux étaient beaucoup et peu à la fois. Avec cela, on ne pouvait pas se faire habiller par Mlle Lisette. Goya n'était pas avare et apportait souvent des cadeaux à sa belle amie. Des petits et, parfois, des grands. Mais l'esprit calculateur du paysan aragonais reprenait sans cesse le dessus et, bien souvent, après s'être enquis du prix du cadeau projeté, Goya ne l'achetait pas.

La table était desservie, il faisait très chaud, et doña Pepa, paresseuse et désirable, s'était allongée sur son divan, s'éventant à petits coups de sa main bien faite. Elle devait penser encore à doña Lucia et à son portrait, car, désignant de son éventail le portrait de l'amiral, elle dit, négligemment :

— Tu ne t'es pas donné trop de mal pour celui-ci. Chaque fois que je le regarde, je pense : ce bras droit est trop court.

Goya éprouvait une subite lassitude devant les coups du sort qui s'acharnait sur lui, ces derniers jours; l'attente fiévreuse d'Albe, ce sentiment d'impuissance devant le portrait de doña Lucia, ces contrariétés en politique et les critiques acerbes d'Agustin. Et voilà que Pepa se montrait stupidement insolente. Convenait-il à l'homme qu'Albe avait choisi entre tous les grands d'Espagne, regardé comme si elle était dans son lit, à ses côtés, convenait-il qu'il supportât le bavardage de cette grosse fille, de cette jamona ? Prenant son chapeau de soie grise, il l'en coiffa.

— Tu vois maintenant ton amiral aussi bien que tout à l'heure ! lui lança-t-il rageusement.

Se dépêtrant du chapeau, elle montra un joli visage un peu comique sous sa haute coiffure en désordre.

— Conchita ! s'écria-t-elle furieuse.

Et, comme la vieille se montrait sur le seuil :

— Va ouvrir la porte à don Francisco !

Celui-ci ne fit que rire.

— Ce n'est rien, Conchita, dit-il. Retourne à ta cuisine.

La vieille partie, il s'excusa :

— Je suis mal disposé aujourd'hui, reconnut-il. J'ai eu beaucoup d'ennuis. Ce que tu dis de ce tableau est d'ailleurs assez maladroit. Regarde bien : ce bras n'est pas trop court.

— Si, il est trop court, s'entêtait Pepa, boudeuse.

— Tu es aveugle mais jolie tout de même avec tes cheveux en désordre, dit Goya avec bonté. Je te paierai une nouvelle coiffure. promit-il en l'embrassant.

Plus tard, au lit :

— Sais-tu que don Federico revient bientôt ? dit Pepa. Le capitaine Morales est venu me le dire, en son nom, et me porter ses hommages.

La situation était nouvelle pour Francisco.

— Que vas-tu donc faire ? demanda-t-il.

— Je lui dirai... je lui dirai.... « Entre nous, tout est fini », chantonna-t-elle.

— Cela lui sera pénible, pensa tout haut Goya. Il perd Toulon, puis toi...

— Ce n'est pas lui ; ce sont les Anglais qui ont perdu Toulon, répliqua Pepa très sûre de son fait et défendant son amiral. On l'en accuse, pourtant.

— Et ta pension ? dit Francisco dévoilant une pensée qui l'occupait depuis longtemps. Qu'en adviendra-t-il ?

— Je ne sais pas, fit-elle légèrement. Il me restera bien quelque chose.

Il n'appartenait pas à Goya d'entretenir une femme : un grand peintre n'a pas de ces nécessités. D'ailleurs, il saurait très bien admettre de vivre sans Pepa. Il trouvait tout naturel qu'une jolie femme voulût mener une existence agréable, et il eût été peiné de voir Pepa retourner à son amiral pour la seule raison qu'il ne lui donnait pas, lui, Goya, assez d'argent.

— Ne t'inquiète pas, lui dit-il. Je veillerai à ce que tu puisses vivre sans rien changer à ton train.

Mais il parlait sans entrain.

— Je te remercie, répondit nonchalamment Pepa.

— Quand allons-nous décrocher ce portrait ? fit-il en s'animant.

— Le décrocher ? répliqua-t-elle. Et pourquoi donc ? Parce qu'il a le bras trop court ? Ce n'est pas vrai. Je n'ai dit cela que parce que tu t'occupes trop de Lucia.

4

Debout devant sa toile, il l'observait, cherchant les fautes. Plus de doute : c'était bien doña Lucia. C'était son visage, son corps. C'est ainsi qu'il la voyait. Tout était là. Ce masque, ce secret. Car elle cachait quelque chose, et beaucoup croyaient avoir déjà vu cette femme, qui pouvait avoir trente ans, sans son masque mondain.

Pepa lui avait demandé s'il voulait coucher avec elle. Cette question ! Tout homme sain, puissant, devait désirer toute femme moins belle, et doña Lucia Bermudez était radieusement belle, plus belle que toute autre.

Son mari, don Miguel, était un ami. Mais Goya, honnête, s'avouait que ce n'était pas là ce qui le retenait de vouloir gagner Lucia. Ce qui le faisait hésiter, c'était ce mystère, cette énigme, qui attirait le peintre mais non pas l'homme. Ce qu'elle était et n'était pas se confondait en une seule ombre fantomatique. Cela, il l'avait su pour la première fois dans la salle de bal de don Manuel. Ce ton d'argent sur le jaune de la robe, cette lumière évasive, maudite et bénie. C'était vraiment sa vérité, c'était l'image qu'il en voulait peindre.

Et soudain, il revit tout. Il sut, brutalement, qu'il pourrait retrouver ce gris argenté, cette lueur tremblante, ce miroitement fugitif. Il ne s'agissait ni du fond ni de ces entrelacs de dentelle blanche sur la robe jaune. Il fallait adoucir cette ligne, cette autre encore. Les tons de la chair devaient s'allier, la lumière venue de la main répondre à celle du visage. Cela n'était rien, et c'était tout. Il ferma les yeux, et, vite, il sut ce qu'il avait à faire.

Il travailla. Modifia. Effaçant une touche presque imperceptible, en ajoutant une autre. Tout venait naturellement, sans effort. En un temps incroyablement court, tout fut en place.

Il contempla son ouvrage. C'était bon. Il avait réussi. C'était nouveau — et grand. C'était bien la femme telle qu'elle était vraiment, ses chatoiements. Il avait su fixer ces ombres passagères, cette expression fugitive. C'était *sa* lumière, *son* atmosphère, le monde de ses yeux.

Son visage se détendit, exprima une satisfaction presque stupide. Il alla tomber sur une chaise, soudain envahi d'une lassitude douce.

Agustin entra, grogna un salut, fit quelques pas. Son regard effleura la toile et se fixa soudain, attentif.

Après une longue contemplation, il se racla la gorge.

— C'est bien cela, don Francisco, dit-il d'une voix sourde. Tout y est : la lumière, l'atmosphère. Tu as trouvé le gris qu'il fallait, Francho.

Une joie enfantine vint illuminer le visage de Goya.

— Parles-tu sérieusement, Agustin ? balbutia-t-il en posant la main sur l'épaule de son élève.

— Je plaisante rarement, dit Agustin.

Il était très ému, plus que Francisco, presque. Il ne savait pas se parer de citations d'Aristote comme don Miguel Bermudez ou l'abbé. Il n'était rien, qu'un misérable barbouilleur, mais il comprenait la peinture mieux que quiconque et savait ce à quoi Francisco Goya, son Francho, avait enfin atteint ; ce dont le siècle tout entier n'avait encore aucune idée : il s'était débarrassé de la ligne, du trait. Les autres avaient cherché à la faire plus parfaite, plus pure, et leur art n'avait jamais été davantage qu'un dessin colorié. Ce Francisco apprenait au monde à voir sous un angle nouveau, à mieux voir. Et en dépit de son énorme vanité, il ne soupçonnait pas lui-même la nouveauté, la grandeur de sa création.

Goya, avec des gestes lents, voulus, prit ses pinceaux et se mit à les laver. Et, encore plein de joie, d'une voix lente :

— Je referai ton portrait, Agustin. Tu porteras ton vieux costume brun, et sur ton visage cette expression grognonne. Tu seras superbe avec mon gris, ne crois-tu pas ? Ta hargne et ma lumière, tu verras l'effet produit.

Et, s'approchant du tableau du général à cheval auquel Agustin travaillait toujours :

— Très bons, ce cheval, cette croupe !

Puis, sans raison, il se remit à laver ses pinceaux.

5

Le lendemain, prévenus, don Miguel et doña Lucia vinrent à l'atelier. Francisco Goya et Miguel Bermudez étaient très liés malgré tout ce qui les séparait. Don Miguel, premier secrétaire du tout-puissant don Manuel, duc d'Alcudia, dirigeait en sous main la politique espagnole. Cet homme, d'un esprit très ouvert au progrès et, au fond, ami des Français, devait prouver beaucoup d'habileté pour se défendre des intrigues de l'Inquisition, et Francisco ne pouvait qu'admirer la modestie sous laquelle Miguel cachait sa puissance. En tant que savant, par contre, en histoire de l'art, il montrait moins de mesure, et son grand dictionnaire des artistes démontrait son intransigeance. Pour lui, imbu des théories de Winckelmann et de Raphaël Mengs, seules comptaient la ligne dans toute sa pureté, et l'imitation des anciens. Selon lui, Raphaël Mengs et Bayeu, le beau-frère de Goya, étaient les deux grands maîtres contemporains de la peinture espagnole, et, non sans pédanterie, il blâmait doucement son ami Francisco qui s'écartait de plus en plus de la théorie classique.

Aussi Goya se réjouissait-il, non sans malice, de montrer à l'ami, devant le portrait de sa femme, ce que l'on pouvait faire en heurtant la règle ; il savait don Miguel sensible à la beauté, en dépit de sa doctrine rigide. Et pour lui donner l'occasion d'affirmer longuement ses principes avant de se heurter à la réalité chatoyante du portrait, il avait tourné celui-ci contre le mur, ne laissant voir que la rude nudité de son dos gris brun.

Tout se passa comme il l'avait espéré. Don Miguel, assis dans son fauteuil, les jambes croisées, un petit sourire sur son visage poudré, posa le doigt sur la grosse serviette qu'il tenait sous le bras.

— Malgré la guerre, déclara-t-il, je suis parvenu à entrer en possession de ces gravures qui viennent de Paris. Vous allez faire de grands yeux, chers amis ; toi, Francisco, et vous, don Agustin. Ces gravures sont de Morel et reproduisent l'essentiel de l'œuvre de Jacques-Louis David au cours de ces dernières années.

David était le chef de cette école classique que senor Bermudez plaçait si haut.

A côté de scènes de l'antiquité, ces gravures évoquaient aussi des événements de toute dernière actualité, traités à la façon des anciens : les députés français réunis dans la salle du Jeu de Paume et jurant de ne plus souffrir la tyrannie ; les portraits de Danton et de Desmoulins et enfin Marat, poignardé dans sa baignoire.

L'œuvre du peintre français s'opposait en tous points à la manière de Goya. Il fallait pourtant reconnaître son art consommé. Ce Marat, par exemple. Cette tête inclinée, ce bras inerte et pendant hors de la baignoire tandis que la main gauche tenait encore la supplique que lui avait présentée la criminelle rusée. La scène était traitée de main de maître, froide et calme et, pourtant, qu'elle était émouvante ! Comme le peintre devait avoir aimé cet « ami du peuple » ! Goya en éprouva une telle émotion qu'un instant il ne fut plus l'artiste qui détaille et critique l'œuvre d'un autre ; il ressentit soudain l'horreur, la crainte du sort qui menace tout un chacun. Partout : devant le chevalet où l'on travaille, dans le lit où l'on aime, dans le bain où l'on se détend.

— La vue de ces gravures me fait frissonner, dit-il enfin. Elles sont d'un grand homme, exécrable, et tous pensèrent au peintre révolutionnaire qui avait voté à la Convention la mort de Louis XVI, son bienfaiteur. Je ne voudrais pas être un David, ne serait-ce qu'un mois, ajouta Goya, même si je devais en retirer la gloire d'un Vélasquez.

Senor Bermudez déclarait cependant que tout art vrai devait s'inspirer exclusivement de l'antique, que seule la ligne comptait. La couleur n'avait qu'un rôle, un devoir, celui d'obéir.

Francisco souriait, bonhomme, et don Agustin intervint. Il respectait, admirait même la politique habile du señor Bermudez, mais, pour tout le reste, l'homme le repoussait. Sa sécheresse, sa pédanterie enthousiaste. Comment une femme aussi fine, aussi délicate que doña Lucia avait-elle pu épouser cette encyclopédie à deux pattes, cet esprit encombré, stérile ? Il se réjouissait de renverser toutes ses théories stupides devant doña Lucia — grâce à l'œuvre de Goya.

— Ces gravures, don Miguel, fit-il très poliment, nous paraissent atteindre une haute cime de l'art.

— La cime ! La cime ! s'exclama Bermudez.

— Disons donc la cime, concéda Agustin. Mais je persiste à penser qu'il est possible, avec la couleur tant méprisée de vous, d'obtenir des effets surprenants. Des effets supérieurs, eux aussi.

Et, allant au mur, il retourna d'un geste vif la toile brune qui s'y appuyait.

— Je crois vous comprendre, don Agustin, dit don Miguel, souriant. Nous sommes tous deux, doña Lucia et moi, très impatients de voir enfin ce portrait si longtemps...

Il ne termina pas sa phrase. Lucia, dans sa lumière chatoyante, le regardait, de sur le chevalet.

Bermudez s'était levé et se taisait. En lui le connaisseur d'art habitué à tout mesurer à l'aune de ses théories oubliait ses principes. Cette femme, sur la toile, était bien la Lucia qu'il connaissait, mais en même temps une apparition troublante. Involontairement, ses regards allaient au modèle en chair et en os, évaluant, comparant. Il cachait mal sa surprise.

Quand il l'avait épousée, il y avait de cela des années, Lucia avait été une « maja », une fille du peuple, impulsive, capricieuse, et l'épouser avait été un acte d'une hardiesse dangereuse. Mais l'instinct, l'expérience et l'étude des classiques avaient appris à Bermudez qu'il faut savoir se décider vite si l'on ne veut pas s'éloigner les mains vides, que les dieux n'offrent qu'une fois l'occasion au mortel qu'ils favorisent. Il n'avait d'ailleurs jamais regretté son choix. Il aimait et désirait sa femme comme au premier jour. La fille, assez douteuse, de la rue s'était transformée en doña Bermudez, une femme du monde, enviée. C'était bien telle qu'elle apparaissait sur la toile, mais dans une lumière si énigmatique que don Miguel ne reconnaissait plus celle qu'il avait cru former, créer au cours des ans. Elle lui était aussi étrangère qu'au premier jour, autant que la maja qui l'avait séduit d'abord.

Goya voyait avec une joie secrète l'étonnement que reflétait le visage de l'ami, d'ordinaire si composé. Oui, mon cher Miguel, la méthode de monsieur David est bonne; le trait tout simple est une bonne chose et tout ce que l'on conçoit bien s'énonce clairement. Mais monde et gens ne sont jamais simples, ni clairs. Et il est tout un monde de pensées secrètes que ton art ne saurait exprimer, qu'il est inutile de chercher chez les anciens maîtres. Vous n'y pouvez rien; ni toi ni ton Winckelmann ou ton Mengs.

Lui-même, Francisco, comparait le portrait au modèle. Debout, silencieuse, elle contemplait, elle aussi, son image. Le masque imposé à son visage se soulevait légèrement. Sur sa large bouche entr'ouverte, un sourire se jouait qui perdait de sa finesse et de son ironie pour se faire plus vulgaire, plus dangereux, coquin. Celui de la petite maja, fillette à peine formée, l'avellanera vendant des fleurs au Prado, à la langue pointue, à la parole leste.

De son côté, don Agustin voyait la beauté du modèle ajouter à celle du portrait, et son cœur débordait de joie et de désir.

Doña Lucia rompit enfin le silence.

— Je ne savais pas, dit-elle à don Francisco de sa voix un peu traînante, être aussi dépravée.

Le ton badin et le sourire trahissaient cette fois plus qu'ils ne cachaient. Elle provoquait Francisco, c'était bien clair, elle le conviait, en présence de son mari, à un jeu assez risqué.

— Je suis heureux d'apprendre que ce portrait vous plaît, se contenta-t-il de répondre poliment.

Ce dialogue tira don Agustin de son extase en lui rappelant son désir d'humilier don Miguel.

— Je voudrais bien savoir, lança-t-il de sa voix inégale, si monsieur votre époux est aussi satisfait que vous.

En don Miguel, le théoricien d'art n'était pas moins surpris que le mari de doña Lucia. Il lui était impossible de le nier : cet ouvrage heurtant toutes les règles était parlant et l'émouvait.

— Tout y est faux, dit-il enfin ; mais c'est étonnant, je dois le reconnaître.

— Vous n'êtes qu'un secrétaire, dit Agustin, une large grimace d'aise illuminant son visage osseux.

L'honnête Miguel se forçait à de nouveaux aveux.

— Je t'ai vue, Lucia, dit-il, dans cette robe jaune, au bal de don Manuel, et tu étais bien belle à la lumière des bougies. Mais ici, sur cette toile, tu es plus belle encore. Et ce diable de peintre est resté vrai, pourtant. Comment as-tu fait, Francisco ?

— Je puis vous répondre, répliqua sèchement Agustin. Il y a plus que la vérité.

Mais les attaques du second de Goya ne pouvaient atteindre don Miguel, pas plus que les réflexions gênantes qu'avait fait naître en lui le portrait n'étaient capables de le troubler davantage. Fanatique collectionneur, son cœur s'emplissait de joie à la pensée que pour rien, ou presque rien, il allait entrer en possession de ce portrait qui, pour contredire à toutes les règles de l'art, n'en aurait pas moins une valeur historique.

Les affaires les plus importantes accablaient don Miguel et mesuraient son temps, mais il ne se décidait pas encore à quitter l'atelier de son ami. Jambes croisées, jouant machinalement avec les gravures de David :

— Je suis curieux de savoir, Francisco, lança-t-il, si tu useras de ta nouvelle technique pour peindre le portrait du duc, mon maître.

Et comme Goya, surpris, levait la tête, il poursuivit, nonchalant :

— Il va de soi qu'après le retour de don Manuel au pouvoir, redevenu premier ministre, nous devrons te prier de faire de lui au moins deux nouveaux portraits et de nombreuses copies destinées aux ministères et aux instituts officiels.

La joie envahissait Goya. Son ami Miguel savait reconnaître un cadeau ; il ne payait pas le portrait de Lucia, mais lui passait une commande flatteuse et avantageuse. La chute de Toulon portait ses fruits ; il lui fallait pourvoir aux soins de Pepa, mais cette commande arrangeait tout.

Don Miguel poursuivait du même ton uni :

— Si cela te convient, j'arrangerai une première séance de pose dans les jours qui viennent, dès le lever.

— Tu es un bon ami, dit Goya, remerciant.

Mais senor Bermudez n'en avait pas fini.

— Avec don Manuel aux rênes du gouvernement, beaucoup de changements vont survenir, reprit-il. Le pays va devoir s'accoutumer à considérer la République française comme un facteur dont il n'est plus possible de ne pas tenir compte dans les affaires du monde.

— Dois-je comprendre, fit vivement Agustin, que don Manuel a l'intention de supprimer certaines mesures prises contre les libéraux ?

— Il ira jusque-là, répondit Bermudez qui, tourné vers Goya, mais sans le regarder, poursuivit : Tu pourrais d'ailleurs nous y aider, Francisco. Don Manuel, tu le sais, te voit d'un très bon œil. Rien ne t'empêche de lui suggérer certaine disposition politique au cours des séances de pose.

Et, d'un ton plus léger, tout en balançant la jambe :
— Il serait temps, je crois, de rappeler don Gaspar.

Le calme Agustin se leva vivement. Goya respirait avec bruit par ses larges narines. Sur son visage se lisait la gêne.

Il s'agissait de don Gaspar Melchior de Jovellanos, le plus connu des hommes d'Etat et des écrivains du pays, généralement salué du nom de « Voltaire espagnol ». Ministre du roi précédent, il avait introduit de nombreuses, de bienfaisantes réformes libérales. Cet homme sévère et exigeant avait bientôt déplu à Charles IV et à don Manuel ; il avait multiplié les frictions entre la couronne, l'Inquisition et la haute noblesse réactionnaire, et le début de la Révolution française avait été un excellent prétexte pour éloigner le chef des libéraux, ce démolisseur ; on l'avait banni dans sa lointaine montagne natale avec défense de faire paraître de nouveaux livres. La tâche était rude de devoir demander à don Manuel une mesure de clémence en faveur de cet homme.

Francisco se taisait et Agustin arpentait l'atelier de son pas inégal. Doña Lucia, jouant de l'éventail, étudiait avec curiosité, de ses yeux voilés, le visage soucieux de Goya.

— Pourquoi m'imposer cette démarche, Miguel ? dit enfin celui-ci. Pourquoi ne parlerais-tu pas toi-même en faveur de Jovellanos ?

— J'étais résolu à demander, dans l'heure même du retour au pouvoir du duc, la réhabilitation de mon maître libéral et ami, répondit vivement don Miguel. Mais don Manuel sait comme tout le monde ce que je dois à don Gaspar : toute ma carrière et aussi ma philosophie. Toi, Francisco, tu es insoupçonnable. Politiquement, tu es neutre ; tu n'es pas un partisan de don Gaspar, bien qu'il t'ait, si je m'en souviens bien, rendu quelques services. Venant de toi, le premier choc portera mieux. Sur quoi je t'appuierai. Quand Jovellanos sera revenu, j'obtiendrai aussi l'amnistie du comte Cabarrus et des autres.

Francisco passait une main impatiente dans ses cheveux épais. Ce rappel de ses obligations l'irritait. C'était exact, Jovellanos avait fait une forte commande à Goya arrivant à Madrid, inconnu et pauvre, lui avait donné des recommandations utiles. Mais cet homme dur et sévère était resté pour lui un étranger ; Francisco n'avait jamais éprouvé à son égard que cette froide estime qu'il avait pour le peintre David ; il devinait que, dans son cœur léger, don Manuel ne pouvait pas souffrir l'intransigeance d'un Jovellanos, reproche vivant de toute sa vie. Et voici que Miguel demandait à lui, Francisco, de

montrer son grand cœur et sa reconnaissance. « Les bonnes actions, pensa-t-il, ne trouvent généralement leur récompense qu'au ciel. Sur terre, elles payent mal. »
Don Miguel insistait.
— Cette démarche, tentée au moment précis où don Manuel tend à la paix avec la France, a toutes les chances de réussir.
C'était vraisemblable, mais Goya résistait toujours et on le lisait sur son visage. Son ascension avait été lente et pénible, il lui avait fallu lutter, produire, tenir bon, ruser. Et voilà qu'on voulait mettre sa situation en danger, le faire se mêler aux affaires de l'Etat !
— Je ne m'occupe pas de politique. Je suis peintre, et c'est tout.
— Comprends donc, Francisco, répétait patiemment senor Bermudez, que ta parole n'en aura que plus de poids. On ne peut pas te soupçonner d'ambitions politiques.
Doña Lucia regardait toujours Francisco. Elle appuyait maintenant son éventail à demi fermé sur sa poitrine, le geste de la « maja » qui raille et dédaigne. Sur ses longues lèvres, son sourire se faisait plus profond. Agustin, lui aussi, toisait Goya, railleur, et Goya comprenait que le fidèle ami blâmait ses hésitations. Il était assez bas de la part de Miguel d'avoir fait sa proposition en présence de doña Lucia et de don Agustin.
— C'est bon, fit-il de mauvaise grâce. C'est bon ; j'agirai, et que notre Sainte Mère d'Atocha me préserve du mal !
Il se signa, avec un coup d'œil à la statuette de bois peint.
— Je savais bien, dit en souriant Lucia à son mari, que ton ami Francisco brûlait du désir de se rendre utile. Il est noble, courageux, désintéressé, un hidalgo de la tête aux pieds !
Don Francisco faisait la grimace.
Le couple parti, emportant le portrait, Francisco se tourna d'un bloc vers Agustin.
— Naturellement, cela t'amuse et tu ris ! lui lança-t-il méchamment. Le courage ne te coûte rien à toi, crève-la-faim. Qu'as-tu à perdre ?
Et, poussant un soupir :
— Des ennuis, partout, toujours ! Où qu'on aille, rien que des devoirs, des dettes, des enfants et de la mauvaise herbe !

6

Trois jours plus tard, Goya, paraissant au lever de don Manuel pour commencer le portrait commandé, trouva l'antichambre bien remplie. Par la porte ouverte, on voyait la confortable chambre où le duc se faisait habiller et coiffer.

On trouvait là des fournisseurs de toutes sortes, marchands de dentelle, joailliers, un capitaine de vaisseau à peine rentré d'Amérique et apportant en présent au duc des oiseaux rares, le senor Pavan, qui rédigeait la revue géographique des « Grands voyageurs » subventionnée par don Manuel — et aussi don Roberto Ortaga, le savant botaniste, venu remettre au duc son dernier livre. Mais la plupart des visiteurs étaient de jeunes et jolies femmes désireuses de présenter au ministre des suppliques.

Dès qu'on lui annonça Goya, don Manuel passa dans l'antichambre, à demi vêtu, sa robe de chambre hâtivement jetée sur ses épaules, suivi d'une troupe de secrétaires et de serviteurs. Les laquais portaient des bas rouges, couleur réservée à la maison royale, par permission spéciale du roi.

Don Manuel salua aimablement le peintre.

— Je vous attendais, lui dit-il, et il le fit passer dans l'autre chambre.

Lui-même resta quelques instants dans l'antichambre où il eut quelques mots aimables pour le capitaine qui avait forcé le blocus ennemi, remercia le botaniste, lorgna sans gêne les femmes, fit recueillir les pétitions par ses secrétaires et congédia toute la société pour rejoindre Goya.

Pendant qu'on l'habillait et que le senor Bermudez présentait de nombreux papiers à la signature, Francisco se mettait à l'ouvrage. Le joli visage du ministre, plein et mou, avec sa petite bouche épaisse et très rouge, avait une étrange fixité, et Goya, tout en travaillant, souriait à se rappeler les portraits médiocres qu'on en avait déjà faits. Tous les peintres avaient échoué parce qu'ils s'étaient efforcés de camper un héros. Il n'était pas facile de bien voir don Manuel : il y avait autour de lui trop de haines. Les affaires extérieures de l'Espagne allaient mal, et les sujets fidèles au roi en rejetaient la faute, non pas sur le souverain, mais sur sa femme, l'étrangère, l'Italienne, et sur son ami, son *cortejo,* don Manuel. Venu de très bas, il n'avait pour lui que sa chance insolente et il aurait dû montrer moins d'arrogance.

Goya pensait autrement. Cette chance, cette ascension incroyable, lui rendaient sympathique le jeune seigneur.

Né à Badajoz, dans cette Estramadure aux riches troupeaux, Manuel avait paru à la cour en qualité de lieutenant de la garde et, vigoureux, bien fait, avait attiré l'attention de la femme de l'héritier du trône, la princesse des Asturies. La dame, ardente, s'était attachée à lui. Aujourd'hui, à vingt-sept ans, le beau jeune homme se faisait appeler Manuel de Godoy y Alvarez de Faria, duc d'Alcudia. Il était capitaine-général de la garde wallone, secrétaire privé de la reine, président du conseil de la couronne, chevalier de la Toison d'or, en possession de toutes les richesses qu'il avait pu convoiter et père des deux derniers enfants royaux, l'infante Isabelle et l'infant Francisco de Paulo, ainsi que de nombreux bâtards.

Goya savait qu'il était bien difficile de supporter une telle réussite sans perdre son cœur. Et pourtant don Manuel était resté bon, respectait l'art et la science, comprenait la beauté et ne se faisait trivial et cruel que lorsqu'on s'opposait à sa volonté. Il ne serait pas facile de mettre de la vie sur le large visage du jeune duc qui affectait une contenance blasée. Francisco, par sympathie, s'efforçait de faire transparaître sur ce masque ennuyé le désir de vivre et de rire.

Don Manuel avait paraphé les actes soumis à la signature.

— Et maintenant, dit le sénor Bermudez, j'ai à faire à Votre Excellence certaines communications d'un caractère confidentiel.

Ce disant, il adressait un sourire à Goya.

— Don Francisco n'est pas tout le monde, dit aimablement le duc, et don Miguel commença son exposé.

Le chargé d'affaires du régent de France, M. de Havré, avait déclaré sur un ton assez arrogant que l'Espagne devrait conduire plus vigoureusement la guerre qu'elle soutenait contre la République sans Dieu.

La nouvelle amusait plus qu'elle ne fâchait don Manuel.

— Le gros prince Louis joue volontiers au foudre de guerre dans sa chambre d'hôtel, à Vérone, déclara-t-il et, pour le peintre, il ajouta : — Il vit à l'auberge des « Trois Bossus », et, sans argent de nous, il devrait sans doute n'y garder qu'une chambre, des deux qu'il occupe. Précise-t-il ses exigences ? dit-il en se tournant vers Bermudez.

— Havré m'a confié, répondit celui-ci, que dix millions de francs et vingt mille hommes lui semblaient le moins que son prince attende de la couronne espagnole.

— Havré a une jolie fille, pensa tout haut don Manuel. Un peu trop maigre, pourtant. Je ne déteste pas les maigres à condition qu'elles n'exagèrent pas. Qu'en pensez-vous, don Francisco ?

Et, sans attendre la réponse, il donna ses instructions.

— Faites savoir à M. de Havré que nous avons fait de notre mieux. Et envoyez-lui encore cinq mille francs, au nom de Dieu. Vous a-t-il payé son portrait ?

Cette question s'adressait à Goya. Et, comme celui-ci secouait négativement la tête :

— Il est bien bas. Ce M. de Havré était, il y a cinq ans, un des seigneurs les plus brillants à la cour de Versailles, et voici qu'il ne paie plus son peintre.

— M. de Havré, reprit Bermudez, n'est pas le seul à réclamer des renforts. Le général Garcini se montre encore plus pressant. Les nouvelles du front sont mauvaises, ajouta-t-il, en feuilletant ses dossiers. Figuera est tombée.

Jusque-là, le duc avait gardé la pose. La surprise, pénible, lui fit brusquement tourner la tête vers Bermudez. Mais, très vite, il se reprit.

— Excusez-moi, don Francisco, dit-il.

— Garcini craint, expliquait don Miguel, que, nos alliés battus, les Français ne retirent des troupes des autres fronts pour les envoyer sur la frontière d'Espagne. Il estime qu'ils pourraient être en trois semaines sur l'Ebre, si nous ne lui envoyons pas de renforts.

Chose curieuse, don Manuel avait retrouvé tout son calme.

— Je ne crois pas, dit-il doucement, que je me décide à les lui envoyer.

Et comme Bermudez ouvrait la bouche pour répondre, il poursuivit :

— Je sais : l'Eglise va être mécontente. Mais j'en assumerai le risque. Nous avons fait plus que nos alliés. Dois-je épuiser ce pays ? La cour se restreint de plus en plus. Doña Maria-Luisa a congédié deux maîtres d'écurie et dix laquais. Je ne puis pas imposer à la reine de nouveaux sacrifices.

Il avait légèrement relevé la tête tout en conservant la position indiquée par Goya.

— Que devrai-je répondre au général Garcini ? demanda froidement Bermudez.

— La République française, répliqua le duc, a l'habitude de guillotiner ses généraux malheureux. Nous nous contentons de ne pas leur envoyer de troupes fraîches. Faites savoir cela au général, sous une forme polie.

— Nos alliés ont visiblement perdu tout espoir de vaincre, reprit don Miguel. L'envoyé prussien a résumé les intentions de son gouvernement dans un long mémorandum.

— Ecourtez, je vous en prie ! jeta don Manuel.

— Herr von Rohde, poursuivit le premier secrétaire, fait connaître le désir de son souverain de faire la paix s'il parvient à obtenir de l'ennemi des conditions acceptables. Il nous conseille de l'imiter.

— Qu'entend-il par conditions acceptables ?

— Si la République française nous remettait les enfants du feu roi, la Prusse jugerait possible une paix honorable.

— C'est payer un peu cher les enfants de France, dit don Manuel, s'il ne s'y ajoute pas une parcelle de terre : cinquante millions de réaux et douze mille hommes tués. Ne trouvez-vous pas, don Francisco ?

Goya sourit agréablement ; il était flatté que don Manuel lui fît prendre part à l'entretien. Sans cesser de peindre, il suivait avec intérêt la discussion.

— Le petit roi Louis et Madame Royale sous notre protection, déclara Bermudez, l'idée monarchique vivra sur notre sol. La paix n'aurait alors rien de déshonorant.

— Je l'espère, répondit le duc. Mais vous demanderez, pour les enfants, le royaume de Navarre, pour le moins.

— Je n'y manquerai pas, déclara chaleureusement Bermudez. Mais je crains fort, si nous n'envoyons pas quelques régiments au général Garcini, qu'il ne nous faille, pour finir, nous contenter des enfants.

Sur quoi, reprenant ses dossiers, il s'excusa et sortit.

Goya avait oublié le but politique dans lequel le secrétaire avait arrangé cette rencontre avec le duc. Il lui revint soudain en mémoire et son cœur se fit lourd.

Comment allait-il aborder la question ? Mais don Manuel reprenait déjà la parole.

— Beaucoup vont demander le rappel de Garcini, dit-il songeur. Et celui de Mazarredo parce qu'il n'a pas su empêcher la prise de Toulon. Mais la guerre n'est qu'une affaire de chance et je ne suis pas vindicatif. A ce propos, n'avez-vous pas peint quelques portraits pour l'amiral ? ajouta-t-il plus vivement. Il me semble en avoir vu de vous chez lui. Oui, c'est chez l'amiral que j'ai remarqué cette belle figure de femme.

Goya s'étonnait. Où don Manuel voulait-il en venir ? La femme dont il avait fait le portrait pour l'amiral était Pepa Tudo. Il fallait être prudent.

— Oui, dit-il négligemment, j'ai peint une dame du cercle de ses amis.

— Un portrait admirable, reprit don Manuel. Elle doit être fort belle. Une veuve, une viudita, m'a confié l'amiral, me semble-t-il. Son mari serait mort du côté du Mexique, et le ministre de la marine lui sert, paraît-il, une pension. Ou bien serait-ce que je me trompe ? Une très jolie femme.

Dans son robuste bon sens de paysan, Goya savait ce que lui voulait le duc, et cela le troublait. Il se trouvait malgré lui mêlé à une intrigue compliquée. Il comprenait maintenant pour quelle raison Miguel ne parlait pas en faveur de Jovellanos, pourquoi il l'avait poussé en avant. Miguel n'avait pas de Pepa à offrir en contre-partie du vieux libéral. Peut-être doña Lucia était-elle derrière toute l'affaire. C'était peut-être pour cela qu'elle lui avait adressé ce sourire dédaigneux alors qu'il hésitait à s'engager. Sur quels étranges chemins le vertueux Miguel Bermudez s'engageait-il pour faire revenir d'exil plus vertueux que lui encore ! Sans doute estimait-il du devoir de Goya de renoncer à sa maîtresse quand il s'agissait d'un sujet aussi important que le rappel de Jovellanos. Le sacrifice de Goya, pensait-il, ne serait pas bien grand et, sur ce point, il voyait juste : Goya saurait vivre sans Pepa. Il ne céderait pas à ce noceur prétentieux de Manuel pour la seule raison que le désir le démangeait.

D'un autre côté, il devait de la reconnaissance à don Gaspar, et il n'était pas juste que celui-ci restât confiné dans ses montagnes, condamné à l'inaction en ces temps difficiles pour l'Espagne, pour la seule raison que lui, Francisco, retenait une femme à laquelle il ne tenait que médiocrement.

Le mieux était de riposter et de parler de Jovellanos. Don Manuel ferait la grimace : qui offre du vin sur ne peut s'étonner qu'on lui en donne à boire, dit le proverbe. Il serait difficile à don Manuel de refuser, et l'on verrait bien.

Et, sans cesser de manier le pinceau :

— Le pays vous sera reconnaissant d'apporter la paix, don Manuel, dit-il en évitant de parler de Pepa Tudo. Madrid retrouvera son visage d'autrefois, et cela réchauffera le cœur de revoir tous ceux qui nous ont manqué depuis si longtemps.

Comme Goya s'y attendait, le duc parut surpris.

— Manqué, dites-vous ? répliqua-t-il. Croyez-vous sérieusement, don Francisco, que Madrid ait vraiment regretté quelques progressistes trop zélés que nous avons dû prier d'aller se refaire à la campagne ?

— Toute absence se fait sentir, répliqua Goya. Mes toiles, Excellence, perdraient la moitié de la vie qui les anime si on les privait de certains clairs imperceptibles. Il en est de même pour Madrid quand disons le comte Cabarrus ou le senor de Jovellanos n'y vivent pas.

Et, sur un mouvement de colère du duc :

— Gardez la pose, Excellence, je vous prie, ajouta Goya sans crainte.

Don Manuel obéit.

— Que notre ami Miguel ait ainsi parlé, dit-il après un bref silence, ne saurait étonner. Dans votre bouche, ces paroles surprennent.

Goya peignait toujours.

— Ces pensées me sont venues après que vous m'eûtes fait l'honneur d'assister à votre entretien avec don Miguel. Je m'excuse, don Manuel, de ma hardiesse; il me semblait que je pouvais me permettre la sincérité.

Entre temps, le duc avait compris le marché qu'on lui offrait.

— Toute parole franche m'est agréable, dit-il aimablement, un peu condescendant. J'y penserai.

Puis, sans transition, mais plus vivement :

— Pour en revenir à cette dame, savez-vous, par hasard, si elle est encore à Madrid ? L'avez-vous rencontrée, ces derniers temps ?

Goya s'amusait des détours maladroits dont usait le duc. Tout ce que faisait ou disait chacun était soigneusement noté sur les rapports de police et dans les livres de l'Inquisition, et don Manuel était certainement bien renseigné sur Pepa Tudo et sa liaison avec le peintre. Il en avait sans doute parlé à don Miguel. Don Francisco ne se livra pas.

— Assurément, don Manuel, répondit-il assez froidement. Je vois cette dame, de temps à autre.

Il ne restait plus au duc qu'à parler franchement. Tenant consciencieusement la pose, il reprit d'un ton dégagé :

— Vous seriez bien gentil, don Francisco, de me faire faire sa connaissance. Peut-être pourriez-vous lui dire que je ne suis pas aussi léger que mes adversaires le prétendent, que mon cœur bat, chaud et fidèle, pour la vraie beauté. Le portrait de la señora est celui d'une femme intelligente. On peut parler avec elle, j'en suis certain. La plupart des femmes ne savent que se coucher et, à la troisième entrevue, on ne sait plus que faire d'elles. N'ai-je pas raison ?

In petto, Goya pensait une énorme obscénité.

— Oui, Excellence, répondit-il, il est rare qu'on puisse philosopher avec une femme.

— Que diriez-vous, reprit le duc ouvrant complètement son jeu, d'une soirée agréable passée ensemble, avec la jolie veuve et quelques amis sachant manger, boire, bavarder et chanter ? Notre doña Lucia connaît aussi la viudita, si je ne me trompe. A la condition, bien entendu, que vous assistiez à cette petite fête, mon cher don Francisco.

Le marché ne pouvait être plus clair : don Manuel était prêt à permettre le retour de Jovellanos si Goya renonçait à la veuve. En esprit, Francisco revoyait Pepa renversée sur son divan, ronde, indolente et désirable, ses yeux verts. Ce n'est que maintenant qu'il saurait la peindre avec vérité dans la lourde robe verte garnie de dentelles qui conviendrait fort bien à son nouveau gris argenté. Certes, ses portraits précédents, peints pour l'amiral, n'étaient pas mauvais. Mais il la voyait maintenant tout autre. Et, sans renoncer à passer encore avec elle quelques nuits agréables, Francisco Goya, en cet instant, dit adieu à son amie Pepa.

— Cela sera certainement, dit-il avec emphase, un honneur et une joie pour señora Josefa Tudo de rencontrer Votre Excellence.

Peu après, un laquais portant bas rouges parut et annonça :

— La dame attend depuis dix minutes, Excellence.

Au ton, au respect qu'exprimait son visage, on comprenait qu'il ne pouvait s'agir que de la reine.

— C'est dommage, soupira don Manuel. Il nous faut écourter la séance.

Goya rentra chez lui l'esprit troublé. Il avait mal traité certaines femmes, en avait sacrifié à sa carrière. Mais jamais personne n'avait osé lui mettre semblable marché en main. Ce marché, rien n'aurait pu le lui faire accepter s'il ne s'était pas agi de Jovellanos.

Dans son atelier, il trouva Agustin. Celui-là aussi avait contribué par ses mines à le faire capituler. Francisco prit les esquisses qu'il venait de faire de don Manuel et les poussa. Sous son crayon, le visage charnu du duc perdait toute bonté, toute spiritualité. Il se faisait faunesque, porcin. Goya déchira ses essais.

Mal disposé, Goya passa deux mauvaises nuits. Mais le troisième jour lui porta un message de la maison d'Albe. Un domestique en livrée lui remit une carte, une invitation à la fête que la duchesse allait donner au palais Buenovista, sa nouvelle demeure. Plus loin, on lisait : « Quand aurai-je mon éventail, don Francisco ? »

Souriant, respirant avec force, Goya relisait. Le ciel le récompensait, c'était clair, d'avoir abandonné les bonnes manières, de s'être sacrifié à la cause de l'Espagne, pour Jovellanos.

7

L'entrevue de don Manuel et de la veuve Josefa Tudo eut lieu chez doña Lucia Bermudez.

La maison du senor Bermudez était vaste et emplie d'objets d'art. Les tableaux anciens et modernes, grands et petits, tapissaient les murs.

Doña Lucia y accueillit ses hôtes, assise sur l'estrade sous un haut baldaquin, à l'ancienne mode espagnole. Elle était toute en noir, et son visage étroit sous le grand peigne rappelait celui d'un lézard aux yeux vifs. Mince et réservée, on la sentait émue et friponne, à l'affût de ce qui allait arriver.

Don Manuel parut tôt. Il était habillé avec soin, élégant sans excès. Sans perruque, il n'avait même pas poudré ses cheveux blond roux. De tous ses ordres, il ne portait que la Toison d'or. Sur son large visage, rien ne paraissait de l'ennui blasé qu'on y lisait d'ordinaire. Il s'efforça de tenir avec son hôtesse une galante conversation, mais ses pensées étaient ailleurs. Il attendait.

L'abbé s'était arrêté devant le portrait de doña Lucia. Don Miguel avait voulu tout d'abord donner à la toile une place à part, puis avait jugé qu'un entourage précieux la mettrait davantage en valeur. Il l'avait donc accrochée au milieu de toutes celles qui recouvraient les murs. Don Diego ne pouvait, il le sentait, continuer à garder le silence. Prolixe, émaillant ses paroles de citations latines et françaises, il vanta la nouveauté et l'excellence de l'œuvre, une vraie déclaration d'amour à doña Lucia. Don Miguel écoutait ses louanges qui s'adressaient au modèle comme au portrait et dut reconnaître que l'abbé, connaisseur, appréciait peut-être mieux que lui la valeur et les tons nouveaux de l'ouvrage.

Pepa arriva. Elle portait une robe verte recouverte de dentelles claires et, pour tout bijou, une croix enrichie de pierres précieuses, don de l'amiral. C'était ainsi que Goya l'avait vue en esprit, à la minute même où le duc lui avait fait sa cynique proposition. Elle s'excusa de venir si tard : sa duègne avait eu beaucoup de peine à trouver une chaise. Goya admira son aisance. Ils n'avaient parlé qu'à mots couverts du but caché de cette soirée et, loin de se répandre en reproches et en plaintes, elle s'était contentée de quelques phrases à double sens, chargées d'ironie. Son attitude était évidemment voulue, étudiée. C'était par calcul qu'elle arrivait en retard, qu'elle laissait voir l'étroitesse de sa vie. Elle voulait lui faire honte de sa parcimonie devant le duc. Elle n'avait qu'à parler et il se mettrait à sa disposition. C'était vil.

Don Manuel avait à peine entendu ce qu'elle disait. Il la dévisageait, hardiment, mais avec un respect dont on ne l'aurait pas cru capable. Présenté par Lucia, il s'était incliné plus bas qu'il ne l'avait jamais fait devant la reine ou les infantes. Il parlait maintenant de son admiration pour le talent de Goya, incapable cependant de rendre la beauté de la réalité. Il était toute dévotion, tout abandon.

Pepa était habituée aux compliments excessifs : ils étaient tous les mêmes, majos madrilènes, hidalgos de la province, ou grands de la cour. Mais elle avait le sens de la nuance et reconnut très vite que ce noble seigneur était plus profondément épris d'elle que l'amiral dont le retour approchait, plus même peut-être que le lieutenant de vaisseau Tudo, entré depuis longtemps dans le repos du Seigneur et de la mer. Puisque Francisco la trahissait, la vendait, il fallait lui faire comprendre ce qu'il perdait, et elle résolut de se faire payer cher. Sa large bouche aux dents éblouissantes esquissait un sourire radieux, son éventail ne décourageait pas, sans toutefois inviter, et elle voyait avec plaisir Francisco suivre, mécontent, les travaux d'approche de don Manuel.

Le page vint annoncer que le dîner était servi et on passa dans la salle à manger. Ici aussi les murs étaient couverts de tableaux, natures mortes et coins de cuisines de maîtres flamands, français, espagnols. Les bergers de Vélasquez s'affairaient autour d'un troupeau, Van Dyck détaillait une noce de Cana. On voyait aussi des volailles, des venaisons, des poissons et des fruits si savoureusement peints que l'eau en venait à la bouche. Le menu était choisi, sans abondance excessive : il y avait des salades, des gâteaux et des plats sucrés, du malaga et du xérès, du punch et des glaces. Pas de serviteurs, en dehors du page ; les hommes servaient les dames.

Don Manuel s'occupait beaucoup de Pepa. De son côté, doña Lucia avait attiré à elle Goya, tout en suivant le jeu du duc s'empressant auprès de la jeune veuve. A la façon dont il la regardait, chacun pouvait voir la passion qui l'animait, et doña Lucia s'en amusait fort.

— Je suis bien heureuse, confiait-elle à don Francisco tout en dégustant à petits coups sa glace. Cette pauvre Pepa, si jeune, seule dans la vie, sans appui et sans parents ! Elle a vaillamment résisté aux coups du sort, ne trouvez-vous pas ? Avec un calme surprenant.

Et, sans perdre de vue don Manuel, elle poursuivit :

— N'est-il pas étrange que ce soit votre portrait de Pepa qui ait attiré sur elle l'attention de don Manuel ? Vous bâtissez des destins, mon cher don Francisco. Avec votre pinceau, j'entends.

Goya croyait se bien connaître en femmes, mieux que quiconque. Et pourtant cette jolie Lucia, mince, si secrète, se moquait visiblement de lui. Que savait au juste Pepa de l'intrigue dont elle était le sujet ? Ces deux femmes ne faisaient-elles pas ensemble de lui des gorges chaudes ? Une rage secrète, profonde le secouait, mais il se contenait, répondait par monosyllabes.

— Vous êtes aujourd'hui de bien méchante humeur, don Francisco, dit-elle aimablement. Ne vous réjouissez-vous pas de la chance de Pepa ?

Au grand soulagement du peintre, l'abbé vint mettre fin à cet entretien si peu réjouissant.

Il avait à peine quitté Lucia que Pepa l'appela. Elle voulait un verre de punch. Don Manuel, devinant qu'elle voulait être seule avec Goya, s'écarta pour ne pas déplaire et alla se joindre aux autres.

— Suis-je bien ainsi ? demanda tout aussitôt Pepa coquette, et, sans transition : Je ne vais pas rester longtemps, reprit-elle. Dois-je aller chez toi ou t'attendre chez moi ?

Le visage de Goya montra sa surprise. Que voulait-elle donc ? Elle n'était pas assez bête pour n'avoir pas compris la raison de l'invitation. Ou bien Lucia n'avait-elle rien expliqué ? Peut-être était-ce lui le coupable de cet imbroglio ?

En réalité Pepa savait tout depuis longtemps, mais elle avait hésité à prendre sa décision. Tout au long des jours, elle s'était demandé pourquoi il ne parlait pas. Malgré son calme, elle s'irritait ce ce qu'il voulût si facilement renoncer à elle, que ce fût pour sa propre carrière ou simplement pour se débarrasser d'elle ou ne pas lui barrer la route. Son indécision même prouvait à quel point elle tenait à lui.

En dépit de sa vie mouvementée, elle était restée très simple. Elle avait coqueté et flirté, mais Felipe Tudo avait été le premier à entrer dans son lit. Plus tard, pendant son passage à la scène, serrée de près par des hommes attirés par l'attrait de la jeune veuve, elle s'était défendue plus souvent qu'elle n'avait cédé. Puis l'amiral était entré, toutes voiles dehors, dans sa vie, et cela lui avait donné plus de conscience de sa propre valeur. Mais la joie vraie, profonde, elle ne l'avait connue qu'avec Francisco Goya. Dommage qu'il ne l'aimât plus comme auparavant.

Apprenant de Lucia que le tout-puissant premier ministre brûlait de faire sa connaissance, elle avait immédiatement compris les avantages du chemin qui s'offrait à elle ; le rêve de ses romances, celui de châteaux splendides et d'une nuée de serviteurs respectueux, pouvait se réaliser. Son imagination lui avait dépeint ce qu'il pourrait en être si le duc d'Alcudia, l'amant de la reine, devenait le sien, et elle avait laissé sa duègne tricher aux cartes plus que jamais.

En tout cas, elle était décidée à rester l'amie de Francisco si celui-ci le voulait et n'avait pas encore changé d'avis.

Elle venait de lui poser nettement la question : « Dois-je aller chez toi ce soir, ou viendras-tu chez moi ? »

Il lui répondit en prenant la mine la plus stupide du monde.

— En as-tu donc trouvé une autre, Francho ? dit-elle encore. doucement.

Et comme il se taisait toujours :

— Suis-je devenue un fardeau pour toi ? Pourquoi me jettes-tu ainsi dans les bras du duc ?

Elle parlait doucement, à voix contenue, et les autres pouvaient croire à une conversation sans portée.

Elle éveillait son désir d'homme et son intérêt de peintre et — chose irritante — elle avait raison : il en avait trouvé une autre, sans la trouver vraiment ; cette autre femme était entrée de force dans sa vie, l'avait empoigné par le cœur et les sens, et c'était pour elle qu'il abandonnait Pepa au duc. Mais elle n'avait qu'en partie raison. Elle ne savait rien des circonstances du sacrifice qu'il acceptait, pour Jovellanos et pour l'Espagne. Une rage furieuse envahissait Goya. Pour un peu il l'eût battue.

Le regard d'Agustin Esteve allait de Pepa à Lucia pour revenir à Pepa. Il devinait. Francisco était dans la peine. C'était parce qu'il avait besoin de lui que Francisco l'avait amené avec lui et cela prouvait la profondeur de leur amitié. Pourtant Agustin tirait peu de plaisir de cette soirée. Isolé, perdu, il enviait à Francisco ses soucis.

Lucia avait fait apporter du champagne. Agustin, rompant avec ses habitudes, se mit à boire. A tour de rôle il vidait un verre de malaga qu'il n'aimait pas et une coupe de champagne qu'il n'aimait pas davantage. La tristesse l'envahissait.

Don Manuel, jugeant qu'il avait assez sacrifié à la correction, avait repris sa cour auprès de la veuve, ce qui n'était pas pour déplaire à Pepa. Elle s'était offerte sans ambages à Francisco ; elle s'était humiliée et, puisqu'il la dédaignait, eh bien, elle suivrait le chemin qu'il lui indiquait. Mais il en serait comme dans ses romances. Peut-être méprisée, elle ne sen élèverait pas moins au-dessus des autres. On l'admirerait. Ce grand seigneur ne la cueillerait pas sans payer le prix, un prix très lourd qu'il paraissait d'ailleurs prêt à accepter.

Pepa Tudo était amie de Lucia Bermudez et passait souvent des soirées chez elle, mais ne paraissait pas aux grandes réceptions. Elle avait assez de bon sens pour comprendre que la société n'admette pas dans son cercle la veuve d'un petit officier de marine. Mais cela allait changer. Acceptant une liaison avec le duc, elle ne serait pas sa petite amie mais sa maîtresse officielle, la rivale de la reine.

Don Manuel avait bu, et le champagne le brûlait autant que l'énervait le voisinage de la veuve. Pour se faire valoir, il lui demanda si elle montait à cheval. La question n'était pas de mise : seules montaient les femmes des grands d'Espagne et seules les familles les plus riches pouvaient y penser. Elle répondit, très à l'aise, que, dans son enfance il lui était arrivé de se déplacer à cheval dans les plantations de son père, mais qu'en Espagne elle n'était guère montée qu'à dos d'âne ou de mulet. Il lui faudrait, assura le duc, rattraper le temps perdu. Elle devait être adorable, en selle. Il se piquait, lui-même, d'être un cavalier passable.

Pepa sauta sur l'occasion :

— Toute l'Espagne, don Manuel, sait le cavalier que vous êtes, répondit-elle. Ne pourrais-je pas vous voir, un jour, en selle ? ajouta-t-elle.

Cette question, d'apparence innocente, était des plus hardies. Une étonnante prétention, même dans la bouche de la plus belle veuve de toutes les Espagnes ; car la reine et, souvent, le roi avaient l'habitude d'assister aux exercices équestres de don Manuel. Ce que Madrid disait, señora Tudo l'ignorait-elle ? Et le duc, dégrisé soudain, crut voir s'ouvrir devant lui une grande cage dans laquelle une belle bouche le priait d'entrer. Mais cette bouche était si attirante, ces yeux si verts et prometteurs qu'il comprit : dire non, reculer, c'était perdre cette femme splendide, ces cheveux roux, cette peau blanche au parfum enivrant. Sans nul doute, elle serait à lui, même s'il refusait de satisfaire son caprice ; mais il voulait davantage ; il la voulait près de lui, toujours, tout entière. Il toussa, but, toussa encore et dit :

— Mais oui, señora. Naturellement, doña Josefa. Je me ferai un honneur de monter sous vos yeux. La cour va partir pour l'Escurial. mais, un matin, votre dévoué serviteur Manuel Godoy reviendra à Madrid, dans sa maison de campagne. Pour quelques heures, il éloignera de lui les soucis des affaires de l'Etat et montera à cheval, pour vous, doña Pepa.

C'était la première fois qu'il usait de ce diminutif caressant.

En son cœur, Pepa Tudo triomphait et pensait à ses romances ; la réponse de don Manuel était aussi poétique qu'elles. Sa vie allait connaître de grands changements et aussi celle du duc. Celle de Francisco en connaîtrait certains, elle aussi. Pepa serait bientôt en état de rendre des services à Goya — ou de les lui refuser. Elle ne le priverait pas de son appui, mais — une lueur cruelle passa dans ses yeux verts — elle saurait lui faire sentir que c'était elle qui le poussait dans sa carrière.

Señor Bermudez voyait l'empressement de don Manuel auprès de Pepa et s'inquiétait. Il avait souvent vu le duc s'enflammer mais jamais encore aussi vite. Il fallait veiller à ce qu'il ne fît pas de sottises. Il se montrait trop sûr de la reine. Doña Maria-Luisa ne voyait pas d'inconvénients à ce qu'il tirât de temps à autre sur sa longe, mais elle n'était pas femme à admettre une liaison sérieuse de don Manuel, et cette intrigue avec la veuve Tudo ne semblait pas devoir être un de ces feux vite éteints. Quand la reine se fâchait, elle ne connaissait plus de limites ; elle était fort capable de battre en brèche la politique de don Manuel — c'est-à-dire celle de son premier secrétaire, don Miguel.

Pepa, satisfaite de la réponse du duc, inclinait aux confidences. Elle parlait maintenant de son enfance, des champs de canne à sucre et des esclaves, de son amitié avec la Tirana, la grande tragédienne, des leçons que celle-ci lui avait données.

En scène, déclara aussitôt don Manuel avec feu, elle devait être merveilleuse ; ses gestes mesurés et pourtant parlants, son visage expressif, sa voix pénétrante, tout prouvait au premier coup d'œil qu'elle était née pour le théâtre.

— Vous chantez aussi, j'en suis sûr, ajouta-t-il.
— Un peu, fit-elle.
— Ne pourrai-je pas vous entendre ? pria-t-il.
— Je ne chante que pour moi, murmura-t-elle et, devant la mine déçue du duc, elle ajouta de sa voix chaude : — Quand je chante pour quelqu'un, c'est un peu comme si je me donnais à lui.

Elle ponctuait sa réponse d'un regard appuyé.

— Quand chanterez-vous pour moi, doña Pepa ? implora-t-il à demi-voix.

Elle referma son éventail en signe de refus.

— Avez-vous déjà chanté pour don Francisco ? demanda-t-il, jaloux.

Et, devant son visage soudain durci :

— Pardonnez-moi, doña Pepa. Je ne voulais pas vous blesser, vous le savez. Mais... j'aime la musique. Je ne pourrais pas, je le sens, aimer une femme qui n'aurait pas la musique en elle, dans le sang. Je chante un peu moi-même. Permettez-moi de vous le prouver, implora-t-il.

On prétendait à Madrid que le plus grand bonheur de la reine était d'entendre chanter son favori. Mais, assurait-on aussi, don Manuel se faisait longtemps prier, avant de se rendre au désir de sa maîtresse, et encore refusait-il trois fois sur quatre. Intérieurement, Pepa était très fière d'avoir aussi complètement subjugué le duc, à la première entrevue, mais elle n'en laissa rien paraître qu'une amabilité de bonne compagnie :

— Lucia, ma chérie, s'écria-t-elle, le duc veut chanter pour nous !

La surprise fut générale.

Le page apporta la guitare, et don Manuel, jambes croisées, accorda l'instrument et chanta. D'abord, en s'accompagnant lui-même, la vieille romance sentimentale du garçon partant pour la guerre. « L'armée marche, s'éloigne, et Rosita, ma Rosita reste. » Il chantait bien, avec âme, d'une voix exercée.

— Encore, encore ! prièrent les dames flattées, et don Manuel détailla un couplet, une seguedilla bolera, l'histoire à la fois ironique et sentimentale du torero qui s'est couvert de ridicule dans l'arène et n'ose plus se montrer en public, sans parler d'affronter le taureau. Deux cents belles et élégantes Madrilènes, majas, petimetras, deux duchesses même se sont arraché les yeux pour lui et, maintenant, il lui faut s'estimer heureux quand une fille de ferme de son village l'admet sur sa paillasse. On applaudit fort, et don Manuel, tout souriant, reposa la guitare.

— Encore, encore ! s'écrièrent les dames.

Le ministre hésitait, tenté, et se déclara pour finir prêt à chanter une vraie tonadilla, mais il lui faudrait un compère et, ce disant, il regardait du côté de Francisco : Goya, qui aimait le chant et que le vin échauffait, se laissa convaincre. Le duc et le peintre se concertèrent à voix basse, et se mirent enfin à chanter, jouer et danser la tonadilla du muletier. L'homme couvre d'injures son client qui se fait toujours plus exigeant, pousse bête et conducteur, ne veut pas descendre dans les côtes et, au bout de la course, refuse chichement d'ajouter un cuarto à la somme convenue. Le mulet truffe la discussion et les bordées de jurons de ses cris bruyants, rendus à s'y méprendre tantôt par don Manuel et tantôt par Francisco.

Ils chantaient et dansaient avec entrain, le premier ministre et le peintre de Leurs Majestés très Catholiques. Ces deux seigneurs élégamment vêtus ne faisaient pas que jouer le muletier grossier et le voyageur avare : ils les étaient vraiment. Bien plus que premier ministre et peintre de la cour.

Les dames regardaient; l'abbé et don Miguel échangeaient à voix basse leurs impressions. Ce brio, cet entrain n'étaient pas sans faire naître en eux un peu d'un mépris souriant, celui de l'homme d'esprit pour le barbare qui, sans le savoir, s'amoindrit, s'avilit pour plaire aux femmes.

Manuel et Francisco, ayant assez chanté et sauté, s'arrêtèrent enfin, haletants, épuisés et ravis.

Et, à l'étonnement général, don Agustin Estève se produisit à son tour.

C'était la première fois de sa vie que le vin lui faisait perdre la clarté de sa raison. Aujourd'hui, pourtant, il avait bu plus qu'il ne le devait, et le savait. Furieux contre lui-même, il l'était encore plus contre les autres. Ces deux hommes, Manuel Godoy, qui se disait duc d'Alcudia, et sa ferblanterie sur son ventre, et Goya, qui gaspillait son art. Sortis de rien, la chance, insolente, les avait tirés de leur bassesse pour les élever jusqu'aux sommets, les accablait de richesses et d'honneurs, leur donnait la puissance, la gloire et les femmes les plus désirables. Et, au lieu de remercier humblement le Ciel, ne voilà-t-il pas qu'ils se rendaient ridicules, braillant et dansant en rond comme des porcs sous le couteau, en présence de la femme la plus parfaite du monde ! Ne fallait-il pas qu'il assistât, lui, Agustin, à cette dégradation, qu'il bût de ce champagne écœurant ! Oui, il aurait enfin le courage de dire ce qu'il avait sur le cœur à l'abbé et à don Miguel, cet âne savant, diplômé, incapable d'apprécier le trésor qu'il possédait en doña Lucia.

De sa voix sourde, Agustin se mit à parler de la science creuse de certains seigneurs de sa connaissance. Bavards impénitents, émaillant leurs phrases de citations grecques ou allemandes d'Aristote ou de Winckelmann. Quoi de plus facile quand on a eu assez d'argent et de temps pour étudier, quand on a pu, en col raide et en souliers à boucle, appartenir au « colegiales », quand on n'a pas dû, comme un Agustin, lutter ou mendier pour gagner son maigre pain quotidien ? Oui, ces messieurs avaient eu les vingt mille réaux qu'il fallait pour festoyer, pour aller aux arènes et obtenir son diplôme de docteur. « Et l'autre, qui n'est pas docteur tout en ayant dans son petit doigt plus de sens à lui tout seul que les quatre Facultés et toute l'Académie, il lui faut boire du champagne et peindre des chevaux sous les fesses de généraux vaincus. » Renversant son verre, respirant avec force, Agustin s'écroula.

— Notre ami Agustin vient de chanter sa tonadilla ! dit amicalement l'abbé.

— Ivre comme un garde suisse, commenta sans colère le duc.

Don Manuel comparait, non sans satisfaction, l'ivresse lourde et haineuse d'Agustin à la sienne propre, à sa douce chaleur. Il s'assit, verre en main, auprès de Goya pour ouvrir à son bon ami son cœur.

Don Miguel s'occupait de Pepa. Elle était vraisemblablement appelée à avoir, pendant quelque temps, une certaine influence sur le duc, et il était politique, dans l'intérêt de l'Espagne et du Progrès, de s'en faire une amie.

Don Diego s'était assis auprès de doña Lucia. Il croyait bien connaître l'âme humaine. Cette femme avait beaucoup vécu ; elle devait être blasée : elle touchait au but. La gagner serait difficile. Mais savant, philosophe et théoricien, il avait son système, sa stratégie. Si parfois on voyait inopinément paraître sur les lèvres de doña Lucia un sourire où se devinait le mépris, c'est qu'elle n'oubliait pas sa naissance et en était fière. Elle venait d'une couche inférieure et n'oubliait pas qu'en cela même résidait sa force. Majas et majos de Madrid ne le cédaient à personne, se jugeaient de sang pour le moins aussi pur que les grands. L'abbé voyait en dame Lucia Bermudez une révolutionnaire cachée qui avait joué son rôle à Paris, et c'est là-dessus qu'il bâtissait son plan.

Don Miguel entretenait-il sa femme des affaires de l'Etat et s'y intéressait-elle ? Il l'ignorait, mais fit comme si, de son estrade, de son salon, elle menait les destinées de l'Espagne. Les premiers pas vers la paix avec la France n'avaient pas éveillé d'écho : Paris restait méfiant. N'était-il pas possible d'espérer qu'un homme d'Eglise, bien vu de l'Inquisition, et une femme élégante qui avait un des premiers salons d'Europe pourraient agir à la fois plus librement et plus efficacement que les hommes d'Etat de la cour de Madrid ? Don Diego laissa entendre qu'il avait à Paris une certaine influence, et la possibilité de toucher certaines personnes d'abord difficile. Prudemment, avec force compliments, il lui demanda conseil et lui offrit alliance. Lucia, intelligente, comprit fort bien que son but était purement politique. La confiance de cet homme instruit et discret ne l'en flatta pas moins, et le rôle difficile et subtil qu'il lui proposait la séduisit. Pour la première fois, elle le regarda avec intérêt.

Elle se dit bientôt lasse ; il était tard et elle tenait à dormir longtemps. Elle se retira, emmenant avec elle Pepa qui voulait s'apprêter.

Don Manuel et Goya restèrent, sans rien voir de ce qui se passait autour d'eux. Ils buvaient et ne s'occupaient pas des autres.

— Je suis ton ami, Francho, assurait le duc au peintre, ton ami et ton protecteur. Nous, grands d'Espagne, avons toujours protégé les arts, et j'ai le sens artistique. Tu m'as entendu chanter. Nous sommes du même moule, toi et moi, le peintre et l'homme d'Etat. Tu es fils de paysans aragonais, n'est-il pas vrai ? Cela se reconnaît à ton accent. Je suis de mère noble, mais, entre nous, je suis, moi aussi, d'origine paysanne. J'ai réussi et je ferai de toi un grand personnage, tu peux en être certain, mon Francho. Nous sommes des hommes, toi et moi. Des hommes, il n'y en a plus beaucoup dans ce pays. « L'Espagne produit des grands hommes mais elle les use vite », comme le dit le proverbe, et c'est bien vrai. C'est la faute des guerres qui les mangent. Toi et moi, nous avons été épargnés, et c'est pour cela que les femmes se querellent pour nous. Il y a à la cour cent dix-neuf grands d'Espagne et seulement deux hommes, toi et moi. Mon père m'appelait, non sans raison, son petit taureau. Mais le toréador qui me fera plier les genoux n'est pas encore né. Ecoute, mon Francho : ce qu'il faut dans la vie, c'est de la chance, et tout le monde n'en a pas. La chance, c'est un don, une partie de soi comme le nez, la jambe ou le cul; on l'a ou on ne l'a pas. Tu me plais, Francho. Tu n'as pas affaire à un ingrat, et tu m'as rendu un grand service : sans toi, sans ton portrait, aurais-je remarqué cette jolie veuve ? Qui sait si, sans ton pinceau, j'aurais deviné en elle la déesse ? Où est-elle donc ? Tiens, elle est partie ! Ça ne fait rien, elle reviendra. J'ai la chance, te dis-je. La señora Josefa Tudo, c'est tout à fait ce qu'il me faut. D'ailleurs, tu le sais bien; ce n'est pas la peine que je te le dise. Intelligente et instruite : elle parle français. Et ce n'est pas tout : c'est une artiste, une amie de Tirana. Des manières avec ça, de la retenue. Une grande dame, quoi ! Et c'est si rare ! Quelle musique est en elle, je ne le saurai qu'après l'avoir approchée. Mais un jour viendra, une nuit plutôt. Cette nuit, peut-être... qu'en penses-tu ?

Goya écoutait non sans mépris, mais non sans sympathie pour l'ivrogne qui lui dévoilait son âme, lui livrait sa vérité la plus intime. Et du milieu de son ivresse, Manuel se sentait sûr de lui, Francisco, le tenait pour son ami, se proclamait le sien. Tout s'enchaînait étrangement. Voulant faire rappeler Jovellanos d'exil, il s'était résolu à payer le prix, à renoncer à Pepa, et don Manuel, maître tout-puissant de l'Espagne, était devenu son ami. Dès lors, il n'aurait plus besoin de Bayeu, son beau-frère, ce pédant prétentieux. Bien plus, il était sûr maintenant de devenir premier peintre de la cour, en dépit de toute opposition. Evidemment, il ne fallait pas braver le sort, et don Manuel était téméraire de parler ainsi. Francisco, lui, n'était pas téméraire. Il savait les forces obscures qui entourent chacun. En pensée, il se signa. Le vieux proverbe lui revenait à la mémoire : « Le bonheur a le pied vif mais le malheur a des ailes. » Bien des choses pouvaient survenir avant qu'il fût nommé premier peintre de la cour. Pour le reste, don Manuel avait raison : ils étaient tous deux des hommes. Quant à lui, Goya, un seul bonheur comptait que ne lui donnerait pas un parchemin scellé aux armes royales : ce bonheur avait un mince visage ovale et bruni, de petites mains d'enfant. Il l'aurait longtemps attendu, mais, enfin, on l'avait invité à Moncloa, au palais Buenavista, et le billet, c'était *elle* qui l'avait écrit, de sa propre main.

Don Manuel s'interrompit soudain. Pepa revenait, fardée de frais.
Les bougies avaient brûlé jusqu'aux bobèches. L'air sentait le vin

éventé. Le page, écrasé de fatigue, dormait à moitié sur sa chaise. Agustin ronflait, couché devant la table, sa grosse tête sur son bras. Don Miguel laissait voir sa fatigue. Seule, Pepa, nonchalante à son ordinaire, semblait fraîche.

Señor Bermudez voulut allumer de nouvelles bougies, mais don Manuel, dégrisé soudain, le retint.

— Ne vous donnez pas cette peine, don Miguel, s'écria-t-il. Il n'est de belle fête qui ne doive avoir une fin.

Allant à Pepa, d'un pas étonnamment vif, il s'inclina très bas devant elle.

— M'accordez-vous l'honneur de vous reconduire, doña Josefa ? dit-il doucement.

Et Pepa, jouant de l'éventail, son regard vert posé sur le duc :

— Je vous remercie, don Manuel, murmura-t-elle, baissant le front.

8

Quelques jours plus tard, un visiteur inattendu entra dans l'atelier où Goya travaillait sans entrain au portrait de don Manuel : don Gaspar Jovellanos. Le ministre avait tenu parole.

Le maigre visage d'Agustin se colora de joie et de respect à la vue du célèbre homme d'Etat. Goya lui-même se sentit à la fois honteux et fier que le grand homme, à peine rentré à Madrid, vînt le remercier.

— Jamais, tout au long de mon exil, déclara don Gaspar, je n'ai douté, un instant, de revoir Madrid. Je savais que mes adversaires seraient contraints de me rappeler. Le progrès est plus fort que la tyrannie. Mais, sans votre intervention, don Francisco, j'aurais pu, je l'avoue, attendre encore longtemps. C'est une grande consolation que de voir un ami risquer un mot courageux dans l'intérêt de la patrie. Elle est plus grande encore quand cette parole vient d'un homme dont, à dire vrai, on n'attendait rien. Acceptez mes remerciements, don Francisco.

Il parlait avec noblesse, et son visage osseux et sévère restait sombre. Pour finir, il s'inclina.

Les grands mots dont on usait volontiers dans les cercles libéraux gênaient Goya, qui répondit vaguement aux phrases redondantes de son visiteur. Puis il le félicita, plus vivement, de respirer la santé et la force.

— Oui, répondit Jovellanos sans se dérider, mes ennemis se sont trompés s'ils ont cru que je me laisserais abattre par le chagrin de l'exil. J'aime mes montagnes. J'ai couru, chassé, lu ; bref, j'ai bien vécu.

— On dit, intervint respectueusement Agustin, que vous avez profité de vos loisirs pour écrire plusieurs ouvrages de poids ?

— Oui, répondit Jovellanos, j'ai jeté certaines de mes idées sur le papier. Ce sont des essais sur la philosophie et l'économie politique De proches amis ont jugé mes écrits assez importants pour les faire passer en Hollande. Mais rien, ou presque rien, n'a atteint Madrid.

— Ici, vous vous trompez, je crois, don Gaspar, dit Agustin souriant et ému. Je vous citerai un manuscrit, court mais dont chaque mot porte, qui a pour titre : *Du pain et des jeux*. Son auteur serait un certain don Candido Nocedal, mais quiconque a lu une œuvre de Jovellanos sait qui est ce Nocedal. Il n'est, en Espagne, qu'un homme pour écrire ainsi. Bravant l'Inquisition, nos Madrilènes l'ont copié et recopié, et le savent par cœur.

Et, citant :

« Madrid a plus d'églises et de chapelles que de maisons, plus de prêtres et de moines que de laïcs. A chaque coin de rue s'étalent de fausses reliques ou des récits mensongers de prétendus miracles. Notre religion est toute d'apparence, et les confréries ont tué la fraternité. Nous allons chaque mois à confesse mais nous nous enfonçons chaque jour plus bas dans nos vices. Nous ne craignons pas le Jugement Dernier mais seulement les prisons de l'Inquisition. »

— Don Candido Nocedal a raison, dit Jovellanos souriant d'un air satisfait.

La crainte envahissait Goya, et la colère envers Agustin qui parlait ainsi sous son toit. Le peintre n'aimait pas l'Eglise, mais semblables discours étaient dangereux. C'était risquer les foudres de l'Inquisition, braver le sort. Tourné vers la Vierge d'Atocha, il se signa.

Jovellanos se confiait maintenant, évoquait des souvenirs de son passé politique, contait les ruses auxquelles il avait dû recourir pour imposer ses réformes et le progrès. Il avait un jour interdit de jeter les ordures dans les rues de Madrid. Sur quoi ses adversaires avaient prétendu, attestations médicales en main, que l'air de la ville, trop léger, provoquerait de graves épidémies s'il n'était pas épaissi par les vapeurs des déchets de la vie. Jovellanos avait dû s'appuyer sur les avis d'autres médecins estimant que les fumées et la suie des établissements industriels créés par ses soins viendraient épaissir à souhait l'atmosphère de Madrid.

— De notre temps, clamait-il, nous avons amélioré le sort des classes inférieures en réduisant les impôts. Nous avons voulu qu'un enfant sur huit au moins puisse fréquenter l'école. Le régime actuel a tout bouleversé. Ces grands seigneurs et ces grandes dames n'ont pas compris que les dilapidations de Marie-Antoinette ont été une des causes majeures de la Révolution. Ils entretiennent des favoris, élèvent des chevaux arabes au lieu de renforcer l'armée. Nous voulions l'instruction et le bien-être, ils sèment l'ignorance et la misère. Sous notre égide, les couleurs du drapeau espagnol étaient le jaune et le rouge. Ils en ont fait de l'or et du sang.

Tout en parlant, Jovellanos faisait le tour de l'atelier et examinait avec soin tableaux et esquisses.

— Je vous dois de la reconnaissance, don Francisco, reprit-il après un long silence, et aussi la franchise. Vous êtes un maître, assurément. L'égal de Bayeu et de Maella et peut-être leur supérieur. Mais vous jouez trop avec la vérité, avec la couleur, au détriment de la ligne. Vous gâtez votre talent. Prenez donc David en modèle. Un David nous serait bien utile à Madrid. Le spectacle de la cour et de sa pourriture l'enflammerait de colère. Il ne peindrait pas de jolies femmes mais Zeus et ses foudres.

« Quel vieux fou ! » pensa Goya, qui répliqua sans cacher la raillerie :

— Dois-je faire votre portrait, don Gaspar ?

— Il est regrettable que vous ne preniez pas mes avis au sérieux, rétorqua Jovellanos se contenant à peine. Je ne plaisante pas, je vous l'assure. Politique à part, rien n'est plus près de mon cœur que l'art. Les dons artistiques soutenus par la passion politique pourraient mener un homme au faîte. Un David, dans ce pays, ne serait pas moins utile qu'un Mirabeau.

Le visiteur parti, Francisco haussa les épaules et la colère bouillonna en lui. Ainsi donc, il lui faudrait tolérer en silence les pédantes stupidités de ce balourd !

— On aurait bien dû le laisser dans ses montagnes ! s'écria-t-il en se tournant vers Agustin. D'abord, c'est de ta faute ! C'est toi, ce sont tes yeux pleins de fanatisme stupide et de reproches qui m'ont fait dire oui. Et me voilà embarrassé, pour longtemps, de ce pédant ridicule et coriace. Ma palette sèche rien qu'à sa vue.

— Ne parlez donc pas ainsi ! s'écria Agustin sortant de son silence. Don Gaspar a eu tort, évidemment, de vous comparer à David. Mais il a raison en souhaitant que l'art, en Espagne, devienne politique, et vous devez l'avouer.

Il s'attendait à des cris, mais Goya, méprisant, gardait son calme.

— Beau prêcheur, en vérité, que celui qui, en une heure de bon travail, vous campe une croupe de cheval ! Ils ont les fesses politiques, tes chevaux ? Le David de l'Espagne ! Quel âne ! Deviens-le, toi, don Agustin Esteve ! Ton talent te le permet.

Agustin, son grand front baissé et têtu, se défendait pied à pied.

— Ecoutez-moi, don Francisco. Oui, c'est à toi que je parle, Francho, à vous, monsieur le peintre de la cour et membre de l'Académie. Don Gaspar a mille fois raison. Tu ne sais peindre que la viande, don Francisco Goya, et, malgré tes dons que tu galvaudes, il y a plus d'idée et de sens politique dans mes fesses de chevaux que dans les faces lubriques de tes grandes dames. Tant que tu resteras lâchement neutre, toute ta peinture ne sera qu'ordure.

Son doigt se tendait vers le portrait de don Manuel.

— Regarde-le, celui-là, si tu l'oses ! Une honte ! Qué verguenza ! Depuis huit jours que tu barbouilles cette toile, qu'en as-tu fait ? Rien, et tu le sais. Oh ! de belles couleurs sur un bel uniforme chamarré, mais le visage est vide. Tout est vide ! De la peinture, ça ? Une déjection ! Et pourquoi ? Parce que tu veux beau ton Manuel. Ton ministre, il est du même bois que toi, il crève du désir de plaire et soigne sa réputation. C'est pour cela que tu ne te risques pas à le peindre tel qu'il est. Tu as peur de la vérité, de la sienne comme de la tienne. Tu n'es qu'un barbouilleur.

C'en était trop. Avançant sa grosse tête paysanne et léonine, Goya marchait sur son aide, pour s'arrêter devant lui, les poings crispés. Le dernier mot qu'il eût compris avait été l'exclamation d'Agustin : Qué verguenza ! Puis une nuée rouge sombre de fureur l'avait enveloppé, avait enflammé son cerveau et ses oreilles. Il n'entendait plus.

— Dehors ! rugit-il. Va retrouver ton Jovellanos ! Peins-le ! Peins-le comme ton David peint Marat dans sa baignoire, assassiné ! Va-t'en, te dis-je ! Pour toujours !

Ce qu'Agustin répondit, Francisco ne le perçut pas. Il ne vit que remuer ses lèvres. Il voulut se jeter sur lui, mais l'autre sortit de son pas maladroit et raide.

9

Francisco Goya avait fait le portrait de bien près de la moitié des cent dix-neuf grands d'Espagne. Il connaissait leurs faiblesses, leurs petitesses et se conduisait avec eux comme avec ses égaux. Pourtant, sur la route qui le menait à Moncloa, chez la duchesse d'Albe, il sentait la timidité l'envahir, aussi forte que celle qu'il avait connue lorsque, très jeune encore, il avait dû comparaître devant le comte Fuendetodo, le tout-puissant propriétaire des terres que travaillait son père.

Il se moquait doucement de lui-même. Que pouvait-il craindre et qu'espérait-il ? Il allait voir une femme qui lui avait fait des avances. Sur ce point, aucun doute n'était possible. Mais pourquoi s'était-elle tue si longtemps ?

Elle avait été très occupée ces derniers temps, c'était vrai. On parlait beaucoup d'elle, en ville; de ce qu'elle faisait ou non. Où qu'il se trouvât, il devait s'attendre à ce qu'on prononçât son nom, ce nom à la fois redouté et chéri.

Un nom qui faisait autant d'effet dans les tavernes des majos et majas que dans les salons des grands.

On l'insultait, la maudissait, tout en étant ravi que la descendante de l'homme le plus sanguinaire d'Espagne, le maréchal d'Albe, soit radieusement belle, si enfantine, si fière et capricieuse. Et puis, n'était-elle pas la rivale de la reine, de l'Italienne, cette étrangère ?

De fait Cayetana d'Albe n'était ni moins hautaine ni moins extravagante que la reine ; elle avait, elle aussi, des caprices coûteux sans qu'on pût la dire plus vertueuse. Mais quand Costillares le toréador faisait hommage du taureau à la reine, on se taisait, et quand il l'offrait à l'Albe, toute l'arène clamait sa joie.

Le nouveau palais était petit ; seuls avaient été conviés les membres de la plus haute noblesse, et Francisco était fier et heureux de l'invitation. Mais Cayetana était aussi changeante que le temps ; peut-être n'y pensait-elle plus. Comment l'accueillerait-elle ? Porterait-elle son éventail ? Serait-il pour elle señor Goya, ou don Francisco, ou Francisco tout court ?

Le carrosse avait franchi la grille de Buenavista et montait la rampe. La façade s'élevait, fière. La grande porte s'ouvrit, démasquant l'escalier aux courbes nobles. Goya le gravit, le cœur battant, derrière le maître de cérémonies, entre deux haies de laquais. Son nom le précédait, chuchoté de bouche en bouche : « Señor de Goya, peintre du roi. »

Et Francisco, surpris, put voir que l'intérieur du petit château s'opposait hardiment au style classique et sévère de sa construction. Tout y respirait ce luxe léger conçu par la cour de France de la génération précédente, celle du roi Louis XV et de la Dubarry. La maîtresse de céans voulait-elle prouver qu'elle était à la fois l'héritière du nom le plus fier et le plus redouté d'Espagne et une partisane de la vie galante de l'ancienne aristocratie française ?

La duchesse avait cependant pendu aux murs de son palais des toiles très différentes de celles qui décoraient habituellement les nobles demeures de France : rien de Boucher ni de Watteau, rien de ce qui aurait pu évoquer les gobelins de Goya ou de son beau-frère Bayeu. On n'y voyait que des tableaux des grands maîtres espagnols, le portrait sévère et sombre d'un grand d'Espagne de la main de Vélasquez, un saint de Ribera, un moine fanatique de Zurbaran.

Sous ces tableaux, les invités, fort peu nombreux, avaient pris place. Douze grands seigneurs qui avaient le droit de rester couverts devant le roi, et leurs femmes. On voyait aussi parmi eux l'éternel débiteur de Goya, M. de Havré, envoyé des enfants royaux de France et du régent, assez pauvrement vêtu, et sa fille, Geneviève, maigre et jolie. Don Diego, l'abbé, était là et aussi un bel homme blond aux traits fortement accentués. Avant même toute présentation Goya sut son nom : c'était le docteur Peral, ce médecin tant haï de lui, ce barbier. Mais qui donc arborait cette mine sombre et fière, vertueuse, antithèse vivante du luxe affecté qui l'entourait ? Oui, c'était don Gaspar Jovellanos, l'adversaire de l'Eglise et du Trône, celui qu'on venait, à contre-cœur, de rappeler d'exil, et auquel le roi n'avait pas encore permis de venir lui baiser la main, en signe de reconnaissance. Folle audace, de la part de doña Cayetana, de l'avoir invité alors qu'elle attendait la venue de Leurs Majestés Catholiques. Don Gaspar s'était assis à l'écart, et Goya eut l'impression que la petite chaise dorée allait s'écraser sous le poids d'une telle dignité.

Le duc d'Albe et sa mère, la marquise de Villabranca, recevaient les invités. Le duc donnait des marques d'animation. « Vous aurez ce soir une petite surprise, mon cher », glissa-t-il à Goya auquel l'abbé expliqua que la duchesse avait l'intention d'inaugurer la salle de théâtre de Buenavista en y donnant un concert de musique de chambre, au cours duquel le duc en personne jouerait. Cela n'intéressait pas Goya. Il était nerveux et s'étonnait de ne pas voir la maîtresse de maison. L'abbé, encore une fois, lui donna la réponse. On ne pouvait pas faire le tour de la maison avant l'arrivée de Leurs Majestés, mais doña Cayetana n'avait pas l'intention d'attendre qui que ce fût, même le couple royal. Un veilleur la préviendrait de sa venue et elle ferait son entrée dans la salle presque en même temps que Leurs Majestés.

Et soudain, elle parut. Bien souvent déjà Francisco avait refréné son émotion à sa vue, mais il en fut, cette fois-ci, comme il en avait été le jour où il l'avait aperçue sur son estrade. Tout ce qui n'était pas elle, seigneurs et grandes dames, ors et soies, tableaux, miroirs et lustres, tout disparut et il n'y eut plus qu'elle. Très simplement vêtue d'une robe blanche sans aucun ornement, telle qu'on devait en porter à Paris dans les salons républicains. Pas un bijou. Ses cheveux libres tombaient en un flot sombre sur ses épaules nues.

Goya la dévorait des yeux. Sans souci des autres qui avaient le droit de la saluer avant lui, il allait s'approcher quand vint de l'escalier l'annonce répétée : « Leurs Majestés Catholiques ! » L'assistance se forma sur deux rangs, et Cayetana s'avança vers ses hôtes.

Le maître des cérémonies, frappant le sol de sa canne, clama une dernière fois : « Leurs Majestés Catholiques et Son Altesse le duc d'Alcudia ! » Charles IV parut, majestueux, en un habit rouge brodé d'argent, cravaté de la Toison d'or et le ventre barré d'un large grand cordon ; son tricorne sous le bras, il tenait à la main une canne, et son lourd visage coloré, au nez charnu, aux grosses lèvres, au front un peu fuyant et dégarni s'efforçait visiblement à la dignité. A côté de lui, à un pas en arrière, emplissant la large porte à deux battants de son énorme crinoline, couverte de bijoux comme une châsse, un vaste éventail aux doigts, venait doña Marie-Louise de Parme, reine d'Espagne. Gigantesques, les plumes de sa haute coiffure affleuraient le cintre de la porte. Derrière elle venait don Manuel, un léger sourire aux lèvres.

Pliant respectueusement le genou, Cayetana baisa d'abord la main du roi, puis celle de la reine. Celle-ci, cachant mal sa surprise, examinait de ses petits yeux vifs et noirs la robe très simple dans laquelle la fière duchesse osait recevoir Leurs Majestés.

Le cercle se fit, et Gaspar Jovellanos, le rebelle, s'y joignit. Le roi, qui avait l'esprit lent, ne le reconnut pas aussitôt. Puis, toussotant :

— Il y a longtemps qu'on ne s'est pas vus. Comment va-t-on ? Vous avez une mine superbe.

La reine, par contre, ne put pas immédiatement cacher sa pénible surprise ; puis, se disant qu'après avoir rappelé cet homme le mieux était de tirer parti de sa science financière, elle se laissa baiser la main.

— En ces temps difficiles, señor, dit-elle, notre pauvre pays a besoin de tous les dévouements. Aussi avons-nous résolu, le roi et moi, de vous donner l'occasion de nous montrer le vôtre.

Elle parlait haut, d'une voix assez agréable, afin que tous pussent admirer l'habileté avec laquelle elle se tirait d'un mauvais pas.

— Je vous remercie, Madame, riposta Jovellanos de sa plus belle voix d'orateur qui portait aux quatre coins de la grande salle. Je veux seulement espérer que je ne me suis pas rouillé au cours de ma longue inaction forcée.

« Tu me paieras tout cela », pensa Maria-Luisa, maudissant la duchesse.

On visita la maison.

— C'est très joli, très agréable, dit le roi sans arrière-pensée.

La reine, de son côté, relevait d'un œil exercé les mille riens charmants et coûteux de cette installation. Désignant du doigt les toiles de maîtres qui tranchaient, étrangement sévères, sur ce luxe raffiné :

— Vous avez là de bien drôles de choses, ma chère, dit-elle. Si j'étais à votre place, ces tableaux me feraient froid dans le dos.

Dans la salle de spectacle, les grands, d'ordinaire si réservés, poussèrent des cris d'admiration. Somptueuse et discrète à la fois, la salle bleue et or étincelait à la lumière d'innombrables bougies. Loges et fauteuils, faits des matières les plus rares, invitaient doucement au repos, mais les pilastres qui supportaient le balcon se chargeaient d'antiques bêtes héraldiques prouvant à chacun qu'il était l'invité d'une grande dame sur la tête de laquelle s'unissaient les titres des sept plus grandes familles d'Espagne.

Enfin la minute vint que le duc d'Albe attendait depuis des semaines, fiévreusement. Le maître des cérémonies pria tout le monde de s'asseoir, pendant que paraissaient sur la scène le duc, sa belle-sœur doña Maria-Theresa et la petite Geneviève, la fille de M. de Havré. La belle-sœur du duc, belle femme aux cheveux noirs, écrasait de sa carrure ses compagnons ; mais elle jouait du plus petit instrument des trois, de la viole. Geneviève, mince et fragile, un peu pauvre de corps et de vêtements, prit place devant son grand violoncelle. Quant au duc, il jouait d'un instrument qu'on voit et qu'on entend de moins en moins, un baryton, une « viola di Bordone », sorte de violon qu'on tient sur le genou, pourvu de nombreuses cordes, pas très grand, aux notes basses et riches.

Les trois artistes accordèrent leurs instruments, s'adressèrent un signe de tête et commencèrent un divertissement de Haydn. Doña

Maria-Theresa jouait de sa viole avec une calme assurance, Geneviève s'affairait à son gros violoncelle, les yeux grands, non sans timidité. Mais le duc, d'ordinaire si froid et si réservé, s'animait, et ses doigts courant sur les cordes prenaient vie. Ses beaux yeux mélancoliques brillaient, son corps, si souvent guindé, s'abandonnait, se balançait au chant qu'il tirait de son instrument. Emue et ravie, la vieille marquise de Villabranca, sans quitter des yeux son cher fils, se pencha vers Goya, assis à côté d'elle :

— N'est-ce pas un artiste, mon José ? lui dit-elle.

Mais le peintre ne voyait et n'entendait qu'à moitié. Il n'avait pas encore dit un mot à Cayetana et ne savait même pas si elle l'avait remarqué.

La musique plut et les louanges furent sincères qu'on adressa au duc souriant, épuisé. Le roi lui-même, oubliant que don José, rebelle à son désir, avait maintes fois refusé sous des prétextes transparents de faire partie de son quatuor, se força à quelques mots aimables. Et debout, écrasant de sa masse le premier grand d'Espagne :

— Vous êtes un véritable artiste, don José, déclara-t-il. Cela convient assez mal à votre rang, mais je dois confesser que devant votre baryton je fais triste figure avec mon modeste violon.

La duchesse expliqua que la scène appartenait à ses invités. L'un d'eux voulait-il l'essayer ? La reine, à voix contenue que chacun pourtant pouvait entendre, dit aussitôt :

— Eh bien, don Manuel ? N'allez-vous pas nous chanter une de vos romances ? Une seguedille, peut-être ?

Don Manuel hésita un bref instant. Puis, très courtisan, répondit que ses pauvres talents seraient déplacés devant une telle assistance, après semblable manifestation d'art. Doña Maria-Luisa insistait :

— Ne faites pas de façons, don Manuel, dit-elle.

Et ce n'était plus la reine qui parlait mais la femme qui veut prouver à ses amis les talents de son amoureux. Don Manuel, cependant — peut-être pensait-il à Pepa — n'était pas d'humeur à se laisser produire.

— Je vous supplie, madame, de me croire, répliqua-t-il. Je ne suis pas en voix ce soir et ne chanterai pas.

Réponse brutale, déplacée dans la bouche d'un grand parlant à sa souveraine, d'un cortejo à sa dame, surtout en public. Un silence tomba, qu'avec tact la duchesse d'Albe vint rompre après n'avoir joui que quelques secondes de la défaite de la reine. On prit place pour dîner.

Goya était à la table de la petite noblesse, avec Jovellanos et l'abbé. C'était tout naturel et cependant, de fâcheuse humeur, il parla peu et mangea beaucoup. Il n'avait pas encore pu approcher la duchesse. A la fin du dîner, Francisco alla s'asseoir dans un coin, tout seul. A la colère avait succédé une sorte d'abattement.

— Vous m'évitez, ce me semble, don Francisco, dit soudain une voix un peu dure qui l'émut pourtant plus profondément que ne l'avait fait la musique du maître autrichien. Vous disparaissez pendant des semaines, reprit la duchesse, puis vous me fuyez.

Elle le regardait amicalement, jouant de son éventail.

— Asseyez-vous près de moi, commanda-t-elle. J'ai eu peu de temps ces dernières semaines, reprit-elle. J'ai dû installer cette maison. La cour part pour l'Escurial et je devrai la suivre. Mais, dès mon retour, il faudra que vous fassiez mon portrait, à votre nouvelle façon. Le monde entier en parle et s'extasie.

Goya s'inclina, muet.

— Vous ne m'avez rien dit de cette maison, continua-t-elle. Vous n'êtes pas poli. Et que pensez-vous de mon petit théâtre ? Rien, naturellement. Ce qu'il vous faut, c'est une scène pour des spectacles masculins grossiers, des femmes avec beaucoup de poitrine et des voix rauques. Cela me plaît aussi, parfois. Mais ici, je voudrais autre chose : des comédies légères, hardies, élégantes. Que penseriez-vous de *On ne joue pas avec l'amour*, de Calderon ? A moins que vous ne préfériez *la Fille de Gomez Arias* ?

Un bourdonnement confus emplissait les oreilles de Francisco, de brèves lueurs l'éblouissaient. *La Fille de Gomez Arias,* c'était cette comédie où un homme, amoureux d'une fille, l'enlève, puis, s'en lassant, la vend aux Maures. Francisco se sentait défaillir. La duchesse était au courant de l'intrigue de don Manuel et de Pepa. Elle se moquait de lui. Balbutiant quelques mots, il se leva, s'inclina et s'éloigna.

Furieux. Ces railleries, il se les répétait, les soupesait. Ce Gomez, le personnage de la comédie, était un coquin, sans conteste, mais un coquin de grande envergure, chéri de toutes les femmes. Ce que venait de dire la duchesse prouvait que Francisco avait toutes les raisons d'espérer la conquérir. Mais il ne se laisserait pas manœuvrer ; il n'était pas un petit garçon dont on se joue.

Don Manuel vint s'asseoir près de lui et l'arracher à ses pensées moroses. Il était ravi de son attitude devant la reine, sous les yeux de la duchesse.

— Je ne me laisse pas forcer la main, déclara-t-il. Par personne. Je chante quand cela me plaît et pour ceux qui peuvent me comprendre. Pas pour ces gens-là. Je suis aussi noble qu'eux, je l'admets, j'appartiens à leur monde, mais quelle bande ! Nous nous enflammons facilement, Francisco, l'un comme l'autre, mais, entre nous, des femmes qui sont ici, ce soir, combien en est-il que vous voudriez avoir dans votre lit ? Je n'en vois pas cinq. Cette petite Geneviève est bien gentille mais c'est une enfant, et je ne suis pas assez vieux pour trouver mon plaisir avec des petites filles. Je me passerais aussi parfaitement bien de notre hôtesse. Pour moi, elle est trop compliquée, trop prétentieuse. Encore une à laquelle il faudrait faire la cour des mois pour arriver à ses fins. Très peu pour moi. Je n'aime pas les préludes trop prolongés. J'aime que le rideau se lève sans attendre.

Goya écoutait, acquiesçait, amer. Don Manuel avait raison ; cette femme n'était qu'une poupée. Il avait assez d'elle, il l'arracherait de son cœur. Il ne pouvait songer à partir avant Leurs Majestés, mais il sortirait sur leurs talons, oubliant à jamais Buenavista et sa maîtresse, aussi folle que son château ridicule.

Pour tuer le temps, il s'approcha de deux dames qui s'étaient montrées sur la scène. On parlait musique, et le docteur Peral, le médecin, traitait doctement du baryton dont la mode passait malheureusement chaque jour davantage, et de señor José Haydn, le compositeur autrichien qui avait beaucoup écrit pour cet instrument.

— Est-il au monde un sujet sur lequel vous ne sachiez pas tout, monsieur le docteur ? dit Cayetana survenant.

Dans sa voix un peu dure, Goya crut déceler une intonation caressante, une nuance d'intimité avec le médecin, qui décupla sa rage. Gardant son calme — non sans peine — il conta l'histoire du jeune homme qui était, par un moyen très simple, parvenu à se tailler dans les salons une réputation bien assise de savant. De fait, il ne connaissait guère que trois choses : il pouvait citer une phrase des œuvres de saint Hieronyme, assurer doctement que Virgile n'avait fait ses héros pleurards et superstitieux que pour plaire à l'empereur Auguste qui était l'un et l'autre, ou parler avec assurance de la composition du sang du dromadaire. Son renom d'homme remarquable ne se basait sur rien d'autre.

Un petit silence de surprise tomba.

— Qui est ce gros monsieur ? demanda à demi-voix le docteur Peral qui reprit, après un petit sourire accusé : Le savoir humain n'est fait que de fragments, c'est exact. Dans ma profession, par exemple, le médecin ne sait rien, ou presque, dont il soit certain. On ne relève guère en médecine que quatre ou cinq cents faits hors du doute. Par contre, on emplirait toute une bibliothèque de ce qu'il ignore, de ce qu'il ne peut pas savoir.

Le médecin avait parlé sans prétention, avec la supériorité de l'homme de science remettant à sa place un ignorant.

La vivacité de l'attaque de Goya amusait la duchesse. Elle voulait lui montrer sa puissance sur les hommes. Sans transition, elle se tourna vers le duc d'Alcudia :

— Je comprends, don Manuel, lui dit-elle aimablement, que vous ayez refusé de monter sur la scène, tout à l'heure. Mais ici, entre nous... Chantez-nous donc une chanson, don Manuel. Faites-nous ce plaisir !

— Excellente idée, appuya don Carlos, sans souci de la gêne, visible, avec laquelle on observait don Manuel. Cela sera très gentil.

Un instant, don Manuel hésita. Il n'était pas sage d'irriter davantage la reine. Mais ne serait-ce pas se rendre ridicule, en public, que de refuser encore ? Il se montrerait homme, et énergique. Flatté, il sourit, s'inclina devant la duchesse d'Albe, se mit en position et s'éclaircit la gorge.

Un éclair de colère passa dans les petits yeux noirs de la reine, qui subit toutefois sans broncher cette deuxième humiliation sous le toit de sa rivale. Imposante, figée dans sa robe couverte de bijoux, elle relevait fièrement le front, s'éventant largement. Ses lèvres souriaient.

Goya, qui avait souvent peint Maria-Luisa, connaissait jusqu'à la moindre ride de ce visage torturé par la soif de vivre et le désir inassouvi. Elle n'avait jamais été belle mais, jeune, il émanait d'elle une telle ardeur qu'elle avait pu plaire. Au reste, elle était bien bâtie, mais ses nombreuses maternités avaient amolli son corps. Les bras seuls étaient encore beaux. Amusé et amer à la fois, Goya assistait, l'œil froid, à la défaite de cette reine parée comme une châsse devant la jeune duchesse et sa beauté en fleur. Maria-Luisa avait l'intelligence plus vive que donnent l'âge et la toute-puissance, mais l'autre ravissait, subjuguait l'âme. Méchantes, elles l'étaient toutes deux — deux sorcières — mais qui était la plus dangereuse, de la belle ou de la laide ? Cette nouvelle humiliation, quelle bêtise inutile ! Non, il ne fallait plus regarder cette femme. Pour la dixième fois, Goya décida de partir sur les pas du roi.

Il savait bien qu'il resterait. Cette femme, si belle et si perverse, il le savait aussi, était le plus grave danger de sa vie, l'unique, celle qu'on ne rencontre qu'une fois, la source de toute joie et de toute douleur. Francisco Goya irait droit son chemin, ne fuirait pas son destin.

A peine don Manuel avait-il fini sa troisième chanson que la reine intervint :

— Vous vouliez chasser très tôt demain, Carlos. Il serait temps, je crois, que nous partions.

Mais le roi, déboutonnant sa veste, en laissa voir une autre, plus simple, barrée de plusieurs chaînes. Il en tira deux montres, les consulta, les porta à son oreille, les compara ; il aimait l'horlogerie et la précision.

— Il est dix heures douze, déclara-t-il.

Et, empochant ses montres, il reboutonna sa veste et se carra sur sa chaise, massif, lourd et visiblement à son aise.

— Nous pouvons bien rester encore une petite demi-heure, conclut-il. C'est une soirée bien agréable.

Ces derniers mots furent pour Don Diego le signal attendu. Adversaire passionné de la guerre, il n'ignorait pas que don Manuel et la reine ne désiraient rien tant que la paix mais n'osaient pas le manifester. Le rusé abbé comprit aussitôt que dona Maria-Luisa, humiliée publiquement en tant que femme, serait heureuse de profiter de l'occasion de montrer sa valeur politique, et de briller sur un terrain sur lequel sa rivale ne pouvait pas la suivre. Il saisit l'occasion et, s'adressant au roi :

— Votre Majesté a daigné reconnaître la joie tranquille qui règne ici, ce soir. Cette joie, Elle la trouverait aujourd'hui partout où se sont réunis des Espagnols, quel que soit leur rang. Car tous, grands ou petits, sentent que, grâce à la sagesse de Son gouvernement, cette guerre cruelle qui nous oppresse touche à sa fin.

Don Carlos regardait avec surprise cet homme un peu lourd qui portait pourtant avec tant d'élégance sa robe noire d'ecclésiastique. Un étrange oiseau, en vérité. Courtisan ou prêtre ? Et que répondre aux curieux propos qu'il tenait ? Mais, ainsi que l'abbé l'avait prévu, doña Maria-Luisa mordit à l'appât, trop heureuse de briller comme reine, sinon comme femme.

— Ce que vous dites là, monsieur l'abbé, dit-elle de sa voix chaude, nous emplit de satisfaction. Nous avons, le roi et moi-même, depuis plus longtemps et avec plus de feu que n'importe quel autre de nos sujets, défendu le principe sacré de la monarchie contre les émeutiers français. Nous avons prié, menacé même nos alliés, dans le seul but de les amener à faire tout leur devoir qui est de ramener les révolutionnaires sous l'autorité de leur maître de droit divin. Malheureusement, les princes et les peuples qui nous sont alliés ne sont pas animés du même esprit de sacrifice que nos Espagnols. Ils s'apprêtent à reconnaître la République française avec ou sans nous. En maintenant notre attitude intransigeante, nous risquons de voir certaine nation avide, jalouse de notre force sur mer, nous attaquer au moment où nous soutenons à nos frontières une lutte où se joue notre vie. Aussi sommes-nous, le roi et moi, arrivés à cette conclusion que nous en avons assez fait pour notre honneur, que, devant Dieu et le monde, nous avons le droit de rendre la paix à nos peuples. Une paix dans l'honneur, encore une fois.

Marie-Louise de Parme et de Bourbon avait parlé sans quitter sa chaise, sur un ton plein de majesté. Sa voix exercée et son léger accent italien venaient ajouter à son autorité, à la distance qui la séparait de ceux qui l'écoutaient.

Le désespoir envahissait le cœur de M. de Havré, le malheureux envoyé de l'enfant royal et du régent. C'était avec joie qu'il avait reçu l'invitation de la duchesse d'Albe, et su que sa fille, si bien douée, jouerait devant Leurs Majestés. Mais, à part cette joie, l'apparition de Geneviève sur la scène, tout n'avait été que rancœur. Il lui avait fallu souffrir la vue de cet abbé rusé, ce serpent venimeux, de ce Jovellanos exécré, ce rebelle entre tous, dont la tête aurait dû être aux mains du bourreau, depuis longtemps. Pour ne pas nommer encore ce peintre insolent l'accablant d'indignes demandes d'argent, au lieu de se réjouir d'avoir pu fixer sur la toile les traits du représentant de ce touchant enfant, le roi de France. Et ne voilà-t-il pas dernier coup, qu'il lui fallait entendre la reine de ce pays renier sans honte devant ses grands le principe monarchique dont elle était la première représentante ? Que n'était-il resté dans ce Paris d'émeute, et mort avec son roi sous le couteau de la guillotine !

Jovellanos et l'abbé ne se tenaient pas de joie. L'abbé se félicitait d'avoir, en bon connaisseur de l'âme humaine, su profiter de l'instant favorable. N'était-il pas, au fond, le seul homme d'Etat de ce côté des Pyrénées ? Quant à Jovellanos, il savait fort bien que ce n'était pas par amour pour le pays que cette Maria-Luisa, cette Messaline, cette grue couronnée, jugeait bon de déclarer ses intentions pacifiques, mais seulement par crainte de ne plus trouver assez d'or pour ses dilapidations et celles de son amant. Mais peu importait le motif; elle était prête à traiter. La paix reviendrait et avec elle la possibilité pour un homme de bien de travailler au bien du peuple.

Cette déclaration royale, pour ne pas être inattendue, n'en surprit pas moins. C'était là une décision sans gloire, mais raisonnable. Et la reine l'avait dignement présentée.

Les grands étaient satisfaits, à l'exception de doña Cayetana qui n'admettait pas que cette femme, sa rivale, pût avoir le dernier mot, et sous son toit. Hardiment, elle répondit, osant contredire sa souveraine :

— Assurément, dit-elle, beaucoup d'Espagnols se réjouiront de la sagesse de la décision royale. Mais d'autres, dont moi, déploreront qu'on puisse penser à traiter alors que des troupes ennemies se trouvent encore sur notre sol. J'ai vu les plus pauvres de ce pays donner leurs derniers sous pour l'armement de nos troupes ; je vois encore les soldats partant en chantant pour le combat, enflammés d'ardeur, brûlant du désir de vaincre. Je ne suis, je le sais, qu'une jeune femme bien naïve et sans bon sens, mais cette fin après cet enthousiasme me paraît pour le moins bien triste... bien pénible.

Elle s'était levée. Sa blanche sveltesse, toute sa simplicité s'opposaient au luxe écrasant de la reine.

M. de Havré se réjouissait en son cœur. Il y avait donc encore dans ce pays des voix pour exalter tout ce qui était noble, sacré ; des hommes et des femmes qui entendaient défendre la monarchie contre l'émeutier, le sans-Dieu. Emu, il caressait doucement la main de sa fille tout en contemplant cette nouvelle Jeanne d'Arc d'Ibérie.

Personne d'ailleurs n'avait échappé à l'influence de Cayetana. La reine avait raison, c'était évident, et les arguments de la jeune duchesse n'étaient que romantisme, héroïsme aveugle. Mais qu'elle était belle et hardie ! Aurait-on pu trouver en Espagne homme ou femme qui aurait osé comme elle dire sa pensée devant la reine ? Tous les cœurs étaient de son côté.

Après elle, personne ne parla. Seul le roi hocha sa grosse tête et dit, bonhomme :

— Eh bien, eh bien, ma chère !

Ulcérée, doña Maria voyait son succès se tourner en défaite. Elle aurait pu châtier l'insolente — n'avait-elle pas la puissance ? — mais elle ne devait pas se laisser aller à la colère, ni montrer son dépit :

— Votre nouvelle maison, ma chère petite, dit-elle froidement, a une façade du meilleur style ancien ; mais vous l'avez, à l'intérieur, disposée à la mode nouvelle. Il serait à souhaiter que vous en fissiez autant, pour vous-même.

Il eût été difficile de trouver meilleure riposte. La reine remettait sa première dame d'honneur à sa place, de la façon la plus digne. Mais à quoi bon ? Doña Maria-Luisa savait bien qu'elle n'était aux yeux de tous que la vieille, le laideron, et que la jeune aurait raison, à l'encontre de toute raison.

La duchesse aussi le savait. Et, pliant le genou devant la souveraine, elle dit, faussement contrite :

— Je regrette infiniment d'avoir provoqué le déplaisir de Votre Majesté. J'ai été privée trop tôt de mère et assez mal élevée, je le crains. Ainsi s'explique que j'enfreigne parfois, involontairement, les règles strictes du cérémonial de la cour d'Espagne.

Mais, tout en parlant, elle risquait un regard sur le portrait de son ancêtre, le maréchal duc d'Albe, de sanglante mémoire, celui qui, comme le roi lui réclamait des comptes, lui avait envoyé une note ainsi conçue : « Conquis pour l'Espagne : 4 royaumes ; livré : 9 batailles décisives ; conduit avec succès : 217 sièges ; servi : 60 ans. »

Leurs Majestés prirent presque aussitôt congé, assez peu gracieuses. Goya s'apprêta à les imiter. Il fallait s'éloigner au plus vite, fuir cette femme dangereuse, fatale.

Mais Cayetana, venant à lui, lui effleura le bras. Coquette, elle jouait de l'éventail.

— Je crois m'être trompée, tout à l'heure, lui dit-elle, en vous priant de venir faire mon portrait à mon retour de l'Escurial.

Et comme il la regardait, interdit, elle vint plus près de lui, murmurant :

— C'était une erreur que je vous supplie de me pardonner. Je ne puis plus attendre, don Francisco. Ou bien je vous procurerai une invitation à la cour, ou bien je m'échapperai pour rentrer plus vite. Vous me peindrez, Francisco, et notre création étonnera nos amis.

10

Goya prenant avec les siens son dîner s'y montrait père de famille jusqu'au bout des ongles, et goûtait infiniment la présence de doña Josefa, sa femme, et de ses enfants, la chère, les vins et la conversation. Ce jour-là, pourtant, la tristesse régnait, et le silence. Goya, Josefa, les trois enfants et Agustin, maigre et sec, tous se taisaient. La nouvelle était venue que Francisco Bayeu, frère de Josefa, malade depuis longtemps, n'avait plus que deux ou trois jours à vivre.

Goya observait sa femme, discrètement. Très droite sur sa chaise, comme d'ordinaire, son visage ne montrait rien de ses sentiments. Ses yeux clairs regardaient droit devant elle ; sous le grand nez, la bouche mince se pinçait. Elle mordillait parfois sa lèvre supérieure et le menton s'avançait, un peu plus pointu peut-être qu'à l'ordinaire. Elle avait tressé ses cheveux blond roux en lourdes nattes au-dessus du front élevé, et sa coiffure s'abaissant brusquement sur sa nuque rappelait le bonnet d'un prêtre du moyen âge. A Saragosse, dans les premières années de leur union, Goya l'avait peinte en Sainte Vierge tenant dans les bras l'Enfant Jésus et le petit Jean. Vingt ans étaient passés, avec leurs espoirs et leurs déceptions, et elle lui avait donné des enfants, des vivants et des morts. Mais comme il l'avait vue alors, il la revoyait encore. En dépit de ses nombreuses grossesses, à quarante-trois ans, elle gardait la douceur de l'enfance, sa grâce sévère.

Avec son frère, Goya le savait, elle perdait beaucoup. En Francisco, elle n'avait aimé au début que l'homme, sa force et sa fierté, sa puissance de vie : en lui, elle avait peu apprécié l'artiste. Elle n'en croyait que plus fermement au génie de son frère. Francisco Bayeu, premier peintre du roi, président de l'Académie, première célébrité du royaume, restait pour elle le chef de famille. Et l'opposition de Goya aux théories de son beau-frère l'avait toujours contristée.

Elle lui ressemblait beaucoup. Mais ce qui, en Francisco Bayeu, déplaisait à Goya lui plaisait en Josefa. Il se félicitait de retrouver en elle cette présomption, cet entêtement, cette indicible fierté de sa famille. Il l'aimait pour elle-même, parce qu'elle était une Bayeu de Saragosse. Il avait souvent accepté des tâches déplaisantes, rien que pour lui montrer qu'il pouvait lui assurer une vie large, digne d'une Bayeu.

De son côté, elle ne lui avait jamais reproché ses insuffisances dans l'art, ses innombrables intrigues amoureuses. Pour lui, cette résignation totale était toute naturelle. Une femme qui épousait un Goya devait comprendre qu'il n'était pas un homme de devoir, mais un homme tout court.

Bayeu, au contraire, avait constamment cherché à s'immiscer dans la vie de son beau-frère, qui avait dû rabrouer vertement Monsieur le premier peintre de la cour, Monsieur le maître d'école. Que voulait-il donc, le beau-frère ? Lui, Goya, ne partageait-il pas la couche de sa femme autant et plus même qu'elle ne l'aurait voulu ? Ne lui faisait-il pas un enfant tous les ans ? Ne paraissait-il pas à sa table ? Il était meilleur mari que beaucoup, faisait plus que son devoir. Elle était très économe, et même avare. N'avait-il pas dû la contraindre à prendre au lit son petit déjeuner ? Du chocolat, en femme noble, en aristocrate ? Et du meilleur ; du chocolat moho de Bolivie, pulvérisé par le marchand sous les yeux de la maîtresse de maison ? Bayeu avait insolemment répondu en faisant allusion aux origines paysannes de Goya, avait eu un mot méprisant pour une dame à laquelle Goya s'intéressait, et celui-ci s'était vu contraint de le prendre au collet et de le secouer d'importance. Son bel habit brodé d'argent en avait souffert.

Et voilà que doña Josefa allait perdre son frère. Ce deuil allait ternir l'éclat de la famille. Elle n'en gardait pas moins un visage impassible, et Goya l'en aimait davantage.

Ce silence à table et cette désolation l'affectaient pourtant et, se levant avant la fin du repas, il déclara qu'il allait voir Bayeu. Doña

Josefa parut inquiète, puis se rasséréna : Francisco voulait sans doute entretenir le mourant sans témoins et lui demander pardon de ce qu'il lui avait fait.

Goya trouva le malade couché sur un lit bas, soutenu par de nombreux coussins. Le visage décharné et jaunâtre que la souffrance creusait était plus sévère et chagrin que d'ordinaire.

Au mur, on avait retourné saint François la tête en bas ; seules, disait-on, de semblables mesures pouvaient le contraindre à venir en aide au patient. Péniblement, Bayeu expliquait qu'il avait consulté les plus grands médecins, mais on sentait qu'il ne reculerait devant aucun moyen, même des plus risqués, pour conserver sa vie à sa famille, à son pays et à l'art.

Goya aurait voulu pouvoir éprouver de la pitié pour le mourant, mais celui-ci ne s'était-il pas ingénié à lui gâcher sa vie ? Ce Bayeu ne l'avait-il pas cent fois morigéné comme un écolier indocile, devant tout le chapitre, autrefois, alors qu'ils peignaient ensemble les fresques de la cathédrale de Saragosse ? Cette honte le brûlait encore. N'avait-il pas cherché aussi à éloigner de lui sa femme Josefa, à lui montrer à quel point on méprisait son mari et l'on admirait son frère ? Il avait tant fait que le chapitre avait jeté à ses pieds son salaire, pour le chasser, ignominieusement. Ces mêmes prêtres n'étaient-ils pas allés jusqu'à offrir à sa femme une médaille dédiée « à la sœur de notre grand maître Bayeu » ? Et Goya, devant ce lit de mort, pensait au proverbe si vrai : « Un beau-frère et une charrue ne sont utiles qu'en terre. »

Bayeu parlait maintenant, non sans peine, mais arrondissait ses phrases, comme toujours.

— Je meurs, disait-il, te laissant le chemin libre. Tu seras président de l'Académie. J'en ai parlé au ministre, et aussi à Maella et à Ramon. L'un et l'autre ont plus de titres que toi, je dois te le dire pour être franc. Tu es peut-être plus doué qu'eux, mais il te manque la discipline et la modestie, et c'est uniquement pour faire plaisir à ma sœur que je te préfère à eux. Dieu me pardonnera.

Il fit une pause, pour reprendre son souffle.

« L'imbécile ! pensa Goya. J'aurais eu l'Académie sans lui ; don Manuel me l'aurait donnée. »

— Je connais ton mauvais esprit, Francisco Goya, poursuivait Bayeu, et peut-être vaut-il mieux que je n'aie jamais peint ton portrait. Mais le temps viendra où tu regretteras de ne pas avoir suivi mes conseils. Je te préviens une dernière fois : tiens-t'en à la tradition classique. Lis chaque jour quelques pages des théories de Mengs. Je te laisse l'exemplaire de son livre avec sa dédicace et de nombreuses annotations de ma main. Tu vois ce que nous avons atteint, lui et moi. Discipline-toi. Tu arriveras peut-être à nous égaler.

Goya n'éprouvait pour le mourant qu'une pitié mêlée de mépris. Ce pauvre homme qui dépensait ses dernières forces à vouloir se persuader soi-même qu'il était un grand peintre ! Sans trêve, il avait cherché « l'art vrai », lu et relu ses livres pour savoir s'il était sur la bonne route. Il avait eu de l'œil et de la main, mais sa théorie avait tout gâché. « Toi et ton Mengs, pensait Goya, vous m'avez fait perdre des années. Un coup d'œil, une grimace de mon ami Agustin me sont plus précieux que toutes vos règles et vos principes. Pauvre premier peintre, la terre nous sera plus légère quand tu y seras retourné. »

Il semblait que Bayeu n'eût attendu cet instant que pour morigéner une dernière fois son beau-frère. L'agonie commença.

L'aile de la mort ne faisait pas ce visage plus expressif, ne l'ennoblissait pas.

Le roi Charles avait tenu son premier peintre en grande estime; il donna l'ordre de lui rendre les honneurs réservés aux grands d'Espagne, et Francisco Bayeu fut inhumé dans la crypte de l'église Saint-Jean-Baptiste, aux côtés du plus grand peintre qu'ait jamais connu l'Espagne, don Diego Vélasquez.

Les parents et les rares amis du mort s'assemblèrent dans son atelier pour décider du sort des œuvres qu'il laissait. Il y avait là une grande quantité de toiles dont certaines étaient achevées. L'attention générale se porta sur un portrait où Bayeu s'était peint lui-même devant son chevalet. De nombreux détails, la palette, le pinceau, la veste, avaient été traités avec un soin minutieux, mais l'artiste, si consciencieux, n'avait pas terminé le visage. Les yeux vides semblaient fixer les assistants.

— Quel dommage, dit Ramon, rompant le silence, que notre frère n'ait pas eu le temps de terminer cette œuvre.

— Je le ferai, dit Goya.

Les autres sursautèrent de surprise et peut-être d'appréhension. Mais déjà Goya s'était emparé de la toile.

Il travailla longtemps, sous les yeux d'Agustin. Pieusement, il ne changea pas grand'chose. Les sourcils furent seulement un peu plus foncés, plus profondes et plus lasses les rides allant de la bouche au nez, un peu plus tombants les coins des lèvres. La haine et l'amour travaillaient côte à côte à l'ouvrage, mais sans troubler l'œil infaillible et froid du peintre. Et le produit fut l'image d'un vieil homme grognon et malade qui s'était torturé toute sa vie durant, et qui, las de dignité et d'un effort sans fin, était cependant trop imbu du sentiment du devoir pour aspirer au repos.

Debout à côté de Goya, Agustin Esteve étudiait l'œuvre achevée, le portrait de cet homme qui avait demandé au monde plus que celui-ci ne lui offrait, et exigé de soi plus qu'il ne pouvait donner. Mais tout cela se fondait dans l'allégresse de ce gris clair et léger, trouvaille de Francisco, et, non sans malice, Agustin s'avouait que cette touche argentée soulignait la dureté du visage, la docte prétention de la main qui tenait le pinceau. L'homme repoussait et l'image attirait.

— C'est superbe, Francho, dit enfin Agustin, plein de joyeuse admiration.

Josefa resta longtemps, muette, devant le portrait de son frère

— N'ai-je pas rendu justice au mort ? demanda Goya.
Josefa mordillait sa lèvre.
— Que vas-tu faire de ce portrait ? murmura-t-elle.
— Il est à toi.
— Merci.
Elle chercha longtemps où l'accrocher. Pour finir, elle l'envoya à son frère Manuel, à Saragosse.

11

Goya attendait, fiévreux, des nouvelles de l'Escurial, mais Cayetana gardait le silence, et l'ennui de ces semaines de deuil exaspérait sa nervosité.
Et voici que vint du pays une visite, celle de Martin Zapater.
A la vue de son ami, de son Martin, Goya se précipita dans ses bras, l'embrassa fougueusement, invoqua tous les saints témoins de sa joie, le baisa sur les deux joues, l'assit dans un fauteuil, l'en sortit aussitôt et le traîna à sa remorque dans son atelier.
Goya était de nature communicative. Il se confiait souvent et de grand cœur à Josefa, à Agustin, à Miguel. Mais l'ultime secret de son âme, il ne le découvrait qu'à son ami de toujours, à son intime, Martin. Il posa cent questions à l'excellent homme et parla lui-même de mille choses, sous les yeux d'Agustin jaloux.
Leur amitié datait du jour où Francisco, âgé de dix ans, avait quitté son village de Fuendetodos pour venir à Saragosse. Ensemble, ils avaient appris à lire et à écrire à l'école de frère Joaquim, mais avaient appartenu à deux bandes ennemies. Goya à celle de la Sainte Vierge del Pilar et Zapater à celle de saint Louis. Un jour que le jeune Goya avait terriblement rossé le petit Zapater, celui-ci, plein d'admiration, s'était fait transfuge pour se joindre à la bande de Goya. Depuis lors, ils étaient amis intimes. Francisco donnait à Martin le réconfort de sa forte personnalité, et le sage Martin apportait les conseils pratiques, rendait des services; Francisco était de famille pauvre et Martin de bonne bourgeoisie aisée. Dès sa prime jeunesse, Martin avait cru au talent de Goya; c'était grâce à l'appui du père Zapater que le comte Pignatelli, le mécène de Saragosse, avait fait donner au petit Francisco des leçons de dessin et de peinture.
— Tu n'as pas du tout changé, petit ! déclara Goya à son ami qui le dépassait d'une tête. Seul ton nez géant, *el narigon*, a encore grandi. Tu as fière allure, et toutes les grandes familles de Saragosse, les Salvadores, les Grezas, les Asnarez, doivent te rechercher.

— Et aussi les Castel, les Lonja, les Puente, parvint à dire Martin.

— J'ai dit toutes, lança gaiement Francisco qui revoyait en pensée la ville de son enfance, Saragosse dans sa splendeur lasse, sa poussière et son ordure, ses tours d'églises mauresques et l'antique pont enjambant l'Ebre gris bleu avec, au fond, la plaine grise et les montagnes lointaines.

Du coup, ils retrouvaient leur jeunesse. De nouveau, la vie s'offrait à eux. A chaque coin les attendait l'aventure neuve. Ils n'auraient pu, ils le sentaient, se passer l'un de l'autre. Francisco avait besoin du bon sens de l'ami, de son obligeance jamais démentie; pour Martin, le monde terne reprenait de la couleur quand il le voyait avec les yeux de Goya.

Dans les jours qui suivirent, jours bénis, Francisco fit le portrait de Martin. Quelle joie de faire vivre sur la toile un Martin tel qu'il était, aimable et digne, spirituel et un tantinet bourgeois, bon cœur. Ses yeux vifs et rusés brillaient, animant cette face un peu lourde au nez puissant.

— C'est donc moi, cela ? dit Martin avec un clappement de langue.

Francisco ne savait pas ce qui était le plus beau, de peindre le portrait de son ami ou de bavarder avec celui-ci. Souvent, sous un prétexte, il éloignait Agustin. La porte refermée, les confidences allaient leur train. Vieux souvenirs évoqués sans ordre, jolies filles, ennuis d'argent, difficultés avec la police, fuite aventureuse devant l'Inquisition, défis libertins, rixes dangereuses au sabre ou au couteau, démêlés avec la famille des Bayeu. Naïvement, il comparait sa jeunesse impécunieuse à l'abondance de l'âge mûr. Il était maintenant installé dans sa belle maison de Madrid pleine de meubles de prix et d'objets d'art, avec des valets en livrée; des amis élégants lui rendaient visite; il avait aussi cette magnifique voiture, cette berline dorée de style anglais, dont il n'y avait que trois exemplaires dans tout Madrid. Oui, cette voiture, ce *carroza* était l'orgueil de Goya; il lui coûtait cher, avec l'entretien des chevaux, mais le sacrifice en valait la peine. Et, en dépit de son deuil, il emmena son ami se promener sur le Prado.

Entre temps, Francisco et Martin chantaient ou faisaient de la musique, jouaient seguedilles, tiranas et boleros, discutaient avec feu du mérite de tel compositeur.

Mais, soudain, Francisco s'arrêtait brusquement de rire et son visage s'assombrissait :

— Je ris, je ris, disait-il, et me vante de mes succès dans la vie. Je suis peintre de la cour, c'est vrai, dans quelques jours, je serai président de l'Académie. Je suis le meilleur pinceau d'Espagne, chacun m'envie, et moi, je te le dis, Martin : tout cela n'est qu'apparence. Il n'y a rien derrière.

Martin connaissait de longue date les lubies et les colères de son ami et s'efforçait de le calmer :

— Francho, Francho, c'est péché de parler ainsi.

Et Francisco, après un coup d'œil à la Vierge d'Atocha et un bref signe de croix, rétorquait :

— C'est pourtant la vérité, petit. Tous mes bonheurs ont leur envers. Vois : mon beau-frère, ce pédant ennuyeux, est enfin parti pour un monde meilleur, mais Josefa, toute pâle, se désole nuit et jour. Don Manuel m'a donné son amitié et il est tout-puissant en Espagne : mais c'est aussi une canaille, et assez dangereuse. Et puis la façon dont je l'ai connu me gêne un peu aux entournures. Je ne peux oublier ce que j'ai dû sacrifier pour obtenir la grâce de don Gaspar, ce héros de vertu que je ne peux souffrir. Bien plus, personne ne m'est reconnaissant. Pepa me toise de ses yeux verts et fait comme si tout venait d'elle. Tous veulent quelque chose de moi et personne ne cherche à me comprendre.

Il flétrissait aussi l'impudence de Miguel et d'Agustin qui, sans cesse, cherchaient à le convaincre de se mêler aux affaires du roi et de l'Etat. Il était peintre, appartenait à la cour, et en était fier. Avec son pinceau, il rendait à son pays plus de services que tous ces soi-disant hommes d'Etat, ces grands réformateurs et leurs discours :

— Un peintre doit peindre, conclut-il, très sombre ; il peint et c'est tout. Il faut aussi que je te parle de la situation de mes finances, que j'en parle à quelqu'un qui s'y entend, poursuivit-il, changeant brusquement de sujet.

Mais don Martin s'attendait à ce que Francisco lui demandât conseil ; il avait une banque à Saragosse, et Francisco le considérait comme un expert.

— Je serais très heureux de pouvoir t'aider, dit-il avec chaleur, tout en ajoutant, prudemment : Pour autant que je sache, ton état de fortune est assez satisfaisant.

Goya hésitait.

— Je ne suis pas pessimiste, tu le sais, et je n'aime pas me plaindre. Pour moi, l'argent n'est rien. Il en faut, c'est tout. A Madrid, le proverbe est bien vrai qui dit que le pauvre ne peut choisir qu'entre trois endroits : la prison, l'hôpital ou le cimetière. Je dépense des sommes folles pour mes habits et pour mes domestiques qui me volent. Il faut que je représente. Sinon, les grands discuteront mes prix. Et puis, si je travaille comme un mulet, encore faut-il que je sois payé de mes peines. En cette vie, pas d'argent, pas de suisse. Non pas que les femmes me demandent de l'argent, mais il m'arrive de coucher avec de grandes dames qui n'admettraient pas que leur amant n'eût pas grand genre.

Don Martin savait qu'au fond du cœur Francisco adorait le luxe et jetait l'argent par les fenêtres, pour être aussitôt pris de remords et céder à des accès de lésinerie paysanne. Il avait besoin qu'on l'encourageât et Martin s'y employa. Goya, peintre de la cour, ne gagnait-il pas en une heure plus qu'un berger aragonais dans toute son année ? Ne recevait-il pas, pour un portrait qui lui demandait deux jours de travail, quatre mille réaux ? Non, un prodigue comme lui n'avait rien à craindre de l'avenir.

— Ton atelier, assura-t-il Goya, a une base financière plus solide que ma banque de Saragosse.

Goya voulait d'autres consolations.

— Tout cela est bel et bon, grand nez, mais tu oublies les exigences démesurées de mes frères, à Saragosse. « A fromage bien gras, bons vers », cita-t-il, amer. Ma mère ne doit manquer de rien, bien sûr; d'abord parce que je l'aime et aussi parce que la mère d'un peintre de la cour doit vivre confortablement. Mais mon frère Thomas est effronté comme un rat. Ne lui ai-je pas monté cet atelier de doreur sur la calle de Moreria ? Amené des clients ? Ne lui ai-je pas fait cadeau de mille réaux pour son mariage et de trois cents réaux à la naissance de chacun de ses enfants ? Avec Camilo, c'est pis encore. Je me mords les lèvres avant de demander une faveur pour moi et il m'a fallu m'humilier pour lui obtenir la paroisse de Chinchon. Et il n'est jamais content, n'en a jamais assez ! Quand ce n'est pas pour l'église, c'est pour le presbytère. Quand je vais chasser avec lui, un lièvre me coûte le prix d'un cheval.

Tout cela, Martin l'avait bien souvent entendu.

— Ne dis donc pas de bêtises, Francho, fit-il, bonhomme. Tu as les revenus d'un archevêque. Veux-tu que nous voyions tes comptes ?

— Tu verras que je n'ai pas trente mille réaux, prophétisa Goya, et Martin fit la moue; son ami avait l'habitude, selon son humeur, d'enfler ou de réduire les chiffres.

Il se trouva que Goya, sans compter maison et mobilier, se trouvait à la tête d'un capital d'environ quatre-vingt mille réaux.

— C'est bien ridicule, fit Francisco.

— Cela permettrait tout de même d'emplir quelques dents creuses, répliqua Martin consolant qui, après un instant de réflexion, ajouta : Peut-être la banque d'Espagne accepterait-elle de te céder des actions de préférence. Si le comte Cabarrus pouvait en reprendre la direction, avec l'appui du señor Jovellanos au retour duquel, conclut-il en souriant, tu n'es pas sans avoir mis la main, dit-on.

Et comme Goya protestait :

— Laisse-moi faire, Francho, assura Martin. J'agirai discrètement.

En Martin, Francisco trouvait un confident attentif et un conseiller avisé. Il aurait voulu lui confier le secret de son cœur, ses espoirs de conquérir Cayetana. Mais les mots ne venaient pas. De même qu'il n'avait pas su ce qu'était la couleur avant d'avoir trouvé son gris, de même il avait ignoré la passion avant d'avoir vu la duchesse d'Albe sur son estrade. Ce mot de passion était bien faible; il n'exprimait pas le sentiment dont il était plein. Non, cela ne pouvait se dire à personne, pas même à Martin.

A la joie de Goya, Martin était encore à Madrid quand le peintre du roi fut nommé président de l'Académie. Son collègue, don Pedro Maella, accompagné de deux membres de la Compagnie, vint lui présenter le document royal. Ces gens, qui l'avaient si souvent traité avec dédain parce qu'il n'était pas assez classique, assez respectueux de la règle, durent lui exprimer leur déférence, reconnaître sa gloire. Goya les écouta avec délice.

La délégation partie, il ne laissa pourtant rien voir de ses sentiments à dame Josefa et à ses amis Agustin et Martin, se contentant de dire avec mépris :

— Tout cela pour vingt-cinq doublons par an ! Ce que je reçois pour un tableau. Et c'est pour cette somme qu'il me faudra me mettre au moins une fois par semaine en habit de cour, siéger pendant des heures avec de tristes barbouilleurs, dire et entendre de solennelles stupidités. Beaucoup d'honneur, peu de profit !

Les jours suivants, les visiteurs affluèrent, les félicitations plurent.

Lucia Bermudez et Pepa Tudo vinrent, accompagnées de l'abbé don Diego. Goya, surpris, gêné, parla peu, contrairement à son habitude. Zapater bavarda, heureux et fier. Agustin, l'esprit troublé, jetait aux deux femmes des regards sombres.

Pepa trouva l'occasion de s'isoler avec Francisco. De sa voix nonchalante, un peu ironique, elle se raconta. Elle habitait maintenant dans le petit palais de la calle de Antorcha, de la rue des Fambeaux ; don Manuel l'avait acheté à la succession de la comtesse Bondad Real. Le duc était venu plusieurs fois de l'Escurial à Madrid, pour la voir. Il l'avait aussi invitée dans sa villa pour lui montrer ses talents de cavalier. Goya l'écoutait sans plaisir ; il aurait voulu être bien loin.

Enfin, racontait encore Pepa, don Manuel lui avait appris qu'on allait bientôt inviter Goya à l'Escurial.

— Je m'y suis vivement employée, dit-elle négligemment, et elle vit avec joie Goya se retenir, non sans peine, de tomber sur elle les poings fermés. Quant à moi, ajouta-t-elle, aimablement, je connais l'Escurial. J'y suis déjà allée.

Et comme il se taisait, pâle de fureur :

— Nous ferons tous deux une belle carrière, don Francisco.

— Hombre ! Quelles femmes ! fit don Martin après le départ des belles visiteuses. Et, claquant de la langue, il répéta : Hombre !

Peu après parut un courrier, portant bas rouges. Sa mission était d'inviter le président don Francisco Goya à l'Escurial, à la cour.

12

Goya ne fut pas logé à l'Escurial, et dut se contenter de l'auberge de San Lorenzo. Il devait s'y attendre ; malgré sa taille, l'Escurial ne pouvait abriter tous les hôtes de la cour. Il en éprouvait du dépit.

Don Miguel vint le voir, et Goya s'enquit de la santé de doña Lucia. Oui, elle était là ; elle allait bien ; Miguel se montrait un peu réticent. Il s'échauffa quand on en vint à la politique. Les pourparlers de paix, dit-il, n'avançaient pas. La France se refusait à rendre le jeune fils et la fille du roi défunt. L'Espagne, de son côté, mettait son point d'honneur à la liberté des enfants royaux, et don Manuel n'en voulait pas démordre.

Plus tard, Goya rencontra don Diego et doña Lucia. L'abbé exposa toute la situation. Militairement, la guerre était perdue, mais, seule, la reine avait assez de raison pour le comprendre et accepter de renoncer aux enfants de France pour obtenir enfin la paix. Carlos hésitait, poussé par don Manuel qui caressait le projet d'épouser la petite princesse française pour accéder ainsi au titre de prince souverain.

— Notre Pepa appuie son dessein, racontait Lucia, et Goya croyait lire dans ses yeux voilés une intense ironie.

— Elle est donc toujours ici ? s'étonna-t-il.

— Depuis qu'elle a signifié son congé à l'amiral Mazarredo, dit l'abbé, notre amie a des ennuis avec sa pension. Elle est venue présenter une supplique à la cour.

— Et la reine s'étonne, ajouta doña Lucia, que la señora Tudo n'attende pas la décision à Madrid. Mais vous connaissez Pepa. Elle refuse de s'éloigner. Elle s'est mis dans la tête de voir don Manuel épouser la fille du roi de France et lui chante tous les deux jours la ballade du jeune Ramiro qui enlève héroïquement l'infante.

— Il est en tout cas certain que la présence de señora Tudo ne rend pas plus aisée la tâche de notre délégation de paix, conclut l'abbé.

Goya voyait d'un mauvais œil que Pepa se mêlât des affaires du duc. Cela heurtait l'ordre divin des choses.

— Vous devriez aller la voir, risqua Lucia. Elle loge à la posada, en bas.

Francisco se résolut à éviter Pepa.

Le lendemain matin, il se rendit à l'Escurial pour assister, comme le voulait l'étiquette, au lever de la reine.

Doña Cayetana était-elle de service ? Il l'ignorait et désirait la voir tout en le redoutant.

L'antichambre était pleine de seigneurs et de dames poudrés. Parmi eux, l'abbé, l'envoyé de France, M. de Havré. On y voyait aussi — le front de Goya s'assombrit — Carnicero, son collègue, ce barbouilleur qui ne savait rien que chercher les effets et saler ses prix.

La porte à deux battants de la chambre à coucher s'ouvrit. La reine d'Espagne était assise devant sa coiffeuse. Cérémonieuses, avec des gestes mesurés, prévus, les dames d'honneur faisaient leur office : une duchesse présentait la robe, une comtesse la casaque, une marquise les rubans. Elles allaient et venaient, très fardées, poupées brillantes, mélancoliques avec leur sourire figé, et Goya s'interrogeait, indécis : ce cérémonial conservé à travers les siècles était-il ridicule ou magnifique ?

L'Albe était là et le cœur lui battit. Une poupée comme les autres. Mais elle, du moins, était à sa place, avait le droit de relever les vieux usages, les vieilles traditions. Les autres jouaient la comédie.

Don Manuel vint à lui, confia qu'il s'était fait une joie de poser devant son peintre pour un nouveau portrait. Malheureusement, le temps manquait. Les tractations de paix, déjà bien difficiles, se compliquaient de problèmes privés.

— Notre amie commune, señora Tudo, expliqua-t-il, entend me voir en héros. C'est charmant. Mais je ne peux pas laisser ce pays perdre tout son sang pour jouer les héros devant notre Pepa. Je suis avant tout un homme d'Etat. Je dois obéir à la raison, me plier aux nécessités politiques sans égard pour le sentiment.

Goya se sentait mal à l'aise.

— En outre, poursuivit le ministre, la reine est nerveuse et s'irrite de petits riens, de la présence de notre amie Tudo, en particulier. Cette jeune dame se soumettra assurément au désir de la souveraine, mais elle se sent, à juste titre, froissée. Je voudrais lui faire un petit plaisir avant qu'elle rentre à Madrid. Que diriez-vous d'une petite soirée intime, du genre de celle qui m'a permis, avec votre aide, de faire la connaissance de la señora ?

— Est-ce l'idée de Pepa ? demanda Goya, cachant avec peine sa répugnance.

— En partie, reconnut don Manuel. Pepa voudrait passer une soirée ici dans mon appartement. Elle s'en promet beaucoup de plaisir.

Goya était de plus en plus mal disposé. A quoi pensait Pepa ? Pourquoi cette partie d'un goût douteux dans la plus noble maison d'Espagne ? « La poule n'entre pas dans l'église, se dit-il, sombre. Et pourquoi exiger ma présence ? Pour me montrer sa réussite ? Mais comment refuser l'invitation du ministre ? »

Le lendemain soir, par l'escalier majestueux et les longs couloirs sévères, Goya s'en fut chez don Manuel.

La duègne de Pepa, la vieille Conchita, se tenait en faction dans l'antichambre. Elle salua humblement, mais un sourire insolent et vulgaire éclaira son visage décharné.

La société était la même qu'autrefois chez doña Lucia ; il n'y manquait qu'Agustin et le président don Miguel. Pepa, en robe verte très simple, était très belle, et Goya le reconnut malgré lui. Il devinait les sentiments qui l'agitaient, sa mortification et son triomphe. Elle n'avait eu qu'à s'écarter de lui pour avoir aussitôt tout ce qu'une femme peut désirer. Elle se dressait devant lui, hardie et fière, dans l'enceinte du plus fier palais du pays, foulant du pied la tombe des rois morts ; elle recevait chez elle, elle l'avait mandé et il lui avait fallu obéir. « Tragala, perro. Tiens, mange, chien ! »

Pepa le reçut, très à l'aise, avec une amabilité distante :

— Je suis ravie de vous voir enfin, don Francisco. J'entends dire que vous êtes venu faire le portrait de Leurs Majestés et je regrette qu'on vous fasse attendre. Moi aussi, je suis ici pour affaires. J'ai d'ailleurs, à vrai dire, obtenu ce que je voulais et je retourne demain à Madrid.

Goya l'aurait volontiers prise aux épaules et secouée d'importance, lui lançant au visage quelques mots bien sentis; mais il lui fallait se contraindre en la présence de don Manuel.

Celui-ci semblait trouver toutes naturelles la présence de Pepa Tudo et sa réception, riait et plaisantait. Mais sa gaieté était forcée. Doña Maria-Luisa lui avait sans doute déjà beaucoup pardonné, mais lui passerait-elle cette nouvelle incartade ?

L'abbé, lui, s'amusait et se réjouissait de la présence de doña Lucia. Lentement, avec précaution, il était parvenu à l'approcher. C'était maintenant avec ses yeux qu'elle envisageait la situation politique et, comme lui, elle devait goûter l'ironie de cette réunion scandaleuse, de ce sacrilège. Le grand Philippe II, ce voyant de l'avenir, n'avait certainement jamais prévu que le premier ministre du royaume s'amuserait sur sa tombe avec sa maîtresse.

Ce soir-là, Pepa chanta une, puis deux, puis trois romances. Celle du roi don Alphonse qui, s'éprenant d'une juive de Tolède, vit sept ans avec elle, délaissant sa femme, Léonore, l'Anglaise. Puis les grands s'insurgent et poignardent la juive. Le roi se désespère. « Sa juive, chantait Pepa, lui a été enlevée et Alphonse pleure. La passion et le deuil de sa Rachel lui dévorent le cœur. » Puis survient un ange qui lui fait honte de son péché. Il se repent et, par pénitence, tue mille Maures.

Pepa chantait et on l'écoutait, rêveur.

— Notre Pepa, dit soudain don Manuel, tient absolument à faire de moi un héros de la légende espagnole.

Et Pepa de répliquer, tout aussi légèrement :

— Je n'ai pas dans les veines une seule goutte de sang juif ou maure. Je suis une fille de Vieille Castille, d'origine pure, et elle se signa.

— Sans doute, se hâta de répondre don Manuel. Nous le savons tous.

— Tu chantes encore mieux qu'auparavant, Pepa, dit Goya se trouvant seul avec elle. Mais depuis quand t'intéresses-tu à la politique ?

— La politique m'est indifférente don Francisco, rétorqua Pepa Tudo. Je ne veux connaître que l'Espagne et don Manuel. Quand vivait Felipe, mon défunt époux, et aussi du temps de l'amiral, je m'intéressais à la marine. Quand nous étions amis, je pensais peinture. Vous rappelez-vous que c'est moi qui vous ai fait remarquer que le bras du señor Mabarredos était trop court ? Aujourd'hui, je m'intéresse à don Manuel. C'est le plus grand homme d'Etat d'Espagne. Pourquoi ne serait-il pas le premier du monde ? Mais n'allez pas croire que j'oublie les vieux amis. Sur ma demande, don Manuel a approché le roi et lui a suggéré de vous nommer premier peintre de la cour. Malheureusement, don Carlos s'entête : il veut s'épargner cette dépense.

— A ta place, Pepa, dit Goya gardant son calme, je laisserais le roi d'Espagne et la Convention française disposer du sort des enfants de Louis XVI.

— Vous êtes habile, don Francisco, répliqua Pepa Tudo sans baisser les yeux. Vous êtes très différent des hommes de mes romances. Vous avez toujours su tirer le meilleur parti de votre œuvre. Votre conseil est probablement bon. D'ailleurs, je l'ai suivi, avant même que vous me le donniez.

« Tire une femme de la rivière, pensa Goya, et elle croira que tu y es tombé. » Mais au même instant, sans pouvoir l'exprimer par des mots, il devina de tout son bon sens de paysan, de tout son instinct masculin, les sentiments de Pepa. Si elle cherchait à le blesser, c'est qu'elle tenait encore à lui. Sur un signe de lui, abandonnant toute pose, elle se serait jetée dans ses bras. Elle pouvait le mépriser, croire l'avoir vaincu; il n'éprouvait pour elle que de la pitié.

Il était curieux de savoir comment Manuel et Pepa termineraient la soirée. Oseraient-ils passer la nuit ensemble au palais, sous le toit de la reine, sur les tombes de Charles V et de Philippe II ?

Lucia et l'abbé prirent congé. Pepa ne faisait pas mine de partir. Goya devait regagner son auberge.

— Bonne nuit, don Francisco, dit Pepa. Bonne nuit, Francho, répéta-t-elle en le fixant dans les yeux.

13

On vint porter à l'auberge une lettre de l'Escurial pour don Francisco de Goya y Lucientes, peintre de la cour. Elle était brève : « Je ne suis pas de service demain auprès de la reine. Pourquoi ne venez-vous jamais à mon lever ? Votre amie, Cayetana de Alba. »

Cette lettre, il l'avait attendue, le cœur plein d'amertume. Toute souffrance était effacée : « Votre amie Cayetana. »

« Elle est charmante », pensa-t-il, ému.

Le lendemain, à peine était-il arrivé chez elle qu'elle lui fit signe de s'approcher :

— Comme je suis heureuse de vous voir enfin, don Francisco. Nous avons beaucoup à nous dire. Restez après le départ des autres.

Elle avait parlé fort, sans souci d'être entendue, sur un ton affectueux.

Il y avait, malheureusement, beaucoup d'autres et certains déplaisaient fort à Goya. Peral, grand et blond, Carnicero le barbouilleur, le joli marquis de San Adrian, élégant et raffiné, dans l'amabilité duquel Goya croyait voir beaucoup de dédain, enfin Costillares, le toreador pour lequel, Dieu le savait, les portes de l'Escurial auraient dû rester fermées.

La duchesse avait pour tous un mot aimable. Francisco perdait sa bonne humeur, répondait par monosyllabes aux avances. Pour finir, tournant le dos à la société, il se mit à détailler les tapisseries pendant aux murs.

L'appartement des seigneurs d'Albe était un de ceux que le roi avait fait mettre au goût du jour. Parmi les tapisseries, il en était une que Goya avait dessinée au temps où il donnait libre cours à sa fantaisie de jeune peintre. C'était une scène populaire et joyeuse. Quatre jeunes filles occupées à faire sauter un pantin sur un drap tendu, à le berner. La composition n'était pas mauvaise, les mouvements donnaient l'impression du naturel. Et, pourtant, cela lui déplaisait. Ce n'étaient pas de vraies majas, des filles du peuple, mais des dames de la cour sous un déguisement. Leur gaieté était de commande, tout comme les sourires qu'il avait observés au lever de la reine sur les lèvres fardées des dames d'honneur. Les mouvements grotesques, les désarticulations du pantin étaient plus vrais que ceux des joueuses.

Lui aussi, en son temps, il avait donné dans cette mascarade, comme tous ses confrères. Les peintres de Paris avaient peint les seigneurs et les dames de Versailles en habits de bergers ou de bergères, raides et officiels comme ces majos et ces majas. Certains de ces galants, ou de ces belles, avaient laissé leurs têtes de poupée sous le couteau de la guillotine. Quant à lui, Goya, il s'était formé, instruit, et la gaieté de cette pièce populaire lui paraissait maintenant stupide, apprêtée, irritante.

— Mesdames et messieurs, je vous remercie, dit soudain la duchesse congédiant aimablement, mais avec fermeté, ses visiteurs. Restez, don Francisco, ajouta-t-elle.

— Nous allons nous promener, Eufémia, déclara-t-elle à sa duègne quand ils furent seuls et, se tournant vers Goya : Je vous présente doña Luisa Maria Beata Eufemia de Ferres y Estala.

Francisco s'inclina très bas.

— C'est une joie et un honneur de faire votre connaissance, doña Eufémia.

Dans toute affaire galante avec une grande dame, la duègne jouait un rôle important, soufflant à son gré le froid ou le chaud.

Des caméristes vinrent disposer, sur une table de toilette, de nouveaux pots d'onguent et des flacons. La promenade décidée exigeait des mesures de protection contre les ardeurs du soleil.

— Et quelle robe mon agnelle va-t-elle mettre ? demanda la duègne. La robe verte de Paris, l'andalouse, ou celle de mousseline blanche qui vient de Madrid ?

— La blanche, naturellement, jeta brièvement Cayetana. Avec l'écharpe rouge.

Toute aux préoccupations de sa toilette, elle semblait avoir oublié Goya. Les dames de Madrid étaient habituées à s'habiller en présence des hommes et montraient sans gêne leurs bras, leurs épaules, leur dos ou leur poitrine, prenant seulement garde, selon l'ancienne coutume, de ne pas montrer leurs jambes. Doña Cayetana ne cachait pas les siennes .« Si le pied de la fille ne te dit pas non, le tout sera bientôt à toi », pensa Goya, se souvenant du refrain d'une ancienne tonadilla.

La robe de mousseline blanche était plus courte que ne le voulaient les convenances et ne traînait pas par derrière. C'était le costume rêvé pour une promenade. L'écharpe rouge vint la compléter. Les épais cheveux noirs furent pris dans un filet léger.

Les suivants se trouvèrent être ceux dont doña Cayetana faisait d'habitude sa compagnie : le page Julio, jeune garçon d'une dizaine d'années, au nez pointu dans un visage mou et pâle, et Maria Luz, la petite négresse qui n'avait pas plus de cinq ans. La duègne prit l'ombrelle, le page l'étui contenant poudre et parfums, l'enfant noire mit sous son bras le minuscule chien blanc, don Juanito.

La petite procession suivit les couloirs solennels, descendit les grands escaliers menant aux jardins. Cayetana et Goya marchaient devant. On prit les allées de cailloux serpentant entre les massifs de fleurs et les haies de buis et d'ifs, laissant derrière la masse sombre du château. Puis doña Cayetana, sortant des jardins, choisit un chemin de plus en plus étroit qui montait jusqu'à la « Silla del Rey », le siège du roi, pointe rocheuse d'où l'on découvrait tout l'Escurial.

L'air était frais; le soleil, pâle, brillait dans un ciel clair. La duchesse marchait d'un pas alerte, la pointe des pieds largement en dehors, selon les prescriptions de la mode. Gaiement décidée, elle montait le sentier rocailleux qui s'élevait lentement, s'engageait dans les contreforts des monts de Guadarranna.

Goya marchait un peu en retrait. Il était prescrit de ne paraître à l'Escurial qu'en tenue de cour et son habit le serrait un peu; le chapeau, l'épée et la perruque le gênaient. Il admirait le corps menu de la duchesse; l'écharpe rouge soulignait la ligne douce de ses hanches. Très droite, elle allait devant lui. Marchait-elle ? Dansait-elle ? Nul n'eût pu le dire.

Dans ce désert ensoleillé, sur cette pente grise semée de pierres brunes, Goya trouvait la route longue. La duègne, vêtue de noir, remuait avec dignité ses vieilles jambes; le page portait d'un air las les parfums et les flacons; Maria Luz, la petite négresse, courait tantôt devant, tantôt derrière; le chien jappait, rageur, et demandait sans cesse à descendre pour satisfaire un besoin illusoire. Goya sentait le ridicule de cette procession qui s'étirait, parée, précieuse, dans ce désert séculaire.

— La señora Tudo n'est-elle pas descendue à votre auberge ? demanda soudain la duchesse tournant la tête.

— La señora Tudo est partie, si je ne me trompe, répondit-il, se forçant à l'indifférence.

— J'ai entendu dire que vous aviez donné une petite fête en son honneur. Vous ou don Manuel. Contez-moi donc cela ? Ne soyez pas aussi péniblement discret. Don Manuel est entêté, mais l'Italienne sait ce qu'elle veut. Qui, à votre avis, portera l'estocade mortelle ?

— Je suis trop mal renseigné pour avoir un avis, duchesse, dit sèchement Goya.

— Je vous en prie, ne m'appelez pas duchesse ! s'écria-t-elle.

Ils étaient arrivés à cette avancée rocheuse, le « siège du roi », le coin favori du roi Philippe, d'où il avait vu grandir son château pierre par pierre. Cayetana s'assit et posa sur ses genoux son éventail fermé, la duègne et les deux enfants s'assirent derrière elle. Goya restait debout.

— Asseyez-vous donc, vous aussi, jeta-t-elle par-dessus son épaule.

Maladroitement, il s'installa, gêné par son épée et les cailloux aigus.

— Couvrez-vous, reprit-elle du même ton de commandement, et Francisco ne sut pas si elle était ironique ou sérieuse en employant la formule réservée par le roi aux douze premiers grands d'Espagne.

Tous se taisaient maintenant et, immobiles, laissaient errer leurs regards sur la vaste solitude dans laquelle se dressait le château, figé, sans vie comme elle. Goya regardait, lui aussi, et, soudain, il vit dans ce désert se mouvoir un être sans forme précise et pourtant très net, brun pâle comme la terre désolée, une sorte d'énorme crapaud — n'était-ce pas plutôt une tortue ? Une chose avec une tête humaine, aux gros yeux saillants. D'un mouvement lent mais inexorable, cela s'approchait, grimaçait joyeusement, ricanait, sûr de soi et de sa proie. Il fallait se lever, fuir ! Pourquoi restaient-ils tous assis ? Il est des esprits qui ne paraissent que de nuit et d'autres qui agissent de jour. Ce sont les plus rares, mais aussi les plus dangereux. Goya connaissait celui-ci ; enfant, il avait entendu parler de lui. Il portait des noms innocents, oui, presque agréables. On l'appelait « El Yantar », le déjeuner, ou mieux encore : « La Siesta. » Mais il était plein de ruse malgré son apparence amicale ; il ne se montrait qu'au soleil et il fallait beaucoup d'énergie, de force, pour se lever et s'enfuir.

Cayetana parla et la grenouille-esprit disparut aussitôt ; le désert fut vide.

— Savez-vous, dit-elle, qu'il doit m'arriver quelque chose d'extraordinaire pendant mon séjour à l'Escurial ?

— Comment le savez-vous ?

— Eufémia l'a dit, répondit-elle, et je puis me fier à elle. Elle sait beaucoup de l'avenir. Elle fréquente les sorcières. Un jour qu'elle m'aura bien mise en colère, je la dénoncerai à l'Inquisition.

— Ne dites donc pas semblables choses, agneau de mon cœur, pria la duègne. Monsieur le peintre de la cour a l'esprit fin et comprend la plaisanterie, mais un jour viendra où vous vous oublierez jusqu'à parler devant d'autres.

— Conte-nous une histoire, Eufémia, ordonna la duchesse. Parle-nous de ceux qu'on a emmurés vivants dans les fondations de l'Escurial.

— Ce sont là de vieilles histoires, répondit la duègne, et don Francisco les connaît sans doute.

— Ne te fais donc pas prier.

— Un jeune homme du village de San Lorenzo, commença Eufémia, protestait contre les lourds impôts que l'abbé du cloître exigeait des paysans. De plus, il était hérétique. Les frères le dénoncèrent. Mateo se transforma alors en chien noir et se mit à hurler, la nuit, pour exciter les paysans à la révolte. Les frères le capturèrent et le pendirent à la pointe du clocher. Le chien se transforma encore une fois et se montra dans le village sous les traits d'un jeune guerrier. Il avait, prétendait-il, tué cent vingt-sept Maures; lui aussi prêchait la révolte contre les frères du couvent. Mais un moine, un savant, découvrit que le guerrier, le chien et l'ex-Mateo n'étaient qu'une seule et même personne et le dénonça à l'Inquisition. A l'arrivée des sbires, le guerrier redevint chien. Les frères le prirent et l'enterrèrent vivant dans le mur d'un bâtiment en construction. C'était l'époque où le cloître fit place à l'Escurial. Encore maintenant, conclut la vieille, on entend parfois le chien hurler, les nuits de pleine lune.

— L'histoire est intéressante, dit Francisco.

— D'ailleurs, ajouta Cayetana, Eufémia n'est pas seule à me prédire l'avenir. Une femme de chambre de ma grand'mère, une certaine Brigida, a été, en son temps, brûlée comme sorcière. Beaucoup assurent qu'elle était innocente et, pourtant, quand le bourreau lui demanda le baiser de pardon, elle refusa de le lui donner, signe certain qu'elle était une sorcière. Elle vient parfois me voir et me dévoile l'avenir. Elle est très forte.

— Que vous a-t-elle prédit ?

— Que je ne serai jamais bien vieille et que je n'ai pas de temps à perdre si je veux profiter de la vie, dit la duchesse.

Et se tournant vers Goya, le fixant de ses grands yeux aux reflets métalliques, elle ajouta :

— Croyez-vous aux sorcières ?

— Naturellement, j'y crois ! grogna Goya qui, dans son émotion, en revenait au patois de son enfance. Sûr que j'y crois !

14

Les jours s'écoulaient et Francisco n'entendait pas parler d'elle. Il passait son temps dans sa chambre d'auberge, à attendre. Il dessina l'esprit qui lui était apparu au cours de sa promenade, en fit une nouvelle esquisse, puis une troisième.

On lui signifia, à l'improviste, d'avoir à s'installer au château. Joyeux, ému, il crut d'abord qu'il devait cette faveur à l'intervention de la duchesse. Mais non, c'était le roi qui le voulait auprès de lui. La situation politique s'était améliorée, doña Maria-Luisa et Manuel s'étaient mis d'accord, le roi avait le temps et le désir de poser devant son peintre.

Carlos estimait Goya. Le roi, si peu brillant qu'il fût, avait le sens de la représentation et, pour lui, la tâche traditionnelle des souverains espagnols de protéger les arts et particulièrement la peinture n'était pas une charge. Il lui était agréable de revivre sur les toiles des grands maîtres.

Il voulait, cette fois-ci, trois tableaux très représentatifs capables de rappeler à chacun de ses sujets la signature du roi : « Yo el rey. Moi, le roi. »

Goya avait toujours admiré la façon dont Vélasquez avait su, dans ses portraits de Philippe II, communiquer l'éclat majestueux du manteau royal au visage de celui qui le portait. Du maître, il avait appris à faire un tout de l'homme et de son costume. Il avait lui-même peint Carlos en habit rouge, bleu ou brun, brodé d'or ou d'argent, avec rubans et plaques, dans la pourpre et l'hermine aussi bien que dans la tenue des gardes du corps, à pied, à cheval. Il avait plusieurs fois réussi à donner à ce visage lourd et bonasse du roi Carlos engoncé dans ses vêtements d'apparat, constellé de décorations, en dépit du double menton et du ventre, une expression majestueuse sans lui faire perdre sa bonhomie. Il se réjouissait d'être mis encore une fois à même de trouver de nouvelles variantes à un thème bien connu.

Carlos, s'efforçant de faciliter la tâche du peintre, montrait une grande patience, même dans les poses les plus fatigantes. En ces occasions, il bavardait avec Goya, sans façon, en bon bourgeois parlant à son égal, ôtait avec joie le lourd costume de cérémonie pour se mettre à l'aise aux pauses, dans un large fauteuil, ou se promenant en gilet de laine et en pantalon. Les chaînes barrant son ventre lui rappelaient ses montres dont il parlait souvent. Sur ce point, disait-il demi-sérieux, il dépassait son grand prédécesseur, l'empereur Charles : il était parvenu à régler ses montres a la seconde près. Très fier, il les sortait, les comparait, les écoutait marcher, les approchait de l'oreille de Goya. L'essentiel, disait-il était de les porter continuellement. Les montres avaient en soi quelque chose d'humain, de vivant. Il veillait à toujours avoir en poche ses montres préférées; il confiait à son valet de chambre celles qu'il ne pouvait pas porter.

Goya n'aurait eu besoin, pour exécuter le travail requis, que de trois ou quatre séances de pose; avec l'aide de ses croquis et d'habits et d'uniformes disposés dans son atelier, il aurait probablement mieux travaillé, et plus vite. Mais Carlos s'ennuyait à l'Escurial; ces séances de pose le distrayaient et, chaque matin, il passait deux ou trois heures avec son peintre. La conversation avec Goya lui plaisait visiblement. Il l'interrogeait sur ses enfants et parlait des siens, ou de la chasse, ou de ses plats préférés, sans oublier jamais de vanter la qualité supérieure des jambons venant d'Estramadure, la patrie de son cher Manuel.

Pour finir, la reine dut déclarer au roi qu'il avait assez longtemps gardé Goya pour lui, qu'elle avait, elle aussi, besoin de ses services.

Doña Maria-Luisa était de bonne humeur. Elle n'avait pas trop mal pris la nouvelle de « l'orgie » de Pepa à l'Escurial. Il lui suffisait de savoir cette fille partie et de pouvoir goûter sans arrière-pensée la présence de don Manuel. Celui-ci, de son côté, était heureux d'avoir évité la scène redoutée et de ne pas devoir entendre, pendant quelque temps, les objurgations de Pepa imbue d'héroïsme. Habile, la reine se montrait généreuse. Affectant de croire que don Manuel travaillait depuis longtemps à la réconciliation avec la République française, elle le déclarait devant les grands et les ministres l'homme qui donnerait la paix à l'Espagne. L'amitié entre la reine et son premier ministre était plus étroite que jamais.

Goya, lui aussi, trouva une Maria-Luisa très gracieuse et gaie. Dix ans auparavant, il avait déjà fait son portrait, alors qu'elle n'était encore que princesse héritière. Elle aurait alors pu, en dépit de ses traits durs et de sa laideur, intéresser un homme. Avec l'âge, elle avait encore enlaidi, sans cesser pourtant de s'efforcer de tenir sa place, en tant que femme comme en tant que reine. Elle faisait venir de toutes les capitales d'Europe robes, linge et manteaux, les onguents, les pâtes et les huiles les plus coûteux, portait la nuit un masque enduit de graisses rares, s'entraînait avec son maître à danser et se promenait devant son miroir, les chevilles entravées par de petites chaînes, pour améliorer sa démarche. Son énergie farouche impressionnait le peintre, qui voulait la peindre telle qu'elle était : laide et intéressante.

Il lui manquait les ressources de son atelier et, avant tout, la présence d'Agustin, son conseiller et son critique grognon, et les nombreux services que celui-ci lui rendait. Il était pourtant bien difficile de demander qu'il vînt dans ce château surpeuplé.

Mais, en signe de réconciliation, don Manuel avait offert à la reine son étalon Marcial, l'orgueil de ses écuries, et doña Maria désirait se faire peindre en amazone. Venir à bout d'une toile de cette taille sans aide, et dans un temps très court, était pour ainsi dire chose impossible. Goya avait là une bonne raison pour exiger que son élève et ami, Esteve, le rejoignît.

Don Agustin vint et salua son ami d'un large sourire. Il avait amèrement regretté son absence, et c'était une joie pour lui de savoir que Francisco l'avait fait inviter à l'Escurial.

Mais il lui fallut bientôt s'apercevoir que Goya n'était plus le même : il lui arrivait d'interrompre brusquement sa tâche; il semblait attendre sans fin quelque chose qui ne venait pas. Quelques mots de Lucia, de Miguel et de l'abbé le renseignèrent, lui firent comprendre à quel point le cœur de Francisco était pris, cette fois.

Il se mit à censurer le travail de l'ami. Ces portraits du roi étaient loin d'être ce qu'ils auraient pu devenir. Goya y avait mis beaucoup d'application manuelle mais bien peu d'âme. Ils faisaient de l'effet, mais c'était trop peu pour le Goya d'aujourd'hui :

— Je sais ce qu'il en est, déclara-t-il. Vous vous occupez d'autre chose et vous n'avez plus de cœur à votre ouvrage.

— Te voilà bien malin, fruit sec, étudiant raté, répliqua Goya sans perdre son calme. Tu sais fort bien que ces portraits valent ceux que j'ai déjà faits du roi.

— C'est très juste, rétorqua Agustin, et c'est en cela qu'ils sont mauvais. Vous pensez bien plus qu'auparavant. Je vous le répète : vous êtes paresseux.

Pensant à Lucia, il sentait sa colère grandir.

— Vous êtes trop vieux pour ces petites affaires de cœur, reprit-il haineusement. Vous avez encore beaucoup à apprendre et le temps presse. Si vous continuez, votre œuvre restera imparfaite, un chantier abandonné.

— Va toujours, dit Goya à voix contenue. J'entends bien aujourd'hui, je peux enfin connaître le fond de ta pensée.

— Tu ne mérites pas ton bonheur, reprit Agustin sans se faire prier. Comment ! Tu passes des heures avec le roi qui se montre à toi en gilet, te fait admirer ses montres, et tu ne profites pas de cette occasion, unique, pour étudier l'homme à fond ? As-tu peint sur le visage de ton don Carlos ce que nous, patriotes, nous y voyons ? Aveugle par suite d'absence complète de sensibilité, tu ne vois même pas ce que le premier venu y découvre. Qué verguenza ! Parce que le roi t'a parlé amicalement des jambons d'Estramadure, tu le tiens sans doute pour un grand roi et tu lui fais une tête digne, en plus de son uniforme chamarré et de sa Toison d'or.

— Allons, est-ce tout ? coupa Francisco. Tu as parlé ? C'est parfait. Je vais maintenant te renvoyer à la maison, monté sur le plus vieux baudet qu'on puisse trouver dans tout San Lorenzo.

Il prévoyait une réponse brutale, furieuse. Agustin allait s'enfuir, claquant la porte. Rien ne vint. Agustin avait pris entre ses doigts une esquisse qui s'était mêlée à celles qu'il avait faites du roi. Elle représentait « El Yantar », le démon de midi. Agustin se taisait toujours.

— Ce n'est rien, murmura Goya, gêné. C'est une bêtise, un caprice.

Dès lors, Agustin ne parla plus des affaires de cœur de Francisco, ni de sa paresse au travail. Bien au contraire, il se mit à choisir ses mots, à formuler ses critiques sur un ton plus doux. Goya ne savait pas s'il lui fallait se réjouir ou déplorer de se savoir percé à jour.

La reine paradait sur son étalon devant Goya, dans la tenue de colonel-propriétaire du régiment des gardes du corps. A cheval, en homme, elle montait bien, relevant fièrement la tête, moulée dans son uniforme guerrier.

Il aurait suffi qu'elle enfourchât un cheval de bois pour poser. Mais Goya éprouvait une joie aiguë à lui faire exhiber ses talents d'amazone en présence d'Agustin. Docile, Maria-Luisa faisait volter sa bête, tournait la tête au gré de son peintre. Celui-ci poussait Agustin au premier plan et l'interrogeait :

— Qu'en penses-tu, Agustin ? Cela convient-il ? Ne vois-tu rien à changer ?

Si son père, le vieux Goya, avait pu le voir, quels yeux il eût ouverts !

15

Il suivait le couloir qui menait des appartements de la reine à sa chambre. Il venait de chez elle, un laquais aux bas rouges portait sa boîte. Toute menue, marchant à pas vifs, la duchesse vint à sa rencontre, suivie de doña Eufémia.

Ses genoux tremblèrent et le sol vacilla sous lui. Déjà, elle s'arrêtait :

— Je suis heureuse de vous voir, don Francisco, dit-elle.

Et en français, détachant les mots :

— Je n'y tiens plus ; je m'ennuie trop ici et je vais passer deux ou trois jours à Madrid. Je pars mercredi. Y serez-vous ?

Une joie puissante, douloureuse, envahit Goya. C'était l'accomplissement de ses désirs, enfin. Le temps en était fixé avec précision. C'était pour mercredi, pour la nuit de mercredi. Mais aussitôt, son sens de paysan calculateur s'inquiéta : il n'était pas libre. La reine l'attendait jeudi matin pour une dernière séance de pose. Faire défaut, c'était ruiner tout son avenir. Jamais plus il n'aurait le droit de faire le portrait d'un membre de la cour, jamais il ne serait le premier peintre du roi. Il retomberait dans le néant. Mais s'il ne répondait pas immédiatement par un oui plein de joie à cette femme, elle reprendrait sa marche ; il la perdrait pour toujours.

Déjà elle faisait mine de s'éloigner et la raillerie de sa lèvre s'accentuait. Cette femme, étonnante, l'avait deviné. L'angoisse le saisit ; il avait joué, et perdu. Très vite, en espagnol, il balbutia :

— Ai-je bien compris ? Je pourrai vous présenter mes hommages mercredi, à Madrid ?

Et, toujours en français, elle répondit :

— Vous avez bien compris, monsieur.

Il ne sut jamais comment il 'avait regagné sa chambre. L'esprit vide, il se laissa tomber lourdement sur une chaise, y resta longtemps sans mouvement. Tout ce qu'il savait, c'est qu'elle avait pris sa décision, enfin.

Puis, en fils de bon paysan, il calcula. Il était juste que le destin lui fit payer cher une nuit avec la duchesse d'Albe ; mais non pas de sa carrière tout entière. Il fallait trouver une bonne raison pour faire remettre la séance de pose chez la reine. Si, par exemple, quelqu'un tombait gravement malade, subitement, un de ses proches... Il faudrait mettre sous les yeux du premier chambellan de la reine une lettre l'attestant.

— Quand vas-tu enfin chez Ezquerra, à Madrid ? demanda-t-il une heure plus tard à Agustin, sur un ton de sévérité voulue et un peu gêné. Combien de temps as-tu l'intention de me faire attendre ces couleurs ?

Agustin le regarda, surpris.

— Nous pouvons encore nous en passer quelques jours. D'ailleurs, le courrier journalier peut se charger de la commission. Il me suffira de lui donner des instructions bien claires ; Ezquerra saura que faire.

— Tu pars pour Madrid, répliqua Goya d'un air sombre. Aujourd'hui même !

— Es-tu fou, Francisco ? Tu as promis d'avoir fini ce portrait pour la fête de don Manuel. Tu as toi-même exigé de la reine quatre séances de pose. Et tu veux me renvoyer ?

— Tu vas à Madrid ! ordonna Goya. Et, encore plus grognon et brutal : Tu y apprendras que ma petite Elena est malade et que Josefa m'appelle sans retard.

— Je n'y comprends rien ! s'exclama Agustin stupéfait.

— Tu n'as pas besoin de comprendre ! Tu reviendras m'informer de la maladie de mon Elenita. C'est tout.

Agustin réfléchissait.

— Tu veux remettre la séance chez la reine ; tu veux aller à Madrid ! s'écria-t-il enfin.

— Comprends-moi, il le faut. Je le dois ! jeta Goya, implorant presque, maintenant.

— Et tu n'as pas trouvé d'autres prétextes ?

La peur s'emparait de Goya d'avoir imaginé une telle raison, mais quelle autre concevoir ?

— Ne m'abandonne pas, supplia-t-il, Agustin ! Tu sais comment je travaille quand on nous impose une date fixe. Le portrait sera terminé et tout ira bien. Ne me laisse pas dans l'embarras, c'est tout ce que je te demande.

Depuis qu'Esteve avait vu le dessin du démon de midi, il savait que Francisco était sur le point de commettre une des plus grandes folies de sa vie mais que personne ne saurait le retenir.

— J'irai donc à Madrid, dit-il tristement, et tu auras ta lettre.

— Merci, dit Goya. Tâche de me comprendre...

Agustin parti, Francisco s'efforça de travailler. Si discipliné qu'il fût, il ne pouvait empêcher sa pensée d'errer, de tourner autour de cette nuit, à Madrid, de se représenter ce qu'elle serait.

Bien après minuit Goya fut tiré d'un sommeil agité par le retour d'Agustin. Couvert de poussière, en habit de voyage. Esteve s'encadra dans la porte. Un serviteur le suivait, flambeau au poing.

— Voici votre lettre, dit-il, et le pli semblait peser un poids écrasant dans sa main.

Francisco s'était redressé sur son lit et le prit comme s'il avait été vraiment très lourd, et sans l'ouvrir.

— Elle est telle que vous la vouliez, dit Agustin.

— Merci, Agustin, fit Goya.

Dans la matinée, Goya exposa au premier chambellan de la reine, le marquis de Vega Inclan, qu'avec ses plus douloureux regrets il se trouvait contraint de renoncer aux séances de pose que Sa Majesté avait bien voulu lui accorder. Il donna la raison et remit la lettre de Madrid. Le marquis la prit, la posa sur la table sans la lire et dit :

— Sa Majesté aurait de toute façon renoncé à ces séances. L'infant Francisco de Paula est gravement malade.

Très pâle, Goya fixait le marquis et, bégayant quelques mots confus, sortit d'un pas mal assuré, plus vite que le cérémonial ne le permettait. Le marquis, légèrement froissé, le regarda partir.

— Ces artistes ! Quelles manières ! murmura-t-il. Quand je pense qu'il me faut tolérer cette plèbe à l'Escurial ! Chusma ! Racaille !

16

— Nous allons au théâtre, au « Cruz », déclara la duchesse à Goya. On y donne *les Frères ennemis*. C'est, dit-on, stupide, mais Cornado joue le fou, Gizmana la soubrette, et les tonadillas sont certainement très bonnes.

Son ton léger déplut à Goya. Etait-ce là le début d'une nuit d'amour ? Une foule d'hommes attendait à l'entrée du théâtre pour voir les femmes descendre de voiture ou de chaise ; c'était l'unique occasion de pouvoir entrevoir des jambes de femme. La duchesse sortit de sa chaise. « Quels jolis mollets ! lui cria-t-on. Fermes et ronds ; on en mangerait ! » Goya était très sombre. Les poings lui démangeaient, mais il redoutait le scandale.

Pour entrer, il fallait passer par un long couloir sombre où tout était bruit et bousculades. Des marchands ambulants offraient de l'eau, des bonbons, le texte des chansons. C'était sale : cela sentait mauvais. On y était heurté de toutes parts et l'on avait beaucoup de peine à ne pas souiller d'ordure ses souliers ou ses vêtements. Les loges, peu nombreuses — on n'y admettait que les femmes accompagnées — étaient toutes louées et il en coûta à Goya de longues tractations et un joli denier pour obtenir la sienne.

Ils avaient à peine pris place qu'un grand vacarme vint du parterre. Ses occupants, les « mousquetaires », avaient reconnu la duchesse. Ils l'interpellaient, applaudissaient. Les femmes, tout en faisant moins de bruit, s'intéressaient plus vivement encore à cette visite. Massées au « poulailler », aux places réservées pour elles, toutes portant, selon la règle, robe noire et écharpe blanche, elles se tournaient vers la loge, piaillant et riant.

Goya gardait un calme crispé. Cayetana, très à l'aise, bavardait avec lui, faisant comme si l'ovation ne la concernait pas.

Cette pièce, *les Frères ennemis*, était vraiment bête, une parodie très faible du drame de Lope. Le plus jeune fils volait à son frère l'amour de son père et le cœur de sa belle. Au premier acte déjà, un duel se déroulait dans un cimetière, avec apparition de fantômes. Le mauvais fils chassait le bon dans les bois et enfermait son père dans une tour pour l'y faire mourir de faim. Les paysans se soulevaient contre le nouveau seigneur, le public aussi, au point que l'alguazil — le capitaine de police — entrant en scène pour seconder le méchant frère, assailli par les spectateurs, dut déclarer qu'il n'était qu'un acteur, le comédien Garro.

La tonadilla chantée à la fin du premier acte était amusante et mit toute l'assistance dans une joie bruyante. Puis vint le deuxième acte, dans la tour, ponctué de cliquetis de chaînes et de froissements de paille. Un ange très viril, très moderne aussi dans sa culotte courte, vint consoler le malheureux vieillard. La jeune fille, soupçonnant l'imposture du mauvais frère, rencontra le comte dans un coin de forêt. Le public haletant, conquis, se taisait, et la duchesse fut d'avis qu'on pouvait sortir discrètement.

Ils respirèrent avec joie l'air frais de la nuit.

— Allons maintenant dans une de vos tavernes, décida la duchesse.

Goya, se méprenant volontairement, proposa un restaurant élégant :

— A Ceferino ?

— J'ai dit : une de vos tavernes, répliqua-t-elle.

— Nous ne pouvons pas aller à la Manoleria dans cette tenue ! protesta Goya.

La Manoleria était ce faubourg qu'habitaient majos et majas.

— Vous n'avez pas besoin de me le dire, rétorqua-t-elle vivement. Je vais passer à la maison pour changer de robe. Je vous y attendrai.

Il rentra chez lui, digne. Etait-ce pour cela qu'il avait souffert, imaginé cette dangereuse lettre annonçant la maladie de sa petite Elena, qu'il risquait toute sa carrière ? Qué verguenza ! crut-il entendre Agustin dire de sa voix caverneuse.

Avant de changer de vêtements, il alla sur la pointe des pieds près du lit d'Elena. L'enfant dormait paisiblement.

Il mit son vieil habit de majo, non sans plaisir, et se sentit soudain rasséréné. L'étoffe en était bien fatiguée et le pantalon, le gilet d'un vert dur, la veste rouge et courte le serreraient bien un peu. Mais il avait vécu de belles heures en cette tenue. Ceignant la large ceinture et y passant la navaja, il se sentit un autre homme, jeune, aventureux. « Passe le froc et tu sauras le latin », pensa-t-il. Puis il s'enveloppa du grand manteau, la « capa », enfonça sur ses yeux le chapeau aux larges bords, le « chambergo ».

Méconnaissable, il se mit en chemin. Le portier de la duchesse lui refusa l'entrée de la maison et il fallut que Francisco lui montrât son visage pour que l'homme lui livrât passage en grimaçant un sourire. Cayetana, elle aussi, eut un sourire, flatteur. Elle portait une robe bariolée et un corselet brodé, de couleur. Un filet enserrait ses cheveux. Le tout lui allait bien et on pouvait la prendre pour une vraie maja.

— Où allons-nous ? demanda-t-elle aussitôt.

— Au cabaret de la Rosalie, dans le quartier de Barquillo, répondit Goya. Mais vous aurez des ennuis avec cette mantille, ajouta-t-il en montrant du doigt le voile dont Eufémia l'enveloppait.

Dans les quartiers populaires, on n'aimait guère les « tapadas », les femmes qui cachaient leur visage.

— Laissez-moi vous accompagner, mon agneau, priait la duègne. Je vais mourir de peur à vous savoir dans ce quartier de la Manoleria.

— C'est stupide, dit sèchement Cayetana. Don Francisco est homme à savoir me défendre.

Le cabaret regorgeait de monde. On buvait, on fumait en échangeant de rares paroles, soucieux d'affecter la gravité castillane. Les hommes avaient pour la plupart gardé leur chapeau à larges bords. Les femmes étaient hardies, certaines jolies, toutes le visage découvert. Une épaisse fumée régnait dans la salle. Dans un coin, un homme jouait de la guitare.

On regarda les nouveaux venus, avec discrétion, mais sans sympathie. Un voisin proposa à Goya du tabac de contrebande.

— Combien ? demanda le peintre.

— Vingt-deux réaux, dit l'autre.

— Est-ce que tu me prends pour un gabacho ? lui jeta Goya.

Sous ce terme de mépris, on entendait l'étranger et particulièrement le Français.

— Je ne paierai que seize réaux, comme tout le monde.

— Ne prendrez-vous pas au moins un cigare pour votre dame, monsieur ? lança une des filles.

— Je ne fume pas, murmura la duchesse, de dessous son voile.

— Fumer éclaircit les idées, excite l'appétit et assainit les dents, fit un des hommes.

— La dame devrait bien retirer sa mantille, reprit insolemment la fille.

— Tais-toi, Zanca, lui jeta l'homme. Ne fais pas d'histoires.

Mais Zanca insistait.

— Dites à votre dame d'ôter sa mantille, señor. On n'en veut pas ici.

Et d'une table voisine vint une phrase cinglante :

— Madame est peut-être une gabacha ?

Francisco avait prévenu Cayetana. Sa mantille allait tout gâter. Il connaissait ses majos. N'en était-il pas un ? Les majos se considèrent comme de sang très pur et ne souffrent pas la curiosité dédaigneuse d'étrangers. Ceux qui venaient les voir chez eux devaient se conformer à leurs usages et se montrer le visage découvert.

Le joueur de guitare s'était arrêté. Tous les regards convergeaient sur Goya. Il lui était impossible de battre en retraite :

— Qui a parlé de gabacha ? demanda-t-il.

Il n'avait pas élevé le ton, avait parlé tranquillement entre deux bouffées de cigarette. Un silence tomba. L'hôtesse, Rosalia, belle fille bien plantée, s'approcha du joueur de guitare :

— Remue-toi donc, fainéant ! Joue-nous un fandango.

Mais déjà Goya répétait sa question :

— Qui a parlé de gabacha ?

— Moi, dit le majo.

— Veux-tu faire des excuses à cette dame ?

— C'est inutile, puisqu'elle n'a pas enlevé sa mantille.

C'était rigoureusement exact, mais Goya n'entendait pas céder du terrain.

— Qui t'a demandé ton avis ? reprit-il. Tiens-toi, ami, sinon je vais te prouver que je sais danser sur un cadavre.

La riposte était digne du milieu et plaisait visiblement à l'entourage. Mais l'homme élevait lui aussi le ton :

— Je compte jusqu'à dix, et si tu n'arrives pas à lui faire enlever sa mantille, je t'enverrai, d'un coup de pied, voler jusqu'à Aranjuez.

On épiait Goya, il le voyait. Il se leva, son long manteau glissa et sa main se posa sur le manche de sa navaja.

Mais un cri général de surprise s'éleva. Cayetana avait enlevé sa mantille.

— C'est Albe ! Notre duchesse !

Et l'homme dit :

— Excusez-moi, señora. Vous n'êtes pas une gabacha, Dieu le sait. Vous êtes une des nôtres.

Ce revirement déplaisait encore plus à Goya que la querelle qui l'avait précédé. Cet homme mentait : Albe n'était pas des leurs. Tout au plus une dame de la cour qui jouait à la maja. Il se sentait honteux pour les vraies majas, pour toutes celles qu'il avait, en sa jeunesse, amenées en ce lieu. Lui-même, Francisco Goya, n'avait pas peint de vrais types de filles du peuple, mais rien de plus que duchesses et comtesses costumées, déguisées, et sa colère s'en augmentait.

Elle leur parlait, à leur façon. Les mots coulaient de ses lèvres, sans peine, et en dehors de lui, personne ne semblait sentir qu'elle jouait un rôle, que sous cette bienveillance se cachaient le mépris, la condescendance.

— Sortons, dit-il plus impérieusement qu'il ne l'aurait voulu.

Cayetana lui jeta un regard surpris, mais, se reprenant aussitôt, avec un sourire où perçait une pointe de raillerie :

— Oui, señores, il nous faut malheureusement vous quitter. Monsieur le peintre de la cour attend un grand seigneur dont il doit faire le portrait.

On rit. L'absurdité du prétexte amusait la galerie. Goya tremblait de rage impuissante.

On alla chercher une chaise.

— Revenez-nous bientôt ! criait-on de bon cœur.

— Où allons-nous ? demanda-t-il, amer.

— A votre atelier, naturellement, répliqua-t-elle. Où vous attendez vos modèles.

Cette promesse lui coupait le souffle. Mais elle était si capricieuse qu'elle pouvait encore changer d'avis en chemin.

Frémissant, plein de rage pour ce qui venait de se passer, détestant ces sautes d'humeur et sa propre impuissance, tiraillé entre la colère, l'attente et la passion, il marchait à côté de la chaise, dans la rue sombre. Un tintement de sonnette se fit entendre ; un prêtre parut qui portait le viatique. Les valets reposèrent la chaise à terre, la duchesse descendit. Goya étendit son mouchoir sur le sol, pour elle, et tous s'agenouillèrent jusqu'à ce que le prêtre et l'enfant eussent disparu dans l'ombre.

Enfin, ils arrivaient. Le sereño ouvrit la porte. Ils montèrent l'escalier, pénétrèrent dans l'atelier. Goya, maladroitement, allumait des bougies. La duchesse s'était assise, nonchalante.

— C'est sombre, ici, dit-elle, et il fait froid.

Il réveilla Andrès, le valet, qui apporta deux chandeliers d'argent aux multiples branches et alluma le feu, en grognant. Personne ne dit mot tant qu'Andrès fut là.

Il sortit enfin. Il faisait clair, maintenant, et chaud. Dans l'ombre se devinait la tapisserie avec la procession du saint et de la foule émue, avec le cardinal à la mine sombre et la barbe en pointe, de Vélasquez. La duchesse s'approcha.

— Qui possédait ce Vélasquez avant vous ? murmura-t-elle, autant pour elle que pour Goya.

— C'est un cadeau de la duchesse d'Osuna, répondit-il.

— Oui, je me rappelle en effet l'avoir vu à l'Alameda. Elle a été votre maîtresse ? Cette dernière question fut posée sur un ton léger, très naturel, amical même.

Goya ne répondit pas. Elle regardait toujours la procession.

— J'ai beaucoup appris de Vélasquez, dit-il au bout d'un assez long silence. Plus que de tout autre.

— J'ai un tableau de lui dans ma maison de campagne de Montefrio, dit-elle, une petite toile bien curieuse et presque inconnue. Si vous passez en Andalousie, don Francisco, allez la voir, je vous en prie. Je crois qu'elle ferait bien ici.

Elle passa en revue des esquisses éparpillées sur la table, des ébauches du portrait de la reine.

— Il paraît, dit-elle, que vous avez l'intention de peindre l'Italienne presque aussi laide qu'elle l'est au naturel. Le permet-elle ?

— Doña Maria est intelligente, dit Goya. Elle tient à la ressemblance.

— Oui, conclut la duchesse, une femme aussi laide doit au moins avoir l'intelligence.

Elle s'assit sur le divan, s'y coucha à moitié. Son visage d'un brun mat était poudré à peine.

— Le mieux serait que je fisse votre portrait en maja, dit Goya. Ou plutôt non. Je ne voudrais pas courir encore une fois le risque de vous peindre masquée. Il me faut d'abord établir qui est la véritable Cayetana.

— Vous ne le saurez jamais, déclara la duchesse. D'ailleurs, je l'ignore moi-même. Sérieusement, je crois être avant tout une maja. Je ne m'occupe pas de ce que les autres pensent de moi, en bonne maja.

— Cela vous gêne-t-il que je vous regarde ? demanda-t-il.

— Non, parce que vous êtes peintre. Mais n'êtes-vous que cela ? Rien d'autre, jamais ? Vous pourriez parler un peu plus.

Comme il se taisait toujours, elle revint sur ses pensées premières.

— J'ai été élevée en maja. Mon grand-père a désiré que mon éducation fût faite selon les principes de Jean-Jacques Rousseau. Savez-vous qui était Rousseau, don Francisco ?

Goya se sentait plus amusé que froissé.

— Mes amis, répondit-il, me permettent parfois de lire quelques lignes de *l'Encyclopédie*.

Elle releva vivement la tête. *L'Encyclopédie* était particulièrement haïe de l'Inquisition ; posséder cette œuvre, la lire, était dangereux.

— Mon père mourut très jeune, reprit-elle, et mon grand-père m'a laissé toute liberté. De plus, l'ancienne camériste de ma grand'mère vient me voir de temps en temps et me conseille. Sérieusement, dont Francisco, il faudra me peindre en maja.

— Je n'en crois pas un mot, dit Goya tout en attisant le feu. Vous ne vous conduisez pas plus en maja que vous ne vous entretenez, de nuit, avec l'esprit de la camériste.

Et, se tournant vers elle, la regardant bien en face :

— Je dis ce que je pense, quand cela me plaît. Je suis un majo, moi, bien qu'il m'arrive de lire *l'Encyclopédie*.

— Est-il vrai, demanda aimablement la duchesse, que vous ayez tué quatre ou cinq hommes, en assaut ou par jalousie ? Que vous ayez dû vous enfuir en Italie pour échapper à la police ? Avez-vous vraiment enlevé une nonne, à Rome, et n'avez-vous dû votre liberté qu'à l'intervention de notre ambassadeur ? Ou bien n'avez-vous fait courir ces bruits que pour vous rendre intéressant et attirer les commandes ?

Cette femme ne pouvait être venue à cette heure dans son atelier dans le but de le blesser. Non, elle voulait l'abaisser, simplement pour ne pas se mépriser elle-même, après. Se contenant, Goya répondit gaiement :

— Un majo aime les grands mots et les vantardises. Vous devriez le savoir, duchesse.

— Si vous m'appelez encore une fois ainsi, dit-elle, je m'en vais.

— Je ne le crois pas, duchesse, dit Goya, Je crois bien plutôt que vous cherchez — il choisissait ses mots — à me réduire, à m'écraser.

— Et pourquoi le voudrais-je ? demanda doucement Cayetana.

— Je n'en sais rien. Comment pourrais-je savoir ce qui vous fait vouloir ?

— Voilà qui sent terriblement la philosophie et l'hérésie, repartit la duchesse. Je crains fort que tu ne sois un hérétique, Francho, et que tu ne croies bien plus au diable qu'en Dieu.

— S'il lui faut choisir entre nous, l'Inquisition devrait, je crois, d'abord s'occuper de vous.

— L'Inquisition ne s'occupe pas de la duchesse d'Albe, dit-elle très simplement, sans le moindre accent de vanité. Ne va pas, Francho, prendre trop au sérieux les méchancetés que je pourrais te dire. Souvent j'ai prié la Vierge del Pilar qu'elle te comble de ses bienfaits, Francho, parce que le diable me paraît te poursuivre bien cruellement. Mais — elle levait les yeux vers la statue d'Atocha — tu ne crois plus à la Vierge del Pilar. Et pourtant, tu l'as priée, souvent, plus que les autres, puisque tu es de Saragosse. Tu es donc infidèle.

Elle s'était levée et s'approchait de la statue de bois ancien :

— Je ne voudrais pourtant pas parler sans respect de la Vierge d'Atocha et surtout de celle-ci qui vous protège. Elle est assurément très puissante et il ne faut pas l'irriter.

Elle l'enveloppait avec soin, avec lenteur, de sa grande mantille noire. Elle l'aveuglait pour que la sainte ne puisse rien voir de ce qui allait se passer sous ses yeux. De ses cheveux noirs, elle retira le haut peigne, se déchaussa, et fut plus petite. Puis, à la lueur dansante du feu, elle ôta son lourd costume, la mine sérieuse, sans un sourire ni une rougeur, et son corselet bariolé.

DEUXIEME PARTIE

DEUXIÈME PARTIE

1

Les négociations de paix que la cour de Madrid menait à Bâle avec la République française tiraient en longueur. Les Espagnols, bien que résolus en secret à renoncer à la remise des enfants royaux de France, jugeaient devoir, pour des raisons d'honneur, insister jusqu'au dernier moment sur cette condition. Paris ne songeait pas à créer un centre d'agitation monarchique, et persistait dans son refus de livrer les héritiers des Capet. Malgré tout, et à l'encontre de toute raison, le représentant royaliste de la France à Madrid, M. de Havré, s'entêtait à croire que l'obstination espagnole finirait par triompher. En rêve, il se voyait déjà accueillant le petit roi à Madrid, devenant son précepteur et son tuteur — régent de fait de son cher pays.

Puis vint une terrible nouvelle : le jeune roi Louis XVII était mort. M. de Havré n'y croyait pas. A son avis, les royalistes avaient enlevé l'enfant et le tenaient en lieu sûr. De leur côté doña Maria-Luisa et don Manuel se montraient, eux, très disposés à considérer cette mort comme un fait acquis, et la cour de Madrid, en son cœur, s'en trouvait soulagée. On était débarrassé d'un point litigieux, et l'honneur était sauf.

Cependant les pourparlers n'avançaient pas. La République, fière du succès de ses armées, réclamait l'abandon de la province du Guipozcoa avec sa capitale, Saint-Sébastien, et une indemnité de guerre de quatre cents millions.

— Je compte que la paix nous permettra une vie un peu plus large, avait déclaré la reine à son premier ministre, et don Manuel avait compris qu'il ne devait pas payer. De son côté, Pepa disait :

— J'espère, don Manuel, que l'Espagne sortira plus grande de cette guerre, et don Manuel sut qu'il ne pourrait pas céder le pays basque à ses turbulents voisins.

— Je suis avant tout Espagnol, déclara-t-il fièrement à don Miguel. Je n'abandonnerai pas plus Saint-Sébastien que je ne paierai cet énorme tribut.

Mais le rusé secrétaire avait déjà, sans compromettre son maître, étendu des antennes jusqu'à Paris et se trouva bientôt en position de pouvoir donner des renseignements intéressants : le Directoire recherchait une alliance avec l'Espagne ; il serait prêt, pour l'obtenir, à adoucir considérablement ses conditions de paix.

— Pour autant que je sache, conclut don Miguel, Paris se contenterait d'une promesse de vous de mettre sur pied l'alliance désirée.

— De moi personnellement ? demanda don Manuel surpris.

— Oui, señor. Il vous suffirait d'envoyer une lettre écrite de votre main à l'un des membres du Directoire, disons à l'abbé Sieyès, pour que la République restreigne ses exigences.

L'importance que l'on donnait à sa personne à Paris flattait don Manuel. Il se faisait fort, confia-t-il à la reine, de conclure une paix satisfaisante, honorable même, s'il était autorisé à un échange de vues officieux avec Paris. Maria-Luisa était sceptique.

— Je crois que tu te surestimes, Pico, mon petit, lui dit-elle.

Don Manuel se sentit blessé.

— C'est bien, doña Maria-Luisa, répondit-il. Je vous laisse le soin de sauver le royaume.

Et, en dépit des objurations de don Miguel, il n'écrivit pas à l'abbé Sieyès.

Les Français, fatigués de cet interminable marchandage, donnèrent au général Perignon l'ordre d'avancer. Très rapidement, l'armée républicaine prit Bilbao, Miranda, Victoria et parvint aux frontières de Castille. A Madrid, ce fut la panique. Le bruit courait que la cour se préparait à s'enfuir en Andalousie.

— Je vous sauverai, Madame, déclara don Manuel. Vous et le royaume.

Et il écrivit.

Huit jours plus tard, le traité de paix provisoire était signé. La France se contentait de l'abandon de Saint-Domingue des Antilles et renonçait aux provinces basques. La République acceptait aussi la proposition espagnole de répartir sur dix ans l'indemnité de guerre, qui serait payée en nature. Enfin, elle s'engageait à remettre à l'Autriche la princesse Marie-Thérèse, la fille de Louis XVI.

La plus grande surprise régna dans le pays qui criait sa joie : le vainqueur traitait sans exiger d'abandon de territoire ! Ce Manuel Godoy !

— Tu es un homme comme je les aime, lui dit don Carlos en lui assénant une grande claque sur l'épaule.

— Dois-je te dire comment je suis arrivé à ce résultat ? demanda don Manuel à la reine.

— Non, non ! dit celle-ci ; elle devinait l'intrigue et ne voulait rien savoir.

Tout le bénéfice de ce traité revenait donc au seul don Manuel et on le couvrit d'honneurs. Il reçut en don un vaste domaine de l'Etat près de Grenade, fut nommé « principe de la paz » et généralissime de toutes les forces armées du royaume.

Il vint remercier les souverains dans la tenue de sa nouvelle dignité. Pantalon blanc ajusté, dolman sanglant sa robuste poitrine. La plume du chapeau qu'il tenait sous son bras balayait le sol.

— Tu es magnifique, lui dit le roi qui ajouta aussitôt : Couvre-toi.

Seuls les douze premiers grands d'Espagne pouvaient prétendre se couvrir avant d'avoir répondu. Les grands de second rang ne le pouvaient qu'après, et ceux du troisième n'avaient ce droit qu'après avoir été invités à s'asseoir.

Doña Maria-Luisa supposait que don Manuel n'avait pas mené seul ses tractations et qu'il y avait été aidé par ses conseillers, ces afrancesados suspects et rebelles, ces partisans déterminés de la France, et que cette victoire diplomatique apparemment si brillante ne serait pas sans engendrer de nouveaux conflits, des suites imprévisibles. Mais, pour l'instant, c'était la paix dans l'honneur, et don Manuel en était l'auteur. C'était elle seule, la reine, qui avait jeté sur les épaules du jeune homme cet uniforme éclatant, mais elle ne pouvait se défendre de l'admirer dans sa mâle splendeur, et son cœur allait à lui.

Le roi, de son côté, décréta que le prince de la Paix devait, en fonction officielle, se faire précéder d'un héraut portant une tête de Janus signifiant que don Manuel avait su relier le passé à l'avenir.

2

Poussé par ses amis et conseillers, don Manuel usa de sa brusque popularité pour prendre des mesures hardies et favoriser le progrès. Il avait toujours tenu à se prouver le protecteur des arts et des sciences ; il s'efforçait maintenant, par une politique libérale, de démontrer aux détenteurs du pouvoir de Paris sa bonne volonté et son désir de préparer l'alliance promise.

Mais ses prescriptions, auxquelles s'opposait de toutes ses forces l'Eglise, restèrent lettre morte. Ses amis auraient voulu le voir réduire l'autorité du Saint-Office et prélever en faveur du Trésor une part plus grande des bénéfices de l'Inquisition ; ne pouvait-il pas, sûr de l'appui du peuple, abolir les privilèges de l'Eglise, la soumettre à l'impôt et réaliser ainsi un vieux rêve, assainir du même coup les finances de l'Etat en brisant pour toujours l'opposition de l'Eglise à la modernisation du pays ?

La guerre ouverte n'était pourtant pas dans la manière de don Manuel, et Pepa, de son côté, faisait de son mieux pour le dissuader de toute mesure radicale. Enfant, elle avait assisté à un autodafé, et la sinistre cérémonie, les bannières et les prêtres, les pénitents et les flammes qui les dévoraient lui avaient laissé une impression ineffaçable. Son confesseur lui emplissait l'esprit de la sombre mystique du Saint Tribunal. Elle rencontrait fréquemment des chefs de l'Inquisition; l'archevêque Despuig, de Grenade, proche collaborateur du grand inquisiteur, l'avait même reçue lors de son dernier passage à Madrid.

L'Inquisition, qui avait connu le déclin aux XVIe et XVIIe siècles, reprenait de la vigueur. Le grand inquisiteur Sierra, un libéral, chassé, avait été remplacé par le cardinal archevêque de Tolède, Francisco de Lorenzana, un fanatique. Avec l'assentiment du gouvernement, le Saint-Office taxait de « philosophisme » toute sympathie pour les théories françaises et poursuivait de nombreux « francesados ». Mais, maintenant que l'on avait fait la paix avec la République, le libre penseur reprenait le dessus, mettant en danger la puissance nouvelle de l'Inquisition.

Lorenzana, politicien habile et intrigant notoire, prit aussitôt des mesures préventives. Presque tous les ministres et conseillers, don Manuel à leur tête, étaient suspects de « philosophisme » et de « naturalisme », cette théorie tendant à mettre sur le même pied Dieu et la Nature. Lorenzana accumula les preuves, provoqua des témoignages accablants, en gonfla les dossiers de ses tribunaux. On épia la vie privée du prince de la Paix, surveilla les relations de Pepa Tudo avec certains prélats, portant le tout sur les registres du Saint-Office. Le grand inquisiteur lui-même suivait de près Pepa Tudo. Il en vint à penser que la position de don Manuel n'était pas aussi forte qu'elle le paraissait, que celle du Saint-Office était moins faible qu'on ne l'admettait en général.

Sans plus attendre, il attaqua les sans-Dieu, les hérétiques. Dans plusieurs villes de province, l'Inquisition commença à procéder contre des hommes de grande réputation, des professeurs, de hauts fonctionnaires de l'Etat. On emprisonna et condamna l'ancien ambassadeur en France, le comte de Azora, le philosophe Yeregui qui avait été sous Charles IX le précepteur de l'infante, et le célèbre mathématicien de l'Université de Salamanque, Luis de Samanégo.

Don Manuel allait-il réagir, tenter de défendre ses frères maçons ? Il ne l'osa pas. Tout au plus protesta-t-il mollement auprès du Saint-Office, demandant qu'on adoucit les peines prononcées contre de bons serviteurs de la patrie.

Lorenzana porta le coup décisif : l'anéantissement d'un des maîtres de la libre pensée, de l'écrivain et homme d'Etat Olavide, célèbre dans toute l'Europe.

Don Pablo Olavide était né à Lima, au Pérou. Très jeune encore, il avait été nommé juge. Après que la ville eut été dévastée par un terrible tremblement de terre, on lui avait confié l'administration des domaines et biens tombés en déshérence du fait de la disparition de leurs propriétaires. Olavide avait disposé des valeurs non attribuées aux héritiers, pour la construction d'une église et d'un théâtre. Les prêtres avaient protesté. Appuyés par des membres influents du clergé péruvien, les héritiers s'étaient tournés vers Madrid, réclamant ce qu'ils prétendaient être leur bien. Olavide, appelé à Madrid, s'était vu révoquer de son emploi, condamner à rembourser une partie des biens litigieux et jeter en prison. Libéré bientôt pour raison de santé, la classe éclairée d'Espagne voyait en lui un martyr. Une veuve très riche l'avait épousé. Il avait obtenu la remise des amendes lui restant à payer et était parti pour l'étranger. Il possédait deux palais, l'un à Madrid, l'autre à Paris. Ami de Voltaire et de Rousseau, il échangeait avec eux une correspondance suivie. Enfin, il commanditait un théâtre parisien où il faisait jouer des pièces françaises. Le ministre-président de Carlos III, Aranda, prenait ses avis dans les cas graves. L'Europe voyait en Olavide un esprit libéral, imbu de progrès.

Au sud de la Sierra Morena s'étendait alors une large bande de terre qui, depuis que les Maures en avaient été chassés, était restée en friche. La « Mesta », association d'éleveurs, avait obtenu la disposition de ces terres où elle faisait paître ses grands troupeaux. Sur l'instigation d'Olavide, le gouvernement avait retiré ce privilège à la Mesta et avait autorisé l'ancien juge à installer des colonies agricoles, les « Nuovas Poblaciones ». Avec l'aide du colonel bavarois Thürriegl, il avait ainsi fixé sur ces anciens pâturages dix mille paysans, allemands pour la plupart, ainsi que des éleveurs de vers à soie et des ouvriers de Lyon. Il avait été lui-même nommé gouverneur de la région avec des pouvoirs étendus, et autorisé à donner à sa colonie une sorte de constitution libérale. Les colons avaient eu le droit d'amener leurs prêtres ; les protestants même étaient admis. En peu d'années, Olavide avait transformé le désert en une contrée florissante semée de hameaux, de villages, de petites villes, d'hôtelleries, de manufactures.

Parmi leurs prêtres, les colons du Palatinat avaient amené avec eux un capucin, le frère Romuald de Fribourg, qui s'entendait mal avec Olavide et qui le dénonça comme athée et matérialiste au Saint Tribunal. En secret et, comme c'était la règle, l'Inquisition entendit les témoins de l'affaire et assembla ses preuves à l'insu d'Olavide. On hésitait encore à attaquer ouvertement un homme aussi bien vu que lui. Mais la Mesta avait un puissant protecteur en la personne de l'archevêque Despuig de Grenade. Ce dernier, appuyé du confesseur du roi, l'évêque d'Osma, obtint de Carlos une déclaration assez vague. Le roi ne ferait pas obstacle à la justice de l'Inquisition si celle-ci, pour ne pas obscurcir la cause, mettait Olavide en prison.

Tout cela s'était passé avant l'arrivée de don Manuel au pouvoir.

Deux grands inquisiteurs libéraux avaient remplacé l'un apres l'autre leur zélé prédécesseur et, tout ce temps, Olavide l'avait passé dans les prisons du Saint-Office. On n'avait pas voulu, par sa remise en liberté, discréditer l'Inquisition, mais on ne l'avait pas jugé.

Le quarante-troisième grand inquisiteur était homme d'un tout autre bois que ses prédécesseurs. Il résolut de traduire devant ses juges Olavide l'hérétique. Bon avertissement pour les rieurs, même haut placés. On saurait que l'Inquisition vivait et régentait encore.

Lorenzana s'était rendu compte de la faiblesse de don Manuel. Toutefois, il voulut s'abriter derrière l'autorité du Vatican; il était certain de trouver appui auprès de l'énergique Pie VI. Il jugeait de son devoir, écrivit-il au pape, de faire expier ses crimes à Olavide dans un autodafé. Sinon les libres penseurs de toute l'Europe se sentiraient à l'abri et, sûrs de l'impunité, s'en prendraient à l'Eglise. Il priait le Saint-Père de l'éclairer.

L'abbé secrétaire du Saint-Office avait eu vent des plans du grand inquisiteur. En compagnie de don Miguel, il se précipita chez le prince de la Paix, l'adjurant de prendre des mesures et d'informer sans attendre que le gouvernement ne tolérerait pas l'autodafé envisagé.

Un instant, don Manuel s'émut. Mais il ne voulait pas déclarer ouvertement la guerre à Lorenzana.

Pablo Olavide, dit-il, a été arrêté avec l'autorisation du premier ministre Aranda, un homme de progrès. Le roi lui-même avait admis le procès. Dans ces conditions, il n'allait pas empêcher la condamnation d'Olavide. D'ailleurs, il demeurait convaincu que Lorenzana ferait connaître le verdict à huis clos, sans lui donner la publicité de l'autodafé. Il pensait aussi à Pepa et rien ne put le faire sortir de son attitude expectante.

Don Miguel et don Gaspar, désespérés, résolurent d'en appeler à l'aide de don Francisco Goya. Il était bien placé pour agir; il peignait un portrait du prince pour Pepa Tudo.

3.

Goya s'absorbait dans sa passion pour Cayetana. Il avait un temps espéré, et redouté, que son amour mourrait aussi vite qu'il était né; il lui était plus d'une fois arrivé de se croire follement épris d'une femme et de s'étonner, au bout de deux ou trois semaines, d'avoir pu trouver en elle un intérêt quelconque. Mais Cayetana, elle, était chaque fois nouvelle, perpétuelle énigme. Il connaissait tous les détails de son corps qu'il aurait pu peindre les yeux fermés. Son âme restait un mystère insondable.

Partout, toujours, il ne pensait qu'à elle. Cette liaison était bien différente de toutes celles qu'il avait eues jusqu'ici, des amours heureuses ou malheureuses qu'il avait éprouvées tout au long de sa vie.

Ses transformations étaient brutales et, ce qu'elle était, elle l'était tout entière. Elle avait mille visages, qu'il revoyait tous, sans distinguer le dernier. Comment trouver le lien qui l'unissait à ces masques changeants, innombrables ?

Il la peignit en plein air, détaillant avec soin le fond et pourtant de telle sorte qu'on ne vit plus qu'elle. Blanche, étroite et fière, dans le flot noir de sa chevelure, la taille prise très haut dans son écharpe, une cravate rouge sur la poitrine et, devant elle, minuscule et stupide, son petit chien au poil blanc et laineux, l'arrière-train cravaté de rouge, réplique ridicule de l'image de sa maîtresse.

Il la peignit aussi telle qu'il l'avait vue pour la première fois sur son estrade, telle encore qu'elle lui était apparue au cours de la promenade à l'Escurial ; il la peignit cent fois. En vain. Ce qui, en elle, l'avait vaincu autrefois sur l'estrade, ému dans les jardins du palais, irrité sans cesse, ne paraissait pas sur ses toiles.

Malgré tout, il était heureux. Elle se montrait à lui sans gêne et il était fier, lui qui n'était plus jeune ni très mince, qui venait du commun, d'être son amant. Il s'habillait à la dernière mode, même — et surtout — pour peindre. Dans ses habits ajustés, il était ridicule, il le savait, et se moquait de soi-même. Il se peignit en petit-maître qui se regarde dans un miroir ; l'énorme col l'engonce au point qu'il ne peut plus tourner la tête, ni se servir de ses mains enfouies dans des gants démesurés, ni du bras dans la manche trop étroite ; il marche à peine dans ses souliers bas et pointus comme un bec.

Il était plein d'indulgence pour soi comme pour les autres, acceptait la pédanterie de Miguel, l'activité diserte et mondaine de l'abbé, les mines soucieuses d'Agustin. Dans le cercle familial, il se montrait attentif et de bonne humeur. Il aurait voulu que le monde entier eût sa part de bonheur.

Cayetana pouvait se montrer enfant ; il l'était plus qu'elle. Elle arrivait sans se faire annoncer et, la tête en bas, il la saluait, du pied. Il usait avec joie de son talent pour la faire rire, dessinait sa propre caricature, déformait magistralement les traits d'Eufémia, sa duègne, ou ceux du joli marquis de San Adrian, ou du roi digne et balourd. Ils allaient souvent au théâtre, et il riait largement des plaisanteries naïves des « tonadillas » et des « sainetes ». Ils visitaient la Manoleria, hôtes bien accueillis des cabarets fréquentés par les majos.

A l'aube de l'âge mûr, il retrouvait sa jeunesse. Auparavant tout lui avait semblé fade, le bon comme le mauvais ; tout se ressemblait, comme le goût des plats dont on a trop souvent mangé. Il découvrait un monde nouveau, plus profond, où désir et jouissance s'exaspéraient.

Il savait pourtant que les mauvais esprits l'épiaient, que de ce grand bonheur naîtraient de grandes souffrances. Mais, pour avoir Cayetana dans sa vie, il était prêt à payer le prix qu'il faudrait.

Il peignait beaucoup et avec joie. Sa main était légère, son œil vif, infaillible. Il fit le portrait du duc de Castre Terreno, de don Miguel, de l'abbé. Don Manuel avait commandé deux autres portraits, dans d'autres poses.

Il peignit aussi un tableau que nul ne lui avait commandé, pour son plaisir personnel, une toile difficile, exigeant un gros travail de détail, une « romeria », un pèlerinage en l'honneur de san Isidro, patron de la capitale.

Les joyeux pèlerinages à la prairie et à l'ermitage de san Isidro constituaient un des sujets favoris des conversations madrilènes ; lui-même, Francisco, avait, après la dernière délivrance de Josefa, donné dans la prairie d'Isidro un banquet de trois cents couverts. On avait mangé de la dinde et entendu la messe, comme la coutume le voulait. Tous les artistes de Madrid avaient peint leur « romeria », Maella, son beau-frère Bayeu ; lui-même, dix ans auparavant, avait jeté sur la toile une fête de San Isidro, alors qu'il travaillait pour la manufacture royale de gobelins. Mais la joie de cette fête n'était que l'artificielle gaieté de cavaliers et de dames en masque ; il peignait maintenant pour sa joie personnelle et pour celle de son Madrid.

Loin, à l'arrière-plan, se dresse la ville aimée, désordre de maisons blanches, avec le château, avec les tours et les clochers ; devant brille le Manzanares, pacifique, et sur ses bords Madrid célèbre son patron. La foule est grande, qui se promène à l'aise ; voitures aussi et cavaliers, nombre infini de minuscules personnages dont chacun est peint avec soin. D'autres, assis, couchés, mangent, boivent, bavardent et flirtent, jeunes filles et jeunes gens, gras bourgeois, cavaliers, et, sur tous, une lumière claire et gaie. Goya les peignit dans l'allégresse de son cœur, de toute la sûreté de sa main, de la précision de son œil. Rompant avec la loi trop sévère de la ligne qui l'avait trop longtemps opprimé, libre enfin, il était heureux, et dans sa « romeria » tout était lumière et couleur. Devant le peuple, le fleuve, et derrière, la grande ville blanche, et tout s'unissait : l'air, la ville et les hommes s'emmêlaient, légers, clairs, heureux.

4

Francisco reçut de don Gaspar Jovellanos une aimable et pressante invitation à prendre le thé. Les libéraux préféraient le thé à l'aristocratique chocolat, par trop réactionnaire.

Goya n'aimait pas ce breuvage fade, et non plus Jovellanos, ce pédant plein de feu. Mais comment refuser quand un homme, l'ex-proscrit, invitait avec une raideur si polie ?

Il y avait peu de monde. Don Miguel Bermudez, le comte Cabarrus, le grand financier, et naturellement don Diego, l'abbé. Le seul invité que Goya ne connût pas était l'avocat et écrivain José Quintana. Il savait pourtant par cœur ses poèmes, comme tout un chacun. Le poète les avait, disait-on, écrits à l'âge de seize ans. Aujourd'hui encore, il semblait très jeune : vingt et un ans tout au plus. Goya, de maturité lente, se méfiait des prouesses du jeune âge ; mais José Quintana, modeste et vif, lui plut.

Ainsi que Goya s'y attendait, on parla politique. On blâma vivement l'attitude du prince de la Paix. Assurément, le ministre avait beaucoup de suffisance. Goya avait eu toute latitude de l'observer en faisant son dernier portrait, de remarquer cette nonchalance affectée de mine et de geste. Mais cet orgueil nuisait-il au pays ? Ne prouvait-il pas, au contraire, son désir de marcher au progrès, de le provoquer ? N'usait-il pas de sa popularité pour mener à bien certaines réformes bienfaisantes ?

Ce n'était pas l'avis de don Jovellanos. Ces mesures, disait-il, étaient très insuffisantes. Ce qu'il fallait avant tout, c'était lutter contre l'Inquisition, contre l'Eglise, et contre le clergé devant lequel le ministre reculait avec la terreur superstitieuse du peuple devant le Saint-Office. Car tout le mal, déclarait-il en s'échauffant, venait de l'ignorance des masses, cultivée, exigée par l'Eglise. Ce que l'on voyait à Madrid était déjà assez triste, mais l'ignorance en province glaçait les cœurs les plus solides. Don Francisco devrait un jour demander au docteur Peral à voir sa collection de Jésus de cire. Le docteur l'avait obtenue par l'entremise du jardinier d'un couvent — Les nonnes, racontait-il, jouaient littéralement à la poupée avec ces images saintes. Elles habillaient leur petit Jésus tantôt en prêtre, tantôt en juge ou en docteur, avec perruque et canne à pommeau d'or. Et comment pouvait-on appliquer des mesures d'hygiène dans ce pays où une duchesse de Medinaceli donnait en médecine à son fils malade un doigt pulvérisé de saint Ignace, moitié en soupe et moitié en clystère ? L'Inquisition n'en poursuivait pas moins tout homme disant douter de l'efficacité de tels remèdes.

Et, s'interrompant soudain en souriant :

— Excusez-moi, je suis un très mauvais maître de maison. Je vous offre à boire la coupe amère de mes plaintes, au lieu de vin.

Il fit apporter de l'hydromel, du « pajarete », des fruits, des pâtés et des confitures.

On parlait maintenant peinture et littérature. L'abbé demanda au jeune Quintana de dire quelques-uns de ses vers. Le poète ne se défendit pas longtemps, mais dit préférer lire un morceau de prose d'un genre nouveau, assez osé. C'était, dit-il, une courte biographie, correspondant assez bien à ces petits portraits, à ces miniatures qu'on plaçait anciennement en tête des livres et qui, comme elles, redevenaient à la mode.

Et comme tous l'en priaient, il lut l'histoire du dominicain Bartolomé Carranza, archevêque de Tolède, le plus grand des martyrs de l'Inquisition.

5

Don Bartolomé Carranza se distingua très jeune comme professeur de théologie. Charles V l'envoya au concile de Trente, où il rendit à son pays et à l'Eglise de signalés services. Le successeur de Charles, le roi Philippe II, qu'il avait conseillé en Angleterre et dans les Flandres, le fit archevêque de Tolède et primat du royaume. La conception sévère qu'avait le prélat des devoirs du prêtre et son humanité le firent considérer comme l'homme d'église le plus digne de toute l'Europe.

Mais il n'était pas politique; sa haute charge, son renom, son impitoyable répression des fautes du haut clergé firent naître l'envie et la haine.

Son adversaire le plus déterminé était don Fernando Valdès, archevêque de Séville. Carranza l'avait indirectement contraint de verser sur les revenus de son bénéfice cinquante mille ducats de contribution de guerre au roi Philippe, et don Fernando Valdès aimait l'or. Par la suite, Carranza lui avait enlevé les plus riches fruits du pays, dont l'archevêché de Tolède avec ses huit ou dix millions de revenu annuel. Don Fernando Valdès n'attendait que l'occasion de se venger.

Elle se trouva quand Valdès fut nommé grand inquisiteur. L'archevêque Carranza avait publié un commentaire au catéchisme qui, très connu, avait cependant soulevé de violentes controverses. Le savant dominicain Melchor Cano, un ennemi de Carranza, déclara relever dans le livre neuf passages suspects d'hérésie. D'autres témoignages vinrent appuyer ses dires. Le grand inquisiteur étudia le dossier et trouva matière à inculpation.

Carranza, prévenu de l'enquête en cours, se fit donner par des théologiens de grand renom des attestations de la parfaite orthodoxie de son ouvrage et se tourna vers son élève, le roi Philippe, qui se trouvait alors dans les Flandres. Le grand inquisiteur savait qu'il ne pourrait plus rien contre Carranza après le retour du roi. Il résolut de frapper sans attendre.

Carranza était en tournée épiscopale à Torrelaguna. L'Inquisition fit défense à tout habitant de la ville de quitter sa maison pendant deux jours et fit cerner par la force armée le petit palais où l'évêque était descendu. Le cri retentit : « Au nom du Saint-Office, ouvrez ! » Les larmes aux yeux, l'inquisiteur de Castro vint s'agenouiller devant le lit de l'archevêque et lui signifia le mandat d'amener en lui demandant son pardon. Carranza se signa et entra en prison.

Il disparut aux yeux des hommes aussi complètement que s'il avait quitté la terre.

Le grand inquisiteur courut dans les Flandres rendre compte au roi Philippe. Les prélats, à partir du rang d'évêque, ne relevaient pas de l'Inquisition mais seulement du pape. Mais Valdès s'était fait donner plein pouvoir du Saint-Père d'agir sans autorisation préalable dans les cas les plus urgents. De plus, il confia au souverain que l'Inquisition avait déjà saisi les revenus de l'archevêché de Tolède et avait l'intention de les abandonner à la couronne après couverture des frais du procès. Sur quoi le roi Philippe fut d'avis qu'en effet son fidèle maître et conseiller Carranza sentait fortement l'hérésie, et entérina les décisions du grand inquisiteur.

Carranza, transféré à Valladolid, fut enfermé dans une cellule double privée d'air et de lumière, en compagnie d'un unique serviteur.

Une longue instruction s'ensuivit. On entendit quatre-vingt-treize témoins, après avoir bouleversé les archives de l'archevêché de Tolède. On exhuma des prêches faits quarante ans plus tôt par l'étudiant Carranza ; on retrouva des extraits de mauvais livres, qu'expert au concile de Trente il avait recopiés pour les réfuter. Bref, d'innombrables papiers tout aussi compromettants.

Les pouvoirs reconnus par le Saint-Père à l'Inquisition permettaient à Valdès de s'assurer de la personne de l'accusé et des preuves à charge. Le pape Paul demanda la remise du prisonnier et du dossier. Le grand inquisiteur usa de défaites : le roi touchait les revenus de l'archevêché de Tolède. Le pape Paul mourut et Pie IV lui succéda. Les pouvoirs pontificaux accordés par Rome n'étaient valables que deux ans. Pie IV réclama Carranza et les pièces d'accusation. Le grand inquisiteur se déroba, et le roi paya, sur les revenus de l'archevêché de Tolède, une pension au neveu du pape. Les pouvoirs furent prorogés pour deux ans, puis pour un an encore.

Entre temps, le cas Carranza était devenu le scandale de l'Europe. Le concile de Trente voyait dans l'horrible injustice faite à l'archevêque une honte pour l'Eglise et une atteinte de l'Inquisition espagnole à l'immunité des prélats. Non seulement le concile refusa de porter le commentaire du catéchisme, pièce principale au procès de Carranza, sur la liste des ouvrages à l'index, mais encore il le déclara catholique et le recommanda à tous les fidèles de la terre.

Sur quoi le pape Pie IV fit savoir au concile et au monde que le Saint-Siège se sentait humilié par l'attitude réticente du Roi Catholique. Les pouvoirs conférés à l'Inquisition allaient expirer le 1er janvier de l'année à venir, et l'évêque prisonnier devait être remis, en même temps que son dossier, aux autorités romaines. Mais Philippe II protégeait l'Inquisition. Il n'avait pas l'intention de renoncer aux prébendes de l'archevêché de Tolède et se serait cru diminué s'il avait dû céder à l'injonction papale. Carranza resta à Valladolid ; on fit sa détention plus étroite.

Solennellement, le pape déclara que s'il était plus longtemps mis obstacle au transfert à Rome de Carranza, tous les responsables encourraient l'anathème, perdraient leurs dignités et fonctions et, traités en criminels, ne pourraient, en aucun cas, les retrouver. Le prisonnier devait être remis sans délai aux mains du nonce du pape. Le roi Philippe ne répondit pas et Carranza resta dans sa prison.

On finit par se mettre d'accord sur l'envoi d'une délégation papale en Espagne pour régler avec les inquisiteurs espagnols le cas de l'archevêque. Rome envoya quatre représentants, si haut choisis qu'aucun souverain n'en avait vu paraître à sa cour. Le premier était le futur pape Grégoire XIII, le second le futur pape Urbain VII, le troisième le cardinal Aldobrandini, frère du futur pape Clément VIII, et le quatrième, le futur pape Sixte V. Le grand inquisiteur reçut les envoyés avec le respect qui leur était dû, mais spécifia qu'ils entreraient dans la Suprema, le plus haut tribunal de l'Inquisition, qui comprenait quinze juges espagnols. Cela signifiait qu'ils n'auraient que quatre voix sur dix-neuf.

On discutait toujours quand Pie IV mourut. Sur son lit de mort, il déclara qu'il avait, pour satisfaire aux exigences de Sa Majesté Catholique dans le cas Carranza, enfreint les lois canoniques et les désirs du concile ; c'était la plus grande faute de son règne.

Pie V lui succéda ; un homme difficile. Très vite, l'ambassadeur espagnol se plaignit auprès de son souverain : le Saint-Père n'avait aucune expérience des affaires d'Etat ni aucun intérêt personnel ; il faisait uniquement ce qu'il croyait bon, ou juste, de faire. Aussi le nouveau pontife déclara-t-il l'annulation immédiate des poursuites engagées contre Carranza. Le grand inquisiteur Valdès devait, sans délai, libérer l'archevêque qui se rendrait à Rome pour être jugé par le pape en personne. Les actes et pièces du procès devaient être remis à Rome dans les trois mois. Cela, sous peine de la colère divine, du mécontentement des apôtres Pierre et Paul et de l'excommunication.

Le vieux Valdès, dans sa soif d'or, de puissance et de vengeance, était résolu à accepter la lutte avec le Saint-Père. Mais le Roi Catholique, alors dans une situation difficile, redoutait l'interdit. Carranza, livré au légat du pape, prit la route de Rome.

L'archevêque avait déjà passé huit ans dans sa prison espagnole; il vécut dès lors au château Saint-Ange, confortablement, mais en prison encore. Car Pie V, esprit méthodique et consciencieux, avait ordonné la reprise de l'instruction à son début. L'énorme dossier fut traduit pièce par pièce en italien et en latin. Un tribunal extraordinaire, composé de dix-sept prélats, dont quatre Espagnols, siégea jour après jour sous la présidence du pape. Le Roi Catholique suivait de très près les débats et envoyait continuellement de nouvelles pièces à conviction.

Le procès allait son petit train. Aux huit années de prison espagnoles, vinrent s'ajouter cinq années italiennes.

Mais, au bout de ce temps, le Saint-Père parvint à peser le pour et le contre. Il ne jugeait pas l'archevêque Carranza coupable d'hérésie. On rédigea le verdict d'acquittement avec soin, en l'appuyant de nombreux arguments, sous la surveillance du pape. Toutefois, le Saint-Père ne le rendit pas officiellement. Il tenait, par politesse, à le faire connaître d'abord au roi Philippe.

Quelques jours plus tard, la nouvelle parvint à Madrid de la mort de Pie V. Le verdict n'était pas rendu. Il disparut.

Le successeur de Pie V, Grégoire XIII, était évidemment au courant de la décision de la cour de justice. Mais, en tant qu'un des quatre légats envoyés en son temps par le Saint-Siège en Espagne, il avait appris à connaître l'opiniâtreté du Roi Catholique. Il déclara vouloir reprendre en personne l'étude de toute l'affaire.

Le roi Philippe envoya d'autres pièces. Puis, sans tarder, il écrivit au pape que, intimement persuadé de l'hérésie de Carranza, il demandait une prompte condamnation. Trois semaines plus tard, nouvelle lettre autographe du roi, très ému. Il exigeait que l'hérétique fût envoyé sur le bûcher. Une peine plus douce permettrait tôt ou tard à l'archevêque de retrouver son évêché; l'idée était insupportable à un roi d'Espagne de savoir un hérétique parmi ses dignitaires religieux.

Mais, avant que cette lettre arrive à Rome, le pape avait déjà prononcé l'arrêt, très diplomatique. Carranza était reconnu coupable en seize passages de son livre et condamné à cinq ans de suspension de son archiépiscopat. Pendant ce temps, il vivrait retiré dans un cloître d'Orvieto avec un traitement mensuel de mille couronnes d'or. Il lui était infligé, en outre, une légère pénitence spirituelle.

Grégoire faisait connaître la sentence au roi Philippe dans une lettre personnelle. « Nous regrettons, disait-il, d'avoir dû condamner cet homme qui s'est toujours distingué par ses mœurs, sa science et ses bonnes œuvres et de ne pas avoir pu l'innocenter. Nous l'aurions voulu. »

Don Bartolomé Carranza, archevêque de Tolède, que beaucoup considéraient comme un saint, avait passé dix-sept ans en prison.

Les papes Paul IV, Pie IV et Pie V étaient morts avant qu'on ait pu le juger.

Après que l'archevêque eut abjuré ses erreurs au Vatican, il fit la pénitence prescrite par le Saint-Père. Elle consistait à visiter sept églises de Rome. En signe d'estime et de commisération, le pape Grégoire avait mis à sa disposition sa propre chaise, et des chevaux pour sa suite. Carranza avait décliné l'offre. Il désirait aller à pied. Des foules énormes s'étaient assemblées pour le voir et lui crier leur respect. Sa pénitence fut un triomphe tel que rarement un pape en avait connu.

En rentrant de sa pénitence, Carranza éprouva de vives douleurs et dut s'aliter. Peu de jours après, on reconnut qu'il était perdu. Le pape lui envoya l'absolution générale de ses fautes et sa bénédiction apostolique. Carranza appela sept hauts dignitaires de l'Eglise à son chevet. En leur présence, après s'être confessé et quelques instants avant de recevoir l'extrême-onction, il leur dit solennellement :

— Je jure sur mon salut éternel, par le roi de tous les rois, qui est dans cette hostie que je vais recevoir, de n'avoir, tout le temps que j'ai étudié, écrit, prêché, disputé, administré ou enseigné, tant en Espagne, en Allemagne, en Italie qu'en Angleterre, jamais eu d'autre intention que de mener la religion du Christ à la victoire et de combattre l'hérésie. J'ai, grâce à Dieu, ramené beaucoup d'égarés à la foi catholique. Le roi Philippe, mon pénitent, en a été témoin. Je l'ai aimé ; je l'aime encore de bon cœur. J'assure aussi ne jamais être tombé dans les erreurs dont on m'a chargé ; on a déformé mes mots et ma pensée. Toutefois, comme l'arrêt qui me frappe a été prononcé par le représentant du Christ sur la terre, je le reconnais et l'accepte. Je pardonne à l'heure de ma mort à tous ceux qui ont témoigné contre moi, je ne leur en ai jamais voulu et, de la place que j'espère fermement avoir au ciel, grâce à la clémence de Notre Seigneur, je prierai pour eux.

On ordonna l'autopsie du corps, et les médecins déclarèrent que le vieillard de soixante-treize ans avait succombé à un mal cancéreux, mais personne ne le crut. Tous chargèrent de cette mort Sa Majesté Catholique. Cette homme fier n'avait pas pu supporter l'idée que l'archevêque reviendrait à Tolède. Le roi et l'archevêque ne pouvaient pas vivre sous le même ciel, et le souverain de droit divin avait estimé qu'il lui était permis d'abattre son ennemi, par n'importe quel moyen.

6

L'histoire de l'archevêque, saint et hérétique, de don Bartolomé Carranza, était celle que le jeune Quintana avait transcrite sous la forme de ses « miniatures ».

Tous connaissaient l'affaire, mais, dans la bouche de Quintana, elle retrouvait sa nouveauté. Il ne craignit pas de présenter de simples hypothèses sous forme de faits. Chose étrange, personne ne songea à discuter ; chacun se sentait conquis, convaincu.

Goya comme les autres. Les événements évoqués s'étaient déroulés un quart de siècle auparavant. Ils vivaient encore, tout frais, émouvants, révoltants. Mais, ce que l'on disait, ce que l'on préparait ici, n'était-ce pas rébellion ? N'était-ce pas folie de sa part, alors que la vie lui donnait promesses et accomplissement, de se joindre à ces fanatiques, à ce groupe de rebelles ? Cependant, ce jeune homme lui plaisait qui dissimulait mal sa généreuse indignation. Et il aurait continué à l'écouter, si elle s'était manifestée plus avant.

Quintana s'était tu, et un long silence tomba. Enfin Jovellano toussa pour s'éclaircir la gorge :

— Vos infractions aux règles du pur castillan sont innombrables, mon cher don José, dit-il, mais il y a de la force dans votre récit, et votre grande jeunesse fait pardonner le reste. Vous polirez votre style.

L'abbé s'était levé. Peut-être, de tous, était-il le plus ému.

— Nous sommes habiles, nous autres de l'Inquisition, dit-il.

Il avait le droit d'employer le « nous », puisque, malgré la disgrâce de son protecteur, le grand inquisiteur Sierra, il portait toujours le titre de secrétaire du Saint-Office. Il allait maintenant de long en large dans le grand salon de don Gaspar ; cueillant çà et là un objet pour l'examiner de plus près, avant d'exprimer sa pensée tout entière.

— Oui, nous avons toujours été habiles, reprit-il. Ce n'est pas nous qui avons jeté en prison et abattu l'archevêque Carranza ; nous avons laissé ce soin au roi Philippe et au pape. Et si, demain, le grand inquisiteur Lorenzana met le point final à l'affaire Olavide, ce ne sera pas lui qui aura fait emprisonner celui-ci. Ne doit-il pas en finir avec un procès depuis si longtemps en suspens ?

Goya écoutait, intéressé. Il avait vaguement connu don Pablo Olavide. Son arrestation, la ruine de son entreprise dans la Sierra Morena l'avaient, en son temps, ému. Il avait bien entendu dire, ces derniers mois, que l'Inquisition avait l'intention d'en finir avec lui, mais n'avait pas voulu écouter, avait refusé de laisser ces bruits troubler son bonheur. Maintenant, sous l'impression de la lecture de Quintana, il ne put s'empêcher de demander :

— Vont-ils vraiment... ?

— Certainement, répondit l'abbé, et ses yeux vifs avaient perdu leur gaieté. Lorenzana a eu, dès le début, la vanité d'être un jour aussi célèbre que le grand inquisiteur Valdès dans le combat pour la pure doctrine. Il a déjà obtenu du Saint-Père sa bénédiction et, avec elle, l'autorisation d'anéantir Olavide. Que don Manuel demeure encore dans sa léthargie, que le roi n'arrête pas le bras du Saint-Office et cette ville verra un autodafé comme il n'en a pas été depuis des siècles.

Nettement, Goya sentait que cette sinistre prophétie, que peut-être même la lecture de Quintana, n'avaient eu pour autre but que de frapper son esprit. D'ailleurs, Jovellanos se tournait vers lui :

— Vous travaillez actuellement au portrait du prince de la Paix, don Francisco. Don Manuel doit être très accessible au cours de ces séances de pose. Ne pourriez-vous pas lui parler d'Olavide, à l'occasion ?

Chaque mot, Goya s'en rendait compte, était pesé. Le silence se fit. Tous attendaient la réponse du peintre.

— Je ne sais trop, dit-il, gêné, si don Manuel me prend très au sérieux, en dehors de la peinture. A dire vrai, c'est pour moi aussi la seule chose qui compte vraiment...

Les autres se taisaient, réprobateurs.

— Vous vous faites plus inconsidéré que vous ne l'êtes, don Francisco, dit sévèrement Jovellanos. Vous êtes doué, et celui qui l'est l'est en tout. César n'a pas été qu'homme d'Etat et chef d'armées, mais aussi écrivain. Socrate était philosophe, fondateur de religion, soldat, tout enfin. Vinci, en dehors de sa peinture, était un savant, un technicien. Il a bâti des forteresses et construit des machines volantes. Et, si je peux parler de ma modeste personne, j'entends être pris au sérieux non seulement dans le domaine de l'économie politique, mais aussi en peinture.

Au danger de faire triste figure aux yeux de ces personnages, Goya se refusait positivement à se laisser mêler une nouvelle fois à la politique.

— Je regrette fort d'avoir à refuser, don Gaspar, répondit-il. Les poursuites engagées contre don Pablo m'indignent autant que vous, mais — son ton prenait de l'énergie — je ne parlerai pas à don Manuel. Notre ami don Miguel l'a certainement mis au courant de cette triste affaire et vous aussi, don Diego — il se tournait vers l'abbé — avez sûrement employé toute votre habileté à chercher à le convaincre. Où vous avez échoué, vous, politiciens habiles, que pourra obtenir le simple peintre d'Aragon ?

Don Miguel releva le gant.

— Si tant de grands personnages sont heureux de t'avoir près d'eux, Francisco, crois bien que ce n'est pas pour ta seule peinture.

Ils sont chaque jour entourés de spécialistes, économistes, techniciens, politiciens comme moi. Mais l'artiste est plus qu'un spécialiste, il connaît l'essence, l'esprit de toute chose, parle pour tous, pour le peuple tout entier. Cela, don Manuel le sait et c'est pour cela qu'il t'écoute. C'est pour cela aussi que tu dois lui parler de cet infâme procès Olavide.

Timide et rougissant, le jeune Quintana vint à la rescousse.

— Ce que vous dites là, don Miguel, s'écria-t-il, je l'ai souvent pensé. Ce n'est pas nous, pauvres écrivains, qui parlons l'idiome universel, la langue que tout le monde comprend, c'est vous.

— Vous faites beaucoup d'honneur à mon art, jeune homme, dit Goya. Mais on veut que je parle à don Manuel et, là, on m'enlève mes moyens, cet idiome universel. Je suis peintre, señores, conclut-il en élevant la voix. Comprenez donc : je suis peintre, rien que peintre.

Seul, il chercha à secouer le souvenir pénible de Jovellanos et de ses hôtes. Il se répétait les raisons de son refus, de bonnes raisons. « Oir, ver y caller » — entendre, voir et se taire ; de tous les vieux proverbes, c'était peut-être le meilleur. Mais sa gêne demeurait.

Il lui fallait se confier à un ami, se justifier à ses yeux. Il conta à Agustin comment Jovellanos et les autres avaient voulu le faire se mêler aux affaires d'Etat, et son refus.

— L'homme, conclut-il avec une gaieté un peu forcée, met deux ans à parler, il lui en faut soixante pour apprendre à se taire.

Agustin était soucieux. Il semblait être au courant.

— Qui en calla, otarga, répondit-il de sa voix creuse. Qui ne dit mot consent.

Goya ne répliqua pas. Agustin se contraignait à parler avec calme, sans crier.

— Je crains fort, Francho, que tu ne cherches à fermer ta fenêtre. Tu n'en verras que plus mal chez toi.

— Ne dis donc pas de bêtises ! lui jeta Goya. Est-ce que je peins plus mal qu'auparavant ?

Lui aussi se forçait au calme.

— Parfois, il m'en impose, ton vertueux Jovellanos, concéda-t-il, avec sa raideur et ses grands discours. Mais le plus souvent, je le trouve ridicule. Oui, ridicule comme celui qui vit dans un monde de rêve et non pas dans la réalité. Il faut savoir s'adapter, se plier. Autrement, rien à faire !

— Adaptez-vous donc, don Francisco, dit doucement Agustin.

Et sur le même ton, Goya lui répondit :

— Entre ces deux mondes, le réel et l'irréel, il doit se trouver un chemin. Crois-moi, je le trouverai, je le veux, Agustin. Mais patience, patience !

7

Goya travaillait, joyeux, à son pèlerinage de San Isidro. Il était seul. Soudain, il sentit une présence.

Oui, quelqu'un était entré sans frapper, un homme dans l'habit des nuncios, les messagers du Saint-Office.

— Loué soit Jésus-Christ, dit l'homme.

— Dans l'éternité, amen, répondit don Francisco.

— Voulez-vous, je vous prie, signer ici ce reçu d'une lettre du Saint-Office.

Il lui tendait un papier que le peintre signa. L'homme lui remit un pli.

— Bénie soit la Sainte Vierge, murmura-t-il.

— Trois fois bénie, répondit le peintre, et l'autre s'éclipsa.

Goya gardait la lettre aux doigts sans l'ouvrir. On allait répétant, ces derniers temps, que l'Inquisition avait l'intention de faire connaître la sentence frappant don Pablo Olavide au cours d'un « auto particular », devant une assistance choisie. Etre invité à cette cérémonie était à la fois un honneur et un avertissement, presque une menace. Les jambes molles, Goya s'était jeté dans un fauteuil. Cette lettre qu'il n'osait pas ouvrir était certainement une invitation.

Quand Francisco lui en parla, Josefa eut grand'peur. Son frère l'avait prédit : la vie dissolue de son mari le rendrait un jour suspect d'hérésie. Plus encore que ses mauvaises fréquentations, son intrigue impudemment étalée avec la duchesse d'Albe avait attiré l'attention, provoqué cette dangereuse invitation. C'était vrai : Francho était un hérétique, et le pire était encore qu'elle était toute à lui, que, sous la torture même, on ne pourrait lui arracher un seul mot contre lui. S'efforçant de garder sur son visage la fierté des Bayeu, elle serra un peu plus les lèvres.

— Que la Vierge te bénisse, Francho, dit-elle.

La duchesse elle-même, quand il la mit au courant, eut un mouvement d'effroi, vite réprimé.

— C'est ici qu'on voit, don Francisco, quel homme important vous êtes.

Le grand inquisiteur Lorenzana avait convié les personnages les plus en vue du royaume à assister au triomphe de l'Inquisition. Non seulement don Miguel, Cabarrus, Jovellanos, mais aussi don Manuel. Rome avait recommandé, dans l'affaire Olavide, d'éviter toute manifestation susceptible de froisser la couronne, tout en donnant à la condamnation de l'hérétique la plus grande publicité possible. D'où cet « auto particular », à portes ouvertes.

La veille du jour fixé pour la cérémonie, la croix verte et les bannières du Saint-Office furent portées en grande pompe à l'église San Domingo. Sur les étendards de damas pourpre s'étalaient, brodées, les armes du roi et celles du Saint-Office : la croix, l'épée et la verge. Derrière, venaient les cercueils des hérétiques morts dont les sentences n'avaient pas encore été rendues et les portraits des contumaces. Une foule énorme se pressait dans les rues et s'agenouillait devant les bannières et la croix verte.

Le lendemain, de très bonne heure, les invités se réunirent dans l'église de San Domingo El Real, ministres, généraux, le recteur de l'Université, grands écrivains, tous les dignitaires et tous les suspects de progressisme; ne pas répondre à l'invitation, même en cas de maladie, valait se reconnaître hérétique.

On voyait aussi dans l'assistance ceux qui pouvaient se réjouir de leur succès, ceux qui avaient accablé Olavide, l'archevêque Despuig de Grenade, l'évêque d'Osma, le frère Romuald de Fribourg, les hommes de la Mestra qui s'étaient vus privés de leurs immenses pâturages par les colonies d'Olavide.

Une seconde tribune, placée en face de la leur, restait vide et attendait les seigneurs de l'Inquisition. Au-dessus de leur tête pendait le célèbre tableau représentant saint Domingo couché à terre, épuisé par les mortifications. Pleine de pitié, la Sainte Vierge lui donnait le sein.

Au milieu de l'église se dressait une estrade sur laquelle étaient placés les cercueils des hérétiques morts; on avait suspendu à des croix noires les portraits des hérétiques contumaces. Une deuxième estrade était préparée pour les pénitents en chair et en os.

Au dehors, la procession des juges et des condamnés approchait à pas lents. Le régiment de cavalerie de Murcia venait en tête, la cavalerie africaine fermait la marche, la garnison de Madrid faisait la haie. Les fonctionnaires de l'Inquisition marchaient en deux longues files entre lesquelles s'avançaient les pénitents.

Le clergé de San Domingo reçut, à l'entrée de l'église, le grand inquisiteur et sa suite. Derrière Lorenzana se tenaient le président du Saint Tribunal de la ville, le docteur don José de Guevedo, les trois secrétaires d'honneur, tous trois grands de première classe, puis les six secrétaires en fonction, et parmi eux don Diego, l'abbé. Les invités s'agenouillèrent.

Quand ils se relevèrent, la tribune des pénitents se trouva occupée. Les condamnés étaient assis sur un banc étroit, au pied d'une croix noire.

Ils étaient quatre, habillés du sambenito, de la zamarra, coiffés du haut chapeau pointu, la coroza, chaussés de pantoufles de feutre grossier. Chacun d'eux tenait à la main un cierge de cire verte, non allumé.

Fiévreusement, Goya cherchait Pablo Olavide, qu'il avait connu plusieurs années auparavant. C'était alors un homme élégant, aux gestes vifs, aux traits mobiles et souriants. Malgré son excellente mémoire visuelle, il fallut longtemps à Francisco pour décider lequel des quatre pénitents était Olavide. Son visage était gris, terne, effacé.

Un secrétaire monta en chaire et lut la formule de serment par laquelle tous les assistants s'engageaient à obéir strictement au Saint-Office et à poursuivre sans trêve toute forme d'hérésie. Et tous dirent amen.

Puis vint le prieur des dominicains. Le texte choisi était : « Lève-toi, Seigneur, et nous juge. » Son sermon fut court et violent.

— Le Saint Tribunal, dit-il, et ces pénitents sont une image vivante de ce qu'il nous faudra supporter au jour du Jugement Dernier. Mais, objecteront les tièdes, n'as-tu pas d'autres ennemis, Seigneur, que les juifs, les mahométans et les hérétiques ? Sans doute, répond Dieu, mais ce sont de petits pécheurs auxquels je pardonne. Je n'ai d'horreur que pour les juifs, les mahométans et les hérétiques qui salissent mon Nom et mon Honneur. C'est ce que voulait dire David quand il cria au Seigneur : « Lève-toi, oublie ta trop grande bonté. Lève-toi, Seigneur, et juge. Anéantis dans ta juste colère le païen et l'incroyant. » C'est dans ce sens qu'agit aujourd'hui le Saint-Office.

Enfin, on lut les sentences des quatre condamnés. On avait visiblement donné à Pablo Olavide des compagnons du rang le plus humble pour bien montrer que, devant le tribunal de l'Inquisition, nul n'était grand.

Le premier nommé fut José Ortiz, cuisinier, précédemment au séminaire de Palencia. Il avait exprimé des doutes sur le pouvoir miraculeux de l'image de la Sainte Vierge del Pilar. Il avait également déclaré que le pire qui pourrait lui arriver après sa mort serait d'être dévoré par des chiens. C'était là hérésie, puisque les corps des martyrs avaient été souvent jetés aux chiens, aux oiseaux de proie et parfois même aux porcs. L'homme était condamné à être promené par toute la ville, en procession, et à recevoir deux cents coups de fouet avant d'être livré au bras séculier pour purger une peine de cinq ans de galères.

Après lui vint Constancia Rodriguez, libraire. On avait trouvé dans son fonds dix-sept ouvrages mis à l'index, dont trois sous de faux titres. La femme était condamnée, en plus des peines dites « accessoires », à la « Verguenza ». Elle serait promenée dans la ville, le torse nu, pendant qu'un héraut proclamerait sa faute et sa punition.

Le licencié Manuel Sanchez Velazco avait, dans l'enceinte de l'église San Cayetano, prononcé des paroles blasphématoires, déclaré, entre autres, que le saint ne pouvait lui être d'aucun secours. Il s'en tirait avec une peine légère. Banni à vie de Madrid, il lui était interdit de remplir des fonctions honorifiques ou d'exercer une profession distinguée.

Les sentences étaient lues lentement, sans passer aucune preuve ni aucun motif. Les invités écoutaient, non sans ennui, attendant le prononcé de la condamnation d'Olavide. Mais ils ne pouvaient s'empêcher d'éprouver de la pitié pour ces pauvres hères, grotesquement affublés de leur sambenito, qu'un mot imprudent avait perdus.

Enfin, le nom de Pablo Olavide fut appelé et avec tous ses titres : ancien auditeur de la vice-royauté du Pérou, ancien gouverneur de Séville, ancien gouverneur général des Nuovas Poblaciones, ex-commandeur de l'ordre de Santiago, ex-chevalier de la Croix de Saint-André.

Un silence profond se fit dans l'église pendant qu'on poussait en avant le petit homme, écrasé sous son haut bonnet pointu. Il s'efforçait de marcher, mais le prêtre et le gardien qui l'encadraient le portaient plutôt. On entendait le frottement de ses ridicules pantoufles jaunes sur les dalles de l'église. Comme il était incapable de rester debout, on le fit s'asseoir. Il s'affaissa, le haut du corps appuyé sur la balustrade qui limitait la place réservée aux accusés, le bonnet de travers. Autour de lui se tenaient le premier ministre et le recteur de l'Université, des savants, des écrivains en renom, ses amis d'antan et aussi ses ennemis, tristes hères accourus pour assister à sa honte.

La sentence était détaillée, fortement étayée de théologie. L'accusé avait avoué certaines paroles imprudentes tout en protestant qu'il n'avait jamais renié la vraie foi, ni commis le crime d'hérésie. Mais le Saint-Office avait fouillé les écrits du suspect, entendu soixante-douze témoins et établi la culpabilité de Pablo Olavide. Il avait déclaré ne pas croire aux miracles, nié que les non-catholiques aillent directement en enfer. D'après lui, plusieurs empereurs romains de la Rome païenne auraient été plus éclairés que maints princes de l'Eglise. Certains Pères et scolastiques auraient entravé le développement de l'esprit humain. Il avait prétendu que la prière n'empêchait pas les mauvaises récoltes. C'était plus que de l'imprudence, c'était de l'hérésie. Olavide avait été trouvé en possession de livres défendus ; il avait, en Suisse, rendu visite au champion de l'Antéchrist, à l'incroyant Voltaire, lui avait montré respect et amitié, avait échangé avec lui une correspondance retrouvée dans ses papiers. Enfin, il avait assuré, devant témoins, qu'il était inutile de sonner des cloches en temps d'orage. Au cours d'une épidémie, il avait défendu d'inhumer les morts dans les églises et ordonné de les enterrer loin des lieux habités, en terre insuffisamment bénie. Bref, Pablo Olavide était convaincu d'hérésie en cent soixante-dix cas divers.

Cette lecture dura plus de deux heures. Vers la fin, Olavide défaillit. On lui aspergea d'eau le visage et la lecture reprit. « A ces causes, concluait l'acte, nous déclarons hérétique l'accusé, membre pourri de la communauté chrétienne et le condamnons à abjurer publiquement ses erreurs. » Il devait, en punition, passer huit ans dans le cloître des capucins de Gerona, sans préjudice des peines accessoires. Ses biens étaient confisqués, le séjour de Madrid et de toutes les résidences royales lui était interdit à vie, ainsi que celui des royaumes du Pérou et d'Andalousie et des colonies agricoles de la Sierra Morena. Il ne pouvait exercer aucune fonction officielle

Lui étaient interdites également les professions de médecin, d'apothicaire, de professeur, d'avocat et de collecteur d'impôts. Il n'avait pas le droit de monter à cheval, ne devait porter aucun bijou, aucun vêtement de soie ou de laine fine, mais seulement de toile ou de serge grossières. Enfin, à sa sortie du cloître de Gerona, sa chemise de pénitent serait suspendue dans l'église des Nuovas Poblaciones en compagnie d'une liste de ses hérésies. Les peines accessoires qui le frappaient toucheraient toute sa descendance jusqu'à la cinquième génération.

Les cierges nombreux alourdissaient l'air glacé de l'église. L'abbé secrétaire du Saint Tribunal était assis au milieu des juges inquisiteurs. Il était l'ami de Sierra que Lorenzana avait destitué et inculpé, et celui-ci savait certainement que son prédécesseur avait chargé l'abbé d'établir un mémoire préparant une refonte des méthodes de l'Inquisition et leur modernisation. Aussi don Diego n'ignorait-il pas qu'il aurait fort bien pu se trouver au banc des accusés, à côté d'Olavide. Seul, son rôle de confident et de bibliothécaire de don Manuel l'avait protégé jusqu'ici. Son nom figurait à coup sûr sur la liste des suspects et il devait s'attendre chaque jour à être arrêté. Depuis longtemps déjà, il aurait dû mettre les Pyrénées entre lui et l'Inquisition. Il n'y avait à la prolongation de son séjour à Madrid qu'une raison : doña Lucia. Il ne pouvait pas quitter l'Espagne avant d'avoir complété l'éducation politique de doña Lucia, ni se priver de la présence de celle-ci.

Francisco Goya éprouvait une profonde pitié pour les pénitents. Ce qui leur arrivait pouvait arriver à tout le monde. C'étaient les mauvais esprits qui avaient coiffé ce malheureux Olavide du chapeau pointu, qui l'avaient revêtu de cette chemise de honte, qui le raillaient sous les traits du grand inquisiteur et de ses comparses. « Tragela, perro. Avale, chien. » Et Goya, assis, notait chaque détail de la scène, s'en imprégnait.

A genoux au pied de la croix noire, la main droite sur les saints Evangiles, Olavide abjurait, s'engageait à accepter humblement la pénitence prescrite. Toute récidive le mènerait droit au bûcher. On ne percevait pas ses paroles. On voyait seulement, dans son visage gris de cendre, remuer ses lèvres pâlies.

La cérémonie touchait à sa fin. A l'extérieur, de brefs commandements retentirent; les troupes se retiraient au pas cadencé. Et dans le même ordre qu'à son arrivée, la procession des juges et des pénitents sortit de San Domingo.

8

Goya brûlait de confier ce qu'il avait vu et éprouvé à l'église de San Domingo. Agustin attendait, visiblement, qu'il parlât.

Mais Francisco se tut. Il n'aurait pas trouvé ses mots. Ses impressions étaient trop complexes. Il avait vu plus loin que la triste situation d'Olavide et le fanatisme brutal de ses juges. Il avait vu les démons bondissant, grimaçant autour des juges, des accusés et des invités, ces esprits maléfiques qui obsédaient tout un chacun, il avait vu leur joie immonde. Oui, lui-même — voilà ce que ne comprendrait jamais ce brave buveur de thé qu'était Agustin — il s'était surpris lui-même à partager la joie malfaisante de ces démons. Ce désordre de l'âme, cette confusion, on ne pouvait les exprimer par des mots.

On pouvait les peindre.

Balayant tout autre souci, il se mit au travail, décommanda les séances de pose du prince de la Paix, s'éloigna de Cayetana, n'admit personne dans son atelier, pria même Agustin de ne pas jeter un regard sur sa toile; il serait le premier à la lui montrer quand il l'aurait achevée.

Pour peindre, il mit ses plus beaux habits, ou sa tenue de majo, malgré son incommodité.

Il peignait vite, avec application. Même la nuit : il portait alors un chapeau rond muni d'une sorte de bouclier de métal auquel il avait fixé des bougies.

Il sentait — c'était en lui depuis peu, depuis qu'il avait peint son pèlerinage de San Isidro — qu'il avait une vue nouvelle de la ligne et de la couleur. Il se sentait ému, joyeux. Avec une modestie où perçait le triomphe, il écrivit à son ami Martin qu'il peignait maintenant de petits tableaux pour sa seule satisfaction, qu'il donnait libre cours à son inspiration, qu'il avait résolu de peindre le monde tel qu'il le voyait. « Cela sera superbe, écrivait-il encore; j'exposerai d'abord pour les amis, puis à l'Académie, et mon plus cher désir, cher Martin, est que tu voies cela bientôt. » Sur l'enveloppe, il fit une grande croix, afin que les mauvais esprits ne vinssent pas, au dernier moment, ruiner ses projets, au mépris de la modestie dont il faisait preuve.

Le jour vint où il put dire à Agustin : « C'est fini. Regarde et, si tu le veux, parle, dis-moi ce que tu en penses. »

Une suite d'images.

La première représentait une corrida dans un coin de campagne pauvre. On y voyait l'arène avec les cavaliers, les chevaux, les spectateurs et, au fond, quelques maisons sans caractère. Le taureau, échauffé et sanglant, bête lâche et vicieuse, acculé à la palissade, urinant et refusant le combat, ne voulant plus que mourir. Et le public s'indignait de la couardise du taureau qui refusait le combat au soleil, cherchait l'ombre et la mort. Le taureau n'occupait pas une grande place dans la composition : ce que Goya avait voulu peindre, c'était son destin. Une toile très fouillée, sans rien de superflu, pourtant.

Le deuxième tableau montrait un groupe de fous à l'asile. Une grande salle, voûtée comme une cave. La lumière vient d'en haut et entre par la fenêtre grillée. Les insensés se pressent les uns contre les autres et chacun d'eux est seul cependant, à jamais. Chacun a sa folie. Au milieu, un jeune homme, bien découplé, tout nu, prend violemment à partie un ennemi imaginaire, le menace du geste et de la voix. D'autres, demi-nus, portent des couronnes, des cornes de bœuf ou des plumes bariolées, comme les Indiens. Assis, debout, couchés à jamais dans leur éternelle prison de pierre. Mais, autour d'eux, la lumière est claire.

La troisième pièce représente une procession du vendredi saint. Sans qu'on y voie beaucoup de monde, on devine, on sent un grouillement de drapeaux, de bannières, de croix, de pénitents et de curieux. Devant les maisons tendues de drap noir passe en oscillant une lourde châsse portée par quatre colosses suants, avec une énorme statue de la Sainte Vierge nimbée d'or. Derrière, plus loin, une autre châsse avec saint Joseph, et plus loin encore le Crucifié, gigantesque. Bannières et croix sont en avant. On voit surtout les pénitents, les « disciplinantes », à demi nus et blancs, coiffés de bonnets pointus blancs sur lesquels on a peint des têtes noires de diables. Tous s'agitent frénétiquement, brandissent leurs fouets aux multiples lanières.

A l'autodafé auquel il avait pris part, à l'âge de neuf ans, à Saragosse, il avait vu condamner un prêtre, le père Arevalo, pour avoir fouetté ses pénitents nus et s'être fait fouetter par eux sur les parties du corps qui avaient péché. La sentence, douce, avait, sans omettre aucun détail, relaté ces mortifications défendues, infligées et souffertes par le père et ses ouailles. Goya n'y avait plus pensé pendant longtemps. Dans l'église de San Domingo, il avait soudain retrouvé l'étrange, le profond intérêt avec lequel il avait écouté la sentence prononcée sous ses yeux. Le souvenir lui revenait des nombreux flagellants qu'il avait vus depuis lors, de ces étranges pénitents qui s'infligent une souffrance pour se préserver de celles à venir. Ils se frappaient avec délices. Leurs fouets portaient les couleurs de la femme aimée, et quand ils passaient devant elle, ils cherchaient à l'éclabousser de leur sang ; c'est un honneur, une preuve d'amour, qui s'adresse non seulement à la Vierge, mais aussi à l'aimée. C'est ainsi qu'il les avait peints, ces flagellants. Au premier plan de son tableau, ils défilaient, dansant, nus, le dos musculeux courbé, affublés de leurs petits tabliers blancs, de leurs chapeaux pointus. La lumière tombait en plein sur eux, crue, violente. Celle qu'irradiait la Vierge, au contraire, était douce.

Le quatrième tableau représentait une procession bien différente. C'était « l'enterrement de la sardine », cette fête endiablée qui termine le carnaval, la dernière fête avant le long, le dur carême. La foule se presse, avide de joie ; un grand drapeau flotte sur lequel on a peint une lune diabolique ; quelques garçons portent des masques propres à terrifier les petits enfants ; deux filles, habillées en hommes, dansent, avec un compagnon masqué, un pas lourd et disgracieux. Une gaieté voulue déborde de l'image, un abandon forcené ; on sent que le temps du sac et des cendres est proche.

Ici, Goya avait mis sa rancœur personnelle. Les Anglais profitaient du jeûne général pour introduire en Espagne d'énormes quantités de poisson fumé, et le pape, pour réduire les profits du Breton haï, concédait à ceux qui pouvaient exhiber attestation de leur médecin et de leur confesseur permission de manger de la viande pendant les jours maigres. Celui qui voulait profiter de ce privilège devait, chaque année, acheter un exemplaire de la bulle d'exemption du pape, signé du curé de sa paroisse. Le prêtre imposait un tarif qui variait selon le revenu de l'impétrant. Chaque année, Goya payait gros et il goûtait peu la fête de « l'enterrement de la sardine ».

Le cinquième et dernier tableau représentait un autodafé. Il ne se déroulait pas à San Domingo mais dans une église très claire, aux cintres légers, aériens. Sur sa tribune, un pénitent se tient, élevé au-dessus des autres, son chapeau pointu, grotesque. L'homme n'est qu'un paquet de douleur et de honte, son élévation le fait doublement pitoyable. Beaucoup plus bas, séparés de lui, trois autres pénitents, les mains liées comme lui. L'un s'est affaissé, les autres se tiennent encore debout. Au fond, en face du tribunal, le secrétaire lit l'arrêt. A l'entour, des dignitaires religieux et laïques, en perruque ou barrette, gras, pieux, portant leur dignité et leur ennui comme un masque.

Agustin s'était planté devant les toiles et regardait. Buvait les images. Stupéfait. Epouvanté.

Ravi, au fond. C'était une peinture toute neuve, qu'on n'avait encore jamais vue. C'était un autre Francisco qui avait peint cela et, pourtant, c'était bien lui. On voyait là des foules où cependant il n'y avait rien de trop. Une plénitude où tout avait été ménagé, pesé au plus juste. Ce qui ne venait pas ajouter au tout était laissé de côté. Le moindre détail avait sa fonction bien définie. Chose plus étrange encore : ces cinq toiles — Agustin le sentait bien — ces cinq toiles, si totalement différentes les unes des autres, s'apparentaient les unes aux autres. Le taureau mourant, le carnaval endiablé, les flagellants, l'asile de fous, l'Inquisition, tout cela ne faisait qu'un ; c'était l'Espagne. Cette fureur sauvage et sombre qu'on retrouve jusque dans la joie espagnole. Cependant — et cela, un seul homme pouvait l'exprimer, l'ami Francisco — sur l'horreur obscure de ces scènes planait la clarté douce du ciel. Et ce que Goya n'avait jamais pu exprimer par des mots, Agustin le comprenait maintenant : cet étrange Francho aimait tout, acceptait tout, même les démons. Francisco avait exprimé sur ces toiles sa joie de vivre, de voir, de peindre, son désir d'accepter la vie quelle qu'elle soit.

— Alors ? Qu'en penses-tu, Agustin ?

— Moi ? Rien. Je n'ai rien à dire, dit l'autre, tordant dans une grimace de joie son maigre visage.

9

Josefa vint voir les tableaux et s'enfonça dans son coin. L'homme qu'elle aimait lui faisait peur.

Jovellanos se montra en compagnie du jeune poète Quintana.

— Vous êtes des nôtres, don Francisco, dit-il. Pour un peu, je vous aurais méconnu.

Le jeune Quintana se réjouissait :

— « Idioma! universal ». La langue comprise de tous les peuples. Votre peinture, don Francisco, chacun la comprend, du muletier jusqu'au premier ministre.

Don Miguel, Lucia, don Diego vinrent aussi dans l'atelier. C'était folie que de vouloir mesurer de telles œuvres aux règles des Mengs et des Bayeu.

— Je crains que nous n'ayons tout à rapprendre, don Miguel, dit l'abbé.

Mais le lendemain, Miguel revint. Les tableaux de Goya l'avaient empêché de dormir. Ils troublaient en lui l'homme politique aussi bien que le connaisseur. Les ennemis, le grand inquisiteur, par exemple, n'allaient-ils pas deviner la sourde indignation du peintre ? Peu leur importait l'art; ils crieraient à la rébellion, à l'hérésie.

Cela, Miguel voulait le faire comprendre à son ami. Francisco avait assez fait, assez montré de courage en peignant ces tableaux; c'était folie que de vouloir les exposer. De la part d'un homme invité à assister à la cérémonie de San Domingo, faire connaître ces tableaux, c'était un défi que le Saint-Office ne souffrirait pas sans le relever.

Goya, une moue d'étonnement aux lèvres, regardait ses toiles :

— Je ne trouve vraiment rien là dedans qui puisse justifier une action du Saint-Office. dit-il. Feu mon beau-frère m'a inculqué les principes de Pacheco. Je n'ai jamais peint un nu. Ni les pieds de la Sainte Vierge. Dans toute mon œuvre, il n'est rien qui contrevienne aux règles de l'Inquisition. Ici non plus.

Cette rouerie naïve et bien paysanne fit soupirer Miguel de compassion :

— Evidemment, la rébellion n'est pas patente, mais on la devine.

Francisco ne comprenait pas ce que lui voulait Miguel. Qu'avaient à faire ces tableaux avec la politique? N'avait-on pas souvent peint un tribunal d'inquisiteurs, avant lui, Goya ?

— Mais pas maintenant ! s'écria don Miguel. Et pas ainsi !

Goya haussa les épaules.

— Je ne vois pas du tout le mal que pourraient me faire ces tableaux. Il m'a *fallu* les peindre, comprends-tu ? Loin de les cacher, je les montrerai, je les exposerai.

Et, voyant l'angoisse assombrir le visage habituellement si clair de l'ami, il ajouta, avec chaleur :

— Tu as pourtant affronté, volontairement, de grands dangers dans ta vie. Je te suis d'autant plus reconnaissant de tes conseils de prudence. C'est le fait d'un véritable ami. Et maintenant, poursuivit-il avec fermeté, ne t'use pas inutilement la langue. On verra mes tableaux.

— Je veux au moins espérer, répondit don Miguel abandonnant la lutte, que tu attendras d'avoir l'avis de don Manuel. S'il se déclare pour tes toiles, peut-être cela calmera-t-il le zèle du grand inquisiteur.

Don Manuel vint, en compagnie de Pepa. Celle-ci avait aussi eu peur quand Francisco avait été invité à San Domingo :

— Je vous l'ai souvent dit, don Francisco, déclara-t-elle sans attendre. Vos idées sentent furieusement l'hérésie. Si don Manuel ne se montre pas toujours aussi bon catholique que je le désirerais, c'est qu'il a au moins une excuse : il est homme d'Etat et il lui faut défendre envers et contre tous certaines prérogatives royales. Mais toi, Francho, tu n'es que peintre.

— Ne la laissez pas vous faire peur, protesta don Manuel. Je vous protège. J'ai toléré une fois du Saint-Office cette manifestation tapageuse ; mais une fois suffit. Et maintenant, montrez-nous ces tableaux. Miguel m'en a beaucoup parlé.

— C'est grandiose, dit Manuel après les avoir contemplés longuement. Remerciez-moi, don Francisco, d'avoir toléré cet autodafé. Sans lui, vous n'auriez jamais peint cela.

Pepa regardait en silence :

— C'est vraiment admirable, Francho, dit-elle enfin de sa voix chaude. A dire vrai, je ne comprends pas bien pourquoi tu as fait le taureau aussi petit et le torero si grand, mais tu dois avoir eu tes raisons. Tu es assez fier de toi, Francho, et il faut te mesurer les louanges, mais je n'en vois pas moins en toi un grand peintre.

Elle le fixait de ses yeux verts, hardiment.

Don Manuel s'énervait.

— Partons, fit-il. Envoyez-moi vos tableaux, don Francisco. Je les achète.

Goya était agréablement surpris que ces tableaux, simple passe-temps, pussent lui rapporter de l'argent. Mais il ne les destinait pas à don Manuel et encore moins à Pepa. Il ne voulait pas les savoir aux mains de gens ayant aussi peu de sens et de goût. Il était peut-être hardi et maladroit d'indisposer le prince de la Paix, mais :

— Je regrette, don Manuel, dit-il, mais j'ai déjà promis ces tableaux.

— Bah ! fit Manuel d'un ton assez sec. Vous trouverez bien moyen de nous en laisser deux, un pour moi, et l'autre pour señora Tudo.

Il parlait en maître et un refus était impossible.

— Le taureau est trop petit, dit Pepa sur le seuil de la porte. Vous le reconnaîtrez avec moi, don Francisco. Il n'empêche que vous soyez une gloire de l'Espagne.

— Décidément, notre Pepa parlera toujours comme ses romances, dit don Manuel, de mauvaise humeur.

Tous les amis de Goya avaient vu les tableaux, à l'exception de Cayetana. Il attendit. La passion, la colère l'envahissaient, l'étouffaient.

Enfin elle vint, mais elle n'était pas seule. Le docteur Peral l'accompagnait.

— Vous m'avez manqué, Francho, dit-elle.

Ils échangèrent un regard hardi, brûlant, comme s'ils se retrouvaient après l'éternité.

Plantée devant les tableaux, elle les étudiait. Ses grands yeux se pénétraient de son œuvre. On y lisait une attention presque enfantine, l'abandon. Joie et fierté gonflaient le cœur de Goya.

La vie ne pouvait lui donner rien de plus. Dans cet atelier, le sien, entre ces quatre murs, il avait tout : l'œuvre que lui seul pouvait faire et la femme qui pour lui était l'unique.

— Je voudrais en être, dit-elle. Il comprit aussitôt, et une joie nouvelle, profonde, l'envahit. Cela, il l'avait senti et avait voulu le faire éprouver. Il avait voulu vivre ce combat dans l'arène, ce carnaval et même cette séance du tribunal inquisitorial. Plus encore : si, devant le portrait de la folie dans l'asile, on ne ressentait pas, confus, le désir de se débarrasser de ses vêtements, de sa raison, alors il avait peint en vain et son tableau n'était qu'une croûte. « Je voudrais en être. » Cayetana, elle, avait senti, compris.

Ils avaient oublié le docteur Peral qui se manifesta soudain.

— Ce que vous venez de dire, duquesita, est plus sage que tous les gros livres des critiques d'art.

Où cet individu prenait-il la hardiesse de l'appeler ainsi ? Petite duchesse ? Du coup, Francisco sortit de son rêve, de son bonheur. Qu'y avait-il entre les deux ?

— J'admire surtout, reprit Peral en se tournant vers Francisco, la façon légère — j'irai presque jusqu'à dire gaie — dont vous traitez des sujets aussi graves. Doña Cayetana a parfaitement raison : sous votre pinceau, l'affreux peut se faire attrayant. Accepteriez-vous de me vendre un de ces tableaux, don Francisco ?

Goya réprima un sourire. Ce Peral appréciait son œuvre, il fallait bien reconnaître qu'il avait un sens artistique autrement développé que celui de Pepa. Et grossier à dessein :

— Je suis très cher, docteur.

— Je ne suis pas absolument pauvre, monsieur le peintre de la cour, répondit très poliment Peral.

La duchesse trancha la question avec une amicale autorité :

— Vous me garderez deux de ces tableaux, Francisco.

Goya enrageait. Souriant, très aimable, il répondit :

— Permettez-moi de vous offrir deux de ces tableaux, amiguita de mi alma. Libre à vous d'en disposer.

(Avec ce « petite amie de mon cœur », il payait le « duquesita » de cet apprenti barbier !)

— Merci, dit-elle simplement.

Le même jour señora doña Josefa Bayeu de Goya recevait de la duchesse d'Albe, avec ses compliments, un écrin d'argenterie ancienne, et Josefa ne put qu'admirer la splendeur du cadeau. Sa joie n'était pas sans mélange ; il s'y mêlait de l'humiliation :

— J'ai été contraint de donner deux de mes tableaux à la duchesse, expliqua Goya à sa femme. Il est normal qu'elle réponde à ma courtoisie. Tu vois ! conclut-il, joyeux. Si j'avais vendu ces petites toiles, je n'en aurais pas tiré plus de six mille réaux. Ce service en vaut bien trente mille. Je te le répète : la générosité rapporte plus que la ladrerie.

Il exposa ses tableaux à l'Académie. Les amis de Goya attendaient, non sans crainte, la réponse de l'Inquisition.

L'archevêque Despuig vint, très entouré. Pepa le connaissait, Goya ne l'ignorait pas. Peut-être l'avait-elle envoyé ? Pour le sauver ou pour le perdre ?

Le prélat étudia les tableaux.

— Voici une œuvre pieuse, déclara-t-il. Cette scène d'Inquisition est propre à frapper les esprits, à leur inspirer cette saine terreur que le Saint-Office s'efforce de provoquer. Vous devriez nous dédier ce tableau, mon fils, en faire don au grand inquisiteur.

Goya fut surpris et ravi.

Négligemment, il annonça à Josefa qu'il avait fait don du *Jugement de l'hérétique* au Saint-Office. Son audace la stupéfiait.

— Ils te brûleront, dit-elle, ou te jetteront en prison.

— C'est le grand inquisiteur qui me l'a fait demander, répliqua-t-il du même ton léger.

— Je n'y comprends rien, Francho, confessa-t-elle. Tu ensorcelles les gens.

10

Depuis que l'abbé avait vu Olavide sur le banc des pénitents, il sentait le danger chaque heure plus proche, plus menaçant. Lorenzana, il le savait, le haïssait. Il fallait fuir, mais il ne pouvait se résoudre à quitter Madrid et Lucia.

Manuel l'assurait de sa protection, mais l'abbé ne croyait pas à ses grands mots. Il n'y avait plus qu'un moyen, arrêter le bras de Lorenzana. Don Manuel devait tirer Olavide des griffes de l'Inquisition.

Le ministre ne demandait pas mieux, mais l'entreprise n'était pas sans danger. On ne pouvait la tenter sans l'approbation de la reine. Et celle-ci, furieuse de voir durer cette intrigue avec Pepa, faisait des scènes, se moquait de don Manuel, de la défaite que lui avait infligée l'Inquisition.

Il déclara à ses amis qu'il ne laisserait pas pourrir Olavide dans le cloître de Gerona; mais l'enlèvement d'un hérétique déjà condamné était chose délicate. Il fallait gagner le roi à sa cause.

Pour le moment, il poursuivait la lutte avec le Saint-Office sur un autre terrain.

Les finances espagnoles, bien mal en point depuis la guerre, avaient besoin d'aide, et certains hommes d'affaires étrangers se déclaraient prêts à consentir à l'Espagne un emprunt d'une certaine importance. Malheureusement, il s'agissait de juifs. Depuis des siècles, l'Inquisition avait veillé à ce qu'aucun juif ne souillât de son pied la terre espagnole; ces financiers, prêts à assainir les finances du pays, attachaient du prix à venir sur place se rendre compte de la situation économique du royaume. Don Manuel exposa le cas au roi, lui indiqua le montant de l'emprunt : deux cents millions. Maria-Luisa acceptait qu'on exerçât une pression douce sur le grand inquisiteur.

Lorenzana refusa tout net. On le pria de voir le roi et, en présence de don Manuel, une conférence fut tenue au cours de laquelle don Carlos se montra moins aimable qu'à l'ordinaire. Tout ce que put obtenir le grand inquisiteur fut que deux juifs seulement seraient admis en Espagne et que, pendant tout leur séjour, ils seraient discrètement surveillés par l'Inquisition.

M. Bohmer, d'Anvers et Mynheer Pereira, d'Amsterdam, firent sensation à Madrid. Tous les progressistes firent assaut d'amabilité. Jovellanos donna un thé en leur honneur et la duchesse d'Albe une réception.

Lorenzana, piqué, reprit avec une ardeur nouvelle le combat contre les libéraux. Un jour que l'abbé rentrait à une heure inhabituelle, il vit sortir de chez lui un certain Lopez Gil, espion notoire de l'Inquisition. Il supplia don Manuel de ne pas tolérer un deuxième cas Olavide, l'adjurant de prévenir Lorenzana ou — mieux encore — de permettre l'évasion du condamné.

Les représentations de don Diego touchèrent le ministre. Il promit, mollement.

Par bonheur, le grand inquisiteur, lui-même, vint à son secours en faisant circuler une brochure particulièrement venimeuse. Rien d'étonnant, y disait-on, que des livres niant Dieu et les bonnes mœurs trouvassent lecteurs en Espagne, quand le premier ministre donnait l'exemple de la corruption la plus complète, avec la complicité de la première dame du royaume.

Quand la police lui soumit cette brochure, don Manuel sourit, satisfait. Lorenzana, cette fois-ci, était allé trop loin. Il porta le libelle à la reine qui le lut :

— On devrait donner sur les doigts de ce Lorenzana, dit-elle d'un ton calme qui ne présageait rien de bon.

— Votre Majesté a raison, comme toujours, répondit Manuel.

— Naturellement, tu te réjouis qu'il me faille maintenant réparer ce que tu as cassé.

— Voulez-vous parler d'Olavide? demanda innocemment Manuel qui poursuivit : Oui, je crois, quant à moi, qu'il faudrait venir à son secours.

— J'en parlerai à Carlos, dit-elle.

Maria-Luisa en parla à Carlos, Manuel en parla à Miguel et Miguel à l'abbé, qui en parla à son tour au grand inquisiteur.

Cet entretien se tint en latin. L'abbé exposa en premier lieu qu'il ne parlait pas en serviteur obéissant du Saint-Office s'adressant à son chef suprême, mais en simple particulier. Il n'en demeurait pas moins que don Manuel et le Roi Catholique attachaient une certaine importance à cette entrevue et à ses résultats. Lorenzana répondit que ce renseignement lui serait précieux. Peut-être don Diego pourrait-il faire savoir, toujours officieusement, à Sa Majesté et à don Manuel que, malheureusement, les charges s'accumulaient sur l'ancien grand inquisiteur Sierra et que sa condamnation était inévitable.

— Toi, frère, dit-il, qui connais bien cet homme, auras déjà prévu cette fin.

— Je le connais et je te connais aussi, ô père, répliqua l'abbé. Aussi n'ai-je pas douté un seul instant.

— Travailles-tu encore à ce rapport qu'il t'a demandé en son temps ? s'enquit le grand inquisiteur.

La raison commandait à don Diego de répondre négativement, mais son cœur rebelle ne le lui permit pas.

— Personne ne m'a ordonné, répondit-il en un latin classique, d'interrompre ma tâche. Le Tout-Puissant, poursuivit-il, a ordonné à la lune de croître et de décroître. Il submerge le Saint-Office tantôt de douceur et tantôt de sévérité. C'est pourquoi je me permets de penser que mon travail pourra peut-être servir, un jour.

— Je crains, ô frère, répliqua Lorenzana, que ton espoir ne soit plus fort que ta foi. Mais dis-moi la raison de ta mission, poursuivit-il d'un ton impérieux.

— Le prince de la Paix, commença l'abbé, désire attirer ton attention, ô père, sur le fait que l'hérétique Olavide est de santé chancelante. Si cette vie devait connaître sa fin, alors qu'elle est sous la protection du Saint-Office, le prince de la Paix craindrait que ce pays et son roi ne soient durement critiqués dans toute l'Europe. Il te prie donc, révérendissime, de porter un soin tout particulier à la santé de ce pénitent.

— Tu sais bien, mon frère, fit remarquer le grand inquisiteur, que le nombre des jours impartis à l'homme est fixé par la seule Sainte Trinité.

— Justement, mon père, répondit don Diego. Si la Sainte Trinité devait mesurer si chichement les jours du condamné qu'il meure alors que le Saint-Office lui accorde sa protection totale, alors, révérendissime, le Roi Catholique y verrait un signe de la réprobation céleste, et Sa Majesté se jugerait contrainte de proposer au Saint-Père un changement dans la direction du Saint-Office.

Lorenzana garda une bonne demi-minute le silence avant de répondre.

— Qu'ordonne donc don Manuel au Saint-Office ? jeta-t-il sèchement.

Et l'abbé, de plus en plus poli, de répondre :

— Ni le prince de la Paix ni le Roi Catholique ne pensent à se mêler aux affaires du roi des rois dont tu diriges, ô père, le bras sur la terre espagnole. Mais ces deux princes de la terre te prient de ne pas oublier que l'hérétique est de corps faible et qu'il peut avoir besoin d'eaux bienfaisantes. Le prince de la Paix se réjouirait de connaître le résultat de tes réflexions dans un délai de trois jours au plus.

— Je te remercie, mon frère, dit Lorenzana. Sois bien sûr que je n'oublierai pas plus ta bienveillance que celle de ton maître.

Tout au long de l'entretien, l'abbé avait goûté la sensible différence de son latin d'avec la langue vulgaire du grand inquisiteur.

Très brièvement, Lorenzana fit savoir au premier ministre que le Saint-Office envoyait l'hérétique pénitent Pablo Olavide à Caldas de Montbuy, pour rétablir sa santé affaiblie.

— Eh bien, señores ? demanda don Manuel, très fier, à ses amis Miguel et Diego. Ai-je eu raison ?

— Comment envisagez-vous la suite ? demanda l'abbé.

Don Manuel eut une moue de ruse satisfaite.

— Je vous ai préparé un rôle, mon cher, répondit-il. J'ai, depuis longtemps, l'intention d'utiliser à Paris les services d'un envoyé secret et je vous offre ce poste, don Diego. Je vous donnerai tous pouvoirs vous permettant de requérir l'aide et l'assistance de tout sujet du roi. Cela ne sera pas vous déranger beaucoup de votre route que d'aller rendre visite à votre ami Olavide. Il vous sera facile de l'entraîner dans une longue promenade. S'il lui arrive de s'égarer en territoire français, c'est là son affaire.

L'abbé, rarement pris au dépourvu, avait pâli et se taisait. Il désirait vivement accepter cette mission, arracher Olavide des griffes de Lorenzana et lui faire passer les Pyrénées. Mais le faire, c'était se condamner à l'exil pour toujours. Le roi lui-même ne pourrait rien pour lui s'il osait rentrer en Espagne après avoir commis ce crime inqualifiable : avoir fait évader un prisonnier du Saint-Office. Il serait jeté au bûcher sous les acclamations fanatiques de tout le pays.

— Je vous remercie beaucoup, don Manuel, dit-il enfin. Je vous demande vingt-quatre heures de réflexion. Suis-je bien l'homme qu'il vous faut pour semblable aventure ?

Il consulta Lucia, lui dit, dans un grand désordre, que tout le poussait à accepter la mission proposée, mais qu'il ne pouvait se faire à l'idée de renoncer pour toujours à son pays et à elle. Lucia réfléchissait :

— Olavide, en son temps, n'a-t-il pas créé à Paris une nouvelle Espagne ? dit-elle. Vous me l'avez conté vous-même. Pourquoi ne pas continuer son ouvrage ?

Et comme il gardait le silence, elle poursuivit :

— J'ai bien connu Mme Tallien alors qu'elle s'appelait encore Teresa Cabarrus ; je puis dire que j'étais son amie et j'aurais grande joie à la revoir. Ne croyez-vous pas, don Diego, que je pourrais, à Paris, être utile à la cause de l'Espagne ?

Don Diego, le politique avisé, le cynique, rougit comme le jeune homme auquel la fille dit oui pour la première fois.

— Vous pourriez... vous voudriez...

Il bégayait, ne trouvait plus ses mots.

— Combien mettrez-vous de temps à gagner la première localité française ?

— Deux semaines, dit l'abbé. Oui, en quinze jours nous pouvons être à Cerbère.

— J'aurai besoin d'un peu de temps pour me préparer, si je pars, murmura Lucia. Reposez-vous donc huit jours à Cerbère avant de poursuivre votre voyage sur Paris.

— Je sens que je vais croire en Dieu, dit l'abbé.

11

Trois semaines plus tard Miguel vint voir Goya.
— Réjouissons-nous, dit-il. Pablo Olavide est en sûreté. Don Diego lui a fait passer la frontière.

Si absorbé que Goya fût dans son bonheur, la délivrance d'Olavide l'émut, et presque autant la fuite de l'abbé. Il était évident que ce dernier ne reviendrait jamais. Francisco se rappelait sa propre fuite d'Espagne, provoquée par la mort violente d'un homme. Il revoyait s'estomper sous ses yeux la côte blanche de Cadix, éprouvait encore cette souffrance aiguë d'abandonner son pays, peut-être pour longtemps.

Miguel s'était assis dans sa pose habituelle, une jambe croisée par-dessus l'autre. Son visage clair et amical, légèrement poudré, restait calme. Et pourtant Goya, s'extrayant de ses propres souvenirs, crut déceler en lui une émotion légère.

Le comte Cabarrus, expliquait avec un entrain forcé don Miguel, priait depuis longtemps doña Lucia de faire une visite à sa fille, Mme Tallien, dont elle était la vieille amie. Le départ d'Olavide et de l'abbé pour Paris était une excellente occasion. Doña Lucia pourrait appuyer les deux hommes auprès de sa toute-puissante amie.

In petto, Goya s'étonnait. Puis, devinant, il plaignit l'ami qui avait tiré Lucia de sa boue, de son ruisseau, pour en faire une des première dames de Madrid. Pauvre Miguel! Quel cœur généreux et chevaleresque!

D'ailleurs, Francisco ne l'aurait pas cru capable de semblable passion. Ah! si elle avait couru après un jeune beau, un marquis de San Adrian, par exemple! Mais l'abbé, un homme d'un certain âge, empâté, sans argent, sans titre, qui ne serait à Paris qu'un aventurier, un ancien agent de l'Inquisition. Décidément, il n'y avait rien à comprendre aux femmes!

Ce soir-là, le señor Bermudez était assis dans son cabinet, seul, rassemblant des notes pour son grand dictionnaire des arts. Il avait espéré ainsi changer le cours de ses pensées, mais en vain. Délaissant ses chers papiers, il alla se planter devant le portrait de Lucia. Francisco avait raison. Cette lumière imprécise et cette ruse sous le masque mondain, c'était la vérité. Il ne s'agissait pas de ligne ni d'éclairage, tout était désordre, au dedans comme au dehors. Et lui, Miguel, avait été un imbécile de croire qu'il pourrait transformer, faire sienne, l'irréductible maja.

Il s'était exagéré son propre mérite. Il avait cru, lui, un humaniste attardé, un don Quichotte, en la force divine de la raison, à l'appel de l'esprit vainqueur de la bêtise des masses ! Quel orgueil insensé ! La raison sera toujours sans force, méprisée, maudite, condamnée à vivre dans la solitude.

Les terres qu'Olavide s'était vanté de rendre fécondes étaient redevenues désert. Il en était de même pour lui, Miguel. Jamais celui qui sait ne vaincra la force brutale, ne l'extirpera du cœur de l'homme, jamais la raison ne réduira la barbarie.

Ce sentiment de faillite, il l'avait éprouvé à voir Olavide sous son sambenito dans l'église San Domingo. Un instant, on croit avoir réussi, puis l'homme redevient la bête brute qu'il est, au fond. Deux années durant, on avait pu croire que la raison allait épandre la lumière sur les masses, en France, mais, déjà, la nuit les aveuglait de nouveau.

12

A penser à l'impudence avec laquelle Manuel Godoy, cet excrément, lui avait donné l'ordre de déplacer l'hérétique pour lui permettre de le faire passer plus facilement à l'étranger, à se remémorer la discussion en latin qu'il avait dû soutenir avec l'abbé, ce renégat, une rage brûlante envahissait le grand inquisiteur. Jamais, à sa connaissance, le Saint-Office n'avait été traité aussi cavalièrement.

Les amis et conseillers de Lorenzana, l'archevêque Despuig de Grenade et l'évêque d'Osme étaient d'avis de prendre l'offensive. Si le crime inouï de don Manuel demeurait impuni, l'Inquisition était finie, sans force désormais. Le grand inquisiteur, assuraient-ils, devait immédiatement jeter l'hérétique en prison et le traîner devant le Saint Tribunal. Toute l'Espagne lui en serait reconnaissante.

Lorenzana n'aurait pas demandé mieux, mais il craignait que doña Maria-Luisa ne se laissât pas arracher son amant. Emprisonner don Manuel, c'était déclarer la guerre à la couronne, engager un combat comme le Saint-Office n'en avait jamais soutenu. Cependant, il se déclara prêt à la lutte ; à la seule condition que le Saint-Siège l'approuvât formellement.

L'archevêque Despuig eut recours à un ami de Rome, le cardinal Vincenti. Celui-ci exposa au pape la situation du grand inquisiteur. Pie VI était lui-même dans une situation difficile. Le général Bonaparte avait envahi ses domaines et menaçait de le faire prisonnier. Mais le pape était de ces hommes que le danger galvanise. Il chargea le cardinal Vincenti de répondre point par point aux demandes du cardinal-archevêque Despuig. Les crimes du soi-disant prince de la Paix, disait la lettre écrite en latin, élevaient leur puanteur jusqu'au ciel, et c'était une honte que le Roi Catholique eût cet homme pour premier conseiller. Le Saint-Père approuvait donc expressément le plan de monsieur le grand inquisiteur. En mettant un terme aux agissements de Manuel Godoy, il libérait non seulement l'Espagne, mais encore le représentant du Christ d'un ennemi mortel.

Il advint que le courrier portant cette lettre du Vatican à Grenade fut arrêté dans les environs de Gênes par un parti de soldats français. Bonaparte lut la lettre. Sans être grand latiniste, il comprit aussitôt le complot qu'on préparait pour la perte du prince de la Paix. Le jeune général se sentait de la sympathie pour le ministre espagnol dont la prodigieuse carrière ressemblait un peu à la sienne. D'un autre côté, il importait de faire progresser les négociations d'alliance franco-espagnole. Il fit prendre, de la lettre du pape, une copie qu'il envoya, avec ses compliments, à Manuel, l'informant en outre qu'il retarderait de trois semaines la transmission de l'original.

Manuel se félicita du grand service que lui rendait le général Bonaparte. Il conféra avec Miguel. Celui-ci, in petto, jubilait. En dehors de toute opposition politique, c'était de la haine qu'il éprouvait envers Lorenzana. C'était lui, Lorenzana, qui avait forcé l'abbé à fuir et, avec lui, Lucia. Le grand inquisiteur avait ruiné sa vie et Miguel tenait maintenant son ennemi à la gorge.

Les documents, exposa-t-il à don Manuel, prouvaient irréfutablement que Lorenzana et les deux évêques ont mésusé de leur saint ministère pour imposer au roi leur politique antiespagnole. Ils ont intrigué, secrètement, avec une puissance étrangère qui était en guerre avec une république amie de la couronne espagnole. Don Manuel devait les faire emprisonner et les traduire devant le Haut Conseil de Castille sous l'inculpation de haute trahison.

Mais don Manuel recula devant des mesures aussi énergiques. Il voulait d'abord réfléchir : il avait trois semaines pour cela.

Les jours passèrent, une semaine s'écoula. Don Manuel hésitait toujours. En possession de la lettre prouvant la trahison, il se sentait relativement en sûreté; il ne tenait pas à passer lui-même à l'offensive.

Miguel, désespéré, se plaignit amèrement en présence de son ami Goya. N'était-ce pas une magnifique occasion de se débarrasser de cette vipère de Lorenzana, de rendre l'Eglise espagnole indépendante de Rome, en portant à l'Inquisition un coup mortel ? Et tout cela s'écroulait par la faute de don Manuel. Le ministre était trop mou, trop peu combatif et, appuyé en cela par Pepa, prenait sa tolérance excessive pour une magnanimité tout espagnole.

Sombre, il confia à Goya tous ses ressentiments et ses désillusions. Don Manuel était d'une obstination incroyable, mou et dur à la fois, une masse sans consistance qu'on ne parvenait pas à déplacer. Sa vie, à lui, Miguel, était une capitulation de tous les instants, une abjecte soumission à la prétention et l'arbitraire.

— Tous ces compromis, ces détours auxquels je me vois contraint me répugnent. Je suis fatigué; je me sens vieillir. Si j'échoue cette fois, conclut-il, si Manuel n'envoie pas Lorenzana au diable, j'abandonne. Je retournerai pour de bon à mes tableaux et à mes livres.

Jamais encore Goya n'avait vu Miguel si déprimé. Que ne pouvait-il l'aider ! Et soudain, il eut une idée.

Il travaillait alors au dernier des portraits que lui avait commandés le prince de la Paix. Quand don Manuel posait, il parlait volontiers. Vraisemblablement, il conterait à son peintre, à sa façon ironique et blasée, le complot du grand inquisiteur et son échec. A ce moment-là, il parlerait.

De fait, Manuel parla de Lorenzana et de son intrigue. En riant, comme s'il n'en voyait que le côté comique.

Goya fit chorus.

— Un homme comme vous, dit-il, saura certainement répondre avec esprit aux menées du grand inquisiteur.

Manuel tenait la pose, en grand uniforme constellé de décorations. Il releva brusquement la tête :

— Comment entendez-vous cela, Francisco ?

Sans arrêter de peindre, Goya dit lentement :

— Le Saint-Père est, du fait du général Bonaparte, en très mauvaise posture. La cour d'Espagne ne devrait-elle pas lui envoyer des consolateurs ? Monsieur le grand inquisiteur, par exemple, et les deux évêques ?

Un instant, don Manuel réfléchit, puis, abandonnant la pose, frappa joyeusement sur l'épaule du peintre.

— Farceur de Francho ! Tu as des idées magnifiques !

Et, débordant d'enthousiasme :

— J'ai su au premier coup d'œil que nous serions amis, toi et moi. Nous nous aidons l'un l'autre. Rien ne nous séparera. Les autres ne sont que des grands seigneurs. Ils peuvent, au besoin, coucher avec une femme, mais la prendre, la pétrir, la faire ce que l'on veut qu'elle soit, nous seuls le savons. C'est pour cela que la chance nous sourit. La fortune, elle aussi, n'est qu'une femme.

Sûr de soi, Manuel vit le roi et la reine et les mit au courant des machinations du grand inquisiteur, lettre en main.

Carlos secoua la tête :

— Lorenzana n'aurait pas dû faire celá, déclara-t-il. S'il avait à se plaindre de toi, Manuel, il devait se tourner vers moi et non pas vers ce pape. Derrière mon dos ! Tu as parfaitement raison. C'est inconvenant. C'est de la haute trahison. Non ! Il n'aurait pas dû faire cela.

On voyait dans les yeux de doña Maria-Luisa une lueur méchante. Elle n'était pas mécontente de cette occasion de faire payer au grand inquisiteur son libelle.

— J'ai pensé, dit Manuel, que nous pourrions l'envoyer avec ses deux évêques au Saint-Père qui a bien besoin actuellement de conseils et de consolations.

Le roi ne comprit pas aussitôt, mais la reine sourit.

— Parfait, dit-elle. L'idée est-elle de toi, Manuel, ou de ton señor Bermudez ?

— Je jure par la Sainte Vierge, répliqua Manuel indigné, qu'elle ne vient pas de don Miguel.

Lorenzana et les évêques reçurent mission de se rendre auprès du Saint-Père. Puisque Bonaparte avait l'intention de mettre en république les Etats de l'Eglise, les prélats étaient chargés d'offrir au pape, comme asile, l'île de Mallorca et, de toute façon, de lui tenir compagnie dans les années à venir.

Quand le cardinal grand inquisiteur Lorenzana vint prendre congé de Leurs Majestés, avant de partir pour Rome et l'exil, la reine lui dit aimablement :

— Transmettez, je vous prie, au Saint-Père, l'expression de mon profond respect. Et, en route, demandez-vous donc si un homme comme vous, qui calomnie honteusement sa souveraine, n'est pas responsable de ce vent de rébellion qui souffle sur l'Europe. Et maintenant, que Dieu vous garde, très honoré seigneur, et vent en poupe !

13

Sa liaison avec Cayetana avait, au début, donné à Francisco une impression de plénitude et de stabilité. Puis, l'inquiétude était venue. Elle l'aimait, il n'en doutait pas, mais son esprit capricieux ne lui permettait plus de connaître le repos. Nul ne pouvait dire à l'avance comment elle accueillerait une aventure, un homme, un tableau, quelle serait sa réaction. Ce qu'elle jugeait important lui paraissait souvent inepte ; parfois elle restait insensible et polie devant des hommes ou des événements qui l'émouvaient, lui.

Il se réfugiait dans le travail. Il avait beaucoup de commandes, peignait vite, sans fatigue, et l'argent rentrait.

Cependant il ne peignit plus de portraits de Cayetana malgré l'accueil fait par la duchesse elle-même et le monde entier à ceux qu'il avait déjà faits. Ces toiles ne lui plaisaient pas. D'après lui, elles n'exprimaient pas la vérité. Elle eût voulu qu'il la peignit en maja, mais il s'y refusait. Il ne la voyait pas ainsi.

Elle en avait pourtant la hardiesse, le mépris du qu'en dira-t-on. Au théâtre, dans l'arène, au Prado, elle se montrait avec lui, sans gêne. Au début, il en éprouva de la fierté, puis il lui fut désagréable qu'elle affichât ainsi sa passion. Il craignait aussi des ennuis. Quand il risquait une allusion, elle levait les sourcils, sans répondre. Elle était la duchesse d'Albe, rien ne pouvait la convaincre.

Il était de toutes les réceptions qu'on donnait au palais du duc ou dans celui de la vieille marquise de Villabranca. Ni l'un ni l'autre ne lui laissaient sentir qu'ils fussent au courant de ses relations avec Cayetana. Le duc était très loin de Goya qui n'éprouvait pour lui qu'une pitié un peu dédaigneuse. Pourtant, lorsqu'il s'agissait de musique, son visage s'animait, et cette émotion touchait Francisco, lui en imposait; la plupart des grands seigneurs n'avaient pour eux que leur orgueil.

Pour la vieille marquise, Goya ressentait respect et sympathie. Elle jugeait bien les hommes. Il lui aurait volontiers parlé de Cayetana, mais elle était, sous son affabilité innée, si grande dame qu'il n'osait pas.

De tous ceux qui entouraient Cayetana, celui qui lui déplaisait le plus était le docteur Peral. Il lui reprochait sa belle voiture, l'assurance avec laquelle il traitait de tout, censurait la musique du duc et sa peinture, à lui, Francisco. Quelle place occupait-il dans le cœur de Cayetana ? On lisait aussi peu sur son masque poli et indéchiffrable que dans le laisser-aller ironique de Cayetana. Sa seule présence l'irritait. Il se forçait au calme, laissant parfois échapper une remarque cinglante qui surprenait l'assistance et que Peral acceptait de son sourire immuable.

Le docteur Peral n'avait pas pu trouver à Madrid un cadre digne de ses collections, et la duchesse avait mis à sa disposition deux salles de son vaste palais de Liria.

On y trouvait beaucoup de diversité : maîtres flamands et allemands, un Mengs, un David et aussi ce Goya, don de Cayetana. Mais, de l'ensemble, se dégageait une impression d'unité qui attestait le goût du connaisseur.

— Ce que je n'ai pas pu avoir, avouait un jour le médecin en présence de Cayetana, c'est un Raphaël. Certains jugeront peut-être que je place Raphaël trop haut, mais je donnerais cependant n'importe laquelle de ces toiles pour une œuvre du maître. Vous ne semblez pas être de mon avis, don Francisco, ajouta-t-il en se tournant vers Goya. Vous avez sans doute raison, mais je serais heureux de connaître le vôtre.

— A quoi bon, don Joaquin ? riposta le peintre. Cela serait aussi inutile que si vous m'exposiez vos théories médicales.

Sans perdre son sourire, Peral détourna la conversation.

Cayetana souriait, elle aussi, mais ne songea pas à laisser impunie la grossièreté de Francisco. Ouvrant le bal, elle fit jouer un menuet, danse qui se démodait, et demanda à Goya d'être son cavalier. Goya se savait ridicule dans ses habits de cour et ne tenait pas à faire le pantin. Il protesta. Un regard le fit taire. Il dansa, et s'en retourna chez lui, furieux.

La cour avait coutume de partir vers le milieu de juillet au château de San Ildefonso, dans la montagne, pour y passer les mois chauds. Cayetana devait suivre la reine en tant que première dame d'honneur, et Goya, un temps, redouta l'ennui d'un long été solitaire à Madrid.

— Don José est, cette année, trop souffrant, dit un jour la duchesse à Goya pour rester à la cour pendant la canicule. J'ai demandé et obtenu la permission de lui tenir compagnie dans notre campagne de Piedrahita. Vous venez avec nous, don Francisco. Vous ferez le portrait de don José et de doña Maria-Antonia; peut-être même daignerez-vous faire le mien. Nous aurons là-bas tout notre temps : nous pourrons poser autant que vous nous le demanderez.

Francisco était ravi. Cayetana lui faisait un sacrifice, il le savait fort bien. Elle préférait, malgré son antipathie pour la reine, la vie de la cour à un ennuyeux séjour à la campagne.

Le lendemain, après le lever, doña Maria-Luisa retint la duchesse auprès d'elle. Elle souhaitait vivement, dit-elle, que don José se trouvât bien d'un séjour à Piedrahita. Elle se réjouissait aussi que doña Cayetana eût résolu de suivre son mari. Ainsi, conclut-elle aimablement, la cour et la ville auraient moins d'occasions de gloser sur la première dame d'honneur.

— Vous avez bien raison, madame, répondit avec une insolente modestie la duchesse. Il est bien difficile de se protéger ici de la médisance. Je m'étonne, moi aussi, de la hardiesse des propos tenus à la cour. On ne parle que du comte de Teba, de don Agustin Lancaster, du comte de Fuentes, du duc de Trasanara, et j'en pourrais citer une douzaine d'autres.

Tous avaient passé pour être très avant dans les bonnes grâces de la reine.

— Vous comme moi, répondit doña Maria-Luisa sans rien perdre de son amabilité, nous aimons de temps à autre oublier le protocole et jouer à la maja. Jeune et pas laide, vous pouvez vous le permettre et moi aussi, en tant que reine par la grâce de Dieu. Toutefois, cela m'est plus difficile qu'à vous parce que je ne suis plus ni jeune ni attirante. Cette infériorité, il me faut la compenser par l'art et la compréhension. Comme vous le savez, j'ai dû faire remplacer quelques-unes de mes dents par des diamants, pour pouvoir mordre — quand il m'en prend envie.

La duchesse souriait, de ce sourire figé des majas déguisées des tapisseries royales. Ce que disait l'Italienne ressemblait fort à une menace.

— A Piedrahita, dit-elle, nous verrons peu de monde. Nous n'avons invité que le peintre Goya. Il n'arrive pas à faire de moi un portrait qui le satisfasse, ajouta-t-elle avec entrain.

— Je vois, dit la reine. Vous aimez l'art et voulez donner à votre peintre toute latitude de vous étudier.

Et, très doucement, elle conclut :

— Veillez aussi, duchesse, à ce que la calomnie ne s'exerce pas sur vous.

— Est-ce là un ordre ? dit la duchesse sans baisser le regard.
— N'y voyez qu'un conseil maternel — pour l'instant, répondit l'autre.

14

La cour partie à sa résidence d'été de San Ildefonso, doña Josefa Tudo trouva insupportable le séjour dans Madrid brûlant. Don Manuel ne fit aucune difficulté pour l'inviter à San Ildefonso.

Elle habitait le village, à l'auberge des Embajadores, et passa la saison chaude dans un ennui agréable, en compagnie de sa duègne. Elle jouait aux cartes avec elle, prenait des leçons de français ou grattait sa guitare. Don Manuel lui ménageait à certaines heures l'entrée des jardins. Elle y passait de longs moments devant une des célèbres fontaines, celle de la Fama, ou encore le bain de Diane, chantonnait une romance ou pensait, dans une tristesse douce et ouatée, à son jeune époux disparu en mer, ou à son peintre, Francisco.

En compagnie de Manuel, elle faisait des promenades dans les belles vallées boisées des environs. Les chemins étaient entretenus avec soin en vue des chasses du roi. Ils remontaient à cheval la vallée de Lozoya ou les bois de Valsain. Pepa avait pris des leçons d'équitation à Madrid.

Plus d'une fois don Manuel parlait de Goya, de sa villégiature d'été chez les Albe et se permettait des plaisanteries pimentées sur l'union du puissant taureau qu'était Goya avec la petite, la menue doña Cayetana. Pepa écoutait, impassible mais attentive, et ne répondait rien. Don Manuel nommait assez souvent Piedrahita. Il éprouvait une satisfaction à savoir son arrogant seigneur, qui lui avait refusé le tutoiement fraternel d'usage entre les grands de premier rang, intimement ridiculisé par Francisco. Il lui était agréable aussi de savoir que le peintre ne s'occupait plus de Pepa. D'un autre côté, il ne comprenait pas cette violente passion pour une femme comme Cayetana. Une fois — mais il ne le dit pas à Pepa — il avait discrètement glissé une question à l'oreille de la duchesse, au lever de la reine. « Que fait aujourd'hui notre ami Francisco ? » lui avait-il demandé. Elle n'avait pas paru entendre, pas plus que son duc n'avait répondu à son tutoiement.

Un jour, il s'était, au cours d'une promenade, étonné que Francho ne fût pas encore rassasié de la duchesse. Pepa n'avait rien répondu mais elle était revenue plus tard sur le sujet. Descendus de cheval, ils s'étaient assis devant une petite collation préparée par le piqueur :

— Francisco devrait me peindre à cheval, dit-elle soudain.

Don Manuel, qui portait à sa bouche un morceau de pâté, avait laissé retomber sa main. Pepa, assez pauvre écuyère, était cependant ravissante en selle et il comprenait qu'elle voulût faire faire ainsi son portrait. Mais il n'y avait pas si longtemps que seul un grand seigneur pouvait monter à cheval; il n'était pas expressément défendu à ceux qui n'appartenaient pas à la haute noblesse de se livrer aux plaisirs de l'équitation, mais on ne l'avait pas encore osé; c'était pour le moins inhabituel. Que diraient la reine, et le monde, si la jeune veuve Tudo se faisait peindre à cheval ?

— Don Francisco est à Piedrahita, chez les Albe.

Pepa s'était étonnée :

— Don Francisco condescendra peut-être à quitter ses amis pour San Ildefonso, si vous lui en exprimez le désir, Manuel.

— Vous avez toujours des idées surprenantes, ma chérie, avait répondu don Manuel.

Et Pepa, dans son lourd français :

— Alors, viendra-t-il ?

— Naturellement, si vous le voulez.

— Muchas gratias, avait conclu Peta Tudo.

Plus Manuel y pensait, plus il se complaisait à l'idée d'enlever le peintre à cette fière famille d'Albe. Mais il connaissait son Francho, fort capable de décliner son invitation sous un prétexte quelconque. S'il voulait arriver à ses fins, il lui fallait employer les grands moyens.

Il demanda à Maria-Luisa d'user ses loisirs de San Ildefonso à faire faire d'elle un nouveau portrait de la main de Goya. Il avait, lui aussi, l'intention de commander un portrait au peintre, pour elle. Gâter les plaisirs champêtres de l'insolente duchesse ne pouvait que séduire la reine.

— L'idée n'est pas mauvaise, reconnut-elle. Manuel n'avait qu'à l'appeler; elle trouverait le temps nécessaire.

Pour faire son invitation plus pressante, le prince de la Paix envoya à Piedrahita un de ses courriers particuliers.

Francisco coulait des jours heureux. La présence du duc lui imposait évidemment une certaine réserve. Mais don José et sa mère voyaient surtout dans Cayetana une enfant turbulente dont il fallait accepter les fantaisies, même déplacées, et laissaient la jeune duchesse et le peintre seuls autant qu'ils le voulaient.

Don José pria Francisco de faire son portrait. Il le fit d'abord à contre-cœur, puis avec intérêt, enfin avec ardeur. Il fit aussi celui de la marquise et apprit ainsi à la mieux connaître. C'était bien la grande dame qu'il avait devinée au premier coup d'œil, aimable et gaie, mais il décelait maintenant en elle une mélancolie profonde sur son beau visage à peine touché par l'âge. Elle comprenait certainement et excusait la façon de vivre de sa belle-fille, mais doña Maria-Antonia, veuve du dixième marquis de Villabranca, tenait à la dignité et, parfois, Goya croyait percevoir dans ses paroles un souci, une crainte que la passion de Cayetana ne devienne plus profonde et plus dangereuse qu'il ne convenait; cela ressemblait fort à un avertissement, et le portrait n'avançait pas aussi vite que Goya l'avait pensé.

Cayetana, elle, gardait sa gaieté d'enfant. On avait, pour Goya, remis en état la petite maison, le « casino » où il était seul. La duchesse l'y voyait chaque jour. Elle venait en général vers le soir, quand il faisait plus frais. Sa duègne l'accompagnait, qui passait son été habillée de noir et drapée dans sa dignité. Parfois, elle amenait avec elle sa petite négresse et le page Julio, presque toujours en compagnie de deux ou trois de ses chats. Elle se donnait simplement, presque puérilement. Elle apportait aussi sa guitare et forçait Francisco à chanter avec elle les seguidillas et les sainetes qu'ils avaient entendues ensemble.

Parfois, on faisait parler de sorcellerie la vieille duègne. Cayetana jugeait que Francisco avait des dispositions et qu'il devrait entrer en apprentissage auprès d'une sorcière de renom. Doña Eufémia contestait cette opinion : il n'avait pas les oreilles assez longues, disait-elle. Les gens ayant de petites oreilles devaient s'éloigner de toutes sorcelleries ; on avait vu des élèves arrêtés en pleine transformation connaître une fin pénible.

Cayetana annonça aussi qu'elle avait reçu la visite de Brigida, la femme de chambre montée sur le bûcher. La morte lui avait prédit que sa liaison avec le peintre durerait longtemps et qu'elle ne se terminerait qu'après de nombreux malentendus, après beaucoup de plaisirs et de peines d'amour.

Il tenta de faire son portrait sans y réussir :

— C'est, lui dit-elle à demi sérieuse, que tu ne veux pas voir que je suis, parmi les dames de Madrid, la seule maja.

Cet échec fut la seule ombre aux claires journées de Piedrahita.

C'est dans ce calme qu'arriva un jour le courrier aux bas rouges du prince de la Paix qui mandait Goya à San Ildefonso.

Francisco était ému et fier. Etre convié à jouir des loisirs de San Ildefonso était extrêmement flatteur. Mais cette joie n'était pas entière. Ces semaines passées à Piedrahita étaient les plus belles de la vie de Goya. Qu'allait dire Cayetana quand il voudrait partir ?

Il lui montra la lettre. Elle n'avait pas fait à son ennemie l'honneur de répéter à Francisco ses menaces. Elle n'en dit pas un mot et se contint.

— Il vous faut trouver une défaite habile et polie, Francisco, dit-elle avec calme. L'Italienne a conçu là une façon très élégante de gâter notre été. Quand elle connaîtra votre refus, elle en verdira de rage.

Goya la regardait, l'œil rond. Il ne lui était pas venu à l'esprit que cette lettre n'ait été écrite que dans l'intention de jouer un mauvais tour à Cayetana, l'ennemie de doña Maria-Luisa. Confusément, il devinait la vérité.

De ses doigts fins, Cayetana déchirait à petits coups la lettre de don Manuel. Sans même y penser, il suivait des yeux ses mouvements, dont il se souviendrait pourtant toujours :

— Je suis peintre de la cour, dit-il en hésitant, et il parla de la reine.

— La lettre n'est pas d'elle, autant que je sache, répliqua la duchesse.

Et, à demi-voix, mais non sans une certaine dureté dans sa voix enfantine, elle conclut :

— Faut-il que vous couriez, quand Manuel Godoy siffle ?

Une rage impuissante secouait Goya. Ne voyait-elle pas qu'il n'était pas encore premier peintre de la cour ? Qu'il dépendait de la faveur de doña Maria-Luisa ? D'un autre côté, elle n'était venue à Piedrahita, ce trou ennuyeux, que pour lui. Son départ la froisserait profondément.

— Je peux, hasarda-t-il, retarder mon départ de quelques jours, de quatre ou cinq peut-être. Je puis prétendre avoir un tableau à finir.

— C'est fort aimable de votre part, don Francisco, dit-elle avec l'amabilité cruelle qu'elle seule pouvait mettre dans les mots. Prévenez le majordome et dites-lui quand vous voudrez qu'on attelle.

Il croyait revivre cette nuit terrible où, à cause d'elle, il avait dû attendre la nouvelle de la maladie de sa petite Elena.

— Comprenez donc, s'écria-t-il : je ne suis pas grand d'Espagne, moi ! Je ne suis qu'un peintre, un peintre tout simple, et je dépends de la faveur de doña Maria-Luisa. Et — avec un regard sombre — de celle de don Manuel !

Elle ne répondit pas, mais, plus que ses paroles n'auraient pu le faire, l'expression hautaine de son visage lui fit perdre son sang-froid.

— Ah ! jeta-t-il, que t'importent ma réussite, mon art ! Tu ne penses qu'à ton plaisir !

Elle sortit à petits pas lents et décidés.

Il prit congé de la marquise et de don José. Puis il voulut voir Cayetana. La duègne lui répondit sèchement que Son Altesse était occupée.

15

A San Ildefonso, on reçut fort bien Goya. On ne le logea pas à l'auberge mais au château même. Des livres, des sucreries, du vin l'attendaient, choisis selon ses goûts. Un laquais à bas rouges était attaché à sa personne. Son appartement se composait de trois chambres, dont l'une pourrait lui servir d'atelier.

Manuel le priait de se trouver à six heures du soir sur la piste cavalière. L'endroit semblait curieusement choisi à une heure aussi tardive. Manuel voulait-il se faire peindre à cheval encore une fois, ou la reine ?

Sur la piste, il trouva Manuel et Pepa. Elle le salua, radieuse :

— Quelle excellente idée a eue don Manuel de vous inviter, dit-elle. Nous avons eu ici un séjour délicieux. Vous vous y plairez, j'espère.

Manuel plastronnait, de l'air satisfait du propriétaire.

Ainsi donc, Cayetana avait eu raison. On lui avait joué un mauvais tour. Pourquoi ces deux-là brisaient-ils son bonheur ? Ils ne le savaient sans doute pas eux-mêmes. Sans raison, peut-être pour s'amuser. C'était ridicule et odieux.

— J'ai l'intention de vous occuper beaucoup, Francho, dit le prince de la Paix. Je voudrais d'abord que vous me peigniez señora Tudo. A cheval. Ne trouvez-vous pas que la tenue de cheval lui va à ravir ?

Il s'inclina devant Pepa. Le piqueur courait déjà aux écuries pour amener la bête.

Goya aurait voulu tuer cette fille, lui appliquer une formidable paire de soufflets, en bon majo. Mais, majo il ne l'était plus. Le succès, la vie à la cour, l'avaient gâté, pourri. A quoi bon laisser sa colère tout compromettre ? Il était trop tard. Mais la peindre à cheval, cette boulotte, il n'y pensait pas. « L'aigle dans le ciel bleu et la truie à son fumier. » L'insolence de cette poupée bien attifée, de monter à cheval et de se faire peindre. Et par lui, Goya !

— Semblable tâche dépasse malheureusement mes forces, don Manuel, dit-il très poliment. Je ne suis pas peintre de la beauté, et je craindrais de rester trop en deçà de la vérité, de la perfection que vous avez sous les yeux, don Manuel.

Le visage rond de Pepa se contracta légèrement :

— J'aurais dû prévoir que tu t'efforcerais de me gâter cette joie, Francho, dit-elle.

Son front se plissa :

— Demandez à Maella ou à Carnicero, don Manuel.

Le prince de la Paix comprenait fort bien les réticences du peintre convaincu du danger de l'entreprise et, au fond, se félicitait de pouvoir ainsi se tirer d'embarras.

— Réfléchissons, señora, dit-il d'un ton apaisant. Si un Goya n'ose pas vous peindre à cheval, que pourra faire un Maella ou un Carnicero ?

Le pico de Penalara, un petit vent agréable et frais, descendait de la montagne, mais l'atmosphère restait lourde, tendue.

— Puis-je me retirer ? dit Francisco.

— Y pensez-vous, Francho ! s'écria don Manuel. Ma soirée est libre et Pepa entendra raison. Vous dînez avec nous, c'est entendu.

A table, Pepa parla peu. Elle était très belle et Goya se prit à la désirer; coucher avec elle, voilà qui eût été se venger de Cayetana, de Manuel et de Pepa tout à la fois. Mais il ne voulut pas lui montrer qu'elle l'attirait autant qu'avant. Lui aussi parla peu.

Par contre, Manuel bavardait sans fin :

— Je sais comment il faudra que vous nous peigniez : Pepa avec sa guitare !

Francisco ne trouvait pas l'idée mauvaise. L'aigle dans le ciel bleu, la truie sur son fumier, Pepa l'air bête et rêveur, avec la guitare.

Il se mit avec joie au travail. Pepa était bon modèle. Elle éveillait le désir, nonchalamment assise, le regardant de ses grands yeux impudiques. Il la désirait violemment. Elle se serait d'abord moquée de lui, il le savait, pour n'être ensuite que plus docile. Mais Cayetana l'avait comblé. « Pas maintenant », pensa-t-il. Il n'en mit pas moins dans ce portrait tous ses appétits. Il travaillait vite. En trois séances, la « femme à la guitare » se trouva finie. Pepa s'adoucissait. Manuel était ravi.

Doña Maria-Luisa manda son peintre. Elle avait donc été du complot, elle aussi. Il se rendit près d'elle, l'amertume au cœur.

Elle l'accueillit amicalement, et Goya retrouva son bon sens. Il n'avait aucune raison d'en vouloir à la reine. Ce n'était pas lui qu'elle avait visé, c'était la duchesse d'Albe, son ennemie, qui l'avait cent fois provoquée. En son for intérieur, il ne déplaisait pas à Francisco de voir la reine et la duchesse se quereller pour lui. Il en écrirait un mot à Martin.

La reine proposa à Goya de la peindre en maja.

Il en fut choqué, désagréablement. Après Pepa voulant son portrait en amazone, la reine jouait à la maja ! A dire vrai, il y avait en elle beaucoup de la fille des faubourgs: son mépris du cérémonial, du qu'en dira-t-on, et, surtout, son désir de vivre. Mais une grande dame ne peut s'habiller en maja qu'à l'occasion de certaines fêtes, et l'intention de la reine était au moins surprenante. Il allait avoir de nouveaux ennuis avec Cayetana.

Il voulut protester. Elle insista, ne cédant que sur un point : elle renoncerait aux couleurs, la robe serait noire. D'ailleurs, elle aussi était bon modèle, ce qui facilitait la tâche de l'artiste.

— Faites-moi telle que je suis, répétait-elle. Ne m'idéalisez pas. Je veux être sur la toile ce que je suis.

Cependant, le travail n'avançait pas. Peintre et modèle se montraient tous deux exigeants. La reine était nerveuse, jalouse sans doute de l'intrigue de don Manuel, et remettait fréquemment les séances.

Quand il ne travaillait pas, Goya errait dans le château et le parc, de méchante humeur. Il s'arrêtait devant les fresques de Maella et de Bayeu, et, faisant la lippe, censurait, critiquait. Près des fontaines et de leurs figures mythologiques, il regardait le jeu des eaux jaillissant devant le grand château blanc qui avait coûté tant d'efforts à construire si haut, ce château dans les nuées. Mieux qu'un autre, il comprenait Philippe V, son bâtisseur, qui s'était écrié : « j'ai payé cinq millions ces bassins; ils m'ont amusé cinq minutes. »

Goya ne pouvait supporter les seigneurs et dames de la cour, et la société de Manuel et de Pepa l'ennuyait. Mais seul, au milieu de cette splendeur, de ce luxe bien français, le souvenir de Cayetana venait l'obséder. Contre toute raison, il se prenait à espérer qu'elle lui écrirait, le rappellerait. Il ne pouvait croire que tout était fini; non, elle était liée à lui comme il l'était à elle.

Il aurait voulu fuir San Ildefonso; il lui semblait qu'à Madrid, dans son atelier, il retrouverait le calme. Mais sa tâche n'était pas achevée. Maria-Luisa, aussi nerveuse que lui, décommandait chaque jour ses séances.

Un événement survint qui allait retarder encore de plusieurs semaines la fin de l'œuvre entreprise.

Un petit-cousin de la reine venait de mourir à Parme et, pour affirmer l'importance et l'élévation de la famille grand-ducale dont elle sortait, aggravant les règles du cérémonial, on ordonna que la cour prendrait le deuil, ce qui entraînait la suspension des séances de pose. Goya pria qu'on voulût bien lui permettre de rentrer à Madrid : le portrait était autant dire terminé, il lui donnerait les dernières touches dans son atelier. En réponse, on l'informa, sèchement, que la reine désirait lui voir finir son travail sur place. Elle lui accorderait une dernière séance dans une dizaine de jours et il pouvait faire venir de Madrid un costume de deuil.

A Madrid, on oublia les bas noirs, et Goya se vit contraint, lorsqu'il fut enfin mandé par la reine, de paraître en bas gris. Le marquis de La Vega Inclan lui fit remarquer qu'il ne pouvait ainsi se présenter à Sa Majesté. Goya, exaspéré, regagna son appartement, et prenant une paire de bas blancs, peignit sur l'un, à la gouache, un homme ressemblant de fort près au maréchal de la cour, et sur l'autre, la silhouette du marquis grand chambellan, d'un caractère très voisin du premier. Sans se laisser cette fois arrêter, hardiment, il entra chez la reine et la trouva en compagnie du roi.

— Quels sont ces petits bonshommes inconvenants que vous avez sur vos bas ? fit le roi, mécontent.

Et Goya, la mine sombre, de répondre :
— Le deuil, Majesté, le deuil !

Maria-Luisa rit aux éclats.

Il travailla huit jours encore et il put, s'écartant de trois pas de son chevalet, présenter sa reine en maja à sa souveraine en chair et en os.

Elle se dresse, toute noire, dans une attitude à la fois naturelle et altière, reine et fille du peuple. Le nez en bec d'oiseau de proie vient renforcer l'expression de ruse et d'avidité des yeux. Elle pince les lèvres au-dessus du menton dur, pour cacher ses dents en diamants. Ce visage peint et fardé est plein de savoir, de désir et de force brutale. La mantille tombant de la perruque se croise sur la poitrine; le cou très dégagé et jeune attire, les bras, forts, sont beaux. La main gauche, chargée de bagues, tombe languissamment. La droite tient fermé sur la poitrine le minuscule éventail, dans un geste d'appel et d'attente.

Goya s'était efforcé de ne peindre ni trop ni trop peu. Sa doña Maria-Luisa était laide, mais d'une laideur vivante, presque attirante. Le nœud rouge bleuté que le peintre lui avait mis dans les cheveux faisait briller le noir pur et fier des dentelles. Il l'avait chaussée de mules dorées, qui éclairaient la masse noire, et il avait marqué le tout de l'éclat mat de la chair.

La reine n'y trouva rien à redire. Elle exprima sa satisfaction, en mots flatteurs, et chargea Goya de faire deux copies du portrait, à Ildefonso même.

Respectueusement, mais avec netteté, il déclina l'offre. Quand il avait employé toutes ses forces à un ouvrage il lui était impossible de le copier. Il ferait exécuter ces toiles par son aide, don Agustin Esteve, dont doña Maria-Luisa connaissait l'habileté et la conscience.

Enfin il put partir pour Madrid.

Il ne s'y trouva pas mieux qu'à Ildefonso. Cent fois il se dit que le mieux serait d'écrire à Cayetana ou, plus simplement, de reprendre la route de Piedrahita. Mais il lui fut impossible de faire capituler son orgueil.

16

Les Albe rentrèrent à Madrid vers la fin de l'été. Cayetana demeurait invisible et n'écrivait pas. A plusieurs reprises, Francisco croisa dans la rue une voiture de la maison des Albe, voulut ne pas regarder et vit. Deux fois le duc, deux fois un inconnu et une fois la vieille marquise.

Une carte fut portée qui invitait le peintre du roi de Goya y Lucientes et señora doña Josefa à assister à une soirée de musique donnée par le duc ; on jouerait un opéra du señor José Haydn : *le Monde dans la lune*. Francisco décida de refuser et, l'heure d'après, proclama sa ferme intention d'accepter. Josefa trouva tout naturel de se rendre à l'invitation.

Comme en ce jour où était née cette malheureuse liaison de Goya avec Cayetana, la duchesse se fit attendre. Francisco dut écouter tout au long l'opéra du señor Haydn. Assis à côté de Josefa, dévoré d'impatience, de crainte et d'espoir, torturé par le souvenir des heures passées à Piedrahita.

Enfin, l'opéra terminé, on passa dans le grand salon.

Cayetana recevait ses hôtes à la vieille manière, sur son estrade. Mais, cette fois, le baldaquin sous lequel elle avait pris place s'ornait d'une statue en bois peint de la Vierge, œuvre de Juan Martinez Montanes. Les mains jointes, tête timidement penchée, esquissant un léger sourire fier, très espagnol, elle se tenait sur une demi-lune supportée par des têtes d'anges. Le visage de la duchesse, tout de grâce sous cette douce image, semblait impur. Peinte et poudrée cette fois, elle portait un costume évoquant les fastes de Versailles, à la taille étroite sur une robe ample. Une poupée, hautaine presque jusqu'au ridicule.

Francisco, secoué de rage et d'admiration, aurait voulu l'approcher, lui crier sa passion ou son désir en termes crus; mais elle était bien trop loin de lui, infiniment distante et polie.

La soirée ne lui apporta que rancœur. Naturellement Carnicero était présent, le confrère, le triste barbouilleur. Il était l'auteur des décorations du *Monde dans la lune,* et Goya avait encore mal aux yeux de cet « art de pâtissier », douceâtre, écœurant. Le duc et la vieille marquise l'irritaient par leur amabilité. Don José, bien qu'il trouvât très jolis les décors des coulisses, déclarait regretter qu'ils ne fussent pas l'ouvrage de Goya, très occupé, lui avait dit Cayetana. La vieille marquise déplorait aussi que Goya n'eût pas trouvé le temps de reparaître à Piedrahita et de peindre son second portrait. Francisco sentait sous ces propos une légère ironie; elle se doutait certainement de ce qui s'était passé entre Cayetana et lui.

Le docteur Peral était insupportable, s'étendait avec une science affectée sur la musique de José Haydn. Le visage, d'habitude fermé, du duc rayonnait, pendant qu'avec beaucoup d'enthousiasme et d'expressions techniques, le médecin détaillait les finesses de l'œuvre, vantait le réalisme avec lequel cette musique rendait les impressions de l'homme volant dans l'éther. Mais bien plus que du bavardage de cette outre gonflée de science, Goya s'exaspérait des apartés de Cayetana et de son médecin, du sourire de la duchesse à un bon mot de Peral, qu'elle devait être seule à comprendre. Ce « barbier » parlant à Cayetana avait des façons de propriétaire, intolérables.

Des jours entiers, Goya avait attendu cette soirée dans la douleur et la joie. C'est plein d'une satisfaction amère qu'il put prendre congé et sortir de cette odieuse atmosphère. Sur le chemin du retour Josefa se déclara charmée de cette soirée. Don José était vraiment un grand musicien et l'opéra très joli.

Le lendemain Goya commença une petite plaquette : Cayetana sous l'image de la Vierge avec le croissant de lune. Il était passé maître dans l'art de rendre un visage à la fois anonyme et parfaitement reconnaissable. La femme peinte, sous le baldaquin, avait quelque chose de lascif, de blasphématoire. Goya peignait secrètement et cacha le petit tableau à Agustin. Il travaillait avec une ardeur joyeuse. Un soir, il oublia sa toile sur le chevalet et trouva, à son retour, Agustin plongé dans sa contemplation.

— C'est superbe ! s'écria Agustin. La quintessence de la vérité.
— C'est déjà trop que tu aies vu cela, répondit Goya mettant la toile hors de vue pour toujours.

Huit jours encore passèrent sans un mot de Cayetana. Goya le savait, il ne la verrait plus jamais et, amèrement, il se prit à regretter d'avoir quitté Piedrahita.

Puis Eufémia, la duègne, parut et, sur le ton le plus normal, demanda si don Francisco aurait le temps et le désir d'aller au « Cruz » le lendemain soir, avec sa duchesse. On jouait le *Trompeur trompé* de Comella, et doña Cayetana se promettait beaucoup des séguedilles.

Ils furent au théâtre et pas un mot ne vint faire allusion à ce qui s'était passé à Peidrahita.

Au cours des semaines suivantes, ils se virent beaucoup, vécurent très près l'un de l'autre, s'aimèrent comme au temps passé.

D'habitude, Cayetana annonçait sa venue, et Goya veillait à ce qu'on le laissât seul. Elle vint pourtant une fois sans prévenir. Agustin travaillait à la copie de « la reine en maja ».

Longtemps, la duchesse étudia le tableau. Francisco n'avait pas flatté le modèle, il fallait l'avouer, mais avait cependant mis en valeur ce que Maria-Luisa avait de mieux, les bras et le cou. Telle qu'elle était, rien en elle ne prêtait à rire. Cayetana eut ce léger frisson qui l'avait secouée quand la reine l'avait réprimandée.

— Pourquoi l'as-tu peinte ainsi ? fit-elle, boudeuse, sans se préoccuper de la présence d'Agustin.

— C'est un bon travail ! s'écria Goya indigné.

— Je ne te comprends pas, reprit Gayetana. Cette femme nous a gâté nos vacances, ta joie et la mienne, de la façon la plus lâche, la plus vile. Nous savons tous les deux ce qu'elle vaut, ce qu'elle est : une cousette italienne. Et voilà que tu la peins en reine, espagnole de la tête aux pieds !

— Si je l'ai peinte ainsi, c'est qu'elle l'est vraiment, répliqua Goya sans perdre son calme, mais avec un orgueil aussi grand que celui de Cayetana.

Agustin se réjouit dans son cœur.

Dès lors Cayetana s'ingénia à provoquer la reine, avec plus d'ardeur encore. Ayant appris que Maria-Luisa avait commandé une robe assez audacieuse à Paris, elle s'en procura le modèle et, le lendemain du jour où la reine avait porté la sienne pour la première fois, deux voitures de la maison des Albe parurent sur le Prado : les femmes de chambre de la duchesse portaient des robes identiques à celle de la souveraine.

On rit, et Maria-Luisa enragea, moins cependant que Cayetana ne l'avait espéré. La vieille marquise ne trouva pas la plaisanterie très heureuse ; et Goya encore moins.

17

Une épidémie désola en ce temps Madrid, une maladie de la gorge dont souffraient surtout les enfants. Cela se présentait au début comme une inflammation des amygdales. Les glandes, enflées, ne permettaient plus de déglutir sans douleur. Puis le pouls faiblissait, et le cœur. Un pus épais coulait par le nez. Les malades manquaient d'étouffer. Beaucoup mouraient.

Des trois enfants de Goya, Mariano fut le premier atteint, puis la petite Elena, la cadette.

Francisco, bien gênant pourtant, ne pouvait s'éloigner du lit de la petite malade cherchant désespérément son souffle. Anxieux, il suivait les progrès du mal. Dès l'abord, il avait su que sa lettre conjurant les démons du mal, celle dont il avait payé sa première nuit avec Cayetana, se vengerait.

Le docteur Gallardo, le médecin de la famille, avait ordonné des enveloppements et des boissons chaudes, puis, comme la fièvre montait, des bains froids. Il citait Hippocrate, se disait sûr de lui et, sans doute, tâtonnait dans le noir.

Goya se réfugiait dans les pratiques pieuses. Des petits papiers, voués à la Vierge pour la guérison des affligés et qui portaient : « Salus infirmorum, consolatrice des malades », roulés en boules, furent administrés à l'enfant dans un peu d'eau. Elle ne put les avaler et c'était mauvais signe. Pour Elena, Goya emprunta à grand frais, au cloître qui en avait la garde, une couverture contenant des parcelles du vêtement de son saint patron.

Francisco se rappelait tout ce que l'on avait fait pour Josefa avant la délivrance de l'enfant. Comment on avait fait venir des images de saint Raimodus Nomatus et de saint Vicente Ferrer pour les prier de plus près d'abréger les souffrances de la mère. Et aussi le joyeux pèlerinage, plus tard, à San Isidro, pour remercier les saints de leurs bienfaits. Tout eût été bien s'il n'avait pas sacrifié son enfant aux puissances du sombre royaume.

Il courut dans les faubourgs se plaindre à la Vierge d'Atocha. Il avait trahi sa petite fille, pour satisfaire à ses appétits. Il se repentait, suppliait, demandait l'aide de la Vierge. Il se confessa à un prêtre à la mine stupide de paysan qui parut le comprendre et se montra clément. Il fixa à Goya des jours de jeûne, lui ordonna de dire de nombreux « Notre Père » et lui interdit toute nouvelle atteinte au sacrement du mariage.

Goya se crut fermement délivré des sorcelleries de Cayetana, la damnée, la fille perdue.

Tout cela était folie, il le savait bien. Il s'efforça au calme, à la raison. Cette folie, il fallait la cacher et il se tut devant Agustin, Miguel et Josefa. Mais il écrivit à Martin Zapater, lui confia comment il avait péché, pourquoi il était coupable de la maladie qui mettait en danger les jours de son enfant chérie. Il barra de trois croix la lettre et pria son ami de ne pas ménager les plus gros cierges à la Vierge del Pilar, si elle sauvait les siens.

La duchesse apprit la maladie des enfants de Francisco. Elle devina la détresse de son cœur. Elle envoya sa duègne annoncer sa visite. Son refus de la voir ne la surprit pas. Elle parla à Josefa, lui offrit les soins du docteur Peral.

Goya ne voulut pas le voir. Josefa le jugea intelligent et habile. Goya se taisait. Au bout de deux jours l'état de Mariano s'améliora et les médecins le déclarèrent hors de danger. Le troisième jour, la petite Elena mourut.

Le désespoir de Francisco, sa révolte contre le sort ne connurent pas de bornes. Il courait de son atelier au petit lit de la morte, maudissant les saints qui ne l'avaient pas secourue, se maudissait soi-même, lui, le vrai coupable, maudissait la sorcière, la fille de joie, la duchesse, qui, pour son plaisir et son orgueil, lui avait fait sacrifier son enfant préféré. Son visage massif, léonin, se masquait de douleur; jamais un homme n'avait supporté ce qu'il endurait.

Agustin, son compagnon de tous les instants, parait à tout, en silence. Et Francisco lui fut reconnaissant de cette attitude et de cette discrétion.

Au grand étonnement de Josefa, Goya ordonna des funérailles dignes d'une infante. Puis il s'enferma dans la chambre sombre. On vint de partout pour lui exprimer ses condoléances. Le lendemain, incapable de supporter plus longtemps les mines attristées des visiteurs, il se réfugia dans son atelier.

Il l'arpenta sans but, jeta les dessins sur le papier et les déchira avant de les terminer.

La duchesse vint.

Elle l'avait attendu, souhaité, voulu. Elle était belle. Son masque était tombé et son visage était celui de l'amante prête à consoler l'ami dans le malheur. Goya le comprit; si elle l'avait blessé, il l'avait blessée plus profondément encore. Mais sa raison dut céder le pas à la fureur que sa vue éveillait en lui, qui lui montait à la gorge, l'étouffait.

Avançant sa grosse lèvre, ses traits lourds se tordaient de haine. Involontairement, elle recula.

— Toi ! Tu oses ! lui cria-t-il. Tu me prends mon enfant, et tu viens me bafouer !

— Reviens à toi, Francho, pria-t-elle frémissante. Ne t'abandonne pas à la douleur qui te rend fou.

Naturellement ! Elle ne comprenait rien à sa peine. Elle était stérile. Elle ignorait la souffrance et la joie, ne connaissait que son plaisir. Elle était stérile, cette sorcière vomie par l'enfer.

— Tu savais tout ! lui jeta-t-il. Tu as tout calculé. C'est toi qui m'as fait souhaiter la maladie d'Elena. Je devais te sacrifier mon art, ma carrière ou ma fille. C'était le prix, n'est-ce pas ? Tu l'as cherché aussi à Piedrahita ; une deuxième fois, tu as voulu me ruiner. Mais j'ai tenu bon ; je ne suis pas tombé dans le piège. Tout cela pour la satisfaction de ton maudit sein, de ton sein stérile — il avait usé d'un mot obscène.

Une colère indicible s'emparait d'elle. L'amoureuse, la consolatrice n'était plus que la fille d'Albe, l'héritière du maréchal, du destructeur. Elle avait été bien bonne de permettre à cet homme de lui adresser la parole, de respirer le même air qu'elle. Ce paysan obtus ne trouvait, pour la remercier, rien de mieux que de l'insulter ! Et d'une voix contenue, coupante :

— Dès le premier jour, señor Goya de Fuendetodos, vous n'avez jamais été rien de mieux qu'un fou de cour. Un majo, vous ? Paysan vous étiez, paysan vous êtes resté. Pourquoi donc croyez-vous que les autres, les Osuna, les Medinaceli, vous aient appelé ? Pour s'amuser de votre balourdise. Il n'est nul besoin d'être sorcière pour faire danser un « pelele », un pantin comme vous.

Elle parlait doucement, mais sa voix était aigre, laide.

Il la voyait froncer les sourcils et se réjouissait d'avoir pu éveiller à ce point sa colère. Mais sa satisfaction se transforma vite en fureur : elle avait touché le point sensible, celui qu'il refusait de s'avouer à lui-même. Non, c'était faux. Ce n'était pas par plaisanterie que l'Osuna, que la Medinaceli, qu'elle-même lui avaient ouvert leurs draps. Il les revoit, toutes, soumises sous lui, cent fois éperdues de plaisir, et il va jeter à ce beau visage les injures les plus basses, les mots les plus obscènes. Et puis, il l'empoignera, la jettera à la porte.

Elle le voit marcher sur elle. Il va la frapper. Qu'il la frappe donc, elle le désire ! Tout sera fini. Peut-être va-t-il la tuer.

— Avance, paysan ! lui lance-t-elle, provocante. Sois fier de tes bras, de leur force...

Mais il s'est arrêté. Il ne la touche même pas. Il a vu ses lèvres remuer, s'ouvrir et se fermer, mais n'a pas entendu ses mots. Le mal l'a repris, terrassé. Il est sourd.

Il se jette dans un fauteuil, enfouit son visage dans ses mains crispées.

Elle comprend, prend peur, court à lui et le caresse comme un enfant. Il n'entend pas ce qu'elle lui dit, voit seulement le mouvement de ses lèvres. Mais il devine des mots caressants. Il ferme les yeux et, vaincu, pleure.

18

Tous les jours de don Miguel étaient pris, heure par heure, par son activité politique qui lui donnait pourtant moins de joie qu'auparavant. Le soir, il tentait d'oublier dans l'art ses soucis; Lucia et les humiliations que lui valait son service auprès de don Manuel.

Il lisait et relisait ces lignes dans lesquelles son maître Niccolo Machiavel décrit sa vie, après sa chute, sur son petit domaine de San Caciano. Il se lève, dit-il, avec le soleil, va dans la forêt donner ses instructions à ses bûcherons. Puis il se promène, une petite heure, se repose auprès d'une source ou sous un nid, sort son livre, Dante, Pétrarque, Ovide ou Tibulle, lit leurs histoires d'amour, se remémore les siennes et s'amuse de ces souvenirs. Puis il gagne l'auberge, demande aux voyageurs les dernières nouvelles et veut savoir ce qu'ils en pensent. Il revient dans son humble logis pour prendre un maigre repas. Retourne à l'auberge et joue aux dés ou aux cartes avec l'hôte, le boucher, le meunier et deux briquetiers; on se dispute, régulièrement, pour un enjeu infime, et les cris s'entendent jusqu'au village. Mais le soir, Machiavel enlève ses vêtements grossiers, met son habit et rend visite à ses livres, aux grands maîtres anciens. Il s'entretient sans soucis, oublie la monotonie de sa vie, sa pauvreté; la mort elle-même ne lui fait plus peur.

Miguel Bermudez s'efforçait d'imiter son maître. Au milieu de ses tableaux, de ses livres et manuscrits, il travaillait à son dictionnaire des arts et, parfois, il lui arrivait de rester une heure ou deux même à son travail sans aller regarder Lucia dans son cadre.

Elle lui écrivait d'ailleurs souvent. Elle faisait comme si elle était partie sur son instigation pour Paris et parlait beaucoup de politique. Elle voyait des hommes influents et tous s'étonnaient, non sans aigreur, que l'Espagne hésitât encore à conclure l'alliance.

Elle parlait aussi des peintres parisiens et surtout des progrès de David. Il avait été deux fois emprisonné depuis la mort de Robespierre, s'était dignement conduit et, habile, avait su s'adapter au nouveau régime, à la révision des principes de liberté et d'égalité sans renoncer à ses idéaux républicains. Il avait retrouvé son fauteuil au Conseil des Cinq Cents, organisé les collections artistiques de la République et demeurait, de tous les peintres français, le plus considéré et le plus influent. Il travaillait à un grand tableau : *les Sabines*. En lignes classiques et en classique nudité, il voulait montrer comment les femmes enlevées s'interposaient entre les adversaires; l'artiste prouverait ainsi la nécessité de la conciliation des extrêmes.

David avait conçu l'idée de son tableau en prison et peignait depuis des mois. Il travaillait lentement, avec soin. Tout Paris, écrivait Lucia, suit avec passion les progrès de l'œuvre; on publie un bulletin tous les quinze jours.

Elle citait encore d'autres maîtres français et envoyait à Miguel ce qu'elle pouvait acheter à bas prix; une fois, un portrait de David. Miguel, à la vue de ces œuvres de prix, hésitait. En lui le collectionneur se réjouissait, mais, en échange, on attendait de lui des services d'ordre politique et la conclusion rapide de l'alliance franco-espagnole. Cette alliance, il en était partisan convaincu, mais n'aurait pas voulu qu'on se méprît sur ses intentions.

Il était clair que, même sans s'y être engagé par écrit, don Manuel se devait de conclure une alliance avec la France. Lier son sort à celui de sa puissante voisine pouvait présenter certains dangers pour l'Espagne, mais, sans le secours de la France, l'Espagne ne pouvait espérer pouvoir défendre ses colonies des entreprises d'une flotte anglaise beaucoup plus puissante que la sienne. Le prince de la Paix pouvait faire honneur à sa parole sans craindre les critiques.

Cependant il hésitait toujours et cherchait sans cesse à gagner du temps. Devant la reine et le roi, don Manuel se dépensait en assurances patriotiques : il déclarait ne pas vouloir lier les mains de l'Espagne, sans doute pour longtemps. A ces tirades, Maria-Luisa laissait échapper un sourire, et Miguel réprimait le sien. Tous deux savaient les raisons privées de l'attitude du premier ministre.

De fait, don Manuel avait une intrigue avec Geneviève, la fille de M. de Havré, l'envoyé royal de France.

C'est sans grand enthousiasme qu'il s'était laissé aller à cette affaire de cœur. Certain soir, pendant une longue, une ennuyeuse réception officielle, il avait conçu un intérêt subit et passager pour Geneviève; la maigreur d'enfant de la jeune fille l'avait attiré et aussi l'idée qu'elle était de la meilleure noblesse française. Sans vouloir se l'avouer, il était jaloux aussi de Pepa qui ne semblait pas oublier sa faiblesse envers le peintre. Il était bon de lui montrer qu'elle ne devait pas se croire trop sûre de lui, Manuel. Sous un prétexte, il fit venir Geneviève chez lui et l'assaillit avec vigueur. Terrifiée, elle s'enfuit et, très pâle, raconta à son père l'attaque brutale. M. de Havré se trouvait devant un problème épineux. La République insistait pour que l'Espagne cessât de soutenir les émigrés français; le bruit courait même que le Directoire allait exiger leur expulsion. Il était possible que ce fût là une des conditions de l'alliance à venir. Son maître, Louis XVIII, fugitif, errait à travers l'Allemagne, vivant mal des maigres subsides que son pauvre représentant devait mendier au Roi Catholique. Peut-être était-ce une chance que ce prince de la Paix, cette brute, se fût amouraché de sa pauvre fille. N'était-ce pas son devoir de patriote de jeter sa douce Geneviève au Minotaure ?

C'est ainsi que Geneviève de Havré était entrée dans le bataillon galant de don Manuel, qui s'était d'ailleurs très vite désintéressé de la petite, d'autant que Pepa semblait s'amuser beaucoup de cette nouvelle intrigue. Mais la mince Geneviève se montrait coriace et, derrière, se tenait le père, menaçant. L'idée que M. de Havré pourrait un jour visiter toutes les cours d'Europe, déclarant, sombre, que l'Espagne profitait de la détresse de la monarchie française pour mettre à mal les aristocrates françaises, n'était pas agréable à don Manuel. Il était assez tentant de se débarrasser de Geneviève et de son père en même temps que des royalistes en prétextant de la nouvelle alliance. Mais quelles figures feraient ses pairs, les douze grands de première classe, quand le prince de la Paix chasserait sa petite amie jusqu'à la frontière ? Pepa et Maria-Luisa en feraient gorges chaudes !

Mais le Directoire n'entendait pas laisser les amours de Manuel Godoy troubler sa politique. La France rappela son ambassadeur, le général Pérignon, jugé trop mou, et le remplaça par le citoyen Ferdinand-Pierre Guillemardet.

Les rapports des agents espagnols de Paris sur la carrière du citoyen Guillemardet sonnaient mal dans le calme des jours d'été du château de San Ildefonso. Guillemardet avait débuté comme médecin de campagne aux environs de la capitale ; le département de Saône-et-Loire avait envoyé à la Convention le fanatique républicain. Au cours du procès de Louis XVI, il avait dit : « En tant que juge, je vote la peine de mort. En tant qu'homme d'Etat, je suis aussi partisan de la peine de mort. » Commissaire spécial de trois départements du nord de la France, il avait décrété que les bâtiments publics connus sous les noms de temple, d'église ou de chapelle ne devaient plus servir aux fins de la superstition mais être utilisés pour accroître le bien-être général. Et c'était cet homme, régicide et négateur de Dieu, que la République envoyait à San Ildefonso, pour obtenir, au besoin par la contrainte, l'expulsion des royalistes et la conclusion de l'alliance.

Le citoyen ambassadeur se présenta d'abord au collège des ministres espagnols. Il donna l'impression d'un homme correct, hautain, cérémonieux et bref à la fois. C'est sous ce jour, en tout cas, que le virent les ministres du Roi Catholique. De son côté, il manda à Paris que le cabinet espagnol se composait de quatre imbéciles conduits par un dindon.

Lorsque le citoyen Guillemardet était entré au service de la République, il avait, conformément à la loi, prêté serment solennel : « Je jure fidélité à la République et haine éternelle aux rois. » Toutefois, il lui était difficile, en tant qu'ambassadeur auprès de la cour d'Espagne, de montrer ouvertement cette haine au roi Carlos et il avait demandé au Directoire des instructions précisant son attitude. On l'avait prié de se conformer strictement au protocole de la cour, tout en insistant avec d'autant plus d'énergie sur ses exigences politiques. Le nouveau citoyen ambassadeur ne devait pas tarder à connaître, de ce fait, certaines difficultés.

Il avait dû tout d'abord présenter ses lettres de créance à toute la famille royale réunie à cette occasion. Infants et infantes s'étaient groupés dans la salle du trône autour du couple royal, et le régicide avait dû baiser la main, non seulement du roi et de la reine, mais aussi celle de tous les enfants royaux. Le plus jeune, le petit Francisco de Paula, le bâtard du « dindon », avait couru à lui en l'appelant joyeusement : « Papa, papa. »

Guillemardet avait eu aussi à souffrir de l'ironie facile de don Manuel. Dans une note adressée au premier ministre, l'ambassadeur avait déclaré renoncer à l'emploi à son égard du mot « Excellence », faisant remarquer que, selon les instructions du Directoire, les fonctionnaires de la République devaient s'appeler « citoyen ». Don Manuel répondit : « Je me vois obligé d'informer Votre Excellence que le « vous » n'est pas d'usage en espagnol. Les inférieurs disent : « Votre Grâce » et les supérieurs « Votre Excellence. » Toutefois les personnages de très haut rang usent entre eux du tutoiement. Je prie donc M. l'Ambassadeur de me confirmer, dans le cas où je ne devrais plus employer à son égard le mot « Excellence », s'il accepte que j'adopte le tutoiement. »

Les petits ennuis que l'ambassadeur devait supporter dans l'intérêt de la République furent compensés par le dîner de gala que le roi jugea bon de donner en son honneur.

Guillemardet avait plu à Maria-Luisa. Ses traits étaient durs et fiers, un peu sombres, et l'uniforme pompeux dont le Directoire avait doté les hauts fonctionnaires de la République mettait en valeur son visage. Il avait belle allure, bien meilleure en tout cas que le malheureux Havré, marqué par l'âge et l'infortune. La reine déclara qu'il était de bonne politique de donner un grand dîner en l'honneur du nouvel ambassadeur, pour le maintenir en belle humeur. Cette proposition déplaisait fort à don Manuel. Il prévoyait les plaintes et les reproches de la petite Geneviève, mortellement blessée de voir la cour honorer le bourreau de son roi. Lui-même ne voyait pas d'un bon œil fêter un plébéien aussi antipathique. Cela serait, dit-il à la reine, une capitulation sans condition devant les exigences de la République. Maria-Luisa connaissait les raisons de don Manuel et se réjouissait de son embarras :

— Ne te fatigue pas, mon chéri, lui dit-elle aimablement. Le citoyen Guillemardet me plaît.

Don Manuel proposa d'inviter aussi M. de Havré. Maria-Luisa, prévoyant de nouvelles difficultés pour son ministre, accepta avec un sourire.

San Ildefonso déploya à l'occasion de ce dîner tout l'éclat des fêtes de Versailles dix ans plus tôt. Mais, à la place d'honneur, rutilant dans son uniforme, trônait le plébéien régicide, tandis que le représentant du roi en exil, pauvrement vêtu, occupait le bas bout de la table, avec sa maigre fille. Le citoyen empanaché jetait des regards sombres au pauvre royaliste qui, très digne, l'ignorait.

Après le dîner, Leurs Majestés firent salon. En l'honneur du citoyen Guillemardet, on avait servi un plat populaire, une *olla* podrida; le roi en était friand et trouvait là un excellent sujet de conversation :

— Que dites-vous de notre plat national, mon cher marquis ? demanda-t-il, jovial, à M. de Havré.

Celui-ci, qui goûtait peu ce plat vulgaire et fortement épicé, murmura quelques mots. Le roi, qui n'avait jamais pu souffrir le digne homme, trop gourmé pour son goût, se tourna vers l'autre ambassadeur.

— Et vous, Excellence, comment trouvez-vous notre plat national? lança-t-il d'une voix de stentor. C'est en votre honneur qu'on l'a servi.

Et, sans attendre, il se mit à détailler les différentes façons de préparer une olla podrida. Tout le monde était d'accord sur les neuf légumes et les sept épices. Mais fallait-il user du bœuf, du mouton, de la poule, de la saucisse de porc et du lard ou n'y mettre que trois viandes ? Ici les avis différaient.

— Personnellement, déclara le roi, j'y fais mettre de tout. L'essentiel, c'est de bien mélanger. Et quand j'en mange, je pense: c'est un symbole. Un roi en tient pour toutes les classes de son peuple.

L'ambassadeur se trouva flatté des amabilités du tyran et de sa femme. Mais il s'indigna du manque de tact qui l'avait fait s'asseoir à la même table que des traîtres royalistes. Et il présenta une note violente exigeant l'expulsion immédiate des émigrés français.

Maria-Luisa ne manqua pas de faire aimablement remarquer à don Manuel que l'invitation de Havré était la cause de cette nouvelle friction. A cela, il était difficile de répondre. Mais admettre la défaite était impossible. Tout, sauf cela.

Manuel se fit mener chez le citoyen Guillemardet dans son carrosse de gala précédé de la tête de Janus, et lui exposa longuement qu'on ne pouvait rompre avec les règles de l'hospitalité sans attenter aux règles les plus élémentaires de la politesse espagnole.

— Si le gouvernement du Roi Catholique, dit froidement le citoyen ambassadeur, devait tolérer sur son territoire des traîtres royalistes ou les soutenir, la République se verrait contrainte d'adopter une attitude moins amicale.

Don Manuel pâlit légèrement, mais on ne le prenait pas à l'improviste. Il sera possible, expliqua-t-il, de faire comprendre discrètement à M. de Havré qu'il sortirait la cour espagnole d'un grand embarras en retournant auprès de son maître, réfugié en Allemagne, dans un délai d'un an au plus, par exemple.

— La République, répliqua l'ambassadeur d'un ton glacé et plus menaçant encore, n'admettra pas de nouvelles temporisations...

— Que Votre Excellence veuille bien m'écouter jusqu'au bout, coupa le prince de la Paix. Le gouvernement de Sa Majesté Catholique, pour ne pas mettre en danger son renom d'hospitalité, pourrait offrir certaines compensations à la République.

Et se levant d'un mouvement brusque qui fit cliqueter les décorations couvrant sa poitrine, il reprit, solennellement :

— Je suis chargé de faire à Votre Excellence au nom du roi, mon maître, la déclaration suivante : dans le cas où Votre Excellence accepterait le fait que M. de Havré ne quitte pas avant une année le territoire espagnol, Sa Majesté Catholique serait prête à conclure dans les quinze jours le traité d'alliance dans la forme et aux conditions proposées par la République dans sa dernière note.

Ainsi se fit l'alliance offensive et défensive, si longtemps discutée, entre le Roi Catholique et la République une et indivisible. La couronne d'Espagne acceptait du même fait le conflit, inévitable, avec la Grande-Bretagne.

La mobilisation de la flotte et la mise en état de défense des ports furent aussitôt décrétées, l'alliance solennellement signée au château de San Ildefonso, qui faisait du roi et de la République des alliés. Lord Saint-Helens, ambassadeur de Sa Majesté britannique, demanda aussitôt ses passeports.

19

Goya était demeuré plusieurs jours complètement sourd, enfermé dans sa rage indicible. Se refusant à toute approche, il semblait vouloir exagérer sa folie devant les autres. En sa présence, on se taisait, on marchait sur la pointe des pieds, comme Agustin.

La duchesse vint. Les domestiques avaient reçu des ordres sévères d'éconduire tout visiteur, de ne laisser personne parvenir jusqu'au maître. Josefa reçut la duchesse avec une froideur polie. Cette femme, elle savait, était la cause de l'effondrement de Francho, bien plus que la mort de l'enfant. Don Francisco, lui déclara-t-elle, ne pourrait, de longtemps, des mois peut-être, travailler ou recevoir.

Toute une semaine, Goya ne souffrit auprès de lui que sa femme et Agustin ; encore traitait-il ce dernier assez mal.

L'infatigable Agustin occupait la plus grande partie de son temps à se perfectionner dans la technique de la gravure à l'eau-forte. Le graveur sur cuivre Jean-Baptiste Leprince avait découvert un procédé permettant de reproduire aisément les dessins à la plume. Après sa mort, l'*Encyclopédie Méthodique* avait divulgué sa méthode, et Agustin s'y appliquait. L'œil vague, Goya suivait ses efforts. Il avait lui-même tenté, sans grand succès, de graver, d'après Vélasquez. La nouvelle technique, pensait Agustin, devait intéresser le maître, mais il se garda bien d'en parler. Francisco ne posa aucune question, mais il s'approchait souvent de la table de travail.

Don Miguel venait de temps en temps. Au début, il parla à peine, s'entretint à demi-voix avec Agustin. Les deux hommes ne savaient pas si Francisco pouvait suivre leur conversation.

Une fois pourtant, il donna des signes d'intérêt. Miguel disait comment le peintre David s'était rallié au nouveau régime, et Agustin commentait le récit de remarques cinglantes. Le talent de David lui avait toujours paru vide, tout en façade. Rien de surprenant à ce que David, délaissant les grands principes de liberté, d'égalité et de fraternité, se soit finalement tourné du côté de la force dominante, soit passé dans le parti des grands bourgeois, des hommes d'affaires. Goya ricanait. Ainsi donc David lui aussi, le républicain exemplaire, l'idole des francophiles, des afrancesados, s'était adapté. Et ses amis à lui, Francisco, auraient voulu qu'il se fît révolutionnaire ? « Quand l'or rouille, que devient le fer ? »

— Je comprends, jeta-t-il, méprisant, qu'il n'ait pas voulu monter sur l'échafaud. Mais il eût été plus dans sa ligne, plus « classique » qu'il sacrifiât sa vie à ses convictions républicaines.

Goya ne se dérida qu'à l'arrivée, impromptue, de son ami Martin Zapater. Josefa lui avait écrit, à l'insu de son mari.

Enfin Francisco trouvait à qui parler sans retenue, à se confier. Il dit comment cette femme l'avait contraint de mentir, de prétendre sa fille gravement malade; personne d'autre qu'elle, cette sorcière, n'avait conçu ce plan. Comment, après avoir tué sa fille, elle était revenue le rallier. Comment, après qu'il lui eut montré son crime, elle l'avait couvert d'injures grossières, comme une fille mécontente de son salaire. Comment la colère l'avait envahi, pourquoi il était sourd.

Martin écoutait avec attention, tout en fumant. Ses yeux avertis ne quittaient pas du regard le lourd visage de l'ami, son grand nez.

— Tu me crois fou, je le sais ! mugit Francisco. Tous me croient fou. On me ménage, on marche sur la pointe des pieds. Non, j'ai toute ma raison ! On m'insulte ! Si je suis fou, c'est qu'elle m'a jeté un sort; c'est elle qui m'a fait ce que je suis. Quand elle a vu mon tableau, celui de l'asile, chez les fous, elle a dit : « Je voudrais en être. » Ecoute, reprit Francisco se rapprochant de son ami et baissant soudain la voix : Je ne suis pas encore fou, mais je pourrais le devenir. Je le sens, parfois.

Prudent, Martin Zapater répondait brièvement; son calme, sa présence seule agissaient sur Goya.

Peu avant le retour de Martin à Saragosse, la vieille marquise se manifesta. Doña Maria-Antonia voulait savoir si Goya pouvait faire d'elle le second portrait dont il avait été question à Piedrahita.

Devant Martin qui lui conseillait d'accepter cette proposition, Francisco montra peu d'enthousiasme. En réalité, il était résolu à l'accepter. Peut-être fallait-il y voir l'influence de Cayetana, peut-être aussi aurait-il l'occasion de la revoir, par hasard, chez la marquise. La colère et le désir lui faisaient ardemment souhaiter une rencontre. Que ferait-il en sa présence, il l'ignorait, mais il avait besoin de la revoir.

Très vite, il dut reconnaître que doña Maria-Antonia de Villabranca savait, de ce qui s'était passé entre Cayetana et lui, beaucoup plus qu'il ne le souhaitait. Parfois, sous son fier regard clair, il se sentait nu, sans défense. Il regretta d'avoir entrepris ce portrait.

D'ailleurs, il travaillait sans entrain. Tout en craignant et en espérant voir Cayetana, il lui fallait reconnaître qu'il y avait dans sa vie quelque chose de caché, de secret. Dans sa fureur, il l'avait traitée de femme stérile. L'était-elle vraiment? Si elle avait un enfant d'un de ses amants, le duc et la marquise accepteraient-ils de donner au bâtard les noms de Villabranca et d'Albe ? N'avait-elle pas eu déjà recours aux soins du docteur Peral, ou de sa duègne, ou des deux ? Peut-être fallait-il expliquer ainsi son intimité avec le médecin ? Et Goya comprit, tout en maniant ses brosses, que la vie, dans la maison des Albe, n'était sans doute pas aussi simple qu'il l'avait voulu croire.

Ce portrait de doña Maria-Antonia n'avançait pas. Jamais il n'avait, de sa vie, esquissé aussi souvent un visage, jamais il n'avait éprouvé semblable indécision. Pour comble, il entendait toujours très mal. Il ne devinait aisément les mots que sur les lèvres de ceux qu'il connaissait bien ; il ne comprenait qu'à moitié la marquise. Et il avait abandonné l'espoir de rencontrer Cayetana.

Martin était retourné à Saragosse. Mais don Miguel venait plus souvent et peut-être, sans que Francisco en eût beaucoup dit, cherchait-il à lui faire oublier ses soucis et ses égarements. Il lui fit une proposition qui n'était qu'un service déguisé. En fait, dans son bon cœur, il voulait secourir son ami Francisco.

Les relations entre don Manuel et l'ambassadeur de la République française ne s'amélioraient pas. L'habileté politique eût été de rester en bons termes avec le citoyen Guillemardet, mais le prince de la Paix ne pouvait pas s'empêcher de montrer ouvertement son antipathie au plébéien qui avait été la cause d'une défaite personnelle. De son côté, le señor Bermudez faisait tout pour bien disposer le personnage important qu'était le représentant de la France et ne manquait pas une occasion de lui être agréable. Il se trouvait que Guillemardet s'intéressait à l'art ; il lui était pénible de penser que le plus grand maître espagnol avait fait le portrait de l'envoyé du roi, M. de Havré, et il avait fait comprendre à don Manuel qu'il serait heureux d'avoir, lui aussi, son portrait par Goya. Francisco, en acceptant ce travail, rendrait un grand service à la cause libérale espagnole, et peut-être cette occupation viendrait-elle heureusement le distraire de son chagrin. Mais il fallait commencer sans tarder. Le Français était un homme dénué de patience qu'exaspéraient les procédés dilatoires de don Manuel.

Francisco saisit le prétexte d'interrompre son travail au portrait de la marquise. Celle-ci accepta aimablement ses excuses. Il pourrait toujours reprendre son ouvrage quand il s'en sentirait le désir.

Il n'en sortit pas moins du palais de Villabranca de fort mauvaise humeur. Il éprouvait de la honte de n'avoir pu terminer ce portrait.

Il avait rarement, dans sa carrière, subi semblable échec, et la pensée l'en suivit longtemps.

Il ne s'en mit qu'avec plus d'ardeur à sa tâche nouvelle. Guillemardet, flatté de l'empressement de Goya, se fit aimable. Il voulait être peint en grand uniforme, avec tous les attributs de son rang.

— Ne me peignez pas, cher maître, lui dit-il, peignez la République. La République, poursuivit-il, avec de grands gestes, a vécu de profondes transformations au cours des années. Vous avez sûrement entendu parler, citoyen Goya, du dynamis et de l'entéléchie d'Aristote, de ce germe, des possibilités qui constituent l'essence même des choses, à leur naissance, et qui tendent à leur accomplissement. La République est et sera chaque jour plus républicaine et, avec elle, Ferdinand-Pierre Guillemardet sera toujours davantage le citoyen Guillemardet.

Francisco comprenait mal les déclarations grandiloquentes de l'ambassadeur, mais, pensant à David, il mesura ce que le régicide et démolisseur d'églises pouvait souffrir à voir la République échapper peu à peu au peuple pour s'asservir aux intérêts de la grande bourgeoisie. Cette raideur d'attitude, cet orgueil voulu, cette volonté de s'abuser soi-même conduiraient cet homme à la folie.

Cette tâche, traduire tout cela sur la toile, était la bienvenue, et il advint que, sans avoir bien compris ses phrases, Goya peignit Guillemardet tel que celui-ci le souhaitait.

Le fait de ne pas entendre faisait son œil plus aigu. Privé de sons, il se dédommageait par la couleur. Il peignit la République, une symphonie bleue, tricolore.

Ferdinand Guillemardet, petit médecin de campagne, parvenu ambassadeur de la République une et indivisible, celui qui a condamné deux fois à mort Louis XVI et fait de la monarchie espagnole la vassale de la France, est assis, dans son uniforme bleu sombre, dans une attitude un peu théâtrale. Le corps est de profil, mais le visage s'offre de face. Au premier plan brillent le pommeau du sabre et le nœud blanc et rouge de l'écharpe. Il a jeté sur la table son grand bicorne à la plume et à la cocarde bleu blanc rouge. Une main serre le dossier de la chaise. Il appuie l'autre, fortement, sur la hanche. Toute la lumière se concentre sur le visage. Les cheveux noirs et bouclés encadrent un front bien fait. Les lèvres sont frémissantes, le nez proéminent. L'homme est intelligent, sûr de lui. Les accessoires, table, chaise, tapis à franges, s'éclairent d'une lumière mate, jaune d'or bleuté. Et toutes ces oppositions de couleur se mêlent dans un désordre artistement dosé.

Goya avait eu, au début, l'intention de rendre encore plus impérieux, plus affectés le visage et la pose de l'ambassadeur. Il avait voulu mettre davantage en lumière la folie des grandeurs de l'homme et de son pays. Mais, avec précaution, Miguel et Agustin lui avaient parlé de l'énergie raisonnée de Guillemardet, des prodigieux succès de la République. Et Goya avait adouci ce qui, dans l'homme, pouvait porter à rire, pour souligner au contraire sa force.

20

L'épidémie qui avait tué tant d'enfants de Madrid touchait à sa fin quand le plus jeune fils de doña Maria-Luisa tomba malade, l'infant Francisco de Paula. La reine avait eu huit enfants ; des six qui lui restaient, le dernier né était le plus aimé. Il était blond roux, et sans discussion possible don Manuel était son père. Et voici que ce fils étouffait, luttait déjà avec la mort !

Le vieux médecin du roi, Vicente Piguer, ordonna des enveloppements froids et de l'eau glacée. Maria-Luisa, le visage sombre, fit appeler le plus célèbre et le moins aimé des médecins de Madrid, le docteur Joaquin Peral. Celui-ci écouta poliment et ordonna un traitement qui fit pâlir d'indignation et de surprise son vieux confrère.

L'enfant guérit et doña Maria-Luisa demanda au docteur Peral s'il ne voulait pas lui continuer ses soins ainsi qu'à elle et à la famille royale.

L'offre était tentante. Accepter, c'était prendre du même coup une influence politique et personnelle, c'était aussi voir mettre à sa disposition toutes les collections artistiques du royaume. Mais il fallait en même temps renoncer à ses loisirs, à ses livres et ses études, à son amitié, si douce et si amère, avec Cayetana. Refuser, c'était se faire une ennemie de la reine. Respectueusement, il demanda à réfléchir.

Personne ne connaissait mieux sa petite duchesse que lui. Cent fois, sans honte, elle s'était offerte à son examen, lui avait confié les maux de son corps, avait demandé et accepté ses soins. Mais Peral le savait aussi : les femmes de l'antiquité romaine n'en avaient pas agi autrement avec leurs esclaves. Elles leur abandonnaient leurs beaux corps, et les mains habiles de leurs médecins n'étaient pour elles rien de plus que leurs brosses et leurs éponges d'huile. Le docteur Peral, ami, conseiller, confident de la duchesse, s'était souvent demandé s'il était pour elle autre chose qu'un esclave grec versé dans l'art de guérir.

Peral se considérait comme un libre penseur de l'école la plus pure. Ses maîtres étaient Lamettrie, Holzbach, Helvétius, et il ne voyait dans les pensées et les sentiments rien d'autre que des produits du corps, comme l'urine ou la sueur. L'anatomie du corps humain était invariable comme ses désirs et ses appétits. Entre les sentiments du taureau qui prend la vache et ceux de Dante pour Béatrice, il n'existait qu'une différence de degré, et prendre l'amour pour autre chose que du désir n'était à ses yeux qu'une superstition.

Hédonicien matérialiste, Peral affirmait que l'unique sens de la vie est le plaisir et se nommait volontiers lui-même un jeune porc échappé du troupeau d'Epicure.

Cependant, en présence de Cayetana, sa philosophie l'abandonnait. Il croyait qu'il aurait pu, s'il l'avait fortement voulu, « avoir » sa petite duchesse. Mais, chose étrange, cela ne lui aurait pas suffi. D'elle, il voulait davantage. Il la voyait choisir ses amants : sa règle était son seul caprice. Malheureusement, il n'avait jamais été l'élu, même d'un jour ou d'une heure.

A bien réfléchir, c'était folie que de décliner la proposition de doña Maria-Luisa. Jamais l'humeur changeante de Cayetana ne saurait récompenser une telle preuve d'amour et, en refusant, il négligeait la plus belle chance de sa vie. Pourtant, il le savait, il refuserait. Sa vie perdrait tout sens s'il ne pouvait plus vivre, respirer près d'elle, observer de tout près cette vie capricieuse.

Il parla d'un ton détaché de l'offre de la reine.

— Par politesse, conclut-il, j'ai demandé à réfléchir. Je refuserai, bien entendu.

Ces derniers temps, la vie n'avait pas été bonne pour Cayetana. Francisco lui manquait cruellement ; il serait difficile de supporter la perte de Peral. L'ennemie, Italienne, avait bien choisi son heure pour frapper. Mais, impassible, elle répondit sur le même ton :

— Vous savez que votre présence m'est agréable ; je veux cependant espérer que ce n'est pas pour moi que vous avez l'intention de refuser.

Elle le regardait de ses yeux froids aux reflets métalliques.

Il la devinait : elle s'attendait à ce qu'il lui demandât d'être à lui, en compensation. Elle accepterait probablement mais elle livrerait son corps, sans plus, et, la prenant, il la perdrait pour toujours.

— Je suis ingrate, vous le savez bien, reprit-elle.

— Oui, dit calmement Peral. Si je n'accepte pas le poste qui m'est offert, c'est pour moi, et non pour vous.

— Alors, tout est bien, dit-elle, et se redressant elle posa ses lèvres sur le front de l'homme qui s'inclinait devant elle.

21

Elle vivait comme elle l'avait toujours fait. Dans un tourbillon. On la voyait partout, au théâtre, aux courses de taureaux, elle recevait, sortait et demeurait en bonne amitié avec don José et la marquise.

Une ombre s'élevait maintenant qui venait assombrir cette vie à trois, compromettre cet équilibre.

Quand la marquise avait fiancé son fils José avec la dernière du grand nom des Albe, de sinistre mémoire, elle n'avait pas voulu seulement unir les titres et les richesses des deux maisons. Attirée par la forte personnalité de Cayetana, elle avait espéré en étayer la douceur et la faiblesse de José. Cayetana, très jeune, se montrait bien un peu excentrique, son grand-père l'avait élevée selon les principes de Rousseau, mais doña Maria-Antonia escomptait qu'une Albe garderait le sens de la tradition de la famille.

Doña Cayetana s'était en effet toujours conduite en dame, en dépit de ses caprices et de ses humeurs versatiles. Si absorbée qu'elle fût par ses intrigues et ses amours, elle n'avait jamais mis la marquise et don José devant le difficile problème d'avoir à reconnaître à un bâtard un des plus grands noms d'Espagne. Mieux encore, elle avait toujours su, sans demander appui ou conseil de la marquise, éviter semblable situation.

Et, soudain, elle avait failli. Elle qui s'était si souvent tirée d'affaire, sans heurt. Personne n'allait reprocher à une grande dame d'avoir un cortejo, un amant. Personne non plus ne la critiquerait d'être la maîtresse d'un peintre de la cour, de Francisco de Goya. Mais, ces derniers temps, elle avait maladroitement laissé voir sa passion. Pis encore, cette liaison, au lieu de connaître une fin normale, se terminait par une rupture brutale, et cela dépassait les limites de la correction. Tout Madrid savait maintenant qu'il ne s'agissait pas d'un jeu et plaignait en souriant le duc. La marquise se trouvait contrainte d'ouvrir les yeux, de sonder la profondeur de cette passion.

Le duc en jugeait comme sa mère. Cayetana, sans lui donner jamais d'amour, lui avait montré de l'amitié, de la compréhension et, de son côté, il avait admis, toléré ses fantaisies. Et voici que se manifestait un engouement brutal, une passion qui heurtait son sens de la mesure et de l'élégance. Cela le peinait, l'irritait.

Dans sa colère, il prit une résolution surprenante et grosse de conséquences. Il avait toujours aimé par-dessus tout la musique et souffert des bruyantes banalités, des lourdes plaisanteries du roi à cet égard. Il lui était devenu impossible de les supporter plus longtemps. Un jour qu'il avait été contraint d'entendre un quatuor dans lequel le roi jouait comme premier violon, il avait déclaré à sa mère que l'incompréhension totale du roi avait tué toute vraie musique en Espagne. Il ne pouvait rester plus longtemps à la cour, à Madrid. Il allait voyager en Italie et en Allemagne pour se purifier l'oreille et le cœur.

Il avait craint que sa mère ne lui déconseillât ce départ et, à vrai dire, les fatigues qu'aurait à subir son fils inquiétaient doña Maria-Antonia. Mais, d'un autre côté, elle espérait que le changement, que la musique lui feraient du bien, l'animeraient; enfin et surtout, c'était résoudre le problème de Cayetana : parmi Italiens et Allemands, elle aurait vite oublié son peintre. Elle applaudit donc au projet de don José.

Ils résolurent de partir au plus vite.

— Nous serons en petit équipage, dit José. Vous, mère, Cayetana et moi. Notre suite sera des plus réduites.

— Et le docteur Peral, naturellement, dit la marquise.

— Non. Il vaut mieux ne pas le prendre avec nous, répéta le duc d'un ton plus décidé qu'à l'ordinaire. Il comprend trop bien la musique, ajouta-t-il en souriant, et je tiendrais à trouver seul ce qui me plaira.

La marquise sourit à son tour. Elle comprenait : son fils ne lui avouait que la moitié de sa pensée ; avant tout, il voulait avoir sa femme pour lui seul, sans son confident, le dépositaire de tant de secrets.

— C'est bien, dit-elle, nous laisserons ici don Joaquin.

Cayetana éprouva une pénible surprise à l'annonce du projet. Son mari avait-il pensé que sa constitution délicate n'était pas faite pour supporter impunément ce voyage fatigant ? Ne valait-il pas mieux, risqua-t-elle, passer l'été à Piedrahita ou dans une de leurs propriétés, au bord de la mer ? Mais ce fut un José nouveau qui lui répondit, un José qui savait ce qu'il voulait et qui repoussa aimablement ses suggestions.

Tout en elle se rebellait. Pour elle, il n'était de vie qu'en Espagne. Les deux fois qu'elle avait séjourné en France, elle n'avait eu qu'une idée, celle de rentrer chez elle. Les noms même des villes et des artistes allemands, dans la bouche de don José, lui semblaient barbares. Francisco allait prendre très mal ce voyage et croire qu'elle l'entreprenait pour le faire souffrir ; elle le perdrait pour toujours. Mais, d'un autre côté, ne pas suivre son mari dont la santé était chancelante, c'était mettre contre soi la cour et, avec elle, tout le pays.

Elle tenta d'agir sur doña Maria-Antonia. La marquise lui avait toujours montré de la compréhension ; elle reconnaitrait que Cayetana ne pouvait pas quitter l'Espagne. Elle lui exposa les risques qu'allaient faire courir à don José les fatigues du voyage, la pria d'intervenir.

Mais, cette fois, doña Maria-Antonia ne parut pas comprendre. Bien plus, Cayetana crut déceler une certaine inimitié dans ce visage presque débonnaire. Le sourire de ces longues lèvres minces n'était pas amical.

Oui, la marquise éprouvait une certaine satisfaction. Elle avait vécu, connaissait l'amour et comprenait la passion de Cayetana. Mais José était son fils ; il était tout ce qui lui restait ; elle l'aimait, savait qu'il n'avait pas longtemps à vivre. Cette femme devait avoir assez de tact pour lui faire plus légères ses dernières années, au besoin en l'abusant.

— Je ne partage pas votre opinion, ma chère Cayetana, répondit-elle. J'attends beaucoup de ce voyage pour don José.

Au même moment, le duc annonçait au docteur Peral qu'il avait l'intention d'entreprendre un long voyage à l'étranger. Le médecin fut consterné. Cayetana éloignait-elle le duc ? Voulait-elle rester seule ? Avec prudence, il demanda si Son Altesse ne redoutait pas les fatigues de la route. Don José répondit d'un ton léger qu'il croyait au contraire que la vue de nouveaux visages, les concerts de musique étrangère lui feraient du bien. Peral, toujours hésitant — il ne savait pas si la duchesse l'accompagnait — demanda si le duc désirait sa compagnie. Celui-ci, du même ton léger, inhabituel, répondit qu'il remerciait vivement don Joaquin, mais qu'il tâcherait de se passer de ses bons offices.

Le médecin s'en fut aussitôt chez la duchesse. Elle ignorait qu'il ne fût pas du voyage et dissimula avec peine sa surprise. Muets, ne sachant que faire, ils s'interrogeaient du regard. Il voulut enfin savoir si sa décision d'accompagner le duc était irrévocable. Elle répondit d'un geste bref, résigné, et, pour la première fois, il lut dans ses yeux la douleur et un appel à l'aide. Jamais, même aux moments les plus critiques, cette femme, la plus indépendante et la plus fière de l'aristocratie espagnole, n'avait laissé voir sa souffrance ou son désarroi. C'était, dans son malheur, une consolation de savoir qu'il était le seul auquel elle eût jamais demandé un appui, dans le besoin.

En cet instant fugitif, il se sentit très près d'elle.

On hâtait les préparatifs du voyage. Quand il s'agissait de personnages du rang des Albe et des Villabranca, même en compagnie peu nombreuse, il fallait prendre ses dispositions d'avance.

22

On ne partit pas. Au cours des préparatifs, le duc se plaignit d'une étrange faiblesse. On remit le départ, puis on en abandonna l'idée.

Don José avait toujours été maladif. Il se sentait maintenant si épuisé qu'il pouvait à peine bouger. Des boissons excitantes restèrent sans effet. Les médecins ne savaient comment expliquer cette extraordinaire langueur.

Le malade passait maintenant la plus grande partie de son temps dans son fauteuil, drapé dans une robe de chambre blanche, les yeux fermés. Quand il les ouvrait, ils paraissaient immenses dans ce visage chaque jour plus émacié. Les traits s'accusaient, douloureux. On voyait sans peine que ses forces s'en allaient.

A Cayetana, il montrait un éloignement poli et fier, et en cela la marquise l'imitait.

Doña Maria-Antonia, naguère si gaie, ressemblait de plus en plus à son fils. Pas un mot ne la trahit ; elle ne laissa pas entendre qu'elle rendait sa belle-fille responsable de la maladie de son fils, mais Cayetana comprit qu'elle ne trouverait plus jamais une amie en doña Maria-Antonia.

Quand il fut clair que la fin approchait, don José désira être transporté au palais Villabranca.

Jusque-là il avait refusé de s'aliter ; cédant aux conseils, il ne s'en défendit plus. Entouré de sa mère, de son frère Luis et de sa belle-sœur Tomasa, il demeurait allongé, las de grandeur et de dignité, et Cayetana se sentait une étrangère.

Dans les antichambres du palais Liria et du palais Villabranca on avait préparé des listes que les visiteurs signaient de leurs noms. Dans la rue, la foule s'amassait, chuchotante. Don José était un des trois grands du royaume et le mari de la fille d'Albe. De mauvaise santé, on n'avait jamais espéré le voir atteindre un grand âge, mais cette fin brutale surprenait. Des mains intéressées, murmurait-on, avaient provoqué cette faiblesse ; on lui avait donné un poison lent. Les bruits de cette sorte couraient vite à Madrid et on les écoutait volontiers. Le plus renommé des Albe, le maréchal, et son roi, le pieux et cruel Philippe II, n'avaient pas hésité, en leur temps, à écarter certains adversaires. De nombreux personnages en vue étaient morts mystérieusement. Don José gênait peut-être la duchesse ; tout le royaume ne parlait-il pas de ses innombrables passions ?

La fin vint en plein jour. Le prêtre dit les prières prescrites, donna l'absolution et présenta au mourant l'image du Crucifié. Don José ne passait pas pour pieux ; peut-être s'occupait-il d'autre chose que de son salut ; peut-être entendait-il des chants, de la musique. Malgré l'effort, pénible, il baisa pieusement l'image. Puis, le prêtre, prenant l'huile et l'ouate, oignit les yeux, le nez, les lèvres, les mains et les pieds du duc.

Les cérémonies du deuil se déroulèrent dans toute leur pompe. On farda le mort, des moines franciscains le revêtirent de la robe de leur ordre. Dans la chambre mortuaire, tendue de damas noir, on dressa trois autels, avec des crucifix très vieux et de grand prix provenant du trésor des Albe et des Villabranca. Des cierges brûlaient dans des chandeliers d'or. Sur le grand lit gisait don José Alvarez de Toledo, treizième duc de Berwick et d'Albe, marquis de Villabranca.

Le patriarche des Indes Orientales et Occidentales officia. Les membres de la chapelle du roi vinrent chanter la messe en présence de la famille, des représentants du roi et de la reine, des grands d'Espagne, des proches amis. Chanteurs et musiciens firent de leur mieux pour honorer un confrère en art. On entendit la messe debout, selon la coutume. Doña Maria-Antonia, le visage dur, s'était agenouillée. Deux femmes sanglotaient tout haut, au mépris des convenances. L'une était doña Maria-Tomasa, à laquelle un amour commun de la musique avec le disparu avait permis de comprendre, sous sa réserve digne, sa grande âme. L'autre était la petite Geneviève de Havré. Dans quelques semaines, elle allait quitter ce pays abhorré, où elle avait connu le malheur : sur le désir de son père, elle s'était, pour l'amour des fleurs de lys de France, offerte au désir bestial de don Manuel. De jours heureux, elle n'avait eu que ceux où il lui avait été permis de faire de la musique avec celui qui gisait maintenant sur son lit de mort.

Puis on admit le peuple à défiler devant le corps et, toute la nuit, on dit des messes devant les trois autels.

Enfin, on mit le duc en bière qu'on recouvrit de satin noir clouté et garni de listons d'or. Ce cercueil fut à son tour enfermé dans un autre, de bronze, qu'on porta à Tolède pour le placer dans la crypte des ducs d'Albe.

Dans l'antique cathédrale l'attendaient les grands de première classe presque au complet et beaucoup d'autres, un représentant du roi et un autre de la reine, enfin le cardinal archevêque de Tolède ainsi que tout le chapitre.

On avait dressé au milieu du chœur un énorme catafalque que deux rangées de hauts candélabres d'argent aux cierges innombrables éclairaient à droite et à gauche. Le cercueil mis en place, le service des morts commença dans les formes prescrites pour les grands de première classe du royaume. Les cloches sonnaient; l'antique cérémonial, vieux de plus de onze siècles, se déroula dans toute sa magnificence. Enfin, dans la crypte de la cathédrale, don José de Alba y Villabranca vint prendre place auprès des vieux seigneurs d'Albe.

23

La famille recevait les visites de condoléances des amis et connaissances au palais Villabranca. Goya y fut. S'abstenir eût été une insulte grave.

Il avait appris que les Albe se préparaient à voyager à l'étranger, et avait été aussitôt convaincu que Cayetana cherchait à lui montrer qu'il ne l'intéressait plus. Puis il avait su la maladie de don José et les bruits qui couraient sur ses causes. Racontars stupides, bien évidemment, mais qui finirent cependant, par leur persistance, à éveiller en lui l'angoisse et l'éloignement, en même temps qu'une sorte de joie sombre.

Depuis cette querelle ridicule, il n'avait pas revu Cayetana. Emu comme il ne se souvenait pas l'avoir jamais été, il se rendit au palais Villabranca.

Miroirs et tableaux du grand salon étaient tendus de crepe. Assise sur des chaises basses, tout en noir, la famille recevait : la marquise, doña Cayetana, le frère du mort, don Luis-Maria, et sa femme.

Goya, selon l'usage, s'assit en silence. En lui, une tempête se déchaînait, de pensées et de sentiments opposés, contradictoires. Cayetana était certainement innocente de la mort du duc; ces bruits étaient infâmes. Non, cependant. « Il n'y a pas de fumée sans feu », dit le peuple. Cayetana avait sa part dans cette maladie subite et mystérieuse. C'était horrible de penser que don José était peut-être mort à cause de lui, Goya. Horrible et merveilleux à la fois. Un peu de cette crainte étrangement mêlée d'attirance qu'éveillait le seul nom d'Albe l'envahissait, dans cette pièce lugubre.

Se levant, il alla s'incliner devant la vieille marquise et prononça, à voix contenue, les mots habituels de condoléances. Doña Maria-Antonia l'écouta, impassible. Mais derrière ce masque de réserve mondaine, l'œil exercé du peintre décela une expression dure qu'il n'avait jamais vue sur ce visage. Et soudain, il fit une découverte, terrifiante. Les chaises qu'occupaient les membres de la famille n'étaient pas très éloignées les unes des autres. Un mètre d'intervalle, au plus, les séparait. Mais cet espace entre la chaise de la marquise de celle de Cayetana paraissait aussi grand que le monde. Une haine muette, et sans bornes, séparait les deux femmes.

Devant Cayetana, il s'inclina profondément. Elle se tourna, le regarda bien en face; il la dominait; son visage semblait minuscule, tout blanc dans ses voiles noirs. Le cou était caché jusqu'au menton.

Ses lèvres prononcèrent machinalement les mots d'usage. En son cœur, il pensait : « Sorcière, meurtrière, tu portes le malheur et la ruine à chacun. Tu as tué mon enfant; que t'avait-il fait ? Tu as assassiné ton mari : que t'avait-il fait, lui ? Malheur à moi qui suis tombé dans tes filets ! Mais maintenant, je sais, et c'est la dernière fois que je te vois. Non, je ne te verrai plus jamais; plus jamais je n'irai à toi. Je ne le veux pas; j'ai juré et je tiendrai ma parole. »

Il pensait tout cela et aussi qu'il serait toute la vie attaché à elle par des chaînes qu'on ne brise pas. A sa haine et à son désespoir se mêlait une joie basse et vulgaire, à savoir qu'il connaissait tout de celle qui lui montrait, ici, à peine son visage. Ce corps, cette nudité mince, frémissant sous l'étreinte ! Cet orgueil, cette distance, il saurait bien le briser, la combler. Il mordrait ces lèvres pour les faire s'ouvrir. Ces yeux insolents, il les ferait se mouiller, se fermer. Sans une caresse, sans un mot tendre, il la prendrait comme la dernière des filles.

Tout en prononçant ces mots vides de sens, il la regardait, et ses yeux plongeaient, impérieux, dans les siens. Il voulait savoir, enfin, ce qui se passait dans cette petite tête insolente et coquette.

Elle restait impassible et polie, ainsi qu'elle le devait. Mais, en fait, sous ce front blanc de fard, s'affrontaient des pensées folles dont elle n'avait peut-être pas toute conscience.

Ces bruits rapportés par Eufémia, elle les avait à peine écoutés, par mépris. C'est dans les yeux de Goya, sur son visage, qu'elle sut soudain que la plèbe n'était pas seule à la croire coupable. Elle méprisa Goya et se réjouit de ce qu'il la crût une meurtrière. Elle triomphait aussi : malgré tout, il ne pouvait s'arracher d'elle. Le cœur en tumulte, elle répondit par des mots aussi vides de sens que les siens.

Il s'éloigna, plein de colère impuissante. Il la croyait capable de tout le mal du monde, savait que c'était folie, mais aussi qu'elle avait toute sa foi et qu'il le lui dirait, contre sa volonté.

Quelques jours plus tard, doña Eufémia vint lui annoncer que doña Cayetana viendrait le voir dans la soirée ; il devait veiller à ce que personne ne se trouvât sur son chemin.

D'émotion, il put à peine répondre. Il résolut de ne parler ni de leur querelle ni de la mort de don José.

Elle arriva, voilée. Ils n'échangèrent pas un mot, pas même un salut. Elle se dévoila, apparut, pâle, sans fard. Il la saisit, la jeta sur le lit.

Couchés, ils restèrent encore longtemps sans parler. Il avait oublié ce qu'il lui avait dit lors de leur dernière rencontre et ne se souvenait que vaguement de ce qu'il avait pensé au palais Villabranca. Il savait seulement que tout s'était passé autrement qu'il l'avait prévu. Au fond, c'était une défaite, mais joyeuse. Il se sentait las et heureux.

— Je savais que nous aurions des ennuis, dit-elle enfin. Quelque temps après notre soirée au théâtre, Brigida est venue me voir. Tu te rappelles : la femme de chambre morte sur le bûcher, et elle m'a annoncé des ennuis. Elle peut être très claire quand elle le veut, mais, parfois, pour se moquer de moi, elle reste obscure dans ses propos. Elle m'avait prévenue et je n'ai pas été surprise.

Elle parlait de sa petite voix dure, très calme.

« Des ennuis » ! Cette effroyable querelle entre eux, la mort de don José, elle appelait cela des « ennuis » ! Elle rejetait toute faute, accusait le sort. Des « ennuis » ! Subitement, ses mauvaises pensées lui revinrent. Il revit la vieille marquise s'écartant de sa belle-fille, la laissant à cette odeur de sang qui flottait autour d'elle. Quelle stupidité ! pensa-t-il aussitôt. Mais les racontars populaires étaient plus forts que sa raison. « Pense mal de ton voisin et tu ne te tromperas pas. »

— Et ce n'est pas fini, poursuivait-elle. Nous ne pourrons nous voir que rarement ; je devrai redoubler de précautions. Les gens sont impossibles. Ou bien ils vous acclament, on ne sait pourquoi, ou bien ils vous haïssent, vous maudissent, sans plus de raisons.

« Il faut qu'elle en parle, qu'elle le veuille ou non, pensa-t-il. Mais je ne crois pas un mot de ce qu'elle me dit. Qu'elle s'accuse ou se défende, je ne la croirai pas. Il n'y a pas au monde de femme qui mente aussi bien qu'elle, au point qu'elle ne sait plus elle-même ce qui est vrai ou faux. »

— Tu sais tout cela, continuait-elle calmement. Tu m'en as toi-même parlé bien souvent. Les mauvais esprits nous épient sans cesse et partout. Si je n'étais pas une Albe, le Saint-Office pourrait fort bien m'accuser de sorcellerie. Ne m'as-tu pas toi-même mise en garde contre l'Inquisition, Francho ?

« Je ne parlerai pas, se répétait-il. Je ne me laisserai pas entraîner. Pas de discussion, je me le suis juré. » Et déjà il disait :

— Le mieux serait que tu renvoies ton Peral. Le médecin parti, on ne jasera plus.

S'écartant brusquement de lui, elle se releva sur un coude, vêtue de ses seuls cheveux noirs, et le regarda. Ils avaient mêlé, uni leurs corps, mais, de ce qui était en elle, il ne savait rien. Sans doute exigeait-il d'elle qu'elle se sentît coupable. Coupable ? Et de quoi ? Si don Joaquin avait agi pour empêcher ce voyage, ce n'avait pas été pour l'aider, elle, mais seulement pour ne pas être privé de sa présence. Oui, don Joaquin la comprenait beaucoup mieux que Francisco, il avait plus de fierté. Ces bruits infamants, il les méprisait.

Et pourtant Goya était un artiste ; il aurait dû être plus noble et, de fait, le plus souvent, il planait au-dessus du vulgaire. Puis, brusquement, il retombait, se faisait mesquin, trivial comme un muletier. Que lui conseillait-il là ? D'abandonner Joaquin à son sort, s'il était coupable ? Comme elle se sentait loin de Francisco ! Et, au même instant, elle rit d'elle-même. Francho était un majo, il l'aimait, et un majo a le droit d'être jaloux, d'être bas et vulgaire quand il est jaloux.

— C'est dommage, Francho, dit-elle, que tu haïsses don Joaquin. Il ne te hait pas, lui, et c'est l'homme le plus intelligent que je connaisse. C'est pour cela que l'Inquisition prétend qu'il est de sang juif et qu'il pense jour et nuit au poison et au couteau. Il est très intelligent, et courageux. Il est malheureux que tu le haïsses.

Goya se maudissait soi-même. Encore une fois, il s'était lourdement trompé. Cayetana n'admettait pas qu'on la conseillât, il aurait dû le savoir. Elle agissait, parlait comme bon lui semblait, couchait avec qui lui plaisait. Comment avait-il pu espérer ruiner Peral dans son esprit ?

Goya se tut et ils se séparèrent bons amis.

Au cours des semaines qui suivirent, ils se virent beaucoup, mais sans faire la moindre allusion à leur grande querelle ni à la mort de don José. Ce silence faisait leur amitié plus sombre, plus ardente encore.

Il travaillait beaucoup. Agustin lui reprochait de n'user que de son œil et de sa main sans penser. Il devenait hargneux, grognon, et Francisco lui répondait grossièrement.

In petto, il lui donnait raison. Le portrait, inachevé, de la vieille marquise le hantait comme un remords.

Il demanda à doña Maria-Antonia si elle voulait bien lui accorder deux ou trois séances de pose. La marquise lui fit répondre par son intendant qu'elle n'en aurait pas le temps avant un an au moins ; à la lettre était joint un billet d'une valeur égale au prix du tableau terminé.

Il ressentit l'insulte comme un coup au visage. La marquise ne lui aurait certainement pas fait cet affront si elle n'avait pas été convaincue de la culpabilité de Cayetana, et de celle du peintre.

Cayetana, si maîtresse d'elle-même, pâlit quand il lui en parla.

Quelques jours plus tard, on connut les dons que la duchesse avait résolu de faire à des œuvres ou à des amis en souvenir de son époux. Le docteur Peral recevait, prélevée sur la galerie du palais Liria, *la Sainte Famille,* de Raphaël.

Des maîtres de tous les temps, c'était Raphaël Sanzio que l'Espagne estimait le plus, et ce groupe de la Sainte Famille passait pour être l'une des plus belles œuvres que l'Espagne possédât. Un duc d'Albe, alors vice-roi de Naples, avait ramené de Nocera cette toile incomparable; les Albe voyaient en elle le joyau de leurs collections d'art et, dans cette Vierge de Raphaël, la patronne de leur maison. Si doña Cayetana faisait à Peral ce cadeau royal et justement en souvenir de son époux, c'était évidemment qu'elle répondait de lui et de ses actes, qu'elle le couvrait. S'il était coupable, elle l'était aussi.

« Du calme », s'ordonna Goya quand il apprit, de Miguel et d'Agustin, la nouvelle imprudence de Cayetana. Déjà le flot rouge et noir de la colère l'assaillait pour l'assourdir. Dans un effort suprême, il résista. La lame brisa avant de le submerger : il pouvait entendre ce qu'on disait autour de lui.

Jetant un regard à la Vierge d'Atocha, il se signa rapidement. Cette femme disposait ainsi de l'image de sa patronne, défiait le Ciel. Et avec lui, la reine, l'Inquisition, l'Espagne tout entière. C'était, de toutes ses actions, la plus stupide, la plus scandaleuse — et la plus belle.

La peur l'envahissait, pour elle et pour lui. On le disait brave. Pourtant, combien de fois avait-il dû vaincre l'angoisse ! Le danger était partout, au premier tournant du chemin. Le chat, en mangeant, ne cesse de regarder à droite, à gauche, à l'affût de l'ennemi possible ; il fallait l'imiter. Qui ne prévoyait pas était perdu. La peur est nécessaire à la vie, à l'existence.

Cayetana, elle, était née sur ces sommets où l'on est libre, où l'on se rit des terreurs des humbles. Cette témérité folle, il l'admirait en elle. Que son propre cœur était petit devant celui de cette femme !

Il n'en haïssait que davantage le Peral détesté. Quant à lui, Francisco, jamais il ne pourrait se libérer d'elle.

24

Aux yeux du peuple de Madrid, la duchesse n'avait été jusqu'ici qu'une enfant gâtée, qu'on aimait bien, qu'on fêtait partout, dans la rue, au théâtre, aux arènes : elle se disait maja. Mais quand on sut qu'elle faisait don de la Vierge de Raphaël à l'assassin de son mari, l'opinion fit volte-face. Elle n'était maintenant rien de plus que l'étrangère, l'Italienne — l'aristocrate qui, à l'abri de ses privilèges, brave l'honnêteté. On n'en pouvait plus douter: son docteur Peral avait usé de la magie noire pour faire passer dans l'autre monde le jeune duc. Le Saint-Office allait faire la lumière et bouter le feu.

— Qui aurait cru cela de doña Cayetana, ma chérie ? dit don Manuel jouant aux cartes avec Pepa. Se compromettre à ce point pour notre ami Goya. Ce n'est pas une bagatelle.

Pepa ne pouvait s'empêcher d'admirer la duchesse. Cette femme qui, publiquement, fièrement, confessait son amour. Consultant ses cartes, elle réfléchit, et joua :

— Son attitude ne sera vraiment grande, dit-elle, que si elle sait en supporter les conséquences avec dignité ; car je suppose que vous allez donner ordre de procéder contre elle et le médecin ?

Don Manuel n'y songeait pas. C'eût été une maladresse ; les grands auraient volé au secours de la duchesse. La reine seule déciderait s'il fallait réduire son ennemie ou l'épargner. Non, il ne se mêlerait pas de cette affaire. Abattant ses cartes, il laissa Pepa gagner et ne répondit pas.

Mais cette affaire ne laissait pas don Manuel en repos. Ce geste insolent, le don du Raphaël, était une preuve nouvelle de l'orgueil démesuré des Albe. Et pourtant, cette attitude se justifiait mal. Le destin leur avait porté de mauvais coups. L'homme qui n'avait pas voulu l'honorer du tutoiement fraternel en usage entre grands seigneurs du même rang gisait maintenant à cinq pieds sous terre, et la situation de doña Cayetana n'était pas particulièrement agréable. On devait assez mal respirer dans cette atmosphère de sang et de crime dans laquelle elle vivait.

Il eût été amusant de savoir si elle était toujours aussi dédaigneuse et fière.

C'était un droit et un privilège des grands que de protéger les arts, et l'une des occupations préférées de l'aristocratie était d'échanger des tableaux de maîtres. En particulier pendant les deuils, pour se distraire du cérémonieux ennui imposé.

Manuel alla voir doña Cayetana, déplora une fois de plus le malheur qui la frappait et en vint enfin à l'objet de sa visite. Ses collections étaient assez pauvres en maîtres italiens; son conseil, don Miguel, et l'abbé, don Diego, malheureusement absent, partageaient sa façon de voir. Par contre, il avait beaucoup d'œuvres de valeur de l'école espagnole. Doña Cayetana accepterait peut-être d'échanger l'un ou l'autre de ses tableaux italiens contre un Greco ou un Vélasquez ? Jambes croisées, ses petits yeux vifs dans son visage un peu lourd virevoltaient, se posaient de-ci delà, approbateurs et assurés.

Echanger — la duchesse fit la moue — ne lui plaisait guère. Elle avait d'assez belles collections en effet, et sans être très experte en art — ses amis, le docteur Peral et le peintre Goya, étaient là pour la conseiller — elle aimait ses toiles pour elles-mêmes, sans qu'on eût besoin de les lui faire apprécier.

— Mais j'aurai plaisir, conclut-elle aimablemet, à vous envoyer l'une ou l'autre de mes toiles de l'école italienne et, si l'occasion se présente, je vous permettrai de prendre votre revanche.

Il se sentait humilié. Elle lui donnait à comprendre que, venu d'en bas, il ne saurait jamais protéger les arts à la façon d'un grand seigneur. Elle lui montrait son dédain, alors qu'elle avait toutes raisons pour rechercher sa bienveillance. Il serait bien facile de faire comprendre au grand inquisiteur que la cour ne s'opposerait pas à l'ouverture d'une enquête impliquant le docteur Peral.

Il eut satisfaction avant d'avoir pris sa décision.

Doña Maria-Luisa avait déjà songé à châtier la duchesse et, avec elle, le médecin qui avait si insolemment décliné son offre magnanime. Des considérations politiques l'avaient retenue. La guerre avec l'Angleterre s'avérait malheureuse; il fallait tirer aux grands, mécontents, des contributions de guerre toujours plus fortes; dans ces conditions, la noblesse eût vu une provocation dans les mesures qu'aurait pu prendre la reine contre une femme du rang de la duchesse d'Albe. Mais ce don du Raphaël soulevait l'indignation, et la reine pouvait maintenant, sans craindre de résistance, remettre l'insolente à sa place.

Doña Maria-Luisa manda la veuve du duc à Aranjuez, où la cour s'était installée pour quelque temps.

Elle la reçut dans son cabinet de travail, une pièce claire et gaie. Les murs étaient tapissés de damas blanc, les sièges recouverts de même tissu. Le bureau était un présent du roi Louis XVI, mort si tragiquement; il était fait de véritable acajou et signé de Pluvinet. Dupuis l'avait agréablement sculpté, et le roi lui-même en avait forgé la serrure, très belle. La reine, dans une élégante robe d'été, y était assise. Devant elle, Cayetana, en grand deuil, avait pris place. Les deux femmes buvaient de la limonade frappée.

— J'ai dû, une fois déjà, chère amie, dit Maria-Luisa, vous mettre en garde contre certains bruits fâcheux. Malheureusement, vous n'avez pas voulu prévoir le scandale qu'allait infailliblement provoquer votre dernière libéralité en faveur de votre médecin.

Cayetana regardait la reine de l'air le plus surpris et le plus innocent.

— Le plus simple serait évidemment, continuait doña Maria-Luisa, d'ordonner une enquête serrée des agissements du docteur Peral. Si j'ai déconseillé le roi d'en venir à pareille extrémité, c'est pour vous, dans votre intérêt. C'est-à-dire — je serai franche — pour le nom que vous portez, pour ceux qui le porteront après vous.

— Je ne comprends pas, Madame, répondit Cayetana, sinon que je me suis attiré le mécontentement de Votre Majesté.

Sans prendre garde à l'interruption la reine poursuivait :

— Vous n'êtes pas, ou ne voulez pas être, ma chère, assez forte pour protéger ce beau nom comme votre devoir vous l'ordonne. Je vais donc vous y aider.

— Cet appui, je ne vous le demande pas; je ne le désire pas, dit la duchesse.

— Vous avez réponse à tout, doña Cayetana, mais le dernier mot me revient, voyez-vous ! Elle avait repoussé son gobelet de limonade et jouait avec la plume qui pouvait, de la moindre de ses paroles, faire un ordre sans appel... Je vais donc, reprit-elle, que vous le désiriez ou non, vous mettre à l'abri de nouvelles médisances. Je vous invite à vous éloigner de Madrid pour quelque temps. Pour la durée de votre deuil, précisa-t-elle.

La durée du deuil ! Dès qu'elle avait su qu'on la mandait à Aranjuez, Cayetana s'était attendue au bannissement. Mais trois ans — c'était la durée du deuil de la veuve d'un grand de première classe... Trois ans sans Madrid ! Sans Francho !

Doña Maria-Luisa l'observait sans cesser de jouer avec sa plume d'oie; ses lèvres s'étaient légèrement entr'ouvertes; on devinait l'éclat de ses fausses dents de diamant. Cayetana avait rougi mais s'était si vite reprise que l'autre n'avait que difficilement noté sa surprise.

— Vous avez trois semaines, ma chère, pour faire vos préparatifs, conclut la reine, jouissant si vivement de son triomphe que sa voix se faisait presque amicale.

La duchesse, l'air parfaitement indifférent, se leva, s'inclina en une profonde génuflexion, prononça la formule d'usage: « Je remercie Votre Majesté de sa bienveillance », et lui baisa la main, ainsi que le protocole l'y forçait. Une main charnue, presque enfantine, aux doigts couverts de bagues.

Cayetana apprit à Francisco ce qui s'était passé.

— Vous le voyez : j'ai toujours raison, conclut-elle avec un entrain un peu forcé. L'Italienne n'est pas aussi généreuse que vous avez bien voulu la peindre !

Goya était atterré. Cayetana éloignée de Madrid ! Bannie ! Cela venait modifier tous ses plans, toute son existence, Elle comptait évidemment sur lui, sur sa compagnie. Il serait délicieux de vivre auprès d'elle, dans un de ses domaines, loin du tumulte de Madrid et de ses espions. Mais il était peintre de la cour, président de l'Académie, et ne pouvait s'éloigner longtemps de la capitale. En lui, naissait en même temps une joie secrète : quelle fierté d'être l'auteur, la raison du nouveau destin de cette femme si orgueilleuse !

— Une vie indépendante a ses bons côtés, poursuivait-elle. Les racontars, lorsqu'ils m'atteindront dans ma retraite, seront déjà oubliés ici.

— Quand partez-vous ? demanda-t-il avec embarras.

— Je vais commencer par ne pas bouger, répliqua-t-elle, et, voyant sa surprise, elle ajouta : Je la forcerai à se servir de sa plume. J'attendrai un ordre écrit. C'est seulement après avoir reçu la « carta orden » que je quitterai Madrid.

De son côté, sa décision était prise.

— Me permettez-vous de vous accompagner ? fit-il assez maladroitement, fier de son courage.

Sa ruse paysanne lui avait soufflé que sa surdité était un excellent prétexte pour demander un congé.

— Naturellement ! jeta-t-elle, joyeuse.

Et lui, ravi :

— C'est magnifique ! Doña Maria-Luisa n'a sûrement pas pensé qu'elle nous rendait un grand service.

La reine n'oubliait rien. A la demande de congé présentée par Goya, le premier chambellan répondit que M. le Président de l'Académie devrait remettre son départ à plus tard. Le roi avait l'intention de lui confier un travail d'importance. Il était invité à venir à Aranjuez pour en parler avec Leurs Majestés.

Cayetana pâlit de rage :

— La chienne ! s'écria-t-elle.

Mais, retrouvant tout aussitôt son calme, elle reprit :

— Elle te retiendra un mois, deux tout au plus. Tu me rejoindras. Nous avons tout notre temps, hélas ! — et c'est tant mieux. Va et reviens vite ! Fais du bon travail ! Peins-la aussi ressemblante que tu le pourras ! Oui, répéta-t-elle avec un sourire méchant, fais-la bien ressemblante, ta maja en noir.

25

Dès son arrivée, on mena Goya au roi Carlos.

Le monarque était en compagnie de ses deux plus jeunes enfants, l'infant Francisco de Paula et l'infante Maria-Isabel, et s'amusait à faire voguer un petit bateau sur le canal La Ria. Il y prenait un plaisir visiblement plus grand que les enfants :

— Voyez donc, don Francisco, cria-t-il de loin au peintre, c'est une réplique exacte de ma frégate *Santisima-Trinitad*. Elle doit actuellement croiser en mer de Chine, du côté de mes îles Philippines. Ce n'est malheureusement pas sûr, au train où vont les choses : ces Anglais semblent avoir signé un pacte avec le diable. En tout cas, avec ma petite frégate, nous venons de faire tout le tour de l'île au travers du Tajo et du canal. Venez donc jouer avec nous, ordonna-t-il au peintre.

Après avoir, enfin, congédié les enfants, le roi se promena dans les jardins en compagnie de Goya. Le gros homme marchait lourdement, suivi, à un demi-pas, de son compagnon. Les allées étaient très longues; au-dessus de leurs têtes, les arbres tendaient leurs larges arceaux que le soleil perçait çà et là.

— Faites bien attention, mon cher, commença le roi, à ce que je vous tiens en réserve. Le hasard fait qu'en ce beau mois de mai tous ceux qui me sont chers se trouvent réunis ici, à Aranjuez. Une idée m'est venue. Il faut que vous nous peigniez tous ensemble, don Francisco, sur une seule toile.

Ce jour-là, Goya avait bonne oreille. Il crut cependant avoir mal entendu. C'était un coup de chance prodigieux, unique. Mais n'allait-il pas s'évanouir en fumée s'il avançait trop vite la main ?

Un roi a rarement l'occasion de se faire peindre au milieu des siens. Les princes du sang ont généralement peu de patience et, aussi, peu de loisirs. Seuls, les artistes du plus grand renom avaient eu l'occasion de peindre semblables groupes, et personne depuis Miguel van Loo.

— Voici ce que je me suis dit, reprit le roi. Vous me faites quelque chose de gentil, de familial et cependant très digne, comme le portrait de Philippe IV sur lequel la petite infante reçoit le verre d'eau et le petit garçon donne un coup de pied au chien. Ou bien comme celui de mon grand-père Philippe V, où tous sont assis en rond, à leur aise. Je pourrais comparer mes montres ou jouer du violon. La reine lit, les plus jeunes jouent à chat perché. Tous s'amusent gentiment mais non sans dignité. Vous me comprenez, don Francisco ?

Don Francisco comprenait. Mais il était d'un avis tout différent. Un tableau de genre ? Jamais ! Toutefois il fallait être prudent, ne pas compromettre cette chance merveilleuse. Il remerciait profondément le roi, répondit-il, de l'honneur insigne qu'il lui faisait. Il priait qu'on lui accordât un ou deux jours de délai qui lui permettraient de soumettre à Sa Majesté ses propositions.

— Accordé, mon cher, répondit Carlos. Je ne me presse jamais, encore moins à Aranjuez qu'ailleurs. Quand vous aurez votre idée, faites-le-moi savoir.

Ce jour-là et le lendemain, Goya les passa seul. Absorbé, éperdu de joie, n'entendant pas ou ne voulant pas entendre les appels, il erra dans le château, dans ses admirables jardins, sous les ombrages de la « calle de Alhambra » et de la « calle de los Embajadores », passant ponts et ponceaux, négligeant grottes et jeux d'eaux.

Sa Majesté devrait renoncer à la « gentillesse ». *La Famille de*

Philippe V de Van Loo n'était qu'une croûte, un décor de théâtre. Goya ne s'abaisserait pas. Et *les Dames de la cour* de Vélasquez, les « moninas » — à dire vrai, la peinture espagnole n'avait rien fait de mieux et il admirait ce tableau. Mais leur gaieté guindée n'éveillait rien en lui. Comme d'habitude, il n'avait nullement le désir de se mesurer à aucun, à Vélasquez moins qu'à tout autre. Il serait son propre adversaire; son tableau serait un Goya et rien d'autre.

Le second jour, il entrevit confusément son but. Mais il ne voulut rien hâter, rien préciser dans son esprit, de crainte de tout brouiller. C'est en rêvant d'une image encore imprécise et flottante qu'il se mit au lit et s'endormit.

En se réveillant, de bon matin, il savait ce qu'il ferait.

Il se fit annoncer à Leurs Majestés, et exposa son plan, s'adressant plus à doña Maria-Luisa qu'à don Carlos. Il parviendrait le mieux, dit-il modestement, à représenter Leurs Majestés si le côté représentatif de l'œuvre dominait, cette inaltérable dignité qui émanait de Leurs Personnes. Il redoutait une certaine liberté d'expression capable de suggérer qu'il ne s'agissait que de personnes de rang moins élevé, de simples nobles ou de grands bourgeois. Il suppliait donc Leurs Majestés de vouloir bien lui ordonner de s'en tenir à la note représentative. Les membres de la famille royale se montreraient ainsi que la grâce de Dieu les avait créés, en souverains, en infants. Ils seraient simples dans tout leur éclat.

Don Carlos était déçu. Il renonçait difficilement à l'idée qu'il avait eue, à son désir de se voir sur la toile, ses montres en main, ou son violon sur la table. Peut-être n'était-il pas absolument royal de se laisser peindre ainsi, mais on pouvait arguer de ce qu'un monarque, au sein de sa famille, redevient un homme. D'un autre côté, la proposition de son peintre venait flatter, préciser une image qui avait occupé à plusieurs reprises son esprit, ces derniers temps. De Paris la nouvelle était venue, confidentielle, qu'un complot royaliste se préparait, et Manuel lui avait fait sentir qu'en soutenant adroitement ce mouvement on pourrait faire en sorte que le peuple français lui offrît, à lui, roi d'Espagne et chef de la famille des Bourbons, la couronne de France. « Yo el Rey de las Espanas y de Francia », pensait-il. Debout au milieu des siens, en uniforme d'apparat, constellé de rubans et de décorations, avec son corps puissant et sa mine fière, pensant intensément : « Yo el Rey », il pourrait certainement permettre à ce peintre de jeter sur sa toile un peu de cette splendeur. « Votre idée n'est pas si mauvaise », reconnut-il, et Goya respira.

La reine, elle, avait aussitôt compris l'intention de son peintre. Elle aimait l'apparat, et Goya l'avait souvent peinte en des attitudes nobles. Au milieu des siens, elle serait bien plus imposante encore. Mais Goya ne voyait-il pas la chose trop simplement ?

— Comment vous représentez-vous cela, don Francisco ? fit-elle, dubitative, mais non sans bonté. Tous sur un rang ? Cela serait bien terne.

— Si vous me faites la grâce de m'autoriser à tenter un essai, Madame, répondit Goya, je crois pouvoir vous satisfaire.

On s'entendit pour que le roi et les siens se réunissent le lendemain dans la galerie verte, tous en tenue de gala. On déciderait de la façon dont Goya peindrait la famille de Carlos IV.

A l'heure dite tous les Bourbons d'Espagne, jeunes et vieux, se trouvèrent à la place spécifiée ; une dame d'honneur, très raide, tenait avec précaution dans ses bras un nourrisson qui allait, lui aussi, figurer sur la toile. La compagnie prit ses places. Les uns assis, les autres debout, dans la lumière radieuse tombant des hautes fenêtres. Les deux plus jeunes infants, Isabel — douze ans — et Francisco de Paula — six ans — se poursuivaient en riant. Tous étaient en habit de cérémonie, ce qui détonnait sous le soleil matinal. Le long des murs, la suite nombreuse s'alignait. Il y avait beaucoup de bruit et un peu d'embarras. Le protocole ne prévoyait pas semblable réunion.

Doña Maria-Luisa prit la chose en main.

— Vous nous avez, don Francisco, dit-elle. A vous de faire de nous quelque chose de beau.

Goya se mit à l'ouvrage. Au milieu, la reine. Il plaça devant elle les deux plus jeunes, la fille de douze ans et le garçon de six ; à sa gauche, très en avant, il planta le lourd Carlos. Ce groupe allait de soi. Le second était aussi très simple à composer. D'abord l'infante Maria-Luisa, jolie, sans plus, avec son nourrisson que la dame d'honneur lui avait tendu avec une profonde génuflexion et, à sa droite, son mari, le prince héritier de Parme, très grand et tenant bien sa place. Comme trait d'union des deux groupes, le vieil infant don Antonio Pascual, le débonnaire frère du roi, auquel il ressemblait de façon qui prêtait à rire, et les trois autres Bourbons emplissaient convenablement le côté gauche du tableau, pour l'observateur : l'héritier du trône, don Fernando, jeune homme de seize ans au visage assez joli et très neutre, son cadet don Carlos, et sa tante, sœur aînée du roi, doña Maria-Josefa, à la laideur inexprimable. C'était enfantin de simplicité, et Goya prévoyait qu'on jugerait maladroite cette composition, mais elle convenait mieux que toute autre à ses intentions.

— Halte ! Halte ! ordonna brusquement le roi. Il y a encore deux infantes qui ne sont pas ici ! Et à Goya étonné, il expliqua : Ma fille aînée, la princesse régnante de Portugal, et la Napolitaine, la future épouse de mon héritier.

— Votre Majesté ordonne-t-elle, demanda Goya, que je peigne Leurs Altesses Royales d'après l'image ou la description ?

— Faites comme vous voudrez, dit le roi. L'essentiel, c'est qu'elles soient sur la toile.

Mais don Fernando, prince des Asturies et héritier de la couronne, se manifestait :

— Je ne vois pas, fit-il observer de sa voix rauque, encore mal posée, pourquoi on me mettrait dans le coin. Je suis prince des

Asturies. Pourquoi la petite — et il désignait l'enfant de six ans — serait-elle au milieu et moi relégué dans un coin, je le répète ?

Déjà Goya, patient, s'excusait et, s'adressant au roi plus qu'au prince :

— J'ai pensé qu'il était préférable, au point de vue artistique, de ne pas placer entre Votre Majesté et sa royale épouse une Altesse par trop grande afin de donner plus de valeur à mon souverain.

— Je ne vois pas pourquoi, grogna don Fernando, ma dignité serait sacrifiée.

— Parce que tu es trop grand, dit le roi.

Et la reine conclut :

— Taisez-vous, don Fernando !

Reculant de quelques pas, Goya observa le groupe des Bourbons.

— Pourrais-je prier Leurs Majestés, dit-il après quelques instants, de se rendre dans une autre salle ? Il me faut de la lumière tombant d'en haut, de gauche à droite, expliqua-t-il.

Maria-Luisa avait compris :

— Passons dans le salon d'Ariane, proposa-t-elle. Nous y trouverons ce que vous cherchez, don Francisco.

A grand bruit, la brillante cohorte traversa le château, le roi massif et la reine en grand atour, les vieilles infantes très laides et les jeunes, suivis des seigneurs et des dames de la suite. On parvint dans le salon d'Ariane où tout était selon les désirs de Goya, la lumière haute et les énormes tableaux représentant des scènes mythologiques plongés dans la pénombre.

Goya observait, notait fiévreusement. Le silence régnait et la suite jugeait bien hardi, malséant, qu'un sujet dévisageât ainsi son roi et sa famille. Non, cela était déplacé, pour ne pas dire davantage. Pour comble, Goya avait gardé — il n'aurait su dire lui-même pour quelle raison — à l'encontre cette fois de l'usage et de son habitude, son costume de travail.

— J'aurais encore deux demandes à présenter, dit-il enfin. Si Son Altesse Royale le jeune infant pouvait porter du rouge vif, cela ferait mieux ressortir Leurs Majestés. Dans l'intérêt du tableau, il vaudrait mieux aussi que Son Altesse Royale le prince héritier ne porte pas du rouge mais du bleu clair.

— Ce rouge est celui de mon uniforme de général, protesta don Fernando. C'est ma couleur préférée.

— Tu porteras du bleu, dit sèchement la reine.

Et don Carlos ajouta, bonhomme :

— Tu pourras mettre plus de décorations, si don Francisco n'y voit pas d'inconvénients, et aussi la Toison d'or.

— Son Altesse Royale, s'empressa d'assurer le peintre, sera en pleine lumière. Ses plaques et ses grands cordons brilleront d'un éclat tout particulier.

A grands coups de crayon, il fit son esquisse.

— Je n'aurai plus besoin que de quelques séances de pose en particulier ou en petits groupes. Je n'aurai besoin de vous tous qu'une fois encore pour une esquisse poussée, en couleurs.

— Accordé, dit le roi.

Cette nuit-là, Goya dormit mal. Non, il ne ferait pas une pauvre croûte comme Van Loo, et personne ne pourrait dire que ce que Vélasquez s'était permis, Goya ne le pouvait pas. « Vélasquez est grand, mais il est mort, pensait-il, triomphant. Mais les temps sont changés, je ne suis pas un barbouilleur et je vis. » Dans l'obscurité, avec une joie profonde, il vit, nettement, ce qu'il ferait, les couleurs rebelles qu'il forcerait à s'unir en un tout harmonieux, toute cette lumière, tout ce brillant et, clairs et nets, les visages.

Avant même de commencer les esquisses partielles, il fut appelé chez l'intendant du roi, le chambellan marquis de Ariza. Celui-ci le reçut en présence du trésorier, don Rodrigo Soler.

— J'ai certaines communications à faire à Monsieur le peintre de la cour, déclara le marquis.

Il parlait avec politesse mais sans regarder Francisco.

Bien qu'il soit parfaitement admissible de considérer Son Altesse doña Maria-Antonia, princesse héritière de Naples, comme la fiancée de Son Altesse Royale le prince héritier don Fernando, les tractations entre les Hautes Parties Contractantes sont encore en cours, en sorte que certaines modifications restent du domaine des possibilités. Il serait en conséquence souhaitable que Monsieur le peintre de la cour donnât à la noble fiancée des traits un peu imprécis, anonymes en quelque sorte, afin qu'au cas de l'adoption de dispositions nouvelles le visage peint puisse représenter celui d'une autre personne de haut rang. Me suis-je bien fait comprendre de Monsieur le peintre de la cour ?

— Oui, Excellence, répondit Goya.

— On a aussi attiré l'attention, poursuivit le marquis de Ariza, sur le fait que le nombre de personnages princiers, tenant compte du futur prince héritier de Parme, je veux dire le nourrisson, et des infantes absentes, est de treize. Les hautes personnalités à paraître sur le tableau sont évidemment au-dessus de toute crainte superstitieuse, mais il pourrait en être autrement de ceux qui seront amenés à les voir. Aussi a-t-on proposé que Monsieur le peintre de la cour, comme cela a déjà été fait dans le passé, se représente lui-même sur la toile, de façon discrète, s'entend. Me suis-je bien fait comprendre ?

— Je le crois, Excellence, dit Goya très sec. L'ordre m'a été donné de paraître dans le tableau, peignant, dans l'ombre.

— On remercie Monsieur le peintre, répondit le marquis. Monsieur le peintre de la cour a compris.

Goya laissait aller sa pensée. Vélasquez, lui, s'était peint grandeur nature sur *la Famille royale* et en lumière. Le roi Philippe, de sa propre main, avait ajouté sur la poitrine la croix de Santiago. Lui, Francisco, se représenterait plus discrètement, et dans l'ombre, mais très visible cependant, et son souverain le récompenserait, avec moins d'élégance peut-être que Philippe n'avait remercié Vélasquez, mais il le nommerait premier peintre, enfin; après ce grand travail, si difficile, le doute ne pouvait subsister.

— Il nous reste encore à traiter la question des honoraires, intervint don Rodrigo Soler, le trésorier, et Goya, retrouvant son âpreté paysanne, résolut de bien entendre la suite. En des cas semblables, on avait parfois offert au peintre des honoraires très bas, sous le prétexte que l'artiste devait se sentir fier de l'honneur qu'on lui faisait.

— Je pensais au début, dit-il prudemment, que le travail préparatoire ne demanderait que de simples esquisses; mais il s'est avéré que je devrais pousser jusqu'au moindre détail les têtes de Leurs Seigneuries. Il y aura donc quatre groupes partiels et dix portraits individuels.

Le marquis de Ariza se tenait debout, muet, méprisant.

— Il a été décidé, dit Soler, de ne pas évaluer vos honoraires au temps. Votre ouvrage vous sera payé au nombre des personnages, savoir 2.000 réaux par tête pour Leurs Majestés et leurs Enfants et 1.000 réaux par tête pour les autres membres de la famille royale.

Goya se demandait si l'on paierait aussi pour les infantes absentes, pour le nourrisson et pour lui-même, mais il se tut et réprima un sourire. Au total, l'affaire était bonne. Il avait l'habitude de relever ses prix quand le client exigeait qu'on peignît les mains. Cette fois, il n'en avait pas été question et, dès le début, il avait résolu d'en peindre fort peu, quatre ou six au plus. Non, le prix n'était pas mauvais même si l'on ne comptait que dix têtes.

Le même jour, dans l'atelier provisoire qu'on lui avait installé dans le salon d'Ariane, il se mit au travail. Il y pouvait placer chacun de ses modèles dans la lumière qu'il aurait dans le groupe familial. Il peignit don Luis, prince héritier de Parme, jeune, digne, assez joli garçon, un peu bête, la gentille infante Maria-Luisa avec son bébé. Il peignit aussi la vieille infante doña Maria-Josefa. Bien que résolu à ne laisser qu'entrevoir son visage entre le prince héritier et sa fiancée anonyme, il lui fallut pourtant deux matinées entières pour l'esquisser; la terrifiante laideur de la vieille infante le fascinait.

Le roi était très bon modèle, et complaisant. Il se tenait très droit tout en sortant ventre et poitrine. Le ruban bleu et blanc de l'ordre de Carlos luisait doucement; le ruban rouge du Christ de Portugal brillait et la Toison d'or étincelait; la poignée de l'épée se détachait sur le satin marron de l'habit. Le propriétaire de cette magnificence se présentait raide, important, très fier de pouvoir rester si longtemps debout, en dépit de sa goutte.

Si c'était une joie pour le roi que de s'offrir ainsi à l'admiration, les pauses n'étaient pas faites pour lui déplaire. Il ôtait volontiers l'épée et parfois même son ample veste de satin avec tous ses cordons et toutes ses plaques, s'abîmait dans un fauteuil, comparait avec amour ses montres et parlait chasses, agriculture ou enfants.

— Vous serez aussi sur la toile, Francisco, dit-il un jour avec bonhomie. Il observait son peintre, appréciait sa carrure. Vous avez l'air solide. Que diriez-vous d'une partie de lutte ?

Il s'animait.

— Je suis beaucoup plus grand que vous, c'est entendu, plus fortement bâti, mais j'ai les ans et la goutte. Laissez-moi tâter vos biceps, ordonna-t-il, et Goya dut remonter sa manche.

— Pas mal, pas mal du tout, reconnut-il. Tâtez les miens maintenant.

Le peintre obéit.

— Evidemment, c'est autre chose, Majesté.

Soudain le roi l'assaillit. Goya, surpris, se défendit vivement. Il avait si souvent lutté dans les tavernes avec d'autres majos ! Carlos, soufflant, employait des prises interdites, et Goya, énervé, oubliant qu'il voulait être premier peintre de la cour, lui en fit une, douloureuse, à la façon maja.

— Aïe ! gémit don Carlos.

Déjà Francisco, haletant, retrouvait son sang-froid :

— Je supplie humblement Votre Majesté de me pardonner.

Il fallut encore un moment pour qu'il se laissât mettre le genou de don Carlos sur la poitrine.

— Vous êtes solide, dit Carlos.

Il montrait constamment à Francisco son estime et sa faveur. Il se sentait particulièrement bien à Aranjuez et citait volontiers le vieux proverbe : « Si Dieu n'était pas Dieu, il voudrait être roi d'Espagne, avec un cuisinier français. » Don Carlos, de bonne humeur, s'efforçait d'égayer Goya, et retardait ainsi son travail. Il le menait à la « Casa del Labrador » encore inachevée, à sa « maison de paysan », ce luxueux petit palais qu'il avait fait construire dans le parc, déclarant à Francisco que, là aussi, il trouverait de nombreuses occasions de manier le pinceau. Plusieurs fois, il l'emmena à la chasse. Un jour, il le fit venir dans le grand salon de musique et joua pour lui du violon.

— Ne trouvez-vous pas que j'ai fait des progrès ? demanda-t-il. De tous mes grands, depuis que le pauvre duc d'Albe nous a quittés, je suis certainement le meilleur archet.

De tous les modèles de Goya, un seul se montrait récalcitrant : le prince héritier don Fernando. Goya traitait ce garçon de seize ans avec un respect tout particulier et s'efforçait de le gagner. Mais Fernando, brutal et suffisant, restait rétif. Il savait que Goya était un ami du prince de la Paix qu'il haïssait. Servantes, gouvernantes et dames de la cour l'avaient très tôt initié aux plaisirs de la chair, et le petit prince avait très vite appris que don Manuel était l'amant de sa mère. Il le regardait avec curiosité et envie ; don Manuel, un jour que Fernando — qui n'avait alors que onze ans — s'embarrassait dans son épée de colonel, n'avait-il pas osé donner à l'héritier du trône des conseils, d'un air supérieur ? Et voilà qu'on le contraignait à poser devant l'ami de don Manuel, dans un uniforme dont la couleur lui déplaisait! Plus encore : ce peintre osait paraître en tablier de travail devant son futur roi.

Par contre, doña Maria-Luisa se montrait excellent modèle, très complaisant. Selon le désir de Goya, elle posait tantôt seule, tantôt avec les deux jeunes infants qui posèrent aussi, l'un après l'autre.

Il fut enfin possible de prier très respectueusement la Famille de se réunir dans le salon d'Ariane, pour la grande esquisse en couleurs.

Tous prirent leur place, et Goya éprouva une grande joie : l'opposition des couleurs fournissait un effet nouveau et riche. Le détail s'incorporait sans heurts à l'ensemble, sans s'y perdre. L'harmonie était parfaite, l'éclairage sans faiblesse, rouge doré à droite, bleu argent à gauche. Toute lumière était ombrée dont le dégradé seul changeait et toute ombre était lumière. Dans cette symphonie de couleurs, les visages ressortaient, nus, durs, vrais. Il ne pensa pas qu'il aurait pu ne pas pouvoir exprimer tout cela : il le sentit.

Il étudiait, observait, très à l'aise, et, cette fois, la suite se sentait profondément choquée. Cet homme, cet humble sujet dans sa mauvaise cotte, osait tenir sous son regard rois et princes dans toute leur splendeur, les jaugeait comme le fait un général qui passe la revue de ses troupes ! C'était acte de rebelle ; la Révolution française portait ses fruits ; pourquoi les Bourbons toléraient-ils cette attitude ?

Francisco se mit à peindre, vite et longtemps. La vieille infante Maria-Josefa se plaignit : elle ne pouvait plus tenir debout, mais Carlos la tança : un peu de constance était le moins qu'on puisse exiger d'une infante d'Espagne. Goya n'entendait rien ; son travail l'absorbait.

Il s'arrêta enfin et tous s'agitèrent, se préparèrent à sortir.

— Vingt minutes encore, pria-t-il, et voyant les visages se rembrunir : Je vous en supplie, Altesses, vingt minutes, pas une de plus ! Après vous serez libres ; je n'aurai plus besoin de vous.

On accéda à son désir, d'assez mauvaise grâce. Il reprit ses pinceaux. Le silence était profond ; une grosse mouche bourdonnait à une fenêtre.

— Sire, merci, dit enfin Goya. Merci, Majesté. Je remercie Vos Altesses Royales.

Seul, il tomba sur une chaise, épuisé, heureux. Sa vision se réalisait, avait pris forme. Il ne pouvait plus la perdre.

Et soudain sa passion pour Cayetana lui revint, l'emplit du désir d'elle. A la force de son émotion, il mesura l'énergie qu'il lui avait fallu fournir pour l'oublier.

Il eût été plus habile, assurément, de rester à Aranjuez et d'y terminer son tableau. Mais était-elle encore à Madrid ? Pour combien de temps encore ?

Et, roulant sa grande esquisse et ses croquis, plein de fierté et d'espoir, il sauta en voiture, courut à Madrid.

26

La nuit même de son retour, elle fut auprès de lui. Les nuits d'été sont courtes, et Cayetana risquait d'être surprise en chemin. Cependant, elle demeura jusqu'à l'aube.

Le lendemain soir, elle vint très tôt. Il lui parla de son travail, lui montra ses esquisses, s'efforça de lui expliquer la grande œuvre qu'il voulait créer. Elle l'écouta à peine, jeta un regard distrait sur ces têtes engoncées dans les vêtements d'apparat et se mit à rire. Très haut. Il fut très vexé. C'était ainsi qu'elle le prenait ? Il regretta vivement de lui avoir montré son travail.

Son dépit dura peu. Il était heureux de la voir, de la toucher, de l'avoir à lui. Tout en elle le faisait heureux. « Ven, ventura, ven y dura. Bonheur, ô mon bonheur, sois bon et reste-moi », dit la chanson, et il en sifflait l'air sans cesse.

Elle passa aussi la deuxième nuit avec lui. Peut-être était-ce ses dernières heures à Madrid : le délai de trois semaines fixé par Maria-Luisa expirait le lendemain. Mais Cayetana ne pensait pas qu'elle irait jusqu'à l'ordre écrit, jusqu'à l'édit de bannissement, et Goya non plus.

Le lendemain, dans l'après-midi, il reçut un billet hâtivement griffonné. « Viens sur-le-champ », et il sut ce qui était arrivé : elle était chassée de Madrid. Il courut la voir.

Dans le grand palais de Liria, tout était en désordre. Les serviteurs couraient de-ci de-là, on criait des ordres, et la digne Eufémia elle-même cacha son émotion. Oui, Cayetana avait reçu la « carta orden », un ordre écrit du roi.

La duchesse reçut Francisco dans sa chambre. Elle était sur le point de s'habiller pour le voyage, à demi nue, sans souliers. Tout en donnant des instructions à la femme de chambre, elle le mit au courant. Elle devait quitter Madrid le même jour et se rendre pour un temps indéterminé dans ses propriétés d'Andalousie. Il lui était expressément défendu de sortir du royaume d'Andalousie sans autorisation expresse.

— Je vais faire des détours, dit-elle, de façon à passer toutes mes nuits sur mes terres.

Ce désordre autour d'elle l'amusait. Le petit chien jappait.

Goya sentait une voix intérieure, celle de son cœur, lui crier de partir avec elle, de demeurer auprès d'elle, si courageuse, de profiter des jours à venir pour être seul avec elle. Fallait-il donc renoncer à cette joie, à ce bonheur ? Non, plutôt abandonner son œuvre, sa carrière et sa gloire. Il la préfère à tout; il brûle du désir de l'imiter, de braver l'univers comme elle l'a fait en donnant ce Raphaël — cadeau sans prix — à son âne de médecin. Mais, au même instant, il pense au tableau, son tableau, qui est en lui, à son flot de couleurs brillantes, étincelantes, aux visages qui s'en détachent. *La Famille royale* de Goya ne connaîtra pas la renommée de celle de Vélasquez, mais elle aura sa place dans l'art.

— Puis-je vous accompagner, doña Cayetana ? demande-t-il d'une voix un peu altérée et, aussitôt, il ajoute, sans entrain : Au moins le premier jour ?

Elle devinait, il le sentait, il le lisait dans ses yeux. Elle rit sans méchanceté et il en souffrit. N'était-ce donc rien que le peintre du roi abandonne le travail qui allait le faire nommer premier peintre et se déclare prêt à accompagner une femme tombée en disgrâce, sur le chemin de l'exil ?

— J'apprécie à sa valeur votre proposition, don Francisco, dit-elle. Mais vous avez du bon sens et j'en aurai aussi pour une fois. Si, pour galoper toute une journée et avaler la poussière de ma voiture, vous deviez ne jamais être premier peintre, vous le regretteriez amèrement trois jours après, et toute votre vie. Et je ne veux pas penser aux jolis noms que vous me donneriez, en vous-même, ou que vous me jetteriez au visage. Non, merci, Fancho.

Et, se haussant sur la pointe des pieds, elle l'embrassa.

— D'ailleurs, ajouta-t-elle d'un ton léger, don Joaquin m'accompagne. Je suis en sûreté.

Il aurait dû se douter que Peral la suivrait, mais cette idée lui faisait mal.

On appelait aux voitures.

— Rejoignez-nous bien vite, Francisco ! dit-elle et, sous ses paroles, se devinait le désir. Terminez votre ouvrage et accourez en Andalousie, comme si vous aviez le Saint-Office aux trousses !

27

Goya n'avait pas encore donné à son ami Agustin l'occasion de lui parler. A peine Cayetana était-elle partie qu'il l'appela :

— Viens voir ce que j'ai fait et fais marcher ta langue, lui dit-il en déroulant devant lui ses esquisses et en les fixant avec de petits clous.

Agustin s'approcha, fit un pas en arrière, puis en avant, avança sa grosse tête, avala sa salive et fit claquer sa langue pointue.

— Il faut que je t'explique, reprenait Goya.

— Inutile, fit l'autre. J'ai compris.

— Tu ne sais rien du tout! lança Goya qui se tut néanmoins, laissant l'autre à son examen.

— Carajo ! s'écria enfin Agustin, et, à l'injure, grossière, à sa place dans la bouche d'un muletier, Goya sut qu'il était empoigné. Mais il ne pouvait taire ses espoirs, ses projets.

— Je ne veux pas construire, dit-il, ni imiter Vélasquez, faire du déjà vu. Je pose mes gens simplement, sans artifices, naïvement, si tu veux.

Les mots, il le sentait bien, étaient impuissants à exprimer cette infinie délicatesse, le raffinement de sa pensée, mais il lui était impossible de se taire plus longtemps.

— Le détail doit apparaître, reprit-il, dans toute sa netteté et sa précision, mais le fond est sombre. Aux murs du salon on devine — colossales — les allégories musculeuses des peintres du siècle précédent. Tu vois ce que je veux faire ? Tu comprends ?

— Je ne suis pas idiot, répondit Agustin. Et, transporté de joie triomphante : Hombre ! Cela sera une grande machine. Du nouveau. Francho, Francho, quel peintre tu fais !

— Est-ce seulement aujourd'hui que tu t'en aperçois ? répliqua Goya, ravi. Après-demain, nous partons pour Aranjuez, ajouta-t-il. Je t'emmène, naturellement. Ce sera vite fait. Je n'ai plus qu'à reporter les têtes. Tout le reste est en place. Cela sera superbe.

— Oui, dit Agustin, convaincu, qui attendait anxieusement l'invitation de Goya et s'en réjouissait comme un enfant. Après-demain, donc. Il y a beaucoup à faire avant le départ, ajouta-t-il, pratique. Je dois passer chez Dacher pour le cadre et la mise en place, chez Ezquerra pour les couleurs, et lui parler aussi du vernis.

En hésitant, il ajouta :

— Tu as bien négligé les amis Jovellanos, Bermudez, Quintana. Tu vas passer des semaines à Aranjuez. Ne veux-tu pas les voir ?

Le visage de Goya s'était rembruni, et Agustin craignit un instant sa colère. Mais le peintre se reprit. Comment avait-il pu si longtemps se passer d'Agustin, de son appui compréhensif ? Il fallait le laisser à cette joie à laquelle il semblait tenir. D'ailleurs, Agustin avait raison ; c'eût été une insulte que de négliger plus longtemps ses amis.

Chez Jovellanos, il trouva Miguel et Quintana.

— J'ai eu beaucoup de travail, dit-il pour s'excuser.

— De toutes les bonnes choses du monde, répondit Miguel, très sombre, le travail seul ne nous déçoit pas.

On parla politique, naturellement. La situation de l'Espagne était mauvaise, plus que Goya, isolé à Aranjuez, n'avait voulu le croire. La flotte, contrainte par la République française à l'action, ne s'était pas remise de la lourde défaite du cap Saint-Vincent. Les Anglais s'étaient emparés de Trinidad, coupaient la route des Indes, menaçaient les côtes de la métropole. Les lourdes charges de la guerre créaient la faim et la misère.

Le Directoire de Paris faisait payer à l'Espagne son peu d'empressement à conclure l'alliance. La République s'installait dans ses victoires en Italie et abandonnait l'Espagne à son sort. Le général Bonaparte allait jusqu'à détrôner les parents et alliés de la famille royale d'Espagne, à confisquer leurs terres. Evidemment, l'alliance était une bonne chose et on n'avait pas eu le choix, mais, au lieu d'exiger de son alliée l'exécution de ses promesses, l'Espagne cédait partout. Le fait était que la reine et don Manuel avaient donné — ou vendu — les bonnes places à leurs protégés. Des incapables prêts à se vendre à la République. Maria-Luisa, elle-même, n'était pas incorruptible. Elevait-elle le ton qu'elle recevait aussitôt de Paris des présents, et ses exigences se faisaient douces plaintes.

Goya écouta en silence, plein d'éloignement. Il appartenait à la cour, et tous ceux qui l'entouraient n'étaient, au fond, que ses ennemis. Oui, le roi Carlos, qui s'occupait plus de ses frégates en réduction que de la vraie *Santisima-Trinidad*, était sans doute un mauvais roi et la domination de doña Maria-Luisa un malheur pour la paix; mais, s'ils n'avaient pas été ce qu'ils étaient, il n'aurait pas eu de commande. Le général Bonaparte lui-même, en privant le frère de la reine de son grand-duché de Parme, venait favoriser Goya et sa fortune. Si le prince héritier de Parme et son infante n'avaient pas été forcés de passer l'été à Aranjuez, qui pouvait assurer que le roi aurait conçu l'idée du tableau de famille ?

Francisco avait eu peu de temps à consacrer à Josefa au cours de ces deux journées de préparatifs et se reprochait cette négligence. Devait-il lui cacher son ouvrage après l'avoir montré à Agustin et à Cayetana ? Avec un petit sourire dissimulant sa gêne, il la mena devant ses esquisses étalées sur leurs cartons.

Il tenta de lui expliquer ses projets. Elle regardait, indécise. Oui, cela serait coloré, riche, brillant, et les visages des souverains et des princes se détacheraient sur le fond obscur. Mais il se dégageait de ces croquis une sorte d'hostilité. Il semblait qu'un mauvais esprit les eût inspirés. On y décelait l'impiété, la rébellion. Certes, la beauté n'était pas l'apanage de la famille royale, mais jamais, dans les tableaux de Mengs, de Maella, de son frère et même ceux de Francisco, Leurs Majestés n'avaient été aussi laides. Qu'en penseraient-Elles ? De cette toile viendrait le malheur.

— Alors qu'en penses-tu ? demanda Goya.
— Le roi et la reine ne sont-ils pas trop... et la tante, l'infante aussi... ?
— Trop ressemblants ? suggéra-t-il.

Elle acquiesça d'un signe de tête. Attirée et repoussée à la fois elle finit par dire :

— Cela sera un chef-d'œuvre, c'est sûr, mais cela surprend, à première vue.

28

A Aranjuez, dans le salon d'Ariane, Agustin vit avec admiration naître sous le pinceau de son ami tout ce qu'il avait pressenti dans ses esquisses. Il y vit davantage encore, et une joie profonde l'envahit : *la Famille de Carlos IV* aurait un sens politique. Mais il se gardait bien de faire part de sa découverte à Francisco, car celui-ci n'y pensait nullement. Il croyait au pouvoir absolu, éprouvait de la sympathie pour ce monarque débonnaire et plein de dignité, et pour doña Maria-Luisa qui, du gâteau de la vie, tirait d'énormes morceaux sans parvenir à satisfaire son appétit dévorant. Mais les malheurs qui accablaient l'Espagne, les navires écrasés par les boulets de l'ennemi, le Trésor de l'Etat pillé, la faiblesse et l'arrogance de la souveraine, la misère du peuple, tout cela l'avait hanté pendant qu'il peignait. C'était parce qu'il ne peignait pas dans la haine que, de cet étincellement d'uniformes, de plaques et de bijoux, de ce chatoiement des attributs de la royauté de droit divin, jaillissait, pour s'étaler aux yeux de tous, si vraie et si brutale, la pauvre humanité de ces porteurs de couronnes.

Jamais les deux peintres n'avaient encore aussi bien travaillé côte à côte. Quand une ombre passait sur le visage ingrat d'Agustin, Francisco savait que quelque chose n'allait pas.

— Que penses-tu de la bouche de la reine ? demandait Goya.

Agustin se grattait la tête et, déjà, Goya amincissait les lèvres de la souveraine, lui ôtait le sourire de l'esquisse.

— L'infant Antonio ressemble bigrement au roi, risquait Agustin, et, pour souligner la mine majestueuse et crispée de Carlos, Francisco renforçait la pédanterie affectée de son frère.

Goya travaillait sans trêve. Tard dans la nuit, comme il l'avait fait pour les cinq tableaux offerts à l'Inquisition, à l'éclat des bougies qu'il disposait en ordre savant sur la plaque de métal fixée à son chapeau.

Il peignait en toute honnêteté, mais avec un mépris souverain de l'accessoire. On lui avait enjoint de laisser « anonyme » le visage de la fiancée du prince héritier : il fit tout simplement tourner la tête à l'infante inconnue. Jusqu'à la fin, il oublia la fille aînée du roi, l'absente, la princesse régente du Portugal. Agustin le lui fit remarquer :

— Laisse donc ; je l'aurai en deux minutes, et il continua à peindre le lourd visage plein d'ennui de l'infant don Antonio Pascual.

On l'appela pour le déjeuner, il poursuivit son travail. La tête était finie quand on vint le chercher pour la deuxième fois.

— Va t'asseoir, dit-il à Agustin, je te suis. Je n'ai plus que la princesse régente à peindre.

Et, vraiment, la soupe était encore chaude que le visage indifférent et neutre de l'infante se montrait entre l'infant Antonio et le long prince héritier Luis.

Pour se peindre lui-même, Goya mit moins d'une heure. Souriant, ironique, Francisco contemplait son image qui surgissait de l'ombre, en dégradé assurément comme « on » le voulait, mais très reconnaissable cependant.

A la surprise d'Agustin, Goya se montrait d'humeur égale. Le roi et la reine s'ingéniaient à lui faciliter sa tâche. Ils lui faisaient porter les habits de gala et grands cordons dont il avait besoin, et c'était en riant que Goya passait le ruban et le collier de la Toison d'or au cou d'Agustin ou qu'à la joie cruelle de celui-ci, il faisait entrer un gros laquais dans l'habit du roi, en lui enjoignant de se tenir très droit, avec la même dignité.

Le jour vint où il mit la dernière touche, et demanda à l'ami :
— Est-ce fini ?

Agustin regarda. C'était bien là les treize Bourbons. La dure, la cruelle vérité de ces pauvres visages et la miraculeuse richesse de couleurs du patrimoine hérité.

— Oui, c'est fini, dit Agustin.
— Est-ce que cela ressemble à la famille de Van Loo ?
— Non, répondit Agustin avec un petit sourire. Pas plus qu'aux *Dames de cour* de Vélasquez, et son rire éclatant se mêla à celui, heureux, de Goya.

— On pourrait le montrer à don Miguel, proposa Agustin.

Señor Bermudez était à Aranjuez auprès de don Manuel, et Agustin se réjouissait par avance de la surprise du grand connaisseur.

Don Miguel vint, et son opinion fut faite aussitôt. Ce tableau le heurtait au plus profond de lui-même. Malgré tout son art, c'était barbare. Pourtant, il hésitait à parler. Ne s'était-il pas trompé quand il s'était agi du portrait de doña Lucia, et Francisco n'avait-il pas eu raison en la peignant telle qu'il l'avait vue ? Peut-être avait-il encore raison cette fois-ci. L'instinct ne dirigeait-il pas sa main plus sûrement que son art ?

— C'est extraordinaire, dit enfin Miguel. Très particulier. Mais...

Il se tut pour prendre de l'élan. Il était impossible que sa théorie, fruit de l'étude des siècles passés, eût pu s'égarer à ce point. Il la devait à la sagesse esthétique des grands maîtres anciens qui, au travers de deux mille ans, l'autorisaient aujourd'hui à protester contre cette barbarie :

— J'admire ta science des couleurs, Francisco, dit-il enfin. Elle heurte les règles admises, mais, je l'avoue, il y a un grand art dans ce désordre de lumières, ce tumulte de couleurs. Mais pourquoi ajouter à cette beauté tant de laideur ? Je suis loin de me refuser aux effets nouveaux, même quand ils sont osés ; mais cela, je ne le comprends pas. Il y a encore autre chose que je ne comprends pas dans ce tableau. Qu'on s'écarte de la règle, c'est bon, je l'admets. Mais ici, je vois plus que des écarts. Le réalisme, c'est parfait, mais tes Bourbons sont plus des caricatures que des portraits. Et pourquoi cette composition plus que simple, naïve ? Je ne connais aucune œuvre, aucun maître ancien ou moderne dont tu puisses te réclamer. Ne prends pas mal mes critiques, Francisco : je t'admire, je suis ton ami, mais, ici, je ne puis plus être avec toi.

Et, scandant ses mots, avec autorité, il conclut :

— Cette œuvre est un échec.

Agustin regrettait qu'on eût montré le tableau à cet âne savant que même la douleur de perdre Lucia n'avait pas corrigé. Il avançait sa grosse tête, prêt à répliquer, quand Goya l'arrêta du geste.

— Je ne t'en veux pas, mon vieux, dit-il à Miguel qui déjà reprenait, anxieux :

— Le roi et la reine ont-ils vu ce tableau ?

— Rien que les esquisses individuelles, répondit Goya. Personne n'a vu la composition terminée.

— Excuse-moi, Francisco, dit don Miguel. Les donneurs de conseils sont rarement les bienvenus, mais je te dois la vérité et il faut que tu m'entendes. Ne le montre pas tel qu'il est.

Et, sans crainte de la colère de Goya :

— Ne pourrais-tu pas au moins faire don Carlos et doña Maria-Luisa plus... aimables ? Tu es, au bout du compte, celui qui, de nous tous, les voit de l'œil le plus favorable.

— Je ne les vois ni bien ni mal, répliqua Goya, mais tels qu'ils sont, et tels ils resteront. A jamais.

On vernit la toile, señor Julio Dacher, le grand encadreur français, la tendit sur son cadre. Le jour de la visite royale fut fixé.

Goya se retrouva seul une dernière fois dans le salon d'Ariane devant son tableau et attendit.

Les portes s'ouvrirent, Majestés et Altesses entrèrent. Ils venaient de faire une promenade dans le parc et étaient très simplement vêtues, avec de rares décorations. Le prince de la Paix les accompagnait. Puis vint la suite, assez nombreuse, et, au milieu d'elle, Miguel. Don Carlos, en franchissant le seuil, fouilla ses poches, en tira ses montres et les compara.

— Dix heures vingt-deux, dit-il. Dix heures vingt-deux. Vous nous livrez votre tableau sans retard, don Francisco.

Les Bourbons vinrent se grouper, sans ordre, devant leur image et se confrontèrent. Derrière eux, en chair et en os et aussi sur la toile, dans l'ombre, celui qui les avait fixés. Ils regardaient et se taisaient, un peu surpris : c'était une si grande machine ! Jamais encore ils n'avaient été peints sur tant de toile, en aussi brillant aréopage.

Don Carlos se tenait debout, au milieu de la toile et du salon. Le tout lui plaisait, et il se plaisait à lui-même. Comme est bien rendu son habit d'apparat brun marron ; on voit qu'il est de satin, et comme sont bien rendues également, avec quelle exactitude, l'épée et les décorations ! Il est impressionné. Il se dresse, solide, inébranlable ; on devine sa force, en dépit des ans et de la goutte. « Comme un roc. » Il s'apprête déjà à dire quelque chose d'aimable et de plaisant, mais il préfère tout de même attendre l'avis de doña Maria-Luisa.

Celle-ci, doña Maria, vieille et laide, sans bijoux, se tient entre son mari, son ami et ses enfants, et ses yeux vifs prennent la mesure de la reine parée du tableau. A beaucoup, elle pourrait déplaire : à elle, elle plaît. A cette femme, elle dit « oui ». Elle est laide mais unique, et la voir c'est ne jamais l'oublier. Oui, c'est elle, Maria-Luisa de Bourbon, princesse de Parme, reine de toutes les Espagnes, reine des Indes Orientales et Occidentales, fille d'un grand-duc, épouse d'un roi, mère de nombreux rois et reines, prête à prendre de la vie tout ce qu'elle pourra lui donner, sans peur ni remords, jusqu'à ce qu'on la porte à l'Escurial, dans le Panthéon de Los Reyes. Qu'elle meure aujourd'hui et elle aura tout de même fait de sa vie ce qu'elle en a voulu. Autour d'elle, ses enfants. Avec complaisance, elle regarde l'infant que la reine peinte tient par la main et la jolie petite infante sur l'épaule de laquelle elle a posé l'autre main. Elle a les enfants qu'elle a voulus, pleins de vie, et non pas seulement de ce gros homme stupide dont elle a eu besoin pour leur donner, à jamais, le rang exalté qui est le leur, mais aussi de celui qu'elle a aimé et voulu plus que tout autre. Et si le monde ne s'écroule pas, ces enfants s'assoiront aussi sur des trônes. Oui, ce sont de beaux enfants, vifs et sains. Son ami leur a donné sa beauté et, elle, son cerveau. C'est un bon tableau, ni mou ni flatté, mais dur et vrai. Elle regrette seulement que l'ami n'y soit pas.

Le silence dure longtemps. Goya commence à se sentir inquiet. Il regarde du côté de Miguel. Aurait-il été l'oiseau du malheur, avec sa stupide prophétie ? Josefa aussi a douté. Leurs Majestés vont-elles se juger maltraitées ? Pourtant, il les a toujours respectées du fond de son cœur, il n'a éprouvé que de la sympathie pour ce roi bienveillant, pour cette reine heureuse de vivre, qui est à la fois reine et maja. Il a peint la vérité. La vérité a toujours été son seul guide et elle a plu toujours, aux mayos et aux grands, et même à l'Inquisition. Il espérait que, pour ce tableau, on le nommerait premier peintre du roi. Echouerait-il si près du port ? Pourquoi n'ouvrent-ils pas la bouche, cet imbécile et cette pute ?

Doña Maria parle :

— C'est bien, don Francisco, dit-elle. C'est un tableau fidèle et vrai, bien fait pour montrer au monde à venir comment nous sommes, nous, les Bourbons.

Et le roi, bruyant, ajoute :

— Un tableau superbe. Un tableau de famille tel que nous le voulions. A propos, quelles sont ses dimensions, quelle est sa hauteur, sa largeur ?

Goya le renseigne :

— Deux mètres quatre-vingts de haut, trois mètres trente-six de large.

— Un grand tableau à tous les points de vue, déclare le roi satisfait et, fripon, il ajoute : Curios ! Couvrez-vous donc, Goya.

Tous félicitent maintenant Francisco, avec enthousiasme. Don Miguel lui serre fortement la main, l'air ému. Il a attendu anxieusement ce qu'allait dire le roi. Il se réjouit sincèrement du succès de l'épreuve, pour son ami. Les événements ne lui donnent-ils pas raison ? Il n'y a rien de surprenant à ce que cette barbarie plaise à un roi barbare.

Entre temps don Manuel a murmuré quelques mots à l'oreille du roi qui répond tout haut : « Oui, une petite allusion, pourquoi pas ? »

Et se tournant vers Goya, avec un large sourire et d'une voix puissante :

— Dans quelques jours, mon cher, vous aurez une surprise agréable !

Et Manuel confirme :

— Oui, Francho, c'est fait.

Depuis la mort de Bayeu, Francisco a désiré cette nomination, l'a appelée de tous ses vœux. Elle serait la reconnaissance de sa valeur et de son rang, le premier. Il y a deux minutes à peine, il en doutait encore. Maintenant il est comblé, il n'a plus rien à demander. Tout le monde le reconnaît, même ses souverains, ces imbéciles. Et les Français le reconnaîtront, et les Allemands, et les générations à venir. *Idioma universal.* Aujourd'hui le succès et, demain, sa maîtresse délicieuse.

Rentrant à Madrid, il prépara son voyage en Andalousie.

Tant qu'il avait travaillé à son tableau, il avait à peine pensé à Cayetana et, maintenant, la passion le brûlait, l'impatience le tenaillait. Il ne pouvait plus travailler : l'odeur des peintures, la vue seule d'une toile l'écœuraient. Mais il n'osait pas quitter Madrid avant d'avoir le document attestant sa promotion. Il n'y croirait pas qu'il ne l'aurait en main, entériné et scellé. Il y a loin de la coupe aux lèvres et les esprits malins veillent. Pour ne pas les provoquer, il ne parla à personne de la promesse royale, ni à Agustin ni à Josefa. Cette attente l'épuisait.

Le trésorier du roi, don Rodrigo Soler, vint le voir :

— Pour ce qui est de vos honoraires, don Francisco, lui déclara-t-il, nous sommes bien d'accord, je pense : six têtes à deux mille réaux et cinq autres à mille réaux. Comme vous le voyez, j'ai compté la tête de Son Altesse le bébé prince héritier. Par contre, vous admettrez que les têtes 12 et 13, celles des infantes absentes, ne peuvent pas être payées. Pas plus que la vôtre, le numéro 14.

Goya trouvait le compte peu généreux mais équitable.

Un jour s'écoula, puis un autre, puis un autre encore. Une nomination n'avait son plein effet qu'après être passée par les différents services, en sorte qu'il suffisait, pour la retarder, de la négligence ou de la mauvaise volonté d'un commis. Cette attente était donc normale. Mais l'impatience le dévorait, se faisait maladive; il entendait mal. Il ne pensait plus qu'à partir, qu'à retrouver Cayetana.

Quatre jours après la visite du trésorier, don Manuel parut dans l'atelier, accompagné de Pepa. Un laquais à bas rouges, porteur d'une grande serviette de cuir, se tenait modestement en arrière.

— On m'a parlé de votre tableau, don Francisco, babilla Pepa, et, avec la permission de don Manuel, je suis allée à Aranjuez pour ainsi dire sur les talons de Leurs Majestés, et je l'ai vu. C'est assez peu dans ma manière, vous le savez, mais vous n'ignorez pas l'intérêt que je porte à votre art. C'est vraiment une belle chose, il faut le reconnaître. Non pas seulement l'œuvre la plus importante mais aussi la meilleure de toutes. A peine quelques faiblesses, par endroits... Ainsi le prince héritier de Parme est manifestement trop grand. Mais, au total, c'est une très belle chose. C'est gai, c'est clair...

— Je suis ici officiellement, dit don Manuel, pour accomplir une agréable mission.

D'un geste, il appela à lui le laquais qui lui remit un document scellé de cire rouge.

— J'ai dû intervenir, poursuivit-il, sans quoi les formalités eussent duré des semaines. Dois-je lire ? conclut-il d'un air solennel.

Goya savait de quoi il s'agissait, et don Manuel avait sans conteste droit à sa reconnaissance, mais ces airs importants déplaisaient au peintre.

— Je suis dur d'oreille, aujourd'hui, dit-il. Puis-je lire moi-même?

— Si vous y tenez, concéda le ministre visiblement froissé.

« Le roi, notre souverain, désireux de récompenser vos services et de vous montrer sa bienveillance, a décidé de vous nommer premier peintre de la cour, au traitement annuel de cinquante mille réaux, à compter de ce jour. Le Trésor a, de son côté, reçu des instructions d'avoir à vous verser annuellement la somme de cinq cents ducats destinée à couvrir vos frais de voiture. Il fixera lui-même l'indemnité destinée à vous permettre d'entretenir à Madrid un train de maison correspondant à votre rang. Dieu vous ait en sa sainte garde. Le premier ministre, don Manuel, prince de la Paix. »

— Je vous remercie, dit Goya d'une voix émue.

— Mais non, mon cher, ce n'est rien ! protesta don Manuel auquel la joie visible du peintre faisait oublier son léger dépit.

Pepa, avec un regard appuyé, conclut :

— Je voulais être la première à te féliciter, Francho.

Demeuré seul, Goya lut et relut le document royal. L'indemnité de logement le réjouissait et plus encore les cinq cents ducats pour la voiture. Ce luxe, il se l'était bien souvent reproché ; le droit lui en était désormais reconnu. Il avait accusé de ladrerie le roi qui avait si longtemps prétendu économiser ce traitement de premier peintre. C'était injuste. Le roi était généreux et s'entendait à protéger les arts. Il ne tolérerait plus qu'on le critiquât en sa présence.

Josefa, mise au courant, poussa un grand soupir de soulagement. Feu son frère, endormi dans le sein du Seigneur, lui avait cent fois répété que le peintre devait concilier beauté et vérité. Francho avait contrevenu à cette règle, et elle avait craint, longtemps, que Leurs Majestés ne critiquent le portrait que Francisco avait fait de leurs personnes sacrées. Pour la première fois de sa vie, elle comprenait que son cher Francho ne devait son ascension ni à son beau-frère ni au nom des Bayeu. Il était peintre, lui aussi, et peintre de renom, fils de ses œuvres.

A son ami Zapater, Goya écrivait : « Je t'ai négligé longtemps; j'étais surchargé de besogne. Un bon travail, digne de moi. Je t'envoie ces quelques lignes en hâte avant de courir dans le Midi, auprès de certaine grande dame — tu devines laquelle. Je suis premier peintre de la cour et aurai bientôt besoin de toi, pour placer de l'argent. J'ai prié Agustin de t'envoyer copie de mon diplôme. Montre-la à ma mère, à mes frères et aussi à notre vieux frère Joaquin de Fuendetodos, qui n'a jamais su s'il devait croire en mon avenir ou me plaindre. Dans quelques instants, je vais monter dans ma voiture pour laquelle le roi me fait maintenant verser cinq cents ducats par an. Louée soit la Sainte Vierge !

« Je suis à bout de forces, de travail et de bonheur. Achète deux gros cierges à la Vierge del Pilar. Mon cher Martin ! Le roi et la reine se disputent ton ami.

« Francho. »

Il courut à Aranjuez remercier Leurs Majestés et commanda la poste pour repartir dans le Sud. A peine rentré d'audience, il changea d'habit, et prit la route d'Andalousie.

29

Goya, à demi vêtu, renversé dans un bon fauteuil, regardait Cayetana prendre son chocolat. On avait relevé les rideaux de l'alcôve abritant le large lit. De chaque côté de la couche se dressait une déesse antique, de bois précieux. Les seins des deux divinités portaient des chandeliers dont les bougies brûlaient, bien que la matinée fût déjà très avancée. Elles donnaient peu de lumière et la chambre était plongée dans une agréable pénombre. On distinguait à peine les fresques courant sur les murs et représentant un jardin. Dans l'alcôve même, on avait peint de fausses fenêtres avec leurs volets, et il était agréable de s'imaginer, dans la fraîcheur de cette chambre, la chaleur du dehors.

Cayetana trempait un biscuit dans son chocolat épais. La duègne veillait à ce qu'une goutte de liquide ne vînt souiller le drap. Goya aussi suivait ses mouvements, paresseusement. Personne ne disait mot.

Le déjeuner terminé, la duègne prit la tasse et sortit. Cayetana s'étira, lasse.

Francisco était pleinement heureux. Arrivé la veille, vers la fin de l'après-midi, la duchesse était accourue et, perdant toute retenue, l'avait embrassé sous les yeux du majordome. Puis, pendant qu'il prenait son bain, elle avait bavardé avec lui par la porte ouverte. Durant tout le voyage il avait craint trouver des invités : il s'était longtemps fait attendre et n'aurait pu lui reprocher de n'avoir pas voulu rester seule. Mais personne ne s'était montré, pas même le docteur Peral. Ils avaient dîné, à deux, joyeux comme des enfants. La longue nuit n'avait fait naître aucune pensée désagréable. Des heures délicieuses.

Rejetant la couverture, elle s'assit sur le lit.

— Je vous dispense d'assister à mon lever, don Francisco, dit-elle. Dormez un peu, visitez le château ou promenez-vous dans les jardins. Je vous retrouve dans une demi-heure. Nous ferons une petite promenade.

Il l'attendit sur la terrasse. On avait une belle vue sur la campagne. Comme la plupart des constructions des environs de Cadix, la maison était de style arabe, les murs très blancs portaient de rares fenêtres. Du toit plat pointait une petite tour de guet. Les jardins descendaient, s'étageaient jusqu'au Guadalquivir et la mer. La petite ville de Sanlucar et sa riche vallée semblaient une oasis perdue dans les sables semés çà et là de maigres boqueteaux de pins et de chênes-lièges. Les dunes ondulaient. Les salines brillaient.

Goya regardait, sans voir. Montagnes de Piedrahita ou dunes de Sanlucar, peu lui importait pourvu qu'il fût seul avec Cayetana, loin de la cour et de Madrid.

Le docteur Peral vint le rejoindre, entreprit une conversation à bâtons rompus. Le médecin contait l'histoire de la maison. Le comte Olivares, dont Vélasquez avait si souvent fait le portrait, l'avait construite. Tombé en disgrâce, banni par Philippe IV, il avait passé en ces lieux les dernières années de sa vie. Son neveu, don Gaspar de Haro, avait agrandi la maison, lui laissant le nom de « casa de Haro ».

Puis, sans que Goya eût besoin de questionner, Peral se mit à parler des événements des dernières semaines. Cayetana, en deuil, ne pouvait pas donner de grandes réceptions, mais il était cependant venu beaucoup de monde de Cadix, de Jerez et même de Séville. « Autour de l'os les chiens s'assemblent », pensa Goya. On était aussi allé à Cadix, à la maison de ville, l'autre « casa de Haro ». Voilée, doña Cayetana avait assisté à une course de taureaux à Cadix ; le torero Costillares était venu passer deux jours au château. Goya ne pouvait prétendre à voir Cayetana passer son deuil dans sa tour comme les dames des romances de Pepa, mais il ne s'en sentait pas moins mécontent.

La duchesse parut, accompagnée de la duègne, du page, de la petite négresse, du chien et de plusieurs chats. Elle s'était habillée avec un soin particulier, sans doute pour plaire à Francisco qui s'en réjouit.

Les jours passaient, heureux. Cayetana et Francisco étaient presque toujours seuls. Peral les gênait peu. Cayetana n'avait ni secret ni retenue devant sa duègne.

Il travaillait peu, délaissait pinceaux et palette. Il vivait ses premières vraies vacances depuis son temps d'apprentissage. Par contre, il dessinait beaucoup. Elle lui demanda un jour s'il ne voudrait pas la peindre en maja.

— Laisse-nous paresser, la pria-t-il. Peindre, c'est ma façon de penser. Et je ne veux pas penser.

Parfois, Francisco, enfourchant un mulet, se faisait conduire à Sanlucar, la vieille ville, ou dans les environs, à Bonanzo ou à Chipiona. Une fois, traversant la plaine sablonneuse, il revit « El Yantar », le démon de midi. Mi-homme, ni-tortue, il allait son chemin, et Francisco arrêta sa bête pour mieux observer ses mouvements lents. Sur la plage, des enfants jouaient, insouciants.

En rentrant, il trouva une lettre de Cadix. Señor Sebastien Martinez voulait offrir à santa Cueva trois tableaux de piété et désirait savoir si Monsieur le premier peintre accepterait cette commande. Señor Martinez était un armateur bien connu ; sa flotte était la première d'Espagne et assurait la plus grande partie du commerce de la péninsule avec les Amériques. On le disait aussi protecteur avisé des arts. La proposition venait à souhait. Goya pouvait demander un prix élevé, et ce travail pour santa Cueva lui fournissait un excellent prétexte pour justifier de cette longue permission. Et puis cette occupation pieuse venait racheter en partie ses péchés, cette passion et ce bonheur. Il décida d'aller voir señor Martinez. On pouvait atteindre Cadix en quelques heures.

Cayetana, consultée, déclara que cela tombait bien ; elle voulait justement lui proposer d'aller passer quelques jours ou semaines à Cadix. En temps de guerre, la vie y était très animée et le théâtre excellent. On décida de partir à la fin de la semaine.

30

La duchesse montra à Goya les beautés de sa maison de ville, la « casa de Haro ». Le comte Olivares et Gaspar de Haro n'avaient pas lésiné. Alors que le plus grand nombre des maisons de Cadix construit sur une étroite langue de terre étaient, faute de place, étroites et tout en hauteur, les bâtisseurs du palais Haro avaient entouré le grand patio, magnifique cour pavée, de vastes salles. Autour de cette cour, à l'intérieur des bâtiments, couraient, sur trois étages, des galeries. Du toit s'élevait une tour de guet, pointant vers le ciel.

A l'intérieur régnait une fraîcheur un peu lourde. Comme à Sanlucar, il y avait un cadran solaire dont on avait blanchi la table, sans doute pour arrêter le cours des heures. Beaucoup de marbres, de tableaux, de sculptures, de lustres. Non, les ancêtres n'avaient pas épargné leur or. Mais la maison avait été un peu négligée, et les fresques des murs avaient pâli ou s'écaillaient.

La duchesse et Goya étaient pour autant dire seuls dans la grande maison. Ils étaient venus en avant, accompagnés de la seule duègne. Les autres, le docteur Peral, le majordome, le secrétaire, la domesticité, n'arriveraient que dans quelques jours. Ils mangeaient l'un en face de l'autre, servis par Pedro, le vieux gardien, et sa femme, et jouissaient de cette intimité qui allait, ils le savaient, bientôt finir.

Goya s'était fait annoncer chez le señor Martinez pour le lendemain de son arrivée à Cadix. Désœuvré, il errait dans la ville, très animée du fait de son exiguïté. Il parcourut les rues étroites, encaissées entre de hautes maisons aux toits plats, foula le petit pavé rond de la calle Ancha, vit l'Alamedo, la promenade des remparts plantée d'ormes et de peupliers, revint à la Puerta de la Mar et s'amusa du bruit et de la foule. Marchands de volailles mahométans qui avaient apporté leurs poules et leurs coqs de l'Afrique toute proche, pêcheurs colportant poissons bigarrés et moules à la forte odeur, marchands de fruits, porteurs d'eau, vendeurs de glace avec leurs tonnes, Marocains aux pantalons bouffants, assis au milieu de leurs dattes, fumant avec gravité leurs longues pipes, débitants de friture et de vins dans leurs minuscules échoppes, camelots offrant images pieuses, amulettes et casquettes de marins, vendeurs de grillons promenant leurs petites cages de fil de cuivre, tout cela s'agitait, criait, sentait fort sous le ciel pur, dans l'encadrement de la mer, avec les escadres espagnoles et anglaises. Plus d'une fois des femmes vêtues de noir abordèrent Francisco pour lui offrir des filles. Leurs descriptions ne manquaient pas de couleur : le solano allait bientôt souffler, le vent lourd et brûlant qui vient d'Afrique et éveille le désir ; il regretterait de repousser leurs invites. « Une si jolie poitrine, ronde et menue », disaient-elles, dessinant de la main des rondeurs aguichantes.

Francisco regagna les rues étroites. Il était temps de se présenter chez le señor Martinez.

Goya avait souvent entendu parler de Sebastian Martinez. On le disait épris de progrès et il avait souvent contribué à rénover agriculture et industrie dans les terres espagnoles d'outre-mer. Il ne se contentait pas, comme beaucoup de grands commerçants de Cadix, d'accumuler les profits, avait souvent conduit sa flotte en personne jusqu'en Amérique malgré les dangers. Aussi, Francisco fut-il surpris de se trouver en présence d'un petit homme aux maigres épaules, rappelant bien plus, par son aspect et son habit, quelque magister qu'un grand seigneur de la mer, politique averti et pirate redouté.

Ses collections d'art étaient fameuses, il y mettait son cœur et sa raison beaucoup plus qu'il n'en faisait une question de prestige, et Francisco le comprit bien vite. Il montra au peintre ses trésors, déclarant qu'il avait lui-même catalogué sa galerie. Il était peut-être plus fier de sa collection de reproductions d'œuvres susceptibles d'avoir influé sur l'histoire de l'art que de ses tableaux et de ses sculptures. Cette collection était presque complète, et il la déclarait unique en Espagne.

— Vous chercheriez vainement la pareille chez le marquis de Xerena, don Francisco, dit-il avec un petit rire sec. (Le marquis était collectionneur réputé, à Cadix, et le grand concurrent de señor Martinez.) Le marquis n'a aucune méthode, poursuivait Martinez dédaigneux. Il achète de-ci de-là, selon son bon plaisir, un Greco, un Titien ou un Vélasquez. Avec des principes aussi anarchiques, on ne saurait rassembler une collection ayant une valeur artistique ou scientifique quelconque. L'art, c'est, avant tout, l'ordre, comme se sont plu à le répéter Winckelmann, Mengs, sans parler de votre regretté beau-frère.

Les antiquités de la ville de Cadix occupaient trois salles, et señor Martinez les montra à son visiteur.

— Je ne pense pas à me flatter d'avoir contribué au bien-être de quelques-unes de nos colonies d'outre-mer ou d'avoir, à plusieurs reprises, vaincu l'Anglais, mais je m'enorgueillis d'appartenir à la plus vieille famille, celle de l'ancêtre des villes espagnoles. L'historien Horozco cite déjà mon nom, celui de Martinez, longtemps avant qu'il ait été question d'un marquis de Xerena.

« Rien de plus fou qu'un fou savant », pensa Goya qui répondit poliment :

— C'est juste, don Sebastian.

— Ne me donnez pas du « don », répliqua vivement Martinez. Je ne suis pas señor Sebastian de Martinez, mais tout simplement señor Martinez.

Il montrait maintenant au peintre la plus ancienne représentation des armes de la ville qui avait décoré une porte depuis longtemps réduite en poussière. Le relief laissait voir les colonnes élevées par Hercule, lors de son passage aux confins occidentaux du monde civilisé. « Non plus ultra : jusqu'ici et pas plus loin », avait dit Hercule, ainsi qu'on pouvait le lire sur le blason. Assurément, il ne l'avait pas dit en latin, mais en grec : « Uketi proso », et señor Martinez citait les beaux vers de Pindare d'où était tirée la devise. De fait, c'était phénicien, et non pas grec, qu'il avait parlé, car Hercule n'était autre que le demi-dieu phénicien Melkart, ce Melkart que l'on voit étouffer un tigre sur un autre blason de notre ville. Selon son habitude, l'empereur Charles V avait usurpé la fière devise tout en supprimant le « non ». « Plus ultra, toujours plus loin », avait-il écrit, et les ancêtres de Sebastian Martinez, ces vaillants bourgeois, avaient obéi et, montés sur leurs nefs hardies, avaient poussé toujours plus loin, à l'ouest.

Goya, en souriant, voyait rajeunir le visage parcheminé du vieillard qui s'échauffait à parler des antiques origines de sa ville natale.

— Mais je vous retiens avec mes histoires, don Francisco, s'interrompit don Martinez, et c'est pour vous parler affaires que je vous avais prié de venir me voir. Je voulais vous demander, Excellence, poursuivit-il d'un ton devenu soudain très sec, de me faire quelques tableaux pour Santa Cueva. Je tiens à entrer en relations d'affaires avec vous, Monsieur le premier peintre. A dire vrai, j'aurais préféré vous demander de faire mon portrait, mais vous auriez peut-être décliné mon offre. Il est plus difficile de refuser de travailler pour Santa Cueva. N'ai-je pas raison ?

Il eut un petit rire.

— Franchise pour franchise, répondit Francisco, de combien de tableaux s'agit-il ? De quelle taille ? Et quel prix en offrez-vous ?

— Le « canongo » de Mendoza qui dirige les travaux de l'église de Santa Cueva, dit don Martinez du même ton bref, en désire trois : une Cène, la multiplication des pains et l'allégorie du mariage. Il s'agit de tableaux de taille moyenne; si vous voulez bien voir le canongo à ce sujet, vous vous entendrez sans peine sur les dimensions des toiles. Pour ce qui est de votre troisième question, permettez-moi de vous confier que j'ai l'intention de forcer le blocus anglais avec quelques-uns de mes bâtiments et de les conduire moi-même en Amérique. Pour certaines raisons impérieuses, ma petite flotte devra appareiller exactement dans trois semaines à compter d'aujourd'hui. Or, je voudrais remettre en personne ces tableaux au chapitre de Santa Cueva et dois donc vous demander une prompte exécution du travail, don Francisco. En contre-partie, si ces tableaux me sont livrés dans ce délai de trois semaines, je suis prêt à vous verser non pas trois mille réaux par toile, mais six mille. Vous voyez, Excellence, que nous autres, bourgeois, nous savons avoir la main large.

Goya souffrait souvent de la présomption des grands. Cette ville blanche et riche de Cadix, la plus riche de la terre, plus que ce Londres surfait, était l'œuvre de bourgeois, d'armateurs, et cependant elle ne lui plaisait pas. Il comprenait la fierté du bourgeois, mais ce Martinez, avec tout son or et sa ferveur artistique, ne lui plaisait pas non plus, non plus que le sujet des tableaux demandés. Mais un peintre ne peut pas toujours choisir son sujet, et six mille réaux sont une jolie somme. Il mit sa main charnue dans la main sèche du grand marchand et dit : « Tope. »

31

Cayetana pria Francisco de monter avec elle jusqu'à la tour, au mirador. Et, s'arrêtant au milieu de l'escalier devant une porte fermée à clef, elle l'ouvrit et le fit entrer.

Le cabinet était petit et sombre. Elle ouvrit la fenêtre et la lumière pénétra à flots. La pièce était presque vide. Au mur était suspendu un tableau de moyenne grandeur, richement encadré, devant lequel on avait disposé deux fauteils confortables, aux tapisseries fatiguées.

— Asseyez-vous, don Francisco, dit Cayetana avec un très léger sourire où Goya crut deviner un peu de ruse.

Il regarda la toile. Elle représentait une scène mythologique avec des hommes musclés et des femmes bien en chair. On aurait pu la croire sortie de l'atelier de Pierre-Paul Rubens, mais ce n'étaient certainement pas ses élèves les plus doués qui y avaient travaillé.

— Vous avez de meilleurs tableaux que celui-ci, dit Francisco au bout de quelques instants.

Cayetana poussa un bouton, au mur. La mythologie, mue par quelque ressort, glissa sur le côté, démasquant un autre tableau.

Francisco, se levant, passa derrière son fauteuil. Son visage attentif semblait s'être assombri, sa lèvre inférieure s'avança. Tout en lui était observation, mesure.

Une femme couchée, qui s'appuyait sur le bras droit et se regardait dans un miroir, tournant le dos au spectateur. Nue. On devinait vaguement son visage dans le miroir que lui présentait un petit garçon à genoux, pourvu d'ailes. Mais cette nudité ne pouvait être l'œuvre d'un étranger, elle ne venait ni d'Anvers ni de Venise, elle n'était pas l'une de ces nudités qu'on pouvait voir dans les châteaux royaux ou princiers, chez un grand seigneur. Non, l'image qui était sous les yeux de Francisco était née d'un pinceau espagnol; elle ne pouvait avoir qu'un auteur, don Diego Vélasquez. C'était sans aucun doute cette toile dont don Antonio Ponz lui avait parlé et aussi don Miguel, à l'occasion. C'était cette œuvre hardie, défendue, décriée et fêtée, *la Doña desnuda, la Femme nue* de Vélasquez, une Psyché ou une Vénus comme on voulait l'appeler et, en tout cas, une femme très vraie, très nue. Ni rose ni charnue, ni blanche ni grasse, non pas une Italienne du Titien, non plus qu'une Hollandaise de Rubens; mais une admirable fille d'Espagne. Elle existait donc vraiment, la « doña desnuda » de Vélasquez, et Francisco Goya se tenait devant elle.

Oubliant tout, que l'image avait plus de cent cinquante ans, qu'il était à Cadix, que Cayetana était à ses côtés, il ne voyait plus que l'œuvre de son confrère, telle qu'elle était sortie de ses mains.

S'il était quelque chose que Goya eût jamais désiré du destin, c'était le talent et la gloire de Vélasquez, son maître après la Nature, et il avait lutté longtemps pour comprendre vraiment son œuvre. Et voici que cette toile si réputée et si secrète s'offrait à ses yeux. Goya, aux impressions si vives, si prompt à l'amour, à la haine, à l'estime ou au mépris, le sentit presque aussitôt : il admirait cette toile mais la récusait.

Il admirait le naturel de cette pose, aisée sans évoquer la paresse. Il admirait l'habileté de l'artiste qui avait su laisser le visage dans l'ombre imprécise du miroir pour attirer l'attention sur l'admirable beauté du corps, la ligne très pure et très espagnole de ce nu à la taille mince, au bassin ample.

Par-dessus tout, il admirait le courage qu'il avait fallu à l'auteur pour braver l'Inquisition et ses défenses si rigoureuses qu'aucun autre que lui n'eût osé peindre cette chair nue, cette femme attirant le désir. Assurément, le roi avait dû lui assurer sa protection, ou quelque mécène puissant, mais à la cour même de Philippe IV, les prêtres et les espions avaient eu de l'influence, et les humeurs des grands seigneurs sont changeantes. Vélasquez avait peint cette femme parce qu'il avait voulu prouver qu'on pouvait peindre un nu autrement qu'un Titien ou qu'un Rubens. Il avait affronté le danger parce qu'il était un grand artiste et fier de son pays.

Cette preuve, il l'avait donnée. Les couleurs s'harmonisaient d'étonnante façon, le ton nacré de la chair, le voile blanc, le gris teinté de vert du miroir, le brun foncé des cheveux, les rubans rouge et violet de l'enfant nu, les teintes d'arc-en-ciel, très légères, des ailes. La facture était douce et forte, élégante, sans mièvrerie. Il n'y avait là rien de vulgaire, rien de ce grossier désir de chair qui émane des nus hollandais ou italiens. Peut-être était-ce un peu trop sombre : le noir du drap sur lequel la femme était couchée, le rouge foncé du rideau, le cadre noir du miroir, tout ce coloris sévère interdisait l'abandon. Vélasquez était espagnol. Pour lui, la beauté et l'amour n'avaient rien de léger, ni de gai. C'étaient choses sérieuses, farouches, et souvent le prélude de la souffrance, de la tragédie.

Francisco ne se lassait pas de regarder. Cette émotion, cet intérêt passionné, le peintre avait voulu les provoquer. Mais était-il bien, et juste, que, pénétré d'admiration, on pût rester froid, insensible, devant cette femme dans toute son éblouissante beauté ? Oui, don Diego Vélasquez était parvenu à faire ce chef-d'œuvre sans haine ni amour, avec ce détachement artistique que Mengs, Winckelmann et Bayeu avaient tant vanté, mais si, aujourd'hui, le diable venait lui offrir à lui, Goya, cette toile pour rien, il lui répondrait : « Muchas gracias, no ! » Il était bon que cette toile admirable et sombre et froide de *la Femme nue* fût sur terre, mais Francisco se réjouissait à la pensée de ne pas en être l'auteur. Et il se félicitait d'être Goya et non pas Vélasquez.

Une voix aiguë, glapissante, emplit soudain la pièce.

— La dame est bien indolente, disait la voix. Depuis que je la connais, elle est couchée, sur son divan, à se regarder dans son miroir.

Goya se retourna d'un bond. Un être difforme, un vieillard aux membres tordus, la poitrine couverte de décorations, se tenait devant lui, grimaçant.

— Tu nous as fait peur, Padilla, dit doucement la duchesse et, en quelques mots, elle apprit à Goya que cette étrange créature avait été le fou de feu son grand-père. Il vivait dans la maison, sous la protection du vieux gardien et de sa femme. Timide et ombrageux, il sortait rarement de l'ombre.

— Elle a de la chance d'habiter Cadix, cette doña desnuda. De partout ailleurs, on la chasserait. Et pourtant, c'est une grande dame, de haute noblesse. Elle n'a jamais rien fait de ses dix doigts !

— Eloigne-toi, Padilla, dit Cayetana, toujours très douce. Tu ne dois pas importuner Monsieur le premier peintre.

Padilla s'inclina, faisant cliqueter ses médailles, et sortit. La duchesse, toujours dans son fauteuil, releva la tête et sourit au peintre.

— Crois-tu qu'il ait raison, Francho ? demanda-t-elle. Qu'elle ait été une grande dame ? Des femmes du plus haut rang ont posé, nues, devant Rubens et le Titien, le fait est certain. Crois-tu qu'elle ait été une grande dame ? répéta-t-elle de sa voix à la fois dure et enfantine.

Jusqu'alors Goya n'avait pensé qu'à l'œuvre et à son auteur, sans accorder une pensée au modèle. A la question posée, il répondit pourtant, sans hésiter :

— Non, rien qu'une maja.

— Les deux peut-être, hasarda Cayetana.

— Non ! répéta Goya très sûr de lui. Ne la reconnais-tu pas ? On la retrouve dans le tableau *Fileuses*. Regarde ce dos, le cou, le bras, les épaules et les cheveux. C'est celle qui dévide le fil du rouet.

Cayetana ne se souvenait pas des *Fileuses*. Sans doute Francisco avait-il raison. Elle était déçue. Ce tête-à-tête devant ce tableau, elle l'avait imaginé tout autre. Elle pressa sur le bouton, et la mythologie vint reprendre sa place, masquer *la Femme nue*.

32

A table, pendant le dîner, Cayetana, un peu émue de l'apparition de Padilla le fou, parla de son enfance.

Très jeune, elle était souvent venue à Cadix avec son grand-père, le douzième duc d'Albe. L'homme le plus fier de toute l'Espagne, le premier après le roi. Un temps, il avait été ambassadeur en France et avait étonné la cour de Versailles de son luxe et de ses manières. Rentré en Espagne, il avait défié l'Inquisition, mais son rang était si exalté qu'il avait pu se permettre, au mépris de toute tradition, d'être philosophe et libre penseur, ce qui était défendu à tout autre que lui. Il avait arraché aux prisons du Saint-Office un jeune homme dont la torture avait fait un infirme, l'avait pris dans sa maison en qualité de fou, le nommant Padilla en souvenir du héros de la grande révolte, autorisé à porter ses propres décorations. Nul n'était digne de vivre auprès du duc, que le fou. En tant que libre penseur, le grand-père séjournait fréquemment à Cadix ; cette ville, que son commerce mettait en relations permanentes avec le monde, regorgeait de négociants étrangers et était, politiquement, la plus avancée de l'Espagne.

— Grand-père, disait en souriant Cayetana, m'a élevée selon les principes de Rousseau. Je devais tout apprendre de la Nature, de mon propre esprit et du hasard.

Goya l'écoutait, attentif. Les grands seigneurs étaient tout autres qu'il se l'était figuré, et leur orgueil était chose très complexe. L'un comparait et réglait ses montres, l'autre faisait peindre les cadrans solaires pour arrêter le temps dans sa course, jusqu'au jour où la fortune reviendrait lui sourire. Un troisième faisait son unique compagnon de son fou, et aucun autre n'était digne de lui adresser la parole. Et Cayetana ! Dix-sept châteaux vides l'attendaient et, depuis des années, un fou dont elle avait tout ce temps oublié jusqu'à l'existence.

Il mangeait, couchait avec elle ; elle lui était proche plus que tout autre être humain, et pourtant c'était une inconnue.

Le lendemain la domesticité arriva et, de ce jour, Goya ne fut presque plus jamais seul avec sa maîtresse. La guerre faisait de plus en plus de Cadix la capitale du pays. Seigneurs de la cour, hauts fonctionnaires de la couronne, membres du Conseil des Indes y accouraient, et tous voulaient présenter leurs devoirs à la duchesse d'Albe.

De Madrid vinrent aussi beaucoup d'amis de Francisco. Il fut heureux, sans surprise, de voir un jour paraître señor Miguel Bermudez.

Naturellement, on parla politique. Don Miguel avait encore une fois fait volte-face. Il jugeait maintenant plus commode de pactiser avec la haute noblesse réactionnaire et l'Eglise, et combattait les mesures libérales qu'il avait lui-même prises. En politique étrangère, il se montrait indécis. Le nouvel ambassadeur de France, Truguet, était un homme intelligent, de sens rassis. Et, pourtant, don Manuel s'entendait avec lui encore plus mal qu'avec Guillemardet, passait de l'agressivité à la servilité.

— Qu'est devenu Guillemardet ? demanda Goya, et Miguel l'informa que l'ambassadeur, à peine rentré à Paris, avait dû être conduit dans une maison de fous. Goya fut très frappé : n'avait-il pas deviné le destin de cet homme, ne l'avait-il pas peint sur son visage ? Guillemardet, poursuivait Miguel, avait été sans doute incapable de comprendre l'évolution rapide des esprits et de la politique en France. Ce passage du radicalisme révolutionnaire à la démocratie bourgeoise ne se justifiait pas à ses yeux, et ses forces avaient cédé devant les progrès rapides de la ploutocratie.

Le jeune Quintana vint aussi en compagnie de Miguel voir Francisco à la casa de Haro. La duchesse et le docteur Peral étaient présents.

Quintana se mit aussitôt à parler en termes élogieux de *la Famille royale*.

— Vous serez notre sauveur, don Francisco, dit-il en se tournant vers le peintre. Vous sauverez l'âme de l'Espagne.

— Comment cela ? s'enquit la duchesse avec curiosité.

Tout de noir vêtue, elle resplendissait de beauté et ne se dépitait nullement de voir le jeune visiteur s'intéresser plus à Goya qu'à elle. Elle-même protégeait les arts parce que cela convenait à son rang, mais sans passion.

— Notre malheureux pays, déclara Quintana, traîne après lui son histoire et sa tradition comme un forçat son boulet. Celui qui, enfin, paraît et nous montre ce qu'il est advenu de nos grandes institutions est digne de notre respect. Voyez-vous, doña Cayetana, un monarque d'aujourd'hui, le Roi Catholique par exemple, n'a plus que les signes extérieurs de la puissance. Sa fonction n'a plus de raisons d'être ; la couronne n'est plus qu'une coiffure périmée. Pour mener un peuple, ce n'est plus un sceptre qu'il faut, mais une constitution. Et tout cela se voit clairement dans le tableau de don Francisco.

— Qu'allez-vous dire là, jeune homme ! dit Goya.

Le docteur Peral pria Quintana de lui parler de ce tableau, de le lui décrire.

— Ne le connaissez-vous pas ? demanda avec surprise le poète. Vous non plus, duchesse ?

— Vous devez savoir, répondit aimablement Cayetana, que je ne suis pas ici de mon plein gré. J'ai été bannie de Madrid.

— Où avais-je la tête ! s'écria Quintana avec un sourire. C'est évident. Vous n'avez pas pu voir le tableau. Mais comment vous le décrire ? C'est impossible.

Et, sans attendre, il se mit à vanter la richesse de ses couleurs et le réalisme des têtes qui émergeaient, dures et laides. Il parlait comme si l'auteur n'avait pas été là :

— Le peintre a eu l'habileté suprême de nous montrer très peu de mains, accusant ainsi le contraste frappant des visages nus et des uniformes rutilants.

— Si l'on m'avait mieux payé, dit sèchement Goya, j'aurais mis plus de mains. Je fais toujours payer très cher les mains.

Mais le poète reprenait déjà :

— Nous croyions tous l'Espagne finie, vieille. Francisco Goya vient de nous prouver le contraire, de nous attester sa jeunesse et sa force. Il est le peintre des jeunes !

— Allons, allons, murmura le peintre dont l'embonpoint et les épaules affaissées proclamaient la cinquantaine.

Personne ne rit cependant, et Quintana conclut avec emphase :

— Les dernières œuvres de Francisco Goya nous l'ont prouvé : l'Espagne a eu trois grands peintres dont la gloire sera éternelle : Vélasquez, Murillo et Goya !

Miguel eut une moue satisfaite : il avait dans sa galerie cinq bons Goyas.

— Ainsi donc, fit-il gaiement, l'édit de Carlos III, interdisant la sortie des Vélasquez et des Murillos du territoire espagnol, doit être complété ; il nous faudra y ajouter ton nom, Francisco.

— Le problème qui se posait à Vélasquez était très simple, reprit Quintana songeur. De son temps, royauté et noblesse n'étaient pas discutées ; elles s'imposaient à l'admiration et au respect de tous. Exalter la monarchie était l'unique pensée du maître. Notre Goya, au contraire, vit avec son siècle et n'admet plus le principe aristocratique. Il y a en lui du majo ; c'est un Vélasquez sorti du peuple, et sa peinture a une sorte de brutalité qui nous rafraîchit.

— Vous ne m'en voudrez pas, dit avec bonhomie Goya, si, en démocrate brutal, je vous rappelle le vieux dicton : « Je me suis laissé arracher trois cheveux ; au quatrième, je pourrais me fâcher. »

Quintana rit, et l'on parla d'autre chose.

33

Tout Cadix voulait voir la duchesse. Son deuil était une excellente raison pour recevoir ou éconduire. Mais le plus fier des bourgeois de la ville et le plus hardi se montrait aussi le plus timide devant doña Cayetana — et c'était le señor Sebastian Martinez.

Sous le prétexte d'entretenir Goya des tableaux destinés à Santa Cueva, Martinez était venu voir plusieurs fois Francisco à la casa de Haro, et le peintre n'avait pu faire autrement que le présenter à la duchesse. Señor Martinez était reçu à la cour, de grands personnages recherchaient son amitié ; son incalculable fortune et ses actes de bravoure intéressaient les femmes et, à en croire les bruits qui couraient sur son compte, il avait connu beaucoup d'aventures. En dépit de tout, le premier regard de la duchesse avait fait naître en lui une passion romantique, enfantine presque. Devant elle, cet homme si réservé et blasé baissait les yeux, rougissait. Très amusée, Cayetana le traitait avec cet imperceptible mépris amical dont elle avait le secret.

Le señor Martinez avait assez vécu pour reconnaître qu'il ne serait jamais qu'un pantin dans ses mains. Mais, après tout, c'était peut-être cette arrogance déguisée qui l'attirait. Non sans méchanceté, Goya prétendait que le vieil aventurier ne pouvait se trouver en présence de la duchesse sans qu'aussitôt tous les titres de celle-ci, toutes les dates de toutes les victoires de son terrible ancêtre le maréchal lui reviennent en mémoire.

Il travaillait aux tableaux de Santa Cueva, facilement et vite, mais sans plaisir ni idées nouvelles. Au bout de quinze jours, il put annoncer au señor Martinez qu'ils étaient finis.

Celui-ci vint, et ses louanges prouvèrent une certaine connaissance :

— Nul autre que vous, Monsieur le premier peintre, lui dit-il devant *la Multiplication des pains*, n'aurait pu faire une foule à la fois aussi dense et aussi mouvante cependant. Francisco Goya, déclara-t-il devant *la Cène*, seul, pouvait se permettre de représenter sur le visage des apôtres la crainte sacrée qui les fait s'écarter de la table et se prosterner. C'est nouveau, révolutionnaire, et certains y verraient même de l'hérésie.

Il étouffa un petit rire. Peut-être, ajouta-t-il d'un ton des plus flatteurs, Monsieur le premier peintre daignerait-il, à ses moments perdus, entreprendre son portrait, à lui, Sebastian Martinez, commerçant de Cadix ; comme le savait don Francisco, il partirait en haute mer avec sa flotte dans la semaine qui venait.

— Je ne sais pas, dit froidement Francisco, si j'aurais goût à travailler. Je suis venu ici pour me reposer.

— Quel prix pourrait vous convaincre, cher maître, d'interrompre vos vacances ?

— Vingt-cinq mille réaux, dit promptement Francisco, surpris de sa propre hardiesse.

— C'est entendu, répliqua señor Martinez sans plus d'hésitation.

Puis, non sans timidité, il avoua avoir envisagé d'inviter la duchesse et le peintre à une petite fête, chez lui. Le prétexte était tout trouvé : les tableaux destinés à Santa Cueva étaient finis ; il était entré en relations d'affaires avec Monsieur le premier peintre ; il avait fait la connaissance de doña Cayetana, et il était sur le point de forcer le blocus de la flotte anglaise pour le plus grand honneur de l'Espagne, de conduire ses bâtiments en Amérique. « Plus ultra », dit-il avec un petit rire. Toujours plus loin. Goya répliqua sèchement qu'il ne pouvait prendre sur lui d'accepter une invitation au nom de la duchesse. Il croyait seulement savoir que doña Cayetana avait disposé de son temps quinze jours à l'avance au moins : señor Martinez serait déjà en haute mer.

Señor Martinez réfléchissait, on le voyait à l'expression de son visage parcheminé. Pour avoir l'honneur et la joie de recevoir sous son humble toit doña Cayetana et don Francisco, il irait, dit-il, jusqu'à laisser son escadre appareiller sans lui. Goya, surpris, haussa les épaules :

— Parlez à la duchesse, dit-il.

Dans le petit cercle des amis et en présence de doña Cayetana, on parla de la résolution du señor Martinez de renoncer à partir avec ses navires pour recevoir la duchesse.

— Il doit être pénible pour une femme d'éveiller perpétuellement le désir, où qu'elle aille, déclara Quintana, réprobateur.

— Vous êtes bien jeune, señor, lui répondit la duchesse.

Respectueux du deuil de la duchesse, Sebastian Martinez avait invité peu de monde. Le plus intéressant parut être à Francisco señor Bajer, un armateur de Malaga, ami intime de Martinez. Son accent indiquait nettement son origine anglaise. C'était probablement un officier de l'escadre bloquant Cadix; ces messieurs aimaient à venir à Cadix sous un déguisement. Au cours de la soirée, Goya fut très surpris et amusé d'apprendre que le rusé Martinez avait assuré la sortie de sa flotte en s'entendant avec les officiers anglais.

Don Miguel était là, lui aussi. Il tenait señor Martinez en grande estime, vantait sa connaissance de l'histoire de l'art et ses opinions progressistes. Le jeune Quintana n'était pas venu; il ne pardonnait pas à l'armateur de renoncer à une entreprise patriotique telle que le commandement d'un convoi forçant le blocus, pour les yeux d'une belle.

Martinez, d'ordinaire si sûr de soi, s'efforçait, en bon maître de maison, de traiter également ses hôtes, mais ne pouvait s'empêcher de tourner fréquemment les yeux du côté de la duchesse qui, manifestement, occupait toute sa pensée. Don Miguel ayant trouvé dans la bibliothèque de son hôte certaines éditions princeps de livres assez peu catholiques, le plaisantait à ce sujet :

— Faites attention, señor. Un homme aussi éclairé et aussi riche que vous est une forte tentation pour les maîtres de l'Inquisition.

— Mes navires forcent le blocus anglais, répliqua señor Martinez. Je trouverai bien moyen de faire passer mes livres et mes opinions sur les hauts fonds du Saint-Office.

La duchesse et Goya s'attendaient à ce que l'on se mît à jouer après le dîner, mais señor Martinez avait d'autres plans.

— Puis-je vous prier de passer dans la salle de théâtre, doña

Cayetana ? demanda-t-il à la duchesse. Serafina va danser pour vous.
— La Serafina ? dit-elle, sincèrement surprise.

La Serafina était la danseuse la plus célèbre d'Espagne et l'objet d'un véritable culte : elle avait remporté une grande victoire en faveur du peuple. Le cardinal primat de Tolède avait reçu de nombreuses plaintes dont certaines émanaient de princes de l'Eglise étrangers, où l'on s'étonnait que la pieuse Espagne tolérât des danses aussi vulgaires et aussi inconvenantes que le fandango et le bolero. Le cardinal primat avait donc convoqué un consistoire qui devait prohiber ces danses. L'archevêque de Séville, craignant un profond mécontentement du peuple d'Andalousie, avait proposé aux membres du consistoire de juger par eux-mêmes et de faire paraître devant eux Serafina et son cavalier Pablo. Et les prélats avaient eu beaucoup de peine à ne pas se lever, pour danser eux aussi. On n'avait pas interdit le fandango.

Peu après, Serafina avait disparu ; on la disait mariée, et le fait était qu'elle ne s'était pas produite depuis trois ans.

— Serafina ? répéta la duchesse agréablement surprise. La Serafina ?

— Elle habite Xérès, répondit señor Martinez. Elle est la femme de mon agent dans cette ville, du señor Vayas. J'ai pu la convaincre de danser pour vous.

Castagnettes et guitare vinrent scander le jeu du majo et de la maja qui s'aiment et se retrouvent après une longue séparation, puis le solo célèbre venu de Bohême et d'Orient, cette danse même qui avait assis la célébrité de la Serafina dans tout le royaume.

Señor Martinez présentait maintenant l'artiste à ses invités qui la couvraient de louanges. Elle remercia, courtoisement, sans sourire, habituée qu'elle était à l'adulation des foules.

Goya la regardait, profondément, sans un mot, et elle se tourna vers lui.

— Combien de temps restez-vous encore à Cadix, Monsieur le premier peintre ? lui demanda-t-elle.

— Je ne sais pas, dit celui-ci. Huit ou quinze jours, probablement. Je séjournerai encore quelque temps dans le voisinage, à Sanlucar.

— Je n'habite, moi non plus, pas très loin d'ici, reprit-elle. J'avais l'intention de prendre mon repos annuel vers la fin de l'automne. Je me suis décidée aujourd'hui à l'avancer et je compte sur votre visite.

En cette province, l'usage voulait que les femmes d'un certain rang gardent le lit quelques jours par an pour recevoir leurs amis et connaissances, leurs attentions et les cadeaux. Un lit de parade, qui faisait part intégrante du trousseau des jeunes filles de bonne famille, ne servait qu'à cela.

Goya la fixait toujours et elle lui rendit hardiment son regard. Dans leurs yeux se lisait l'éternelle pensée, cette plainte : « Pourquoi ne pas connaître aujourd'hui l'amour qui demain nous sera interdit ? » Et, rompant le silence, en vrai majo, Goya répondit :

— Ecourte ton repos annuel, Serafina. Entre nous, pas de prétextes inutiles. Nous n'en avons pas besoin pour nous revoir.

34

Francisco était seul avec Cayetana. Le solano soufflait, ce vent étouffant d'Afrique. Pendant les accalmies, on entendait les signaux de nuit des deux escadres adverses, embossées très près l'une de l'autre, l'espagnole et l'anglaise.

Il était irritable et mou. Il voulait retrouver Sanlucar, avoir Cayetana à lui seul. La vie de Cadix lui apparaissait soudain odieuse. Prolongerait-il son congé, au risque d'indisposer la cour pour passer ses jours avec Martinez et ses pareils ? Cayetana trouvait sans doute plaisir à l'adulation de ces gens. Elle ne le comprenait pas. Elle aurait dû avoir assez de cœur et de sens pour voir son ennui, deviner son désir.

Il n'avait pas fini de penser, qu'elle ouvrait la bouche.

— Ne me dis rien, Francho, c'est inutile. Nous rentrerons demain si cela te plaît.

A Sanlucar, seul avec elle, il oublia toute sa mauvaise humeur. Il retrouva le bonheur des semaines qui avaient précédé son voyage. Les souvenirs mêmes de Cadix s'en faisaient plus beaux. Les hommes l'avaient fêté, les femmes s'étaient éprises de lui : on l'avait payé plus qu'aucun autre peintre ne l'avait jamais été; sa gloire s'étendait sur tout le royaume. Cependant, il avait à peine montré ce qu'il pouvait désormais, et ses progrès dans l'art. Il était seul avec celle qu'il aimait, qui se pliait à ses caprices. Il était jeune, il se l'était prouvé, et possédait tout ce qu'il avait convoité...

Il « buvait à longs traits à la coupe de la vie », aurait volontiers cité don Miguel.

— Refuses-tu toujours de me peindre en maja ? lui demanda un matin Cayetana s'étirant, paresseuse, dans son lit.

— Mais non ! s'était-il écrié, et il avait, sur l'heure, composé une petite toile très gaie. Il se promenait avec elle. Elle était en costume maja et portait la mantille noire. Elle se tournait vers lui, faisait valoir sa taille mince, coquette et souple. Son doigt impérieux montrait l'éventail qu'elle tenait ouvert dans un geste d'invite. Goya, galant, s'empressait, très élégamment vêtu d'un frac marron, de riches dentelles et de hautes bottes. Involontairement rajeuni et amoureux au-delà de toute mesure.

Il ne voulait pas la peindre en vraie maja, elle le voyait bien, rien qu'en grande dame déguisée. Pourtant ce tableau lui plaisait. La plaisanterie était innocente et, de fait, l'amour ne l'avait-il pas rajeuni bien plus encore que sur la toile ?

Un autre jour, elle lui conta qu'elle avait eu la visite de la camériste morte, Brigida, qui lui avait répété qu'elle ne mourrait pas avant d'avoir été peinte en maja.

— Voilà une heureuse prédiction, dit Goya de son fauteuil. Evite de te faire peindre et tu vivras cent cinquante ans pour le moins.

— Impossible, fit-elle soudain sérieuse. J'en ai décidé autrement et Brigida le sait.

— Et comment était-elle habillée ta Brigida ? demanda Francisco.

— En femme de chambre, répondit machinalement Cayetana qui aussitôt s'indigna : Et puis, que t'importe ? Es-tu l'Inquisition ?

— Non, répliqua Goya. Un peintre tout simplement. Ce que je ne vois pas n'existe pas pour moi. Un spectre que je ne saurais peindre n'en est pas un, à mes yeux.

Peral, si discret à Cadix, se tenait encore plus à l'arrière-plan. Toujours gai compagnon, il aimait à l'occasion montrer à Goya l'estime justifiée dans laquelle il tenait le peintre. De son côté, Francisco s'étonnait qu'un homme ayant joué un rôle aussi suspect dans la mort du duc pût faire paraître une telle gaieté. Sans doute croyait-il que sa science le mettait au-dessus de la morale commune. Lorsque Peral lui avait demandé de faire son portrait, Goya avait refusé avec dédain. Il avait changé d'avis et le voulait maintenant pour tirer à jour cet homme, résoudre l'énigme de ce visage. Un soir, il le lui offrit, avec élan.

— Je ne puis pas payer les prix de señor Martinez, répliqua Peral en plaisantant.

— Dans le coin de la toile, déclara le peintre en souriant, j'écrirai : « A mi amigo. »

C'était la formule consacrée de l'artiste faisant un cadeau, et posséder semblable tableau de la main de Goya dilata le cœur du collectionneur passionné qu'était Peral. Son visage impassible s'éclaira :

— Vous êtes très généreux, don Francisco, dit-il.

Goya travailla longtemps, avec application, à ce portrait, le peignit dans cette lumière gris argent, la sienne, et qui, par sa douceur même, soulignait le mystère que Francisco soupçonnait derrière ce visage. Goya n'admettait pas que don Joaquin cachât quelque chose ; les mains étaient en évidence sur la toile. Il tenait à peindre ces mains qui avaient assassiné le mari de Cayetana.

Les séances, à l'atelier, passaient agréablement. Peral parlait, se livrait beaucoup, et Goya se prenait d'amitié pour lui jusqu'au moment où un regard, un geste le repoussait. Il s'établissait entre les deux hommes une curieuse amitié qui les laissait cependant ennemis. Des liens les unissaient, ils le sentaient tous deux ; ils aimaient à se dire de dures vérités.

Goya ne parlait pas de Cayetana et Peral s'abstenait de prononcer son nom. Cependant on discutait souvent d'amour. Le médecin demanda une fois au peintre s'il savait la différence que faisaient les philosophes de l'antiquité entre un hédonicien et un érotique :

— Je ne suis qu'un peintre, docteur, répondit tout bonnement Goya, et vous êtes un tertuliante, un Tullius Cicero trois fois sage. Enseignez-moi, je vous prie.

— Un hédonicien, expliqua Peral, est celui qui ne cherche que sa joie ou son plaisir; l'érotique, au contraire, entend donner le plaisir là où il le goûte.

— C'est très intéressant, dit Goya un peu embarrassé. Peral ne voulait-il pas faire allusion à Cayetana?

— Le philosophe Cléanthe, poursuivit Peral, nous dit: « Malheur à celui qui tombe dans les filets d'une hédonicienne; il n'est plus pour lui qu'un remède: s'enfuir, pour s'absorber dans quelque grand dessein, comme le combat pour la patrie ou pour la liberté. » Cela sonne bien; mais en tant que médecin, je doute fort que cela réussisse.

Enfin le portrait fut terminé. De son cadre, Peral laissait tomber, de ses grands yeux pleins de scepticisme, un regard un peu inquiétant. D'un pinceau soigneux, Francisco signa : « Goya a su amigo Joaquin Peral. »

De Xerès vint une lettre d'une grosse écriture maladroite; Serafina se rappelait au souvenir du peintre.

— J'irai peut-être passer quelques jours à Xérès, dit Goya à Cayetana, pour peindre Serafina.

— N'est-il pas plus commode de la faire venir ici ? lui proposa la duchesse sur un ton de connivence amusée qui le mit en colère.

— Ce n'était qu'une idée, bien vague, répondit-il. J'irai, ou elle viendra, peu importe. Ce qui est sûr, ajouta-t-il méchamment, c'est qu'elle est la maja idéale. Si je peins jamais une maja, ce sera elle.

Entrant un peu plus tard chez Cayetana, il la trouva couchée sur le divan dans un costume tel qu'on en avait beaucoup porté, aux fêtes, l'hiver précédent. C'était une robe d'un tissu blanc et fin, précieux, tenant le milieu entre la chemise et le pantalon, et qui eût mieux convenu, semblait-il, au torero qu'à la maja. Elle découvrait du corps plus qu'elle ne cachait. Cayetana avait passé un bolero jaune vif orné de petits papillons en métal. Une large ceinture rose retenait le vêtement. Elle s'allongeait, les mains croisées derrière la nuque.

— Si tu voulais peindre Serafina, dit-elle, cette pose et ce costume te conviendraient-ils ?

— Oui, dit-il sans grande conviction.

La femme allongée devant lui était charmante et son costume osé, celui d'une maja, mais pas un habitué d'une taverne de la Manoleria ne s'y fût trompé.

Quelques jours plus tard, elle le mena dans une pièce retirée de la maison, une chambre à coucher luxueusement meublée où, autrefois, l'une des maîtresses de la casa de Haro avait dû tenir ses levers. Au mur, pendait un large tableau représentant une scène de chasse. Cayetana, grâce à un mécanisme semblable à celui qu'elle avait actionné dans la chambre de la tour, à Cadix, le fit glisser, découvrant le mur nu, l'emplacement d'un autre tableau. Goya, surpris, l'interrogeait du regard.

— Ne comprends-tu pas ? lui dit-elle. Je veux que tu me peignes en vraie maja.

Avait-il bien compris ? La femme nue de Vélasquez, il le lui avait bien dit, n'était ni déesse ni femme de la haute noblesse, rien qu'une maja.

— Je voudrais vous commander deux portraits de moi, reprit-elle. L'un en costume de maja et l'autre en vraie maja.

Après tout, si elle le voulait absolument... Il la peignit donc en robe jaune et nue sous l'étoffe transparente. Elle s'offrait aux regards sur sa couche voluptueuse, sur les coussins vert mat, les mains à la nuque, la jambe gauche tendue. La cuisse droite reposait doucement sur la gauche, et il avait accentué l'ombre du triangle. Il la fit se maquiller et ne lui donna sur la toile qu'un visage anonyme.

Cayetana se réjouissait de la lutte engagée. Elle triomphait : Francisco la peindrait en maja ; Serafina, la reine des majas, leur incarnation même, ne verrait pas le peintre répondre à son invite.

Goya se mit au travail, sans plaisir. Cayetana lui interdisait Serafina ; elle voulait, il le sentait, être plus maja qu'elle. Elle n'y parviendrait pas ; c'était impossible. Un grand rire intérieur le secouait. Ce n'était plus lui le pantin, c'était elle le jouet, la poupée. Ce qu'il peignait, ce n'était pas une maja. En dépit de ce que lui donnaient sa naissance et sa fortune, elle ne serait jamais du peuple, elle ne serait jamais qu'une pauvre grande dame. Malgré tout son désir, elle ne serait jamais maja, encore moins en se dépouillant de ses derniers voiles.

Ses pensées s'écartaient de la femme pour en venir à l'art, à son œuvre personnelle.

Etait-ce bien de l'art que cette peinture ? Qu'en aurait dit Lujan, son maître à Saragosse ? Lujan lui avait fait dessiner des statues de plâtre sévèrement vêtues — il était censeur de l'Inquisition. Ce que lui, Goya, faisait là était bien loin de cet art froid dont tout désir était banni, de celui qu'exaltaient Mengs et Miguel. Mais, carajo ! il ne voulait pas se mettre en concurrence avec Vélasquez et sa femme nue. Ce qu'il voulait peindre, lui, c'était le désir, ses assouvissements et ses dangers.

Les deux toiles étaient terminées. Le regard de Cayetana allait de l'une à l'autre, indécis. La femme en costume de torero avait un autre visage que celui de la femme nue. Tous les deux étaient le sien, sans l'être. Pourquoi Francho ne lui avait-il pas donné son vrai visage ?

— Vous avez fait là quelque chose de très particulier, d'unique, dont Francisco, dit-elle enfin. C'est un peu troublant. Mais, ajouta-t-elle avec une gaieté forcée, je ne suis pas aussi ronde que cela !

35

Un invité survint, don Juan Antonio, marquis de San Adrian.
Goya enrageait. Le marquis, il le connaissait bien, pour avoir peint son portrait, et cela avait été de ses meilleures toiles. Il l'avait placé devant un fond de campagne ; très affecté, négligemment appuyé à une colonne, le jeune seigneur s'offrait à l'admiration. Jeune, à dire vrai, il ne l'était plus ; il avait dépassé la quarantaine, mais son joli visage insolent n'avait guère plus de vingt-cinq ans. Il portait un costume de cheval, gilet blanc, pantalon jaune et veste bleue, très Werther en un mot. La main tenant la cravache se posait coquettement sur la hanche ; l'autre, peinte avec soin, tenait un livre. Nul n'aurait pu dire pourquoi il avait posé son chapeau sur la colonne. Goya n'avait rien caché de l'arrogance du grand seigneur qui, un des premiers grands de la cour, avait été, très jeune encore, nommé président du Conseil des Indes.

Goya l'avait rencontré plus d'une fois dans l'entourage de Cayetana dont il avait, disait-on, été l'amant. Il jouissait en tout cas de la faveur de la reine, et Cayetana avait dû l'attirer pour faire pièce à doña Maria-Luisa. Le marquis était remarquablement instruit et on le disait — ce qui était vrai — de tendances avancées. Mais quand il risquait un mot de sa voix claire de jeune garçon, Goya éprouvait le violent désir de lui répondre par quelque mot lourd ou grossier.

Le marquis se montra très naturel et très aimable. Il était venu, dit-il, voir doña Cayetana, dont il ne pouvait supporter plus longtemps l'absence de la cour. Mais il y avait, à sa venue, une autre raison presque aussi grave : son vif désir de voir don Francisco peindre une séance du Conseil des Indes.

— Nous avons besoin de vous, mon cher, déclara-t-il de sa voix de fausset. Si vous nous abandonnez, il nous faudra avoir recours à de braves gens comme votre confrère Carnicero, qui nous fera des visages encore plus vides qu'ils ne le sont dans la réalité.

Don Juan Antonio ne voulait déranger personne. Il prenait part aux repas et se montrait aux levers de la duchesse ; sa présence était plus amusante que gênante. Cayetana le traitait comme un grand garçon un peu indiscret, avec une légère ironie. Francisco voyait Cayetana aussi souvent qu'il le voulait, tout comme auparavant.

Un soir, au dîner, Goya et Peral discutèrent d'un point d'art ; les deux autres se taisaient, et le peintre surprit un regard de Cayetana à San Adrian, un coup d'œil furtif, une œillade de maja.

Il ne dura pas deux secondes et Goya pensa s'être trompé ; il s'ordonna d'oublier ce regard, mais il put difficilement finir sa phrase.

Dans la nuit, il se moqua de lui-même. Pourtant elle avait été la maîtresse du marquis. Celui-ci n'était-il pas venu renouer certains liens avec l'assentiment de la duchesse ? Tout était clair, c'était lui le pantin. Il s'imaginait le couple, Cayetana avec l'arrogant seigneur, tandis qu'il se retournait sur sa couche, sans pouvoir trouver le sommeil. Elle lui montrait maintenant la « doña desnuda » et, de sa voix odieuse, le marquis lui découvrait des beautés que Francisco n'avait pas vues.

Tout cela était stupide. Il n'était qu'un jaloux imbécile. Et pourtant, n'avait-il pas des raisons de craindre ? Il était vieux, s'empâtait, se faisait sourd et son dos se courbait — dernière honte pour un Aragonais. Cayetana était brillante et gaie et peut-être aussi ne l'intéressait-il plus. Oui, elle lui préférait l'autre, c'était bien clair. « Tragalo, perro. Avale, chien. » Fantaisies que tout cela. Ne s'était-elle pas cruellement moquée du marquis au sujet de Maria-Luisa ? Ne lui avait-elle pas laissé voir que Francisco était son amant ? Pourtant, ce bref regard, il n'était pas de la doña desnuda. Il était bien venu des yeux durs de Cayetana, la vraie. Elle avait aussitôt détourné la tête — elle était aussi secrète qu'une chatte. S'il ne pouvait pas la peindre, ce n'était pas sa faute. Personne ne l'aurait pu ; pas même Vélasquez. Sa nudité même était trompeuse. Son cœur était fardé comme son visage. Tiré d'une vieille romance qu'aimait Pepa, un vers lui revenait en mémoire : « Un cœur très laid dans une belle poitrine. »

Le lendemain matin, il se mit devant son chevalet. Enfin, il avait vu la vraie Cayetana. Il la fit flotter dans les airs. Trois nuages l'accompagnaient dans son vol. Cette fois, ce visage n'était pas anonyme. Pur, d'un ovale parfait, insolent et fier, il ne pouvait appartenir sur terre qu'à Cayetana de Alba, et l'on reconnaissait aussi fort bien dans les nuages trois têtes d'hommes : Costillares, le torero, San Adrian, le président du Conseil des Indes, et don Manuel, prince de la Paix. Du sol, un être difforme surveillait en ricanant l'envol : le vieux fou Padilla. C'était une Ascension bien étrange, et son but n'était certes pas le ciel. La femme planant au-dessus des têtes de ses compagnons serrait les jambes, et on pouvait sans peine là charger des sept péchés mortels. Ce visage avait fort bien pu, sans que bougeassent les lèvres, laisser tomber l'ordre de faire disparaître un mari gênant. Enfin, il avait trouvé son visage, c'était pour toujours le sien, le vrai. C'était Cayetana orgueilleuse et pure, innocente et dépravée, c'était l'incarnation du désir de la séduction, du mensonge.

Le lendemain, Cayetana ne se montra pas. La duègne porta ses excuses à ses invités. Son petit chien Juanito était malade ; elle ne pouvait voir personne. Goya travailla à son *Ascension*, à son *Mensonge*.

Le jour suivant, le petit chien avait recouvré la santé, et Cayetana se montra de charmante humeur. Goya parla peu et elle s'efforça de le faire se mêler à la conversation. Comme il s'y refusait, elle s'en consola avec le marquis. Il cita quelques mots de français, elle lui répondit dans la même langue. Peral, partagé entre le rire et la pitié, s'efforçait en vain de ramener la conversation à l'espagnol. Pour finir, Cayetana, se tournant vers Francisco, l'entreprit en français, employant des mots cherchés qu'il ne pouvait comprendre. Visiblement, elle le ridiculisait devant San Adrian.

Après le dîner, elle déclara qu'elle ne voulait pas aller au lit. Ses gens allaient danser le fandango en sa présence. Fuela, sa femme de chambre, le dansait parfaitement, et Vicente, le palefrenier, n'était pas si mauvais. Il arrivait souvent que les grands, pour distraire leur ennui, fissent danser devant eux leurs domestiques.

Cinq couples vinrent prêts à danser et vingt autres pour les voir, fermiers, paysans ou colons. Un couple s'arrêtait-il qu'un autre aussitôt le remplaçait.

— Ne voulez-vous pas danser ? dit Cayetana à Francisco qui, un instant, fut tenté.

Puis, à se souvenir du menuet qu'elle l'avait contraint de danser devant le duc et Peral, à voir le visage insolent du marquis, il hésita. Déjà, elle se tournait vers San Adrian :

— Et vous, don Juan ?

— Avec le plus grand plaisir, s'empressa de répondre celui-ci. Mais dans ce costume ?

— Rien de plus simple, dit Cayetana. Le pantalon va bien. On vous prêtera une veste. Arrangez-vous ; je vais changer de robe.

Elle revint avec le costume dans lequel Goya l'avait peinte, cette robe d'étoffe blanche et diaphane qui montrait plus qu'elle ne cachait, le boléro jaune clair avec les papillons noirs et la grande ceinture rose. Ce n'était pas la tenue qui convenait à la dame et ce ne fut pas non plus le vrai fandango qu'ils dansèrent. Fuela, la femme de chambre, et le valet Vicente avaient mieux dansé. Non, ce n'était pas de la danse, rien qu'un jeu stupide, la négation même de l'esprit espagnol. La colère envahissait Goya, colère envers Cayetana et don Juan, et tous les grands et leurs femmes. Il s'était soumis à cette parodie ridicule, au temps où il dessinait des tapisseries. Mais, depuis, il avait appris les hommes et les choses, il avait vécu, souffert ; il avait cru aussi Cayetana au-dessus de ses pareilles. Il s'était figuré qu'entre eux deux il ne s'agissait pas d'un jeu, qu'il y avait la passion, l'amour, le vrai fandango. Elle lui avait menti, depuis le début, avait fait de lui un pantin, un pelele.

Laquais et servantes, paysans, filles de cuisine et garçons d'écurie s'amusaient sans contrainte. Ils sentaient, tous, les efforts que faisait la duchesse pour être des leurs et lui en savaient gré. Ils sentaient aussi qu'elle n'y parviendrait pas, que, sur ce point, elle était moins qu'eux. Dansant, tapant dans leurs mains, criant « ollé ! », ils savaient mieux que les maîtres s'incliner à temps. Ils savaient, sans même se l'avouer bien clairement, que si femme de chambre et valet passaient la nuit ensemble, cela serait plus naturel, plus espagnol, plus dans l'ordre des choses que la belle dame couchant avec son duc ou son peintre.

La duègne souffrait en silence. Elle aimait Cayetana qui était toute sa vie, et son agneau s'était laissé ensorceler par ce peintre ! Elle voyait sous ses yeux la première dame du royaume, la descendante du grand maréchal, s'amoindrir devant la canaille, la chusma.

Peral, assis, regardait sans applaudir et sans crier « ollé ». Ce n'était pas la première fois que Cayetana souffrait d'un tel accès — moins violent peut-être... Il surveillait Goya, éprouvant un plaisir qui se mêlait de pitié.

Cayetana et Adrian s'échauffaient. La musique précipitait la cadence; les cris se faisaient plus endiablés : « Fatigue-toi, ma fille, pensait Goya, tu ne seras jamais une maja. Tu ignores ce qu'est un fandango. Tu ne veux qu'épicer ta nuit avant de t'aller mettre au lit avec ce triste imbécile, ce grotesque prétentieux. »

Il sortit avant la fin de la danse.

Il passa une mauvaise nuit. Le lendemain, il attendit Cayetana qui, chaque jour, venait le chercher pour la promenade. Elle ne vint pas et il lui fit dire qu'il avait mal à la tête et ne déjeunerait pas. Son tableau *le Mensonge* était fini, rien n'y manquait. D'ailleurs, il n'était pas en train, le solano le fatiguait et il lui semblait entendre moins bien qu'à l'ordinaire. Il enleva la toile, la recouvrit, s'assit à son secrétaire, commença une lettre. « Le grand-père avait son fou, elle a voulu son peintre, pensait-il. Mais c'est fini. » Il écrivit une lettre à l'Académie, une autre au maréchal de la cour pour annoncer son retour, et ne les termina pas.

Dans l'après-midi, elle vint avec son ridicule petit chien, fut aimable et gaie, comme si rien ne s'était passé. Elle regrettait son indisposition. Pourquoi n'avait-il pas consulté le docteur Peral ?

— Peral n'y peut rien, dit-il, sombre. Congédie ton San Adrian, ajouta-t-il.

— Sois donc raisonnable, lui dit-elle. Je ne vais pas le renvoyer et le blesser, pour satisfaire ta mauvaise humeur.

— Renvoie-le, te dis-je, répétait-il, têtu.

— Pourquoi veux-tu te mêler de mes affaires ? reprit-elle. Je ne puis pas le supporter, tu le sais ! Je ne t'ai jamais dit, moi : « Fais ceci ou ne fais pas cela. »

Cette impudence l'indignait. De lui, elle avait tout exigé de ce qu'un être peut demander à son semblable, les plus effroyables sacrifices, et voilà qu'elle se posait en victime : « Ai-je jamais exigé de toi quelque chose ? »

— Je vais à Xérès, peindre Serafina, dit-il.

Nonchalante, elle caressait son petit chien couché sur ses genoux.

— Cela tombe bien, dit-elle. Je vais, moi aussi, m'absenter quelques jours. Voir un de mes domaines et donner sur les doigts d'un de mes fermiers. Don Juan m'accompagne et me conseillera.

Il avançait sa grosse lèvre et ses yeux bruns s'assombrirent.

— Je ne pars pas pour quelques jours, dit-il, et tu peux rester tant que tu voudras avec ton gommeux. Je ne t'importunerai plus. De Xérès, je regagnerai Madrid.

Elle se leva d'un bond, et le petit chien jappa. Elle ouvrit la bouche pour une riposte cinglante, mais elle se contint à la vue de ce visage où les yeux brillaient, tout noirs, au point qu'on n'en voyait plus le blanc.

— Tu aurais tort, Francho, de ne pas revenir à Sanlucar, et je le regretterais vivement, pour ma part.

Et comme il se taisait, elle continua :

— Sois raisonnable. Tu me connais. Ne me demande pas de changer. Je ne le pourrais pas. Accorde-moi quatre ou cinq jours et profites-en toi-même. Puis reviens. Je serai ici, seule, et tout sera comme avant.

Il la dévisageait, plein de haine :

— Oui, je te connais, dit-il lentement, et il alla chercher la toile, *le Mensonge,* pour la poser sur le chevalet, devant elle.

Cayetana se vit volant dans les airs et se reconnut. C'était bien son visage. Elle ne se piquait pas de comprendre grand'chose à la peinture, mais, sans contredit, personne ne l'avait aussi terriblement insultée, pas même la reine Maria-Luisa. Il lui donnait la compagnie de trois hommes, mais pourquoi don Manuel qui lui déplaisait si fort ? « C'est pour lui que j'ai été bannie, pensa-t-elle dans sa fureur. Je me suis laissé peindre par lui comme jamais grande dame ne l'a été par ce misérable peintre. Et voilà comment il me traite ! »

Sur la table il y avait un racloir. S'en emparant, d'un mouvement vif, elle fendit la toile, du haut en bas.

Il se jeta sur elle, prit de l'autre main la toile lacérée. Le chien courait en jappant. Chevalet et tableau tombèrent.

Ils s'affrontaient, haletants.

— Je regrette d'avoir gâché cette toile, dit la duchesse hautaine. Dites-moi votre prix...

Elle ne dit rien de plus. L'accès tant redouté, la vague, assaillait Francho. Il se rejeta dans un fauteuil, l'image même de l'anéantissement.

36

Des heures s'écoulèrent, heures de désespoir morne et d'impuissance. Sans cesse, les mêmes mots harcelaient Francisco. « J'étais fou, je devais l'être — elle m'a tué, cette garce — oui, je suis battu, fini, pour toujours. » Ces mots, il finit par les prononcer, par les crier, très haut. Il croyait les entendre. Devant son miroir, il se vit ouvrir la bouche et la fermer, sans entendre la moindre de ses paroles. Lors des crises précédentes, il percevait les sons graves. Cette fois-ci, rien. Il jeta un vase à terre et le vit s'écraser, sans un bruit.

— Trahi, fini, volé. Ma fille assassinée, ma carrière brisée, l'ouïe perdue.

Une colère folle l'empoigna, il cria des malédictions. Brisa le miroir qui lui rendait son image et regarda sans comprendre ses mains sanglantes. Puis vint la résignation : « Tragala, perro. Mange, chien », murmura-t-il avant de s'abîmer dans le silence du désespoir.

Peral vint et s'efforça de parler très distinctement pour que Francisco puisse lire sur les lèvres. Goya le regardait, sans comprendre. Peral écrivit : « Je vais vous donner un calmant. Allongez-vous. »

— Je ne veux pas ! cria Goya.

— Soyez raisonnable, écrivit Peral. Après un bon sommeil, tout ira mieux.

Il revint, un verre aux doigts. Goya le fit tomber à terre.

— Je ne me laisserai pas assassiner, dit-il doucement, cette fois, et ne sut pas s'il avait parlé.

Peral le regarda songeur, non sans pitié, et s'éloigna sans répondre. Une heure plus tard, il revint.

— Voulez-vous boire maintenant ? demanda-t-il.

Goya, la lèvre pendante, ne répondit pas. Peral prépara la potion et le peintre la prit.

Lentement, émergeant d'un sommeil sans fin, il retomba dans la réalité. Il portait des pansements aux mains. On avait mis au mur un nouveau miroir que ne souillait plus l'image trompeuse de Cayetana. Se levant, il erra dans la chambre, essaya d'entendre. Replantant avec force une chaise sur le sol dallé, il crut entendre un faible bruit. Angoissé, il fit un nouvel essai. Oui, les bruits lui venaient, indistincts mais autrement que par l'intérieur. Il pouvait entendre. Il y avait de l'espoir.

Peral vint lui annoncer qu'il avait fait appeler un médecin de Cadix, bon spécialiste. Goya haussa les épaules, exagéra sa surdité, tout en se cramponnant de toutes ses forces à l'espoir.

Plus tard, à son heure accoutumée, Cayetana vint. Il en éprouva une émotion cruelle et douce. Il s'était attendu à ce qu'elle partît avec son prétentieux imbécile comme elle l'avait dit ; elle n'était pas femme à renoncer, pour la seule raison qu'il était malade. Mais elle était là. Elle parlait, s'efforçait de prononcer distinctement ses mots. Il était trop ému pour comprendre, et ne le voulait pas. Il se taisait. Elle resta longtemps auprès de lui, puis lui passa doucement la main sur le front. Il recula la tête. Elle resta encore quelques instants auprès de lui, puis partit.

Le médecin de Cadix vint, écrivit quelques mots consolants, parla beaucoup et très vite au docteur Peral. Pour finir, il écrivit à l'intention de Francisco qu'il serait un certain temps avant de percevoir les sons élevés mais qu'il entendrait les notes basses. L'espoir grandissait.

Mais, la nuit suivante, tous les fantômes, les spectres de son imagination l'assaillirent. Ils avaient des têtes de chien ou de chat, de grands yeux de hibou, d'énormes pattes griffues et des ailes de chauve-souris géante. Dans le noir, il voyait leurs terrifiants visages. Les plus beaux étaient les plus terribles. Ils l'entouraient, le baignaient de leurs horribles haleines et, dans le silence de mort qui l'emprisonnait, ils se faisaient plus menaçants que jamais.

Vers le matin, aux premières lueurs de l'aube, la connaissance de sa surdité lui revint et toute sa terreur. Il lui semblait qu'une grande cloche s'abaissait sur lui pour l'enfermer. Ainsi donc, il ne pouvait plus dire sa douleur à ses amis : il était retranché à tout jamais du monde. Plus jamais il n'entendrait la voix amicale de Martin, les remarques piquantes d'Agustin, les reproches émus de Josefa, ni les louanges des connaisseurs et des puissants. Il n'entendrait plus le brouhaha de la Puerte del Sol et de l'arène. Plus de musique, de séguedilles ni de tonadillas. Plus de bavardages avec les majos et les majas des tavernes. Il serait retranché du monde ; car, qui voudrait parler à qui n'entend pas ? Il était voué au ridicule de répondre tout de travers. Il s'efforcerait sans cesse d'entendre, en vain. Le monde, si dur pour le bien portant qui peut se défendre, serait pour lui sans pitié. Il lui faudrait vivre de ses souvenirs que viendraient déchirer les démons. Il cherchait à se rappeler des voix amies ou ennemies et hurla de terreur.

Devant le miroir au cadre ciselé, doré, il voulut se reconnaître. Etait-ce lui cet être échevelé, hirsute, à la barbe qui ombrait des joues creuses, aux yeux fous ? Ces rides profondes... C'était le visage plein de fureur et de résignation de la bête sauvage prise au piège, celui de l'insensé qu'il avait peint dans son *Asile*.

Il alla s'asseoir sur une chaise, tournant le dos au miroir, les yeux fermés, y passa une heure interminable. Vers midi, l'impatience le tortura : Cayetana viendrait-elle ? Il se répétait qu'elle était partie et ne voulait pas le croire. Fiévreux, il arpentait sa chambre. C'était l'heure. Personne. Cinq minutes s'écoulèrent, puis dix. Une colère folle l'empoigna. Quand son chien était constipé, elle prenait le deuil comme si le monde allait finir, mais quand il était à terre, lui, elle filait avec le premier venu. Le désir de vengeance le brûlait. Il aurait voulu l'étrangler, la piétiner, la briser, l'anéantir,

Mais la voici, il la voit ! Il est très calme, soudain. Toute détresse a fui ; il lui semble que la cloche se soulève, qui l'étouffait. Peut-être la crise est-elle passée ; peut-être entend-il de nouveau ? Mais il ne veut pas tenter l'expérience, elle est près de lui et cela lui suffit. Il ne désire même pas la voir, seulement savoir qu'elle est là. Il se jette dans un fauteuil, ferme les yeux, respire fort, régulièrement.

Elle vient, voit endormi le seul homme contre lequel elle se soit jamais révoltée, si souvent, et dressée, auquel elle est liée comme elle ne l'a jamais été avec aucun autre. Toutes les femmes qu'il a connues, qu'il connaîtra, ne sont rien, et les hommes qui sont passés, et qui passeront dans sa vie, à elle. Elle va partir avec San Adrian, qu'importe ? Elle n'aime que Francho, n'aimera jamais que lui. Mais qu'il aille à la mort et elle avec : elle ne changera rien, pour lui, à ce qu'elle a décidé.

Il dort, d'épuisement et de désespoir. Il est très malheureux par elle, comme il était heureux par elle. Le bonheur, le malheur, lui viendront d'elle encore.

Elle s'approche et lui parle ; il n'entend pas : il dort. Eveillé même, il ne l'entendrait pas. Et pourtant il perçoit sa voix enfantine et dure : « Tu es si bête, Francho et tu ne comprends rien. C'est toi que j'aime, stupide Francho, rien que toi, toi, si gros et si vieux. Et toi qui n'as rien vu, qui crois que je vais voler en enfer avec les autres. Tu es laid, tu es bête, tu es à moi. Peintre insolent ! C'est toi que j'aime, que j'aimerai toujours. Rien que toi. »

Il ne bouge pas, il dort, il respire très fort. Elle sort.

37

Il se félicitait de sa ruse et, cette nuit-là, dormit bien.

Le lendemain, à son réveil, il s'aperçut avec terreur qu'il était sourd ; de nouveau il était rentré dans sa sombre prison. Avec une joie amère, il pensa que les derniers mots qu'il aurait entendus, en ce monde, seraient ceux de Cayetana.

C'était l'heure où elle venait, d'habitude. Courant à la fenêtre, il l'attendit. Le temps passait. Non, elle ne viendrait plus. Etait-il possible qu'elle fût partie avec l'autre, après ce qu'elle lui avait dit ?

Peral vint le chercher pour déjeuner.

— Doña Cayetana est-elle partie ? lui demanda Francisco du ton le plus naturel qu'il put trouver.

— N'a-t-elle donc pas pris congé de vous ? répondit Peral, surpris. Elle est allée vous faire ses adieux, hier.

Après le déjeuner, ils parlèrent longuement. Goya se prenait d'impatience à voir les efforts du médecin pour détacher ses mots, avant de recourir à l'écriture. Il avait honte. Sur le visage de l'autre, il chercha en vain une expression de méchanceté satisfaite. Cependant, il restait méfiant. A l'avenir, il se méfierait de tous. On le prendrait pour un méchant compagnon, lui qui aimait tant le bruit. Ne pouvoir partager sa joie ou sa peine lui fermerait la bouche.

Peral lui dessina la structure interne de l'oreille et s'efforça de lui expliquer la nature de son mal. Il restait peu d'espoir de guérison et il faudrait apprendre l'alphabet des sourds-muets. Un Français, l'abbé de l'Epée, avait imaginé une bonne méthode, et Goya n'avait qu'à gagner à s'y exercer au plus vite.

— Oui, répondit Goya très sombre. J'appartiens maintenant au monde des infirmes ; je n'ai plus rien à voir avec le monde normal.

Les faibles consolations du médecin lui montraient à quel point il allait souffrir. Pourrait-il seulement coucher avec une femme ? Jusqu'à ce jour il avait été celui qui donne ; l'idée qu'il n'était plus qu'un infirme, accepté par pitié, n'allait-elle pas le paralyser ? Oh ! oui ! Les démons se vengeaient, terriblement, du père qui avait sacrifié sa fille à sa passion, à son désir.

— Dites-moi, demanda-t-il soudainement au médecin, quelle est l'origine de ma maladie ?

Le docteur Peral s'attendait à cette question, l'avait crainte et espérée. Il savait, depuis longtemps, mais devait-il la vérité au malade ? Il admirait le talent de Goya, aimait sa vitalité débordante, mais il enviait, en même temps, ce don d'éveiller l'intérêt et la sympathie, cette sûreté de soi, cette confiance dans sa bonne étoile. S'il parlait, serait-ce seulement par devoir ? Ne serait-ce pas plutôt pour se venger enfin d'un privilégié ?

Devant la question bien nette, il n'hésita plus et, choisissant ses mots :

— L'origine de votre maladie réside dans le cerveau. Cette affection peut avoir pour cause une atteinte vénérienne dont vous auriez souffert, ou l'un de vos ancêtres. Il est heureux pour vous, don Francisco, que les suites n'en affectent que votre ouïe. Dans la plupart des cas, c'est tout le cerveau dont elles compromettent l'équilibre.

Goya fixait le visage du médecin, suivait les mouvements des lèvres minces laissant tomber les mots mortels. La colère grandissait en lui. « Il veut t'empoisonner, pensa-t-il, de la façon la plus subtile, comme il a empoisonné le duc. Il a raison pourtant : oui, je deviens fou, je le suis déjà. C'est le péché qui me dévore, qui tue mon cerveau. »

Et, tout haut :

— Je suis donc fou, d'après vous ? dit-il lentement. Fou ! — il criait maintenant — Fou ! Mais dites-le donc ! Fou !

— Estimez-vous heureux de ne pas l'être, répondit Peral très calme. Cherchez à me comprendre, don Francisco.

— Pourquoi me mentir ? Si je ne le suis pas encore, je vais l'être, et vous le savez. Dur d'oreille, dites-vous. Un mensonge encore et qui vous trahit. Vous savez fort bien que je ne suis pas dur d'oreille. Je suis sourd, sourd comme un pot, et fou, pour toujours.

— Cette dureté d'oreille, reprit patiemment Peral, nous donne beaucoup d'espoir et la quasi-certitude que le vieux mal a porté son dernier coup.

— Ah ! pourquoi me torturer ainsi ? gémit Goya. Pourquoi ne pas me dire clairement : tu es fou !

— Parce que je ne veux pas mentir, répondit Peral.

Ces deux hommes devaient par la suite avoir des entretiens très sincères et remarquables. Tantôt don Joaquin réconfortait son patient, tantôt il le raillait, ce qui ne semblait pas déplaire à celui-ci. Goya, de son côté, remerciait l'autre de ses soins quand il ne cherchait pas à le blesser au vif. « Dans votre malheur même, écrivit un jour le docteur Peral, vous êtes plus heureux que beaucoup. Les autres doivent souvent contenir leurs pensées les plus dangereuses jusqu'à ce qu'elles renversent les barrières de leur raison. Vous, don Francisco, il vous reste la peinture. Vous déchargez votre âme et votre esprit des scrupules qui pourraient les troubler. »

— Accepteriez-vous de changer avec moi, docteur ? demanda Goya, plein d'ironie. Voulez-vous être « dur d'oreille » et pouvoir du même coup balayer certains scrupules à coups de pinceau ?

Ainsi plaisantaient les deux hommes. Une fois, pourtant, Goya saisit le bras de son ennemi et posa sa grosse tête sur sa poitrine ; il lui fallait s'accrocher à celui qui le comprenait. Et sans avoir jamais prononcé le nom de Cayetana, l'ennemi le comprit.

Pourtant, quand il était seul, l'image de son avenir l'étourdissait parfois, et ce sentiment affreux de ne plus pouvoir jamais contrôler sa parole. Il crierait ou chuchoterait au lieu de parler, et les autres le regarderaient, surpris. Cet homme fier ne pouvait admettre être un objet de pitié ou un sujet de rire. Peral a bien raison : il sombrera, fatalement, dans la folie.

Avouer qu'il est puni pour ses fautes ? Mais, s'il se confesse, il n'entendra pas la réponse du prêtre. Quant à les dire à Peral, c'est impossible ; celui-ci n'y verrait qu'une preuve de folie.

Peral était un habile médecin. Cette folie, il avait dû la deviner depuis longtemps. Elle avait toujours été. Ces colères, ces rages, tout au long de sa vie ! Combien de spectres, de démons, que lui seul, Goya, avait vus ! Et cela du temps où le monde avait une voix. Qu'en sera-t-il dans l'effroi du silence ?

38

Peral lui annonça que doña Cayetana reviendrait dans une dizaine de jours, et le visage de Goya s'assombrit.
— Je pars dans trois jours, dit-il.
— Doña Cayetana le regrettera, répondit Peral. Elle compte bien vous retrouver ici. En qualité de médecin, je dois vous mettre en garde contre les inconvénients d'un aussi long voyage. Il vous faut d'abord vous habituer à votre nouvel état.
— Je pars dans trois jours, répéta Goya.
— Voulez-vous que je vous accompagne ? demanda Peral après un bref silence.
— Vous êtes fort aimable, don Joaquin, répondit Goya. Mais il me serait amer de penser qu'il me faudra, dorénavant, voyager avec un infirmier.
— Je vais faire préparer le grand carrosse, dit Peral.
— Je ne le prendrai pas, docteur. Pas plus que la poste ordinaire. Je partirai à mulet avec Gil, le muletier de la Venta de las Cuatro Nationes. C'est un brave homme. En lui donnant une petite gratification, il veillera sur moi et mon infirmité.
Et comme Peral le regardait sans cacher sa surprise, il ajouta très vite :
— Ne vous inquiétez pas, don Joaquin. Je ne suis pas fou et j'ai mes raisons.
Il n'aurait pas pu supporter la vue de celle qui l'avait abandonné, dans son malheur. Il fallait quitter Sanlucar, il le savait. Il savait aussi que, ce voyage, il devait le faire simplement et non pas en premier peintre du roi. Le docteur Peral avait parfaitement raison : il devait s'accoutumer à son nouvel état et, pour cela, le bien connaître, goûter jusqu'à la dernière des humiliations. L'épreuve subie, il pourrait affronter ses pairs, la cour et ses confrères. Humble voyageur, il lui faudrait dix fois par jour s'excuser : « Que Votre Grâce me pardonne, je n'entends pas bien. Je suis sourd. »
Il n'irait pas en droite ligne à Madrid. Il pousserait beaucoup plus haut, au nord. Evitant Madrid, il gagnerait Saragosse pour confier tout son malheur à son ami Martin. Conseillé et réconforté, il verrait Josefa, ses enfants, ses amis.
Gil, le muletier avec lequel Francisco avait déjà échangé quelques verts propos à la Venta de Sanlucar, était un vrai arriero, un muletier de la meilleure souche espagnole capable d'éveiller de son « Arré ! » tous les échos de la montagne. Informé du désir qu'avait

don Francisco de le voir, il se présenta à la casa de Haro dans sa tenue de travail aux vives couleurs. Apprenant qu'il s'agissait d'aller jusqu'à Saragosse en contournant Madrid, son opinion fut faite : c'était une fantaisie de grand seigneur. Sifflant entre ses dents, levant les bras au ciel :

— Hombre ! C'est un bien long voyage !

Et bien qu'il sût Goya au courant des usages du pays, il réclama le prix, énorme, de huit cents réaux — cinq fois le salaire annuel d'un berger.

Goya observait avec attention le visage de celui avec lequel il allait passer un mois de sa vie. Il n'était déjà plus premier peintre du roi. Les deux hommes s'affrontaient en égaux, deux fils de paysans. Le silence se prolongeant, Gil ajouta :

— Il nous faudra deux mulets. Naturellement, vous aurez le plus beau, le garanon, le valoroso, le plus noble de toute l'Espagne. Il descend de l'âne Constante qui désarçonna Tomas Tabido l'hérétique qu'il menait au bûcher, tant il était pieux.

— J'ai du mal à comprendre, dit doucement Goya. Je n'entends pas bien, vois-tu ; tu as déjà dû t'en apercevoir à la venta. Pour l'instant, je suis sourd comme un pot. As-tu vraiment parlé de huit cents réaux ?

Et Gil, gesticulant plus fort, de répondre :

— Je souhaite à Votre Excellence toutes les prospérités. Qu'Elle soit sourde ne me rend pas la course moins rude. A ma bête non plus. Huit cents réaux.

Sur quoi Goya se mit à jurer effroyablement. Il en donna au muletier, qui n'en avait jamais autant entendu, de toutes les couleurs, des « carajos », ajos y cebollas, ail et oignon, et il criait très fort. Gil répondit du même ton. Goya ne l'entendait pas, mais voyait ses efforts et partit soudain d'un grand rire.

— Ne te fatigue pas, lui dit-il. Je suis sûr de gagner : tu m'entends et, moi, je ne t'entends pas !

Gil comprit qu'on ne pouvait pas intimider son homme :

— Vous êtes un grand monsieur, don Francisco, dit-il. Vous êtes des nôtres. Disons sept cent quatre-vingts réaux.

Ils tombèrent d'accord sur le prix de six cent cinquante, après avoir tout bien fixé : itinéraire et frais de route, boisson et fourrage, et Gil éprouvait toujours plus d'estime pour son voyageur.

— Por vida del demonio, aussi vrai que le diable existe, dit-il, Votre Excellence comprend le métier mieux que nous, et ils échangèrent leur parole, en se tapant dans la main.

Goya s'équipa aussi simplement qu'il le put et s'acheta une veste de chevreau noir, une écharpe très large et un chapeau pointu au ruban de soie noire. Sans oublier l'outre à vin, la bota. Mais dans ses fontes, il ne mit que l'indispensable.

Ils partirent. Goya ne se soignait pas, ne se rasait pas, et une barbe hirsute lui envahit le visage. Nul n'aurait pu deviner son rang.

On voyageait par petites étapes. Ils prirent d'abord la route de

Cordoue, celle-là même qu'il avait faite au galop de ses six chevaux de poste, plein d'espoir et de joie, courant à Cayetana. Il sut goûter la différence.

Passant Cordoue, Goya et Gil tirèrent vers le nord.

Comme c'était l'habitude quand on voyageait à mulet, ils évitaient souvent les grandes routes, prenant sentiers et chemins de traverse. Sur les routes on trouvait des fondas et des posadas, hôtelleries et auberges qui n'offraient aux voyageurs que maigre souper, paillasse et puces grasses. Et Gil, toujours, s'étonnait que le premier peintre du roi préférât l'inconfort.

— Pas de plus doux oreiller qu'un dos bien las, répondait Goya qui dormait bien, sans rêves.

C'était toujours une expérience neuve quand on se retrouvait sur la grand'route. On y voyait passer, dans les voitures de la poste royale, les galeras, les tartanos ou les carrozas, commerçants, prêtres et avocats. A mulet ou à pied venaient étudiants, moines, trafiquants et demoiselles de petite vertu, colporteurs allant chercher fortune au marché voisin. Gros commerçants de Cadix dans leurs élégantes voitures de voyage, grands seigneurs dans leurs vieux coches démodés, dorés, écussonnés, avec beaucoup de chevaux de volée et grand renfort de livrées. Francisco connaissait ces routes et peut-être les voyait-il mieux maintenant qu'il ne les entendait plus. Mais ce tumulte, ces bruits, il se les rappelait : le chirrio, le grincement des roues rarement graissées pour annoncer sa venue et faire s'enfuir les bêtes sauvages ; les rires des voyageurs et les cris des postillons. Ces roues, il les voyait tourner, il voyait les fers des chevaux frapper le sol, les bouches s'ouvrir et se fermer, mais le bruit, il fallait l'évoquer. C'était un jeu amusant parfois, triste le plus souvent.

Une fois, il se trouva avec Gil devant son hôtellerie, regardant, en compagnie de beaucoup d'autres, atteler les huit chevaux de la grosse voiture de poste. Déjà le mayoral, le premier postillon, avait pris en main les rênes, le zazal, son aide, enfourchait sa bête, les valets enlevaient les pierres calant les roues, et la lourde diligence allait s'ébranler. Goya les voyait crier pour enlever les chevaux et ne put se retenir de lancer avec eux le cri des postillons : « Qué perrooo ! Macho — macho — machooo ! »

Puis Goya et Gil, s'écartant de la grand'route, reprirent les sentiers. Çà et là, un petit tas de pierres surmonté d'une croix et d'un écriteau peint de couleurs vives figurant la mort du voyageur qui avait trouvé sa fin en cet endroit. On mourait beaucoup, en route. Celui-ci était tombé dans un ravin, cet autre avait succombé sous la dent d'une bête errante ou sous les coups de sabre des bandits ; il avait été emporté par les eaux furieuses, à moins qu'un coup de sang ne l'eût dépêché dans l'autre monde. Toute une armée de morts. Quelques bouts-rimés venaient inviter le passant pieux à s'arrêter et à prier pour l'âme du disparu. Gil remarqua avec étonnement que don Francisco se contentait souvent de se découvrir et de se signer.

Certaines étapes se faisaient en compagnie d'autres muletiers, car il valait mieux, dans ces contrées isolées, ne pas voyager seul. Goya ne recherchait ni ne fuyait la compagnie; il ne cachait pas non plus son infirmité. Gil sentait son respect et son amitié croître pour celui qu'il servait; il le volait rarement et de peu. Parfois, enfreignant la défense de Francisco, il confiait aux autres ce qu'était son patron et le mal qui l'avait frappé.

Une fois, ils rencontrèrent des bandits. Des bandits polis qui savaient leur affaire. Gil, pendant que deux malandrins fouillaient les poches de Francisco, parla bas aux autres; sans doute leur disait-il qui était son maître. Et, à celui qui, sur les tapisseries du roi, avait représenté avec tant d'amour bandits et faux sauniers, ils ne prirent que la moitié des six cents réaux qu'il avait sur lui. Avant de s'éloigner ils le firent boire un coup de leur bota et agitèrent respectueusement leurs grands chapeaux, disant poliment : « Vaga usted con la virgen ! Que la Vierge soit avec Votre Grâce ! »

A petites journées, Goya s'éloignait de la ville du Midi où il avait connu tout le bonheur et toute la souffrance, marchait vers le nord, vers Saragosse, sa ville natale.

TROISIEME PARTIE

1

Don Manuel était parti de San Ildefonso depuis une demi-heure. Il était de mauvaise humeur. Pour toute perspective il n'avait que ce long voyage de Cadix et les affaires ennuyeuses qui l'y attendaient. Sans doute, il prendrait quelques jours de repos à Madrid, incognito, mais la pensée de Pepa ne parvenait pas à le dérider.

Caramba, il n'avait eu que des ennuis, ces derniers temps ! Les Français, non contents de le forcer à poursuivre la guerre si impopulaire contre l'Angleterre, n'exigeaient-ils pas maintenant qu'il s'engageât, à l'aveugle, dans une politique propre à compromettre irrémédiablement les bonnes relations de l'Espagne avec le Portugal voisin et ami ?

La flotte anglaise disposait de points d'appui sur les côtes portugaises, et les Français exigeaient, en s'appuyant sur le traité d'alliance, que l'Espagne obtînt du Portugal la fermeture de ces bases. Le citoyen Truguet, l'envoyé français, ne cessait de réclamer, avec une logique gênante, qu'en cas de refus du Portugal l'Espagne le contraigne par la force à interdire ses ports aux frégates anglaises. Il était assurément tentant d'assaillir un petit pays sans défense, s'assurant ainsi une victoire facile. Mais le prince régent du Portugal était le beau-fils du Roi Catholique. Carlos et Maria-Luisa n'entendaient pas faire la guerre à leur propre fille. De plus, le Portugal avait fait de beaux cadeaux à don Manuel, qui eût volontiers laissé s'endormir la guerre avec l'Angleterre.

Le problème portugais n'était pas son seul souci. De vieilles affaires désagréables revenaient à la surface, témoin l'intrigue avec Geneviève, la maigre fille de Havré, l'envoyé du roi. Expulsé d'Espagne, le marquis avait trouvé un refuge au Portugal où il vivait chichement d'une pension que lui faisait le Roi Catholique. Cet odieux

Français, vulgaire et sans tact, le citoyen Truguet, avait eu vent du scandale et exigeait avec impudence que don Manuel, après avoir rompu toutes relations avec ces « aventuriers royalistes », obtînt du prince régent de Portugal l'expulsion immédiate de l'ancien ambassadeur.

Le prince de la Paix, renversé sur ses coussins, la bouche encore amère des discussions de San Ildefonso, passait en revue les difficultés qui l'attendaient à Cadix.

Maria-Luisa avait fait nommer dans l'escadre espagnole, à des postes d'importance, bon nombre de ses favoris que seuls venaient appuyer leur noblesse et la faveur royale, et des officiers très capables, mais en sous-ordre, menaçaient de donner leur démission. Tout allait mal, vraiment.

Non, pas tout absolument. Plus on approchait de la capitale et plus les sombres pensées de don Manuel s'estompaient dans son esprit. Il résolut de prolonger d'un jour son séjour à Madrid, pour rester plus longtemps avec Pepa. Il oublierait que le destin lui confiait l'Espagne. L'homme d'Etat ferait place au simple particulier heureux de jouir des plaisirs de la vie.

Mais le sort en avait autrement décidé.

Pepa avait derrière elle de longues semaines d'ennui. Francisco était parti depuis des mois ; mettant en danger sa carrière, il partageait l'exil de doña Cayetana. Le cœur de Pepa se faisait amer à voir les débordements de la passion chez celui qui l'avait si facilement abandonnée à don Manuel. Et Manuel lui-même ! Il parlait beaucoup de son amour, mais passait le plus clair de son temps à San Ildefonso, à Aranjuez ou à l'Escurial, et la laissait seule. Quand il venait, c'était à la dérobée. Ce fut une Pepa assez mal disposée qui reçut Manuel.

Elle voulut qu'il l'accompagnât aux courses de taureaux, à la corrida de Pedro Romero. Il répondit en soupirant que, dimanche, il serait depuis longtemps sur la route de Cadix.

— Est-ce trop vous demander, dit-elle, que de vous prier de rester deux jours de plus à Madrid ?

— Il m'a déjà été bien difficile, ma chérie, de me rendre libre pour trois jours, répondit-il. J'ai à conduire une guerre, sans parler d'autres affaires urgentes. Je vous en prie, n'alourdissez pas mon fardeau !

— Je vais vous dire pourquoi vous ne voulez pas venir avec moi à la corrida, répliqua Pepa. Vous avez honte de moi, honte de vous montrer en public avec moi.

Manuel tentait en vain de lui faire entendre raison.

— Comprenez donc ! lança-t-il, impatient. Je suis accablé de travail. Il me faut contraindre le Portugal de rompre ses relations avec l'Angleterre — tout en ménageant son souverain. Je dois aussi congédier six grands seigneurs de la flotte — et, en même temps, en placer trois nouveaux. De son côté, Truguet m'envoie une note insolente : je dois obtenir du Portugal l'expulsion du marquis de Havré. De toute façon, on va me faire grise mine à Cadix en me voyant arriver avec un retard de deux jours, et vous voudriez que je passe le dimanche à Madrid ! Comprenez donc mes difficultés !

— Elles ont toutes la même source ! répliqua Pepa agressive. Votre sensualité, vos mœurs dissolues ! Tous vos ennuis avec la France et le Portugal viennent de ce qu'il vous a fallu coucher avec Geneviève de Havré, cette planche !

— C'est toi qui m'y as poussé ! rétorqua don Manuel furieux. Si tu m'avais montré l'amour auquel un homme comme moi pouvait prétendre, je n'aurais jamais touché à cet échalas.

— Est-ce aussi ma faute si vous vous glissez sous les draps de la vieille Maria-Luisa ? jeta Pepa, perdant toute patience.

C'en était assez. Le sang de don Manuel, fils d'un majo des élevages de porcs d'Estramadure, ne fit qu'un tour. Levant sa main charnue, il l'abattit sur le visage de Pepa.

Un instant, elle voulut rendre coup pour coup, égratigner, mordre, mais elle se retint et tira le cordon de la sonnette :

— Conchita ! Conchita !

Il voyait sur son visage très blanc les traces de ses doigts, dans ses yeux brillants l'indignation. Il balbutia quelque excuse. Dit qu'il était énervé, écrasé de travail. Mais Conchita se dressait déjà devant lui, sèche, et Pepa, très maîtresse de soi, disait :

— Reconduis ce monsieur, Conchita !

Eperdu de repentir et de désir, maudissant sa propre stupidité et regrettant ses belles vacances, Manuel précipitait ses mots, voulait prendre sa main, sa taille :

— Quand vas-tu me débarrasser de cet individu, Conchita ? s'écria Pepa avant de s'enfuir dans sa chambre.

Il n'y avait rien d'autre à faire que partir.

Vraiment, le sort était cruel qui ne lui donnait pas de repos dans sa lutte pour le bien-être du peuple, et Manuel, en grognant, courut à Cadix, décidé à agir. Il pensait noyer son chagrin dans le tourbillon des affaires et des plaisirs, puis, rentré à Madrid, retrouver une Pepa revenue à la raison.

De fait, il n'eut pas à Cadix une minute à lui. Il négocia avec les armateurs, le haut commerce, les banquiers, promit aux officiers de valeur de la flotte de mettre fin à l'activité malfaisante des amiraux de parade, confirma, au cours d'une réunion secrète avec les chefs de l'escadre anglaise de blocus, l'accord non écrit d'après lequel les flottes se menaçaient sans combattre. Consacrant ses jours au bien de l'Etat, il vouait ses nuits aux plaisirs de Cadix.

Mais ni les affaires ni la dissipation ne pouvaient lui faire oublier Pepa. Sans cesse, il revoyait sur sa joue la marque de sa main, et ce seul souvenir l'emplissait de remords et de passion.

Les affaires à peine faites, il courut à Madrid, se précipita, encore en costume de voyage, vers le palais Bondal Real, pour y trouver la maison en grand désordre, les meubles poussés le long des murs, les tapis roulés, les malles faites. Le majordome ne voulait pas le laisser entrer. A ses côtés se tenait la duègne au visage sévère et fermé. Il lui glissa trois ducats d'or et, après l'avoir fait un peu attendre, elle le mena devant Pepa.

— Je vais dans le Midi, commença Pepa de sa voix chaude. A Malaga, pour y faire du théâtre. Señor Rivero, dont la troupe est célèbre, m'engage à de bonnes conditions. Si jamais votre flotte parvient à nous ouvrir les routes maritimes, je rentrerai dans mon pays, en Amérique. Lima, dit-on, a le meilleur théâtre du monde espagnol.

Manuel enrageait. Il l'avait frappée, c'était vrai, mais il s'était humilié devant elle et ne venait que pour obtenir son pardon. Elle n'avait nul besoin de le menacer de mettre entre eux l'Océan. Il aurait voulu la battre encore. Mais sa gorge blanche, éblouissante sur le satin noir de la robe, ses grands yeux verts la faisaient plus désirable encore, et il respirait son parfum. Il avait derrière lui des nuits passées avec les délicieuses femmes de Cadix, expertes à tous les vices, mais il savait aussi qu'il ne pouvait pas se passer de Pepa, seule capable de lui faire goûter la plénitude du bonheur, l'extase à la fois diabolique et divine. Non, il ne devait pas se laisser aller à sa colère; il lui fallait user de toute sa ruse, pour la garder.

De nouveau, avec élan, il s'excusa. Tous l'assaillaient, le déchiraient : libres penseurs de Madrid, grands seigneurs bornés et ultramontains fanatiques, la France, le Portugal. Le citoyen Truguet, ce plébéien vulgaire, et le rusé Talleyrand, ce renard, ne comprenaient pas ses vues pourtant si claires et si vastes de véritable homme d'Etat. Il était seul — contre tous. Le seul qui le comprît, le général Bonaparte, combattait quelque part en Egypte. Rien d'étonnant à ce qu'il perdît, par instant, son sang-froid.

— J'ai mérité une punition, avoua-t-il. Mais soyez clémente, señora. Ne la faites pas trop sévère. Pepa...

Il lui prit la main, qu'elle retira doucement. La vie à Madrid, dit-elle, ne lui convenait pas. Longtemps, don Manuel avait été sa consolation. Sa force, son ardeur l'avaient conquise. Elle avait cru trouver un majo et un grand seigneur tout à la fois. Elle s'était trompée, elle le voyait maintenant. Elle n'avait plus rien à espérer de Madrid.

Cette tristesse romantique fit son effet. Il ne pouvait, lui dit-il, la laisser partir. Sinon, il abandonnerait charges et dignités, pour se retirer sur l'un de ses domaines pour y vivre sa douleur et sa philosophie.

— Pour l'amour de l'Espagne, madame, il vous faut rester avec moi ! s'écria-t-il. Vous êtes mon seul bonheur, dans ma vie si lourde. Sans vous, je ne saurais plus longtemps faire face à mon destin.

Elle avait tourné la tête vers lui et le regardait de ses grands yeux innocents. Puis, lentement, de sa voix chaude qui l'émouvait tant, elle répondit :

— S'il en est ainsi, don Manuel, ne me le dites pas mais montrez-le au monde. J'ai assez longtemps souffert d'être votre maîtresse. Vous n'auriez pas fait cette insulte à une épouse. Déclarez-le ouvertement.

Il prit peur. Epouser ! Epouser Pepa ! Tous les méchants proverbes lui revenaient en mémoire. « Ante de casar, ten casas en que morar; avant de te marier, fais bien attention où tu vas. » Et : « Qui se marie d'amour, meurt de fureur. » Mais il fallait être prudent.

Depuis des mois déjà, déclara-t-il, il avait conçu le projet de lui demander sa main. Mais une telle union impliquait de graves ennuis avec doña Maria-Luisa, sa démission et un danger mortel pour l'Espagne. Car personne autre que lui n'était capable de mener ce jeu subtil entre le Portugal et la France, et le mener à bien, jusqu'à la fin.

— Que j'obéisse à mon cœur, señora, conclut-il, que je vous épouse, et c'est la guerre avec le Portugal ou la France.

— Vous avez sans doute raison, dit sèchement Pepa. Adieu donc.

Il lui fallait trouver un détour.

— Donne-moi du temps, Pepa. Un peu de temps ! supplia-t-il.

— Trois jours, dit-elle.

Le surlendemain, il déclara avoir trouvé la solution. Il l'épouserait, mais ce mariage resterait secret. Dès que la question portugaise serait résolue, affrontant la colère de sa souveraine, don Manuel proclamerait son union devant le royaume, devant toute la terre.

Pepa accepta.

Un vieux et digne prêtre fut convoqué, un certain padre Celestinos de Badajoz. Le père, qui avait du goût pour l'intrigue politique, se montra tout prêt à rendre service à son tout-puissant compatriote.

L'union fut célébrée dans la chapelle du palais du prince, de nuit.

De rares cierges brûlaient, et ce fut très romantique — tout à fait du goût de Pepa. Les témoins furent don Miguel et Conchita, la duègne. Le prêtre fit prêter serment à tous les assistants : ils s'engageaient formellement à garder à jamais le secret de cette cérémonie.

2

La reine, quand la rumeur lui vint du mariage de don Manuel avec la señora Tudo, se laissa aller à une indescriptible colère. Cet être qu'elle avait tiré de sa fange, qu'elle avait fait le premier personnage du royaume, épousait cette fille, cette pute ! Il donnait à cette oie grasse et stupide les titres dont elle, la reine, l'avait honoré ! Elle les voyait tous deux au lit, se moquant de la vieille qui s'était laissé duper. Mais cette petite ordure avait mal calculé. Rien de plus facile que de faire son procès ; on trouverait cent raisons de l'inculper de concussion ou de haute trahison. Il avait pillé sans scrupule le Trésor royal. Il s'était vendu à des puissances étrangères. Il avait trahi le pape, un fidèle allié, comploté avec les incroyants du Directoire contre le Roi Catholique. Il avait trahi tout le monde, ami ou ennemi, par avidité, par vanité, par caprice. Devant ses juges, devant le Conseil de la Couronne de Castille, il serait honteusement condamné, et tous applaudiraient, prélats et grands, le peuple tout entier. Quant à cette fille, cette prostituée, on la promènerait dans la ville, à demi nue, elle serait fouettée à mort...

Elle savait fort bien qu'elle ne ferait rien de tout cela.

Elle connaissait le monde et les hommes. Manuel et soi-même. Non sans peine, à force d'habileté, elle l'avait attiré à elle, peut-être même avait-elle éveillé en lui un peu d'amour ? Mais comment une vieille femme déjà sur le retour aurait-elle pu retenir un jeune homme débordant d'ardeur et de vie ? Quarante-quatre ans ! Sa vie n'avait été qu'un perpétuel combat avec des milliers, des dizaines de mille de jeunes et jolies Espagnoles. Elle pouvait user de tous les stratagèmes, faire venir de Paris robes, fards et poudres, qu'était tout cela devant la peau fraîche d'une Pasquita, d'une Consuela ou d'une Dolorès ?

Après tout, cela n'en valait que mieux. Dans quelques années, l'Albe serait vieille, elle aussi, et que resterait-il d'elle ? A son tour elle serait flétrie, ridée. Tandis qu'elle, Maria-Luisa, avait été forcée, par sa laideur même, d'user de sa raison. Son intelligence, son esprit, elle les garderait, jusqu'au bout.

Et puis, n'était-elle pas souveraine de droit divin de toutes les terres espagnoles, des Indes Occidentales et Orientales, des Iles et des Terres Fermes, grande-duchesse d'Autriche, comtesse de Habsbourg, des Flandres et du Tyrol ? L'empire n'est plus très jeune, il vieillit comme elle, et le citoyen Truguet pousse l'insolence jusqu'à dicter ses volontés aux Majestés Catholiques. Mais elle n'en demeure pas moins la femme la plus puissante du monde. Car le monde n'ignore pas que c'est elle, et non Carlos le Simple, qui régit l'Espagne et les Indes et les mers.

Et c'est une femme comme elle que cet imbécile dédaigne pour une Pepa Tudo ?

Elle se regarde dans le miroir. Mais celui-ci ne lui renvoie qu'une image, celle d'une femme encore émue de l'affreuse nouvelle. Ce n'est pas elle, ce n'est pas la vérité.

Elle sort de son boudoir. La première dame d'honneur, en faction dans l'antichambre, se précipite pour l'accompagner comme l'exige le protocole. D'un geste, elle la congédie. Seule, elle traverse les vastes salons, suit les longs couloirs, passe devant prêtres et laquais, officiers de service et courtisans qui saluent et s'inclinent jusqu'à terre. Seule, elle s'arrête dans le grand salon de réception, devant la *Famille royale*.

Oui, c'est cela la vérité. Ce peintre la connaît mieux que tout autre. Voici la vérité : sa laideur, sa fierté imposante ; auprès du roi régnant, des rois et reines à venir, la première de tous.

Une telle femme ne capitule pas parce qu'un imbécile dont elle est par hasard éprise a épousé sa coquine en secret. Ce n'est pas la peine de le combattre, mais elle est la reine, sa volonté, ses désirs sont souverains. Elle a tous les droits et saura bien retenir cet homme.

La nuit suivante, elle dormit bien et, le lendemain matin, son plan était arrêté.

Elle parla à Carlos de ces notes incessantes du gouvernement français, de ses exigences, des résistances du commerce de Cadix à payer ses impôts, des tractations avec Truguet, des réclamations irritantes des officiers rebelles de la flotte. Pour tenir tête à tout cela, un seul homme, le premier ministre. Il fallait venir à son aide, renforcer son autorité. Carlos réfléchissait :

— Volontiers, dit-il, mais comment ? Est-il un titre ou une dignité que nous n'ayons pas encore conférés à don Manuel ?

— On pourrait peut-être, dit la reine, faire d'une pierre deux coups. Je veux dire : tout en venant secourir notre ministre, régler une fois pour toutes cette désagréable affaire des enfants de l'oncle Luis.

L'oncle Luis, frère de Carlos III, était cet infant qui avait épousé dame Villabriga, fille de petite noblesse, et ses enfants n'étaient que comte et comtesse de Bourbon et Chinchon, d'où d'incessantes difficultés de protocole.

Carlos ne semblait pas comprendre.

— Que dirais-tu, proposa Maria-Luisa, si nous les faisions tous les deux « infants de Castille » et que nous mariions doña Teresa, l'infante, avec don Manuel ? Celui-ci serait du coup « infant » et entrerait dans la famille.

— Bonne idée ! reconnut Carlos. Mais ne serait-ce pas dépasser les intentions de feu mon regretté père, qui n'en a fait que des Excellences ?

— Les temps sont changés, dit la reine, patiente. Plus d'une fois, mon cher don Carlos, tu as élargi, renforcé les dispositions prises par ton père. Pourquoi n'en ferais-tu pas de même en cette occasion ?

— Tu as raison, comme toujours, reconnut Carlos.

La reine se mit au travail sans perdre un instant. Elle n'aimait pas la future infante Teresa. Cette fille de petite noblesse faisait preuve d'une distinction et d'une grâce fort déplaisantes dans lesquelles la reine voyait un blâme muet de sa propre façon de vivre. Il serait amusant de jeter la blonde Teresa aux yeux séraphiques dans les bras d'un Manuel bien échauffé.

Le jour même, la reine fit savoir à Manuel qu'elle voulait le voir.

Il parut, inquiet. Malgré toutes les précautions prises, Maria-Luisa pouvait avoir appris son mariage. L'orage allait se déchaîner.

C'est une femme souriante qui le reçut.

— Manuel, dit-elle, Manuelito, j'ai une grande, une bonne nouvelle pour toi. Don Carlos a décidé de faire des comtes de Bourbon et Chinchon des infants de Castille, et tu vas épouser doña Teresa, en sorte que son titre te reviendra. Je me réjouis de voir se resserrer ainsi les liens qui nous unissent à la face du monde.

Manuel, sous cette pluie de faveurs, ne comprit pas tout d'abord et garda le silence. Puis la joie l'inonda. Por la vida del demonio ! Il était vraiment l'enfant chéri du destin. Tout ce qu'il entreprenait réussissait. O l'ironie du sort ! Il allait pouvoir payer en bonne monnaie ce don Luis-Maria et ses dédains. Il aurait dans son lit la sœur de ce noble seigneur et, par son mariage, rendait légitime ce bâtard, ce demi-Bourbon.

Ainsi pensait don Manuel plein d'orgueil. Son père avait raison de l'appeler son petit taureau. N'était-ce pas lui qui avait su faire sienne cette reine ? Il la regardait avec la fierté du propriétaire, avec toute la reconnaissance et tout l'amour qu'il éprouvait pour cette bonne vieille Maria-Luisa.

Qui, de son côté, l'observait avec soin. Elle s'était attendue à la confusion, au désarroi, au trouble qu'il devait éprouver en pensant à Pepa Tudo, à son stupide mariage. Cependant on ne lisait sur son joli visage rien que la joie. Un instant, la reine douta de la véracité de ses renseignements. Ce mariage secret ne devait pas avoir eu lieu.

En réalité, don Manuel, dans son bonheur, avait totalement oublié Pepa et son mariage. Brutalement, le souvenir lui en revint et il étouffa un juron. Mais la joie balayait tout. Ces liens gênants, il s'en débarrasserait sans peine. Tout ce qu'il lui fallait, c'était du temps.

Après avoir exprimé à la reine sa reconnaissance éperdue, couvert sa main grasse et ses bagues de baisers brûlants, il demanda la permission de ne pas faire connaître avant deux ou trois semaines l'union projetée avec doña Teresa et la famille royale. La reine, un peu étonnée, lui demanda les raisons de ce délai. Mystérieux, Manuel déclara que cette nouvelle, connue, viendrait contrarier certains de ses plans politiques.

Mais plus il y pensait et plus il lui semblait difficile de sortir de la situation dans laquelle l'avait mis ce mariage secret avec Pepa. Evidemment, il pouvait toujours nier : un signe au grand inquisiteur, et son compatriote, le père Celestinos, disparaîtrait à jamais derrière les grilles de quelque cloître. Mais qu'allait faire Pepa ? Apprenant la ruine de ses espoirs, elle se ferait aussitôt l'héroïne d'une de ses romances. Elle se tuerait de quelque façon dramatique ou ferait un scandale qui rendrait impossible son mariage avec l'infante. Il pouvait, à coup sûr, faire disparaître aussi Pepa, mais que serait la vie sans elle ?

Dans sa détresse, il s'en ouvrit à don Miguel, qui l'écouta poliment sans rien montrer de sa révolte intérieure. Manuel, avec le succès, s'était fait chaque jour plus arrogant, au point de traiter en domestique son fidèle conseiller. Son avidité insatiable, ses appétits grossiers, sa vanité éloignaient Miguel chaque jour davantage. Pourquoi ne pas laisser cet homme payer les carreaux qu'il avait cassés ? Le plan de la reine était bien clair; elle voulait séparer pour toujours Manuel de Pepa. Mais celui-ci s'insurgeait, et doña Maria-Luisa le briserait si lui, Miguel, n'intervenait pas. Devait-il porter l'aide demandée ? Ne serait-ce pas un bonheur, un grand bonheur, d'être débarrassé de cet homme, de son arrogance ? Libre enfin, Miguel pourrait se consacrer tout entier à son grand ouvrage, à son dictionnaire des arts.

Mais il se vit soudain affreusement seul, au milieu de ses tableaux et de ses papiers, et il sut que ses pensées douloureuses iraient toutes à Lucia. Il était lié à elle comme Manuel l'était à Pepa. Seul, ce jeu passionnant de la politique pouvait distraire son esprit; il ne pourrait jamais renoncer à conduire, dans l'ombre, les affaires de l'Etat. Il fallait venir au secours de don Manuel.

Il conçut un plan mûrement réfléchi et l'exposa au ministre qui, se jetant à son cou, l'embrassa fougueusement.

Approchant le roi il lui déclara, en grand mystère, être venu lui demander conseil, pour une affaire d'ordre strictement privé, et lui parler d'homme à homme.

— Que se passe-t-il donc ? demanda Carlos. Nous avons réglé notre différend avec la France; nous sortirons bien de tes propres difficultés.

Ainsi encouragé, Manuel confessa qu'il avait une intrigue avec une femme délicieuse qui, malheureusement, n'était pas de sang noble, une señora Josefa Tudo. Cette liaison durait depuis plusieurs années et il ne savait comment lui annoncer son prochain mariage avec l'infante. Il ne voyait qu'une solution. Il fallait faire comprendre à señora Tudo que cette union allait servir les intérêts de la couronne, en donnant plus d'éclat à la personne du premier ministre négociant avec la France, l'Angleterre et le Portugal.

— Et alors ? demanda Carlos. Pourquoi ne le lui dis-tu pas ?

— Cette explication, répondit Manuel, devrait, pour avoir toute sa valeur, venir d'en haut. Si vous-même, Sire, acceptiez de dire à señora Tudo que mon mariage sert les intérêts de l'Etat, elle saurait, j'en suis convaincu, mieux supporter la douleur.

Le roi réfléchissait. Puis, clignant de l'œil :

— Tu veux que je lui fasse comprendre qu'elle ne doit pas trop t'en vouloir, même si tu épouses doña Teresa ?

— C'est à peu près cela, dit Manuel. Puis-je prier Votre Majesté de me faire le grand honneur d'accepter à dîner, sans façon ? Chez la señora Tudo. La seule présence de Votre Majesté va l'émouvoir profondément. Il suffira de quelques mots bienveillants, de ceux dont Votre Majesté sait récompenser ses sujets les plus méritants, pour lui faire comprendre qu'il est aussi de l'intérêt de l'Etat qu'elle ne rompe pas avec moi et qu'elle me fasse heureux jusqu'à la fin de ma vie.

— Bien ! fit Carlos après une légère hésitation. Tu peux compter sur moi.

Et il accepta de venir le mercredi suivant, à six heures quarante, au palais Bondal Real. Il porterait le simple uniforme de général.

Don Manuel demanda à Pepa s'il pouvait amener un ami à dîner, le mercredi.

— Qui cela ?

— Le roi, répondit Manuel, et l'étonnement le plus profond se peignit sur le visage placide de Pepa.

— Oui, reprit avec emphase don Manuel. Le roi notre maître brûle du désir de vous connaître.

— Tu lui as parlé de notre mariage ? s'écria Pepa, ravie.

— Le roi veut te faire une communication importante.

— Dis-moi vite de quoi il s'agit, je t'en prie ! jeta Pepa haletante. Je ne veux pas me laisser prendre de court, quand le roi me fait l'honneur de s'asseoir à ma table.

— Le roi désire, pour des raisons d'Etat, que j'épouse sa cousine, doña Teresa, dit don Manuel profitant de l'occasion. C'est cela qu'il veut t'apprendre. Il la nomme infante et me fait également prince du sang. Notre mariage est censé ne pas avoir été célébré.

Quand Pepa sortit de sa pâmoison, ce fut pour voir à son chevet don Manuel empressé et tendre. Le fait était avéré, lui dit-il, que les affaires diplomatiques qu'il devait mener pour le bien de la couronne et de l'Espagne exigeaient que le premier ministre fût revêtu de la plus haute autorité, qu'il fût membre de la famille royale. Il savait, dit-il encore, l'énormité du sacrifice qu'il lui demandait, et c'était pour cette raison que le roi daignait l'honorer de sa présence. Une fois connue du roi, sa situation serait assurée dans la société madrilène. Elle était sûre d'un grand titre. Il était actuellement en pourparlers avec le comte Castillofiel, un homme d'un certain âge, très vieux même, et criblé de dettes, qui vivait sur ses vastes domaines, près de Malaga. Le comte était prêt à épouser Pepa. Il continuerait à vivre à Malaga jusqu'à sa fin, proche, pendant qu'elle-même, femme titrée, continuerait à habiter Madrid.

— Mais tu oublies que nous sommes mariés ! objecta Pepa.

— Sans conteste, répondit Manuel. Mais je ne sais pas si nous pourrions le prouver. Le seul témoin qui ne soit pas suspect, le padre Celestinos, ajouta-t-il d'un air chagrin, a disparu, sans laisser de traces.

Pepa comprenait que le destin ne voulait pas la voir l'épouse légitime de Manuel. En plus de son amour pour la poésie, elle n'en possédait pas moins un sens précis de la réalité, et cette cérémonie nocturne ne lui avait pas paru sans dangers ; elle résolut de se plier aux circonstances.

— Ah ! les jeux du sort ! murmura-t-elle, rêveuse. Tu vas donc être infant, infant de Castille, prince du sang !

— Cela ne tient qu'à toi, rétorqua Manuel galant.
— Et le roi va sanctionner notre union de la main gauche par sa présence ? demanda-t-elle.
— Il te demandera même de chanter, dit Manuel, tu verras.
— Et je serai vraiment comtesse Castillofiel ? reprit Pepa.
— Oui, madame, assura Manuel.
— Tu disais le vieux comte sans un sou ?
— N'aie aucune inquiétude à ce sujet, s'écria Manuel avec élan. La condesa Castillofiel vivra à Madrid comme le doit la plus belle femme du royaume et l'amie de l'infant Manuel.
— Je suis prête à me sacrifier à ta carrière, dit Pepa.

Le mercredi, à l'heure dite, don Carlos parut au palais Bondal Real, accompagné de Manuel. Il portait une simple tenue de général et fut sans façons. Détaillant Pepa, il reconnut que son cher Manuel avait du goût, autant que d'habileté politique. Tapotant l'épaule de señora Tudo, il vanta l'excellence de son olla podrida, se dit ému de son chant jusqu'au fond du cœur et promit de jouer du violon, la prochaine fois. En partant il tint un petit discours :

— Gouverner un empire, dit-il, est tâche bien rude, et notre Manuel a bien des soucis. Demeurez une bonne Espagnole, mon enfant, rendez plus douces à notre ami Manuel ses rares heures de loisir.

3

La comtesse doña Teresa de Chinchon et Bourbon, tirée de la solitude de son domaine d'Arenas de San Pedro, vint à la cour, à San Ildefonso. Doña Maria-Luisa, en présence du roi, l'informa que don Carlos avait résolu de la marier et lui constituait une dot de cinq millions de réaux. Il lui désignait comme époux le premier et le meilleur de ses conseillers, son cher don Manuel, prince de la Paix. Il avait également résolu de lui reconnaître le titre d'infante de Castille, attestant ainsi à la face du monde qu'elle appartenait à la famille royale.

Doña Teresa avait à peine entendu ces derniers mots. La jeune fille — vingt ans tout juste — se raidissait, fixait la souveraine de ses yeux très bleus dans un visage pâle. Ses lèvres s'étaient entr'ouvertes. L'idée d'avoir à se soumettre aux baisers, aux étreintes d'un homme l'emplissait de crainte et de dégoût.

— Alors ? jeta don Carlos satisfait. Es-tu contente ? Ne suis-je pas un bon cousin ?

Doña Teresa baisa la main du roi et celle de la reine, prononça les formules protocolaires de remerciement et de respect.

Don Manuel présenta ses hommages à sa future épouse. Elle le reçut en présence de son frère, ce don Luis-Maria qui, en son temps, avait traité avec tant de dédain le prince de la Paix. Don Manuel observait doña Teresa. Blonde, très mince, elle ressemblait un peu à Geneviève de Havré qui avait été la cause de tant d'ennuis. Non, il n'aimait pas cette maigreur aristocratique. Pepa n'aurait rien à craindre. Cette fille serait-elle capable de lui donner un fils, un infant d'Espagne ? Ne laissant rien paraitre de ses doutes, il se montra très grand seigneur, assurant la jeune comtesse de sa reconnaissance, et traita le frère, don Luis-Maria, avec le respect qu'il devait à son chapeau et à sa crosse d'évêque, chapeau et crosse qu'il lui avait lui-même procurés.

Le mariage de don Manuel et de l'infante doña Teresa eut lieu en l'église de l'Escurial, sur les tombes des souverains d'antan, en présence de Leurs Majestés et des grands d'Espagne. Don Manuel, en plus du titre d'infant de Castille, se voyait conférer la dignité qui n'avait été jusque-là accordée qu'à Christophe Colomb : il devenait grand amiral d'Espagne et des Indes.

Presque en même temps, à Malaga, señora Tudo épousait le comte Castillofiel. La nouvelle comtesse, après avoir passé quelques semaines en Andalousie, regagnait Madrid, seule.

Fidèle à sa parole, don Manuel lui assura une vie digne d'une femme titrée. Sur les cinq millions de la dot que lui apportait sa femme, il offrit un demi-million à la comtesse Castillofiel. « Un demi-million ! » Ces mots magiques sonnaient, poétiques, aux oreilles de Pepa. Dans son boudoir, grattant les cordes de sa guitare, elle se les répétait souvent, rêveuse. « Un demi-million ! ».

Elle usa de sa richesse neuve pour mener à Madrid une vie élégante et recevoir dignement ses amis. On rencontra bientôt chez elle des artistes avec lesquels elle avait étudié, de jeunes officiers qui avaient connu le lieutenant Tudo, et des dames mûres, légèrement suspectes, amies de la duègne Conchita. On y vit aussi señor Rivero, ce directeur de théâtre qui, en son temps, avait accepté de prendre Pepa Tudo dans sa troupe. Un homme habile qui entretenait des relations cordiales avec des bandits et des contrebandiers célèbres, et ne dédaignait pas la guerre de course. La comtesse lui confia la gérance de sa fortune, et s'en trouva fort bien.

A tout ce bonheur, une seule ombre, une seule amertume : Pepa n'avait pas été reçue à la cour. Doña Maria-Luisa ne l'avait pas encore admise à la cérémonie du baise-main. Or, un noble n'entrait vraiment en possession de son titre et de ses privilèges qu'après avoir paru à la cour.

Peu importait d'ailleurs à la société madrilène que la comtesse Castillofiel ne comptât pas encore au nombre des cinq cent trente-cinq nobles pourvus d'un titre, et on fréquenta assidûment son lever. On lui supposait de l'influence et c'en était assez pour la foule, très mêlée, de grands et de prélats, d'artistes, d'officiers et de vieilles dames mûres, qui se pressait dans les salons du palais Bondal Real.

N'y verrait-on pas le premier ministre, un jour ? Mais celui-ci était tout aux soins dont il entourait son infante et se montrait bon époux. S'il venait au palais Bondal Real, c'était par la porte de derrière.

Au bout de deux mois, jugeant en avoir assez fait, don Manuel parut un matin, pour quelques minutes, au lever de Pepa. La fois suivante, il resta plus longtemps, puis se montra plus souvent. Pour finir, on lui meubla un cabinet de travail, et bientôt les représentants étrangers purent écrire à leurs cours qu'on traitait les affaires d'Etat au palais Bondal Real, que señora Tudo dispensait places et faveurs, que même sa duègne, Conchita, avait plus à dire que les membres du ministère, collègues de don Manuel.

La reine, à ces nouvelles, n'éprouva aucune surprise. Elle savait que Manuel ne parviendrait pas à se tirer des griffes de cette créature, et se maudissait de sa propre faiblesse. Mais c'était une loi de nature. D'autres souveraines s'étaient éprises d'hommes indignes. Semiramis, fille des airs, avait eu son Menon ou son Nino, Elisabeth son Essex, la grande Catherine son Potemkine. Elle ne tenterait même pas de rayer Manuel de sa vie. Mais elle ne supporterait pas ses insolences.

Elle ne serait pas assez bête non plus pour lui faire une scène et lui reprocher sa « comdessa ». Non. Elle le congédierait, honteusement, sans plus. Dieu merci, les raisons ne manquaient pas, avouables, politiques. Il avait failli, il avait nui à la couronne par son insuffisance, sa paresse et une avidité touchant à la haute trahison.

Malheureusement, à le voir s'incliner, insolent, devant elle, elle oublia ses bonnes résolutions.

— J'apprends, lui jeta-t-elle, qu'on dirige maintenant la politique du roi du lit de cette personne !

Manuel sut aussitôt que toutes protestations seraient vaines; il fallait tenir tête, et se défendre.

— Au cas, dit-il froidement, où les insinuations de Votre Majesté viseraient la comtesse Castillofiel, je ne puis que reconnaître l'exactitude de ses renseignements. Je consulte en effet cette dame, à l'occasion. Elle est de bon conseil, bonne patriote et d'esprit très avisé.

Maria-Luisa ne se contenait plus :

— Coquin ! s'écria-t-elle. Voleur ! Bandit ! Imbécile sans foi et sans cœur ! Quand je pense que c'est moi qui ai mis ce paquet de boue dans cet uniforme, qui en ai fait un prince du sang ! Le peu que tu sais en politique, c'est moi qui te l'ai appris, non sans peine, et tu oses me dire que tu demandes conseil à cette fille !

Et, d'un geste vif, imprévisible, elle le souffleta de sa main couverte de bagues, deux fois, éclaboussant de sang sa tenue de gala.

Don Manuel lui avait saisi le poignet et de l'autre main étanchait le sang ruisselant sur ses joues. Un bref instant, il avait été sur le point de rendre coup pour coup et de dire à la reine quelques vérités bien senties. Mais il s'était à temps souvenu des suites fâcheuses de la gifle donnée à Pepa. Après tout, on ne faisait que lui rendre la monnaie de sa pièce.

— Je ne puis croire, madame, répondit-il avec calme, que vous pensiez ce que vous dites. En jugeant ainsi votre premier conseiller, vous devez céder à un égarement passager. Et il ajouta d'un ton respectueux : Après ce qui vient de se passer, je me vois dans l'obligation de croire que ma présence déplaît à Votre Majesté.

Pliant le genou, conformément aux règles de l'étiquette, il baisa la main de la reine et sortit à reculons.

Rentré chez lui, il s'aperçut que son jabot, sa veste et même son pantalon blanc étaient souillés de sang.

— La vieille sorcière !

Miguel, consulté, ne trouva pas dangereuse la situation du premier ministre. La reine pouvait évidemment lui créer des difficultés, le contraindre d'abandonner son poste, mais rien de plus. Impossible de bannir un infant d'Espagne. Ne serait-il pas à souhaiter, continua le rusé don Miguel, de passer à un successeur la responsabilité des affaires, de se retirer noblement, de se poser en martyr ?

Manuel réfléchissait. Brusquementt son visage s'éclaircit.

— Manuel Godoy, encore une fois, s'en tirera à son avantage, dit-il. Ainsi, mon cher, tu es d'avis que je dois simplement attendre ?

— A votre place, s'écria Miguel, je devancerais la reine en offrant immédiatement au roi ma démission.

A don Carlos, don Manuel déclara que certaines divergences d'opinions nées ces derniers temps entre la reine et lui ne permettaient plus une collaboration fructueuse. Dans ces conditions, il croyait de son devoir de prier le roi de traiter les affaires de l'Etat avec la reine doña Maria-Luisa. Et, comme Carlos ne paraissait pas comprendre, il ajouta :

— Je vous prie, Sire, de bien vouloir accepter ma démission.

— Tu ne peux tout de même pas me faire ça ! s'écria le roi très ému. Je comprends ta fierté espagnole, mon cher. Mais les paroles de Maria-Luisa ont dû dépasser sa pensée. Je vais arranger cela. Voyons, mon cher infant !

Et comme Manuel restait inébranlable, le roi, secouant sa grosse tête, ajouta :

— Cela marchait si bien ! Le soir, quand je rentrais de la chasse, tu venais, ou vous veniez tous les deux, vous me racontiez ce qui se passait, et je n'avais plus qu'à signer, sans oublier mon paraphe. Comment veux-tu que j'aie confiance en un autre que toi, mon ami ? Non, vraiment, c'est impossible, ajouta le souverain morose. Dis-moi au moins, ajouta-t-il après un petit silence, qui je pourrais nommer ton successeur.

Manuel n'attendait que cette invite. Son plan était tout prêt. Un plan si hardi qu'il n'avait pas même osé en parler à don Miguel qui s'embarrassait trop souvent de scrupules. Manuel allait proposer au roi de confier les deux portefeuilles les plus importants aux deux chefs de partis adverses. Les deux adversaires s'annuleraient l'un l'autre, rendant impossible toute politique saine. Le pays aurait bientôt besoin d'un sauveur et il n'en était qu'un.

Manuel conseilla donc au roi de prendre comme premier secrétaire un libéral et de confier le ministère de la Justice à un ultra montain. Le souverain serait ainsi assuré de ne mécontenter ni l'un ni l'autre des deux grands partis.

— L'idée n'est pas mauvaise, reconnut don Carlos. Mais qu'en dira la reine ?

— Elle acceptera, déclara Manuel avec autorité, et il nomma les deux hommes auxquels il avait pensé. L'un et l'autre avaient été favoris de la reine, qui leur avait donné des preuves tangibles de sa faveur.

L'un était don Mariano Luis de Urquijo. Il avait vécu longtemps en France, fréquenté assidûment les philosophes, traduit des livres français, et cité ouvertement Voltaire. Doña Maria-Luisa, sans aimer le libéralisme radical, avait trouvé Urquijo assez intéressant pour étendre sur lui une main protectrice quand le Saint-Office avait voulu le prendre à partie.

L'autre était don José-Antonio de Caballero. Un obscur artiste, dont les vues politiques remontaient au moyen âge, enragé à soutenir en tout point les prétentions de la papauté luttant contre le clergé libéral. Des convictions aussi réactionnaires n'étaient pas pour plaire à la reine plus que l'excès inverse; mais Maria-Luisa ne s'était pas montrée insensible au charme de señor Caballero. Elle lui avait fait épouser une de ses dames d'honneur et avait assisté en personne au mariage.

— Oui, fit le roi soucieux. N'y a-t-il vraiment rien à faire ? Tu veux t'en aller ?

— Ma décision est irrévocable, sire, répondit le prince de la Paix que le roi embrassa, les larmes aux yeux.

Puis il s'assit à sa table pour écrire à son cher Manuel une lettre de remerciements.

4

Martin Zapater passant l'été dans sa maison de campagne fut très ému de voir soudain paraître à ses yeux, sous ce grand chapeau, le visage hirsute, vieilli et durci de l'ami Francho.

Déjà le muletier lui narrait les tribulations de son voyageur. Mais, l'interrompant d'un geste impérieux, Francisco pria Martin de donner à Gil son pourboire, afin que celui-ci pût aller enfin se reposer, à l'auberge, de son long voyage.

— Donne-lui deux cents réaux ! ordonna-t-il — un joli pourboire. Francisco et Gil burent un dernier coup de la bota, et le muletero, anormalement ému, prit congé de son patron, appelant sur sa tête la protection de la Vierge et des saints.

Si grand que fût son désir de confier à l'ami ses malheurs et de lui parler surtout de ce danger de folie signalé par Peral, Francisco se tut, tout d'abord. Il avait peur de ce que Martin écrirait, pour lui répondre. Cette peur était ancienne : il avait toujours redouté le pouvoir magique du mot. Le seul fait de le prononcer attirait les démons; l'écrire était bien plus redoutable encore.

Ils passèrent les premiers jours à la Quinta Zapater, soignés par le vieux fermier Tadeo et sa femme Farruca. Tadeo, très pieux et d'humeur triste, s'abîmait des heures entières, les yeux fermés, dans ses méditations. L'ardeur religieuse de Farruca affectait une forme plus douce. Elle s'était faite « esclava de la Santisima Trinitad », esclave de la Sainte Trinité, et son confesseur avait pris ses vœux par écrit. Farruca était tenue de servir la statue de cire de la Vierge qui se trouvait dans sa chambre; elle remplaçait régulièrement fleurs et cierges, disait certaines prières à heures fixes, changeait les vêtements de la statue selon les saisons ou le jour et ne manquait pas le soir de lui passer sa chemise de nuit. En outre, elle versait chaque semaine trois réaux à son confesseur, représentant sur terre de la Sainte Trinité.

Martin parlait peu mais ne quittait pas Francisco, qui remarqua bientôt qu'il toussait beaucoup. Farruca lui conseillait sans cesse de voir un médecin. Mais Martin ne voulait pas qu'on prît au sérieux son rhume. Il avait pour les médecins, les « barbiers », le mépris tout espagnol que leur vouait Goya.

Francisco obtint pourtant de son ami qu'il allât à ses affaires sans s'occuper continuellement de lui. Quand il était seul, Farruca venait souvent lui tenir compagnie. Ne sachant pas écrire, il lui était bien difficile de se faire comprendre, mais elle était aussi patiente que bavarde et jugeait de son devoir de consoler l'affligé. Elle lui parlait de Pedro Sastre, l'oncle de ce Braulio Sastre, le lampiste de la cathédrale, qui avait vu sa jambe repousser après qu'il en eut trempé le moignon, chaque jour, pendant un an, dans l'huile sainte de la lampe de Notre Dame del Pilar. Son neveu aussi, racontait Farruca, avait obtenu des guérisons merveilleuses. Mais on l'approchait difficilement; il accepterait pourtant de parler à un monsieur comme don Francisco. De son enfance, Goya se souvenait être passé timidement devant la maison de ce Pedro Sastre; cet homme devait être très vieux.

Le lendemain soir, seul, à la dérobée, vêtu de vêtements très simples empruntés à la garde-robe de Martin, le chapeau rond enfoncé jusqu'aux yeux, Goya gagna les bas quartiers de Saragosse; il trouva sans peine la maison de Pedro Sastre et, repoussant la femme qui voulait l'arrêter, se trouva devant le faiseur de miracles.

C'était un petit homme ratatiné, extrêmement âgé ainsi que l'avait pensé Goya. L'intrus ne lui disait rien qui vaille, qui se prétendait sourd et déclinait un nom difficile à saisir. Pedro, qui vivait dans la crainte perpétuelle de l'Inquisition, observait sans douceur l'inconnu. D'un autre côté, il était persuadé de l'efficacité de ses remèdes ; il suffisait que les malades y crussent. Après avoir entendu le sourd, il lui fit une friction à la graisse de chien sauvage, animal réputé pour son ouïe très fine, et lui recommanda de faire brûler devant la Vierge del Pilar des cierges auxquels il aurait ajouté un peu de graisse de sa propre oreille.

Goya pensait aux croquis de Peral, à ses explications si claires et, lançant un sombre regard à Sastre, sortit, sans un mot, après avoir jeté sur la table dix réaux. Une somme ridiculement basse, déclara Pedro Sastre, à très haute voix. Mais Goya ne le comprit pas et très vite s'en fut.

Entre temps, le fidèle Martin avait appris l'alphabet des sourds-muets. Les deux hommes s'exerçaient, et Francisco plaisantait ou se fâchait tout rouge.

Il commença un portrait de Zapater, peignit lentement, avec soin, montrant l'amitié de Martin et la sienne, et signa : « Ami Zapater, Goya a peint ceci pour toi, avec application. » Martin revit sur la toile son grand nez dans son honnête visage un peu rusé, et trouva qu'il avait fait bien peu encore pour son Francho.

Quelques jours plus tard, Martin parti à Saragosse pour ses affaires, Goya voulut savoir ce qu'il en est d'un sourd qui se promène dans une grande ville. Evitant le Corso, il erra par les rues.

Accoudé au parapet du vieux pont, il jugea que ville et fleuve avaient rapetissé, qu'ils étaient plus gris. Dans sa mémoire et dans son cœur, Saragosse était restée une ville colorée, animée. Elle était maintenant terne et fade. Triste même et oppressante ; était-ce donc le jeune Francisco qui lui avait autrefois donné sa gaieté ?

Eglises et palais s'offraient à ses yeux, et son cœur restait sourd comme ses oreilles. Il passa devant la maison où il avait perdu de longues années à travailler sous la férule de maître Lujan, homme pieux, honnête et consciencieux, sans ressentir ni colère ni rancune. Devant l'Aljaferia où l'Inquisition avait tenu ses séances secrètes, sans un frisson de crainte. Devant le palais Sobradiel et le cloître d'Escolapios, dont il avait peint les fresques. Que d'espoirs, que de victoires et de défaites s'attachaient à ces travaux ! Il n'éprouva même pas le désir de les revoir.

Et voici que se dressaient devant lui les églises saintes et vénérables. La statue du Christ qui avait ouvert la bouche et parlé au chanoine Frenès. La chapelle de San Miguel ; c'était là que la tête de la statue avait roulé aux pieds de l'archevêque Lope de Luna pour se confesser au nom du saint et obtenir l'absolution ; alors seulement la tête avait consenti à se laisser inhumer. Cette tête avait donné à Francisco bien des cauchemars.

Aujourd'hui, Goya, vieilli, ne pouvait plus même sourire.

Voici enfin la cathédrale de la Vierge del Pilar, le siège de ses plus grands espoirs, le lieu de son premier grand succès et de sa honte la plus profonde, le *Sarna*, cette horreur que son beau-frère Bayeu y avait ajoutée. Voici le petit chœur, et sa fresque. « Señor Goya, vous avez la commande », lui avait dit alors le chanoine. Goya avait vingt-cinq ans ; cela se passait un dix-neuf décembre et cela avait été l'événement le plus marquant de toute sa vie. Jamais il n'avait été, depuis, aussi heureux, même aux meilleurs moments, avec Cayetana, ou quand la reine lui avait dit, devant *la Famille royale*, qu'il avait fait un chef-d'œuvre. S'il avait reçu la commande, c'était que Antonio Vélasquez était trop cher, il ne l'ignorait pas, et on lui avait imposé des conditions humiliantes, un délai extrêmement court et l'expertise de son travail par des « juges autorisés ». Malgré tout, il avait reçu ses quinze mille réaux, une somme qui devait, lui avait-il alors semblé, lui permettre d'acheter le royaume d'Aragon et les Indes. Ce qu'il avait peint là ne serait-il pas la merveille du siècle ? Eh bien, il l'avait sous les yeux, son plafond, et c'était une saleté, une horreur ! Carnicero ferait mieux ! C'était la Sainte Trinité, ce trio grotesque et flou avec les caractères hébraïques ? Et ces anges gras ! Et ces nuages de coton ! Une ordure !

Il poussa jusqu'à la chapelle de la Vierge del Pilar, à l'emplacement de la *Sarna*, y revit les petites coupoles qu'il avait peintes, ses *Vertus*, la Foi, le Travail, le Courage et la Patience, cette peinture que les Bayeu, le chanoine du chapitre, Gilberto Alué, avaient déclarée un « navet ». Ce n'était pas remarquable et ces messieurs avaient raison, mais ce que monsieur son beau-frère aurait voulu et fait n'eût pas été non plus merveilleux. En tout cas, la *Sarna* était là toujours.

— Carajo ! Le juron avait failli lui échapper et il eut peur soudain. Jurer dans ces lieux saints, devant El Pilar, la colonne qui avait donné son nom à l'église, cette colonne sur laquelle la Vierge était apparue à l'apôtre, au patron de l'Espagne, pour le charger d'ériger son église sur les bords de l'Ebre ? Ici était le coffre protégeant la colonne sainte. Et, dans le bois, l'ouverture par laquelle les croyants pouvaient baiser la pierre.

Goya s'en dispensa. Non point qu'il sentît poindre en lui la rébellion, ou voulût refuser le respect dû à la Très Sainte, mais il n'éprouvait pas le besoin de demander son aide à la Vierge. Que de fois, pourtant, il était venu la prier, que de luttes intérieures avant de passer du culte de la Vierge del Pilar à celui de la Vierge d'Attocha ! Rien ne subsistait plus de la piété qui avait empli ses jeunes années. Un morceau de sa vie était mort et il ne le regrettait pas.

Il sortit, retourna en ville. « Il n'y a plus d'oiseau dans les nids de l'an passé », pensa-t-il. Et l'an passé non plus, sans doute. L'image de Saragosse telle qu'il l'avait portée dans son cœur, cette image joyeuse n'était rien d'autre que sa jeunesse. Saragosse avait été autrefois aussi triste et poussiéreuse qu'il la voyait maintenant. Cette Saragosse silencieuse était la vraie.

Regagnant la maison, il s'assit entre les quatre murs blancs et nus de la chambre. En lui, autour de lui, la solitude.

Et soudain, au milieu du jour clair, les rêves fous revinrent l'assaillir. Et tout cela bruissait, griffait, volait — fantômes, spectres, démons aux têtes de chat, aux yeux de hibou, aux ailes de chauve-souris. Dans un immense effort, il se reprit en main, saisit son crayon, jeta sur le papier les mauvais esprits. Et, les voyant, il se sentit plus calme.

Ce jour-là, le lendemain et le surlendemain, une fois, deux fois, de plus en plus souvent, il coucha ses fantômes sur le papier. Lorsqu'il les tenait, il se libérait d'eux. Quand ils rampaient, volaient sous son crayon, ils n'étaient plus dangereux.

Presque toute une semaine — Zapater ne le dérangeait pas — Francisco dessina dans sa chambre aux murs nus. A l'approche de ses diables, il ne fermait pas les yeux, ne se cachait pas la tête dans ses bras. Il les observait, les tenait sous son regard, les jetait sur son papier avec sa terreur et sa folie.

Il se regardait dans un miroir, voyait ses joues creuses, ses cheveux en désordre et sa barbe hirsute. Son visage se remplissait pourtant, ses rides se faisaient moins profondes ; il n'était plus le désespéré dont il avait vu l'image dans le miroir de Sanlucar, autrefois, lors de sa défaite. Mais il s'en souvenait encore, et c'est elle qu'il dessinait maintenant.

Bien souvent aussi, il évoquait le visage de Cayetana. Assurément le tableau détruit par Cayetana, cette Ascension païenne, l'était pour toujours, et il ne songeait pas à le refaire. Mais sous son crayon naquit le départ de Cayetana pour le sabbat, qui n'en fut que plus clair, plus net. Il dessina aussi beaucoup d'autres visages de Cayetana la changeante. C'était elle, cette belle fille, prêtant l'oreille aux propos d'une entremetteuse. Elle, entourée de prétendants, se défendant, séduisante. Elle encore, pourchassée par les démons, les fuyant avec une œillade. Pour finir, il dessina le sabbat des sorcières, l'aquelarre, la fête infernale. Le maître, le bouc énorme, est assis et porte haut ses cornes couronnées de feuillage, roule ses yeux de feu. Les sorcières dansent autour de lui une ronde, s'offrent, présentent têtes de morts et petits enfants écorchés vifs. Le bouc, de ses deux pattes levées, bénit l'assemblée, et Cayetana mène la danse.

Jour après jour Goya dessine, jette sur le papier ce qui lui passe par la tête, laisse libre cours à ses rêves. Saisit au vol ses démons, ses diables, rats, chiens, crapauds, et Cayetana est toujours parmi eux. Il la dessine avec ardeur, avec rage. C'est une torture et une joie de la revoir sans cesse renaître sous son crayon, mais folie pour folie, c'est moins douloureux que celle qui lui étreint tête et cœur quand il ne faut que penser, sans fin. Tant qu'il pourra dessiner, il pourra se permettre de divaguer. C'est une folie toute claire, il s'en réjouit et la goûte. Il dessine.

5

Martin ne lui demandait rien, et c'était bien ainsi.

Et pourtant non. S'il avait dessiné tous ces derniers jours, cela n'avait été que pour se donner de l'air, pour se prouver à soi-même qu'il lui fallait dire tout ce qui l'étouffait, parler du diagnostic du docteur Peral, de sa terreur devant la folie. Il ne pouvait plus tenir ; il devait confier son terrible secret.

Il mit ses dessins sous les yeux de Martin. Pas tous, mais toutes les Cayetana trompeuses, diaboliques. Martin, d'émotion et de surprise, toussa fort et longtemps. Feuille par feuille, il étudia, compara. Il s'efforçait, à grand'peine, de deviner ce que l'ami voulait lui dire.

— Les mots me manquaient, expliqua Francisco.

— Je crois te comprendre, répondit Martin d'un ton mal assuré.

— Pour cela, il ne te faut que du courage. N'est-ce pas l'idiome universel ? reprit-il avec impatience. N'importe qui comprendrait !

— Mais je comprends, je comprends tout ! Je vois comment cela s'est produit...

— Non, tu ne vois rien ! s'écria Goya en colère. Personne ne peut savoir sa fausseté, la profondeur de son mensonge ! Et il parla de son inconstance, de sa corruption sans fond, de leur grande querelle, de la façon dont elle avait coupé, lacéré sa toile. Chose étrange, tout en se racontant, il n'éprouvait rien de ce mépris dont il faisait montre : seuls chantaient dans son cœur, chauds et clairs, les derniers mots de Cayetana, ces mots d'amour vrai et profond. Mais il voulait les oublier et s'emplissait de colère à la vue de ses dessins, il se vantait, devant Martin, d'avoir chassé pour toujours cette femme de sa vie, assurait que c'était mieux ainsi.

Puis il en vint à confier à l'ami son affreux secret, lui montra les autres dessins, les monstres, les spectres.

— Comprends-tu, maintenant ?

Martin regardait, abasourdi.

— Je crains de comprendre, murmura-t-il.

— Et cela ? jeta Goya lui mettant sous les yeux son portrait, ce visage envahi par la barbe, aux yeux qui disaient tous les désespoirs.

Et comme le regard de Martin, terrifié, allait du modèle au portrait, et comparait :

— Je vais tâcher de tout t'expliquer, reprit Francisco à voix si basse que l'autre l'entendait à peine. C'est très important, très secret, terrible aussi, et, avant de me répondre, tu devras bien réfléchir. Surtout n'écris rien !

Et il lui répéta ce que le docteur Peral lui avait dit de la relation étroite existant entre sa surdité et la folie. Peral avait évidemment vu juste, conclut-il. Il était à moitié fou, il le savait depuis longtemps, et ces monstres qu'il avait dessinés, il les avait vus tout comme il avait vu son vrai visage, celui de l'insensé.

Martin s'efforçait de cacher son trouble.

— Maintenant, réfléchis, lui dit Goya. Puis tu parleras, lentement, en articulant bien les mots pour que je puisse les lire sur tes lèvres. Ah ! il te faudra beaucoup de patience, je le sais !

Son ton humble touchait Martin au plus profond de son cœur.

Lentement, avec prudence, il donna sa réponse. Qui voyait aussi nettement sa folie, dit-il, était plus sain d'esprit que beaucoup de ses semblables, et qui l'isolait avec cette précision était son meilleur médecin. Il choisissait prudemment ses mots qui venaient lentement, qui consolaient Francisco.

Jusque-là Francisco n'était pas encore allé voir sa mère. Pourtant tout le poussait à se confier à elle ; elle avait pu apprendre sa présence à Saragosse et se sentir blessée de ne pas l'avoir vu encore. La honte seule de son état l'avait retenu. Après avoir parlé à Martin, il se sentait capable de faire cette visite.

Il tint d'abord à s'habiller plus décemment, puis il alla chez le barbier. Impérieux, il lui commanda de lui raser le visage et répondit maladroitement au verbiage amical de l'autre. Le barbier ne comprit que lentement la surdité de son client. La peau de Francisco était devenue sensible ; le rasoir lui faisait mal.

Le visage rasé, sous les cheveux coupés et peignés, surprit l'artisan. Quel était donc cet homme, entré en vagabond hirsute, qui sortait de sa boutique en grand seigneur ?

Francisco n'avait pas prévenu sa mère. Il allait par les rues, mal à l'aise. Cette sensation de fraîcheur sur ses joues nues l'étonnait. A pas lents, il gagna la petite maison qu'habitait sa mère, s'arrêta, revint sur ses pas, pour enfin monter l'escalier et soulever le marteau. La porte s'ouvrit, et Francisco se trouva devant sa mère.

— Entre, lui dit doña Engracia. Assieds-toi, reprit-elle, détachant les mots, et bois un rosoli.

Enfant, on lui donnait un verre de rosoli quand il avait été malade.

— Je sais tout, reprit-elle du même ton, en apportant la bouteille. Tu aurais pu venir me voir plus tôt, conclut-elle en soupirant.

Elle posa sur la table verres et bouteille, quelques pâtisseries, et s'assit en face de lui. Francisco emplit les verres, huma la liqueur, la goûta et fit claquer sa langue sans quitter sa mère des yeux : « Tu seras toujours aussi têtu et imprudent, lut-il sur ses lèvres. Tu as parfaitement su que cela ne pourrait pas durer, que la punition viendrait tôt ou tard. Je te l'ai dit souvent. « Il n'est pire sourd que « celui qui ne veut pas entendre », et tu n'as jamais daigné entendre raison. Dieu, dans sa bonté, ne t'a puni que légèrement. Suppose qu'il t'ait fait pauvre au lieu de sourd ! »

C'étaient là des pensées que Francisco comprenait bien. Doña

Engracia avait raison; dès le début elle l'avait mis en garde, elle avait craint succès et gloire. Fille d'un hidalgo, elle avait le droit de s'appeler « doña », mais elle avait mené auprès du père de Francisco une vie paysanne, étroite, convenant bien à la triste réalité. A la mort du père, Goya l'avait fait venir à Madrid, mais elle avait très vite voulu revenir à Saragosse. L'heureuse carrière de son fils l'emplissait de méfiance; elle n'avait jamais cru à sa durée. Il lui revenait, sourd, infirme, se consolait avec son rosoli et se laissait gronder.

Il acquiesçait d'un mouvement de sa grosse tête ronde et, pour lui faire plaisir, exagérait un peu son malheur. Dans son métier aussi, dit-il, il rencontrerait des difficultés nouvelles. Grands seigneurs et grandes dames étaient peu patients et, suivant moins facilement leurs bavardages, il aurait moins de commandes.

— Serait-ce que tu veux diminuer la pension que tu me fais ? dit-elle en fronçant les sourcils.

— Tu l'auras, répondit Francisco, me faudrait-il charger du charbon les mains nues.

— Toujours aussi grand seigneur, répondit la mère. Tu as encore beaucoup à apprendre, Paco. Maintenant que tu n'entends plus, tu verras davantage. Tu t'es bien souvent vanté de tes amis, en ma présence. Personne ne se soucie d'un infirme. C'est maintenant que tu vas connaître ceux qui t'aiment vraiment.

Mais au travers des reproches et des mots durs, Francisco sentait comme elle était fière de lui et comme elle espérait le voir supporter le malheur. Elle ne voulait pas, et il le comprenait, lui faire honte en lui montrant de la pitié.

Au départ, elle lui enjoignit de venir déjeuner ou dîner aussi souvent qu'il en aurait envie, et il vint plusieurs fois, dans la semaine. Elle se souvenait de ses plats préférés, lui préparait une nourriture saine et fortement relevée avec beaucoup d'ail, d'oignon et d'huile, parfois un bon puchero, sorte d'olla podrida simplifiée. Tous deux mangeaient sans parler, avec appétit et plaisir.

Une fois, il lui demanda si elle voulait qu'il fît son portrait.

— Ah ! tu veux t'essayer avant de te risquer avec les clients qui payent ! lui répliqua-t-elle, très flattée, au fond.

Il voulut la peindre dans sa robe de tous les jours. Elle s'y refusa et passa son costume des dimanches. Il fallut lui acheter une mantille et, pour cacher sa tête chauve, une coiffe de dentelles.

Elle posa en silence. Sous le front haut, on voyait briller ses yeux profondément enfoncés dans leurs orbites. La bouche s'étirait, mince, sous le nez expressif. Elle tenait d'une main son éventail fermé et de l'autre son chapelet. Pour la mère et le fils, tous deux patients, ces séances étaient une joie. Pour finir, il apparut sur la toile une vieille femme, mûrie par la vie, mais résolue cependant à profiter des années qui lui restaient. Francisco avait peint avec amour ses deux vieilles mains osseuses et fortes. Doña Engracia était contente de son portrait. Elle était heureuse, déclara-t-elle, de voir que son fils n'avait lésiné ni toile ni couleurs pour peindre une vieille femme qui ne payait pas.

Goya alla revoir aussi son frère Tomas, le doreur, qui se montra très froissé d'une visite aussi tardive. Au cours de la conversation, il demanda à Francisco si, dans son malheur, il ne voyait pas le doigt de Dieu lui ordonnant de faire beaucoup plus pour sa famille; pour lui, il accepterait volontiers d'aller habiter à Madrid où les affaires seraient meilleures. Francisco répondit qu'il avait la ferme intention d'aller à la chasse avec Martin, le lendemain matin.

Le beau-frère de Fancisco, Manuel Bayeu, le curé, déclarait pour son compte que si Goya avait si longtemps tardé à chercher consolation spirituelle auprès du frère de sa femme, c'était qu'il n'avait pas encore compris l'avertissement venu du Ciel. Chez lui, Goya remarqua que le portrait de feu le premier peintre du roi, Bayeu, avait été relégué dans un coin sombre, et le beau-frère, interrogé, avait répondu que c'était beau, mais que celui qui l'avait terminé avait le cœur dur. Il déplorait sincèrement le malheur de Francisco, non sans qu'à son regret se mêlât une joie discrète : enfin, le grand artiste voyait rabattre son orgueil.

Les grandes familles de Saragosse, les Salvadores, les Grasas, les Agnares, recherchaient Francisco qui, sous des prétextes polis, déclinait leurs invitations. Le comte Fuendetodos, après que le peintre eut refusé deux invitations, lui fit demander si Goya accepterait de le recevoir; il avait lui-même appris l'alphabet des sourds-muets et n'en pourrait que plus facilement s'entretenir avec le peintre. Cette humilité toucha Goya, qui se souvenait du respect craintif de sa famille devant le comte, maître de son village de Fuendetodos.

Le chanoine de la cathédrale del Pilar vint le voir. C'était encore don Gilberto Alué, celui-là même qui, dans la lutte avec Bayeu, s'était si passionnément déclaré contre Francisco. Rien ne prouvait avec plus d'éloquence les progrès qu'avait faits Goya, la renommée qu'il s'était faite, que la visite de ce prêtre, un vieillard chargé d'ans. Don Gilberto se montra poli à l'extrême, écrivit en traits menus sur la feuille que lui présentait Goya la part que prenait l'archevêque au coup qui frappait Monsieur le premier peintre, ce grand artiste, enfant de Saragosse. Le cœur de Goya s'emplissait d'une joie amère à voir que Bayeu n'était plus le grand maître d'Aragon.

Don Gilberto écrivait toujours. L'archevêque, déclarait-il, éprouverait une grande joie à voir don Francisco accepter certains travaux pour la cathédrale. Et, tout aussitôt, il ajouta que le chapitre offrait au peintre des honoraires de vingt-cinq mille réaux.

Un instant Goya crut avoir mal lu. Vingt-cinq mille réaux, c'était exactement la somme qu'avait demandée Antonio Vélasquez pour un travail de quatre mois, et le chapitre avait refusé. Et voilà que, pour deux semaines de travail, on lui en offrait autant !

« Pas d'orgueil, mon cœur », s'ordonna-t-il, et il se promit de travailler en toute humilité, avec amour et sans perdre de temps.

Mais avant qu'il ait pu commencer l'œuvre pieuse, un courrier lui vint de Madrid. En termes secs, don Miguel lui annonçait la mort de Mariano Goya, le fils de Francisco, et lui conseillait de retourner au plus vite auprès de Josefa.

Goya partit, en poste cette fois. Il accepta que Martin l'accompagnât.

6

Il vit Josefa, vit ses lèvres remuer et ne comprit pas ses mots. Elle s'efforçait de cacher l'effroi qu'elle éprouvait à le trouver si changé.

On avait enterré le petit Mariano depuis quelques jours déjà. Ils échangèrent quelques paroles maladroites qui voulaient consoler. Puis ils s'assirent sans plus un mot, et leur silence fut éloquent.

Se reprenant, avec un petit sourire crispé, il lui tendit le carnet d'esquisses qu'il portait maintenant toujours sur lui pour qu'on pût y écrire ce qu'on avait à lui dire. A son invite elle ne répondit que d'un signe de tête. Elle ne voulait pas savoir ce qui s'était passé au cours de sa longue absence.

Elle se montrait encore plus réservée qu'autrefois. Cependant, il voyait en elle plus profondément qu'auparavant. Pour lui, elle n'avait été jusque-là qu'une présence, admise une fois pour toutes, qui laisse peu de place au doute ou à la subtilité. Il ne s'était jamais soucié beaucoup de ce qu'elle pouvait penser de sa vie personnelle.

Un homme de son rang avait le droit de se permettre les femmes qui lui plaisaient ; c'était là l'usage. Josefa était là lorsqu'il avait besoin d'elle ; il en était d'elle ainsi qu'il le voulait. De son côté, il n'avait pas pris en mauvaise part qu'elle vît en son frère un grand peintre, qu'elle ne comprît rien à son œuvre, et qu'elle éprouvât une immense fierté pour les Bayeu, bien mieux considérés que les Goya. Il avait fallu des dizaines d'années pour qu'elle commençât à comprendre l'artiste qu'il était et la réputation dont il jouissait de par le monde. Mais elle l'avait aimé avant même de le savoir, dès le début ; sans quoi elle, une Bayeu, n'eût pas épousé un Goya. Il l'avait épousée, lui, parce qu'il l'aimait, mais aussi parce qu'elle était une Bayeu. Cela, elle l'avait compris depuis longtemps, et cependant l'avait aimé, et supporté. Parfois, il avait senti sa souffrance et en avait éprouvé un peu de pitié. Une joie lui réchauffait le cœur de penser qu'elle avait maintenant une raison de le plaindre à son tour.

Mais son cœur s'ouvrit surtout à la vue de son fils Javier. Ce n'était plus un enfant, mais un jeune homme que déjà les femmes regardaient. Javier déclara qu'il avait beaucoup réfléchi ces derniers temps et qu'il avait résolu de devenir un artiste ; il espérait que son père l'accepterait comme élève. Goya, plein de douce fierté, regardait son cher Javier. Avoir ce fils était une grande consolation après la perte de Mariano. Il ne souhaitait pas que le fils connût les difficultés qu'avait eues le père. Ce garçon était né hidalgo, don Javier de Goya y Bayeu. D'après la loi aragonaise, l'hidalgo avait droit à une rente de son père afin qu'il n'eût pas à s'avilir par le travail. A dire vrai, on vivait en Castille, mais cette loi aragonaise était bonne, et Francisco s'y conformerait volontiers. Il enverrait son fils à l'étranger, en Italie, en France. Lui-même avait beaucoup gagné en Italie, mais il avait eu de la peine à y trouver chaque jour son morceau de pain et de fromage. Javier, lui, aurait faciles le travail et l'étude.

A la vue de Francisco, le visage grognon d'Agustin se contracta plaisamment. Goya, ne voulant entendre un seul mot de condoléances, posa une question brutale :

— Y a-t-il eu beaucoup de mal, en mon absence ? Qu'as-tu cassé ?
Et il l'envoya à Zapater avec ses livres.

Plus tard, il voulut cependant savoir ce qu'il avait fait, et Agustin lui montra ses gravures d'après le nouveau procédé de Leprince. Esteve avait perfectionné la méthode, et Goya s'étonna des résultats obtenus : « Hombre ! » lança-t-il plusieurs fois, et cet homme si avare d'éloges trouva des mots flatteurs pour son aide :

— C'est le nom d'Esteve que le procédé devrait désormais porter, déclara-t-il.

La vieille amitié unissait toujours les deux hommes.

Francisco lui montra alors les dessins qu'il avait faits à Saragosse. Agustin fut bouleversé. Ses lèvres remuaient, et Goya ne savait pas s'il parlait. Agustin avait, sous l'empire d'une forte émotion, une façon comique d'arrondir la bouche et d'avaler sa salive. Il regardait, sans se lasser. Finalement, Goya lui ôta les dessins des mains, d'un geste doux.

— Alors ? Parle ! lui dit-il.

De sa grosse écriture lourde, Agustin écrivit : « Tu as trouvé ta voie. »

— Alors, ma peinture, ce n'est rien ? demanda Goya en plaisantant.

Le lendemain Francisco parut à la cour, non sans une certaine gêne. On le traita avec beaucoup d'égards; l'arrogant marquis de l'Ariza lui-même se montra empressé.

Don Carlos chercha à cacher son embarras sous la jovialité de l'accueil. S'approchant, il cria à Goya dans l'oreille :

— On ne peint pas avec les oreilles, mais avec les mains et les yeux !

Goya, légèrement effrayé, s'inclina profondément sans comprendre et présenta respectueusement au souverain carnet et crayon. Le roi comprit, en son visage s'éclaira : il existait donc un moyen de se faire entendre de son premier peintre. Il coucha sur le papier la phrase qu'il lui avait criée: « On ne peint pas avec les oreilles, mais avec les mains et les yeux », puis, entraîné par la force de l'habitude, il signa « Yo, el Rey », sans oublier son paraphe. Goya lut et s'inclina avec respect.

— Que disiez-vous, mon cher ? demanda le souverain, et le peintre, haussant la voix, lui répondit :

— Rien, Sire.

— Combien de portraits avez-vous faits de moi ? reprit le roi.

Goya l'ignorait, mais il eût été impoli de l'avouer et, sans hésiter, il répondit :

— Soixante-neuf.

« Voyez-vous cela ! écrivit Carlos qui ajouta, très sérieux : Que la Sainte Vierge vous donne comme à moi la possibilité d'arriver à la centaine. »

Le prince de la Paix manda Goya chez lui. Plus que jamais, Manuel le constatait, les destins des deux hommes étaient liés. Il fallait qu'ils fussent nés sous des constellations bien voisines. Le sort, après les avoir favorisés en même temps, les frappait simultanément. Francisco avait permis à Manuel de connaître Pepa qui jouait un si grand rôle dans sa vie et, de son côté, le ministre avait puissamment contribué à l'ascension de Goya. Ils étaient amis, se comprenaient et pouvaient tout se dire l'un à l'autre.

A la vue de Goya si changé et vieilli, Manuel éprouva une émotion sincère. On évoqua le bon temps. N'avait-il pas prévu leurs succès à tous les deux ? Francisco était premier peintre du roi, Manuel infant de Castille.

— Il y a quelques nuages au ciel, pour l'instant, mais crois-moi, Francho — et de la main il les balayait — crois-moi, ces petites difficultés vont disparaître, et nos bonnes étoiles n'en brilleront que plus clairement au ciel. Celui qui, comme nous, ajouta-t-il, a dû combattre pour s'assurer le rang et la puissance, les estime beaucoup plus que les privilégiés qui les ont trouvés dans leur berceau, en naissant. Plus ultra ! s'écria-t-il, et comme Goya ne comprenait pas il lui écrivit la devise qu'il avait appris à aimer lors de son dernier séjour à Cadix. Il y avait bien vécu, racontait-il. Mais Francisco ne paraissait pas s'y être ennuyé, ajouta-t-il en clignant de l'œil. On parlait d'une certaine Vénus sans voiles...

Francisco était désagréablement surpris. Avait-elle montré la toile à un tiers ? Ne craignait-elle pas l'opinion ? L'Inquisition ?

Manuel remarqua l'inquiétude de Goya et, le menaçant du doigt :

— Ce ne sont que des bruits vagues, dit-il, je ne vous demande rien : en cavalier, vous vous croiriez forcé de nier. Moi aussi, je voudrais bien vous demander de me peindre un jour une Vénus. Je dispose de quelques modèles appétissants. Nous en reparlerons. Pour l'instant, faites-moi donc le portrait de mon infante. Vous l'avez déjà peinte, enfant, je crois.

Et, s'approchant du peintre, très cordial :

— D'ailleurs, je me suis mis à apprendre l'alphabet des sourds-muets. Je tiens à te voir et à te parler souvent, Francho, mon ami. J'ai aussi donné des ordres pour la construction d'un établissement de sourds-muets, selon les principes de l'abbé de l'Epée. Il portera ton nom, parce que c'est toi qui m'en as donné l'idée. Crois-moi, j'irai encore plus haut. Sois-en sûr, Francho !

Et bien que Goya ne pût l'entendre, il donnait à sa voix de ténor une dureté de métal.

Le lendemain, Andrés, le valet de Goya, annonça une dame. Goya ne voulait recevoir personne. Andrés déclara que la visiteuse insistait et que c'était une très grande dame. Goya envoya Agustin qui revint, un peu ému, disant qu'il s'agissait de la comtesse Castillofiel, et comme le peintre ne comprenait pas, il lui cria : « Pepa ! C'est Pepa !

Pepa était florissante. L'éclipse temporaire de la prospérité de don Manuel lui donnait un regain d'éclat. Personne ne croyait à une longue disgrâce, et ceux qui s'abstenaient, par prudence, d'assister au lever du prince, ne fréquentaient que plus assidûment celui de la comtesse Castillofiel. Sa fortune s'accroissait d'ailleurs à vue d'œil.

Apprenant le malheur de Francisco, elle s'était d'abord réjouie. Francho allait payer sa faute, le mépris qu'il lui avait montré. Ce malheur, elle le devinait, avait un lien avec son amour pour la duchesse et elle lui enviait cet amour. Pourquoi n'était-elle pas, elle, l'objet d'une telle passion ?

Elle venait pour lui faire sentir que tout se paye, sur la terre comme au ciel. Mais quand elle le vit, l'émotion s'empara d'elle. Elle se contenta de lui montrer sa propre réussite.

— Je suis enceinte, déclara-t-elle fièrement, et je mettrai au monde un comte Castillofiel, un enfant légitime.

Ils n'en parlèrent pas moins en vieux amis qui partagent de nombreux secrets. Il lisait facilement les mots sur ses lèvres. Chose curieuse : il n'éprouvait de difficultés qu'avec les indifférents. Ceux qu'il aimait ou détestait, il les comprenait sans peine.

— Conchita triche-t-elle toujours aux cartes ? demanda-t-il et aussitôt ajouta : Je m'inviterai un soir à dîner chez toi pour boire du manzanilla.

— Mais il faudra me prévenir à l'avance, rétorqua-t-elle, très fière, sans quoi il se pourrait que tu rencontres don Carlos !

— Don Carlos ?

— Oui, don Carlos, roi de toutes les Espagnes et des Indes, répondit-elle.

— Carajo !

— Ne jure pas ! dit-elle très vite et surtout pas en présence d'une dame qui donnera bientôt le jour à un comte. Et, revenant à don Carlos : Il vient, habillé très simplement, et ne crois pas que ce soit pour ce que tu penses. Il me fait tâter ses biceps, sort ses montres, nous mangeons une bonne olla podrida ; il joue du violon et je lui chante quelques romances.

— Eh bien, tu vas chanter pour moi ! déclara Goya, et, comme elle hésitait, il ajouta sans rire : Je suis sourd, c'est entendu, mais j'entends mieux que beaucoup d'autres !

7

Martin Zapater prolongeait son séjour à Madrid, apparemment pour ses affaires. En réalité, il consacrait tout son temps à son ami, prenait garde à ne jamais le laisser s'aventurer seul dans les rues : il craignait un accident. Francisco détestait cette sorte de surveillance, mais Martin, rusé, ne lui laissait pas deviner son manège.

Les commandes affluaient, et Martin, de son côté, travaillait à les multiplier afin que son ami ne pût penser que son infirmité éloignait les gens. Goya refusait beaucoup d'offres ou remettait à plus tard leur exécution.

Martin se renseignait sur tout ce qui pouvait intéresser Francisco. C'est lui qui annonça que la duchesse d'Albe avait demandé l'autorisation de se rendre auprès de parents habitant l'Italie. Il était à croire qu'elle ne reviendrait pas en Espagne avant la révocation de l'édit qui la bannissait de Madrid.

— Où qu'elle aille, riposta Francisco, elle se préoccupera peu du sort d'un infirme.

Ce séjour dans Madrid aux vents impétueux et changeants fatiguait visiblement Zapater. Il avait mauvaise mine et toussait beaucoup, heureux que Francisco ne pût entendre sa toux profonde.

Enfin il décida de partir. Les amis se quittèrent avec de bruyantes démonstrations, comme c'était leur habitude. S'efforçant de ne rien montrer de leurs sentiments, ils se frappèrent à grands coups sur l'épaule, plaisantèrent leur âge et leurs maux, et Martin regagna Saragosse.

A peine était-il en voiture que Goya voulut se rendre compte, seul et en toute liberté, des liens qui pouvaient se nouer entre un sourd et Madrid. Le chemin était court de la maison à la Puerta del Sol, la place principale de la capitale. C'est le nœud de plusieurs grandes voies, la calle Mayor, l'Arsenal, la Carmen, l'Alcala et d'autres encore.

Goya vint donc s'arrêter sur la Puerta del Sol, à l'heure de la plus grande affluence. Il se tint d'abord devant les boutiques et les étaux des marchands, au Red de San Luis, puis se risqua sur les « gradas », grand parvis de l'église San Felipe el Real, et jusqu'à la fontaine Mariblanca. La Puerta del Sol passait pour le carrefour le plus bruyant du monde, et Goya contempla la foule qui s'y pressait. Dédaignant bousculades et injures, il ne se laissait pas distraire du tableau qu'il avait sous les yeux. Aussi morte que lui avait parue Saragosse, aussi vivante était sa bonne ville de Madrid.

— Eau fraîche ! criaient les aguadores groupés autour de la fontaine Mariblanca sous cette étrange statue dont personne ne sait si cela représente une Vénus ou la Foi, mais que son silence, étonnant pour une femme qui voit et entend tant de choses, a rendue célèbre.
— Oranges ! lançaient les naranjeras, les deux pour un quartos.
— Une voiture, señor, offraient les cochers de louage.
— Regardez-moi cette jolie voiture ! Et mon cheval ! Une promenade au Prado, où vous voudrez.
— L'aumône, s'il vous plaît, au nom de la Vierge. Une petite aumône à un courageux vétéran qui a perdu les deux jambes à la guerre contre les incroyants.
— Comment vas-tu, mon petit ? Veux-tu voir ma chambre, mon lit ? glissait la fille au passage. — Repentez-vous ! tonnait le prêtre. Achetez des indulgences ! — Le journal, le *Diario,* la *Gaceta !* criaient les vendeurs. Les trois derniers numéros ! Les officiers de la garde passaient en plaisantant, les cortejos lisaient aux dames les annonces, des soldats de la garde wallone ou suisse passaient à grand bruit. Ceux qui avaient affaire avec l'administration dictaient leurs lettres aux écrivains publics. Un jongleur produisait ses singes danseurs. Par deux, par trois allaient les « proyectitas » discutant de la meilleure façon de réformer le monde. Chacun offrait sa marchandise.

Goya regardait de tous ses yeux. « Sur la Puerta del Sol, dit le proverbe, garde-toi des femmes qui marchent devant toi, du mulet qui vient par derrière, de la voiture qui te dépasse et des bavards qui sont partout. » Francisco ne les craignait pas. Il regardait, entendait sans les entendre ce brouhaha et ces appels qu'il connaissait mieux qu'auparavant.

Dans un coin, une chanteuse aveugle. On se méfiait à Madrid beaucoup des aveugles. Bon nombre d'entre eux ne l'étaient que pour mieux faire les poches des passants ou tout au moins exciter leur pitié. Les Madrilènes ne se privaient pas de leur faire d'assez cruelles plaisanteries, qu'ils vissent ou non la lumière du jour, et Goya y avait souvent pris sa part. Mais cette aveugle lui rappelait, durement, sa propre infirmité. Elle chantait en s'accompagnant sur la guitare ; les badauds s'amassaient, l'écoutant, émus.

L'après-midi s'avançait, les cloches sonnaient l'angélus ; les marchands éclairaient leurs étaux ; et déjà on allumait les lanternes devant les images de la Vierge, à la porte des maisons. Goya revint sur ses pas.

Aux balcons, les gens prenaient le frais. A l'étage d'une maison d'aspect assez sinistre, aux rares fenêtres, deux filles assises, jeunes et bien rondes, bavardaient tout en lançant des œillades aux passants. Mais, derrière elles, dans l'ombre, on devinait les silhouettes de deux hommes drapés dans leurs manteaux. Goya ralentit le pas, puis s'arrêta, pour mieux voir. Trop longtemps, sans doute, car l'un des deux hommes fit un geste menaçant. Oui, c'étaient de vraies majas de la Manoleria, avec toute leur séduction, et derrière, comme il convenait, c'était l'ombre et la menace.

Le lendemain, Agustin demanda si l'on n'allait pas enfin commencer le portrait du marquis de Castrofuerte. Goya secoua la tête. Il avait autre chose à faire. Il peignit ce qu'il avait vu et vécu la veille. Sur six petits tableaux il peignit l'histoire du brigand Maragoto qui menace à la porte du cloître le capucin qui se défend bravement et fait prisonnier son agresseur. Une histoire toute simple et fraîche, l'illustration de la chanson entendue la veille à la Puerta del Sol.

Le même jour — poussé par l'inspiration — il peignit les majas sur leur balcon, et leurs amis dans l'ombre, et l'attrait qu'elles exercent sur les hommes, et la menace derrière qui renforce la tentation.

Il montra son travail à Agustin.

— Aurais-je mieux fait de peindre le marquis de Castrofuerte ? lui demanda-t-il heureux et fier.

Agustin arrondissait la bouche, avalait sa salive.

— On ne te connaîtra jamais assez, dit-il et, de fait, c'était tout autre chose que ce qu'avait fait Goya dans ce genre. Bien souvent, quand il travaillait aux tapisseries du roi, il avait représenté bandits et majas, mais sous une forme amusante et gaie. Cette fois, il ne s'agissait plus d'innocence, et Agustin s'étonnait et se réjouissait de voir le maître ainsi s'affirmer. Francisco était très fier.

— Entend-on les menaces du Maragoto ? demanda-t-il. Et le coup de feu ? Entend-on les majas chuchoter ? Remarque-t-on que c'est peint par un sourd ?

Et avant même qu'Agustin ait pu répondre :

— Tu vois ! J'ai gagné ! Plus ultra !

— Que vas-tu faire de ces tableaux ? demanda Agustin. La marquise Osuna voudrait avoir quelque chose de toi. Elle serait sûrement très contente du *Voleur*.

— Je ne les vends pas, répondit Goya. Ces toiles, je les ai faites pour moi. Mais je peux les donner. Prends-en une, je ferai cadeau des autres à Josefa.

Josefa, très surprise, rougit de joie. En souriant, de son écriture un peu raide de couvent, elle écrivit : « Je te remercie » et ajouta une croix, à son habitude.

Il la regardait. Ces derniers temps, elle était devenue plus frêle et plus silencieuse encore. Ils n'avaient pas grand'chose à se dire l'un à l'autre, mais, parfois, il éprouvait l'envie de bavarder avec elle. Ses amis, des étrangers même, avaient appris l'alphabet des sourds-muets pour parler avec lui ; elle ne s'en était pas donné la peine et cela le contristait.

L'idée lui vint soudain de faire son portrait. Il la voyait sous un angle nouveau, différente de ce qu'elle avait été, jadis. Elle gardait, bien sûr, cette ressemblance irritante avec son frère et son peu de foi dans la valeur artistique de son mari. Mais il voyait aussi autre chose, le chagrin, les soucis que lui avaient causés sa propre impiété, son absence de mesure.

Elle était bon modèle et complaisante. Très droite sur sa chaise, un châle précieux un peu lourd sur les épaules. Il souligna en elle la raideur aragonaise, la fierté, lui donna sa douceur sévère. Il la voyait avec amour et ne l'embellissait pas ; tout au plus la rajeunit-il un peu. Elle porte la tête haute sous le lourd chignon blond roux : elle pince la bouche, sous son grand nez. Il y a une certaine dureté dans les traits du long visage ; la peau, encore blanc rosé, montre quelques flétrissures ; les épaules s'arrondissent, un peu molles. Les grands yeux brillants sont tristes et regardent au loin. Les mains reposent, lourdes, sur les genoux, des gants gris les couvrent. Les doigts de la main gauche sont raides et s'appuient de façon curieuse sur la main droite.

C'était un bon portrait plein d'amour mais sans gaieté. Tout différent de celui de Saragosse où il l'avait peinte avec ses deux enfants. Sa gaieté, Goya l'avait perdue.

La dernière image. Quelques jours après Josefa s'alitait. Elle partit très vite. Les raisons de cette lassitude mortelle étaient bien claires. C'était le dangereux climat de Madrid, ces hivers glacés, ces étés brûlants, les vents violents ; et aussi ses nombreuses couches.

Maintenant que la fin était proche, la grande silencieuse avait beaucoup à dire. Et il sut qu'il lui avait reproché à tort de ne pas avoir appris la langue des sourds-muets. Elle la savait, mais, entêtée, n'avait pas voulu l'employer. Elle lui parla trois jours, puis ses mains s'alourdirent. Il la vît, dans un dernier effort, remuer les lèvres, et il déchiffra ses mots : « Sois économe, Francho. De toi et de ton argent ! » Ainsi mourut-elle, comme elle avait vécu, sans grand bruit, un conseil aux lèvres.

Le visage de la morte, encadré de sa lourde chevelure, semblait moins las que dans les derniers temps. Francisco se remémorait toute leur vie commune, le corps mince et souple qu'elle lui avait livré, la peine muette avec laquelle elle lui avait donné ses enfants, la longue souffrance silencieuse qu'elle avait endurée toute sa vie, son incompréhension artistique, son amour têtu. Il était dur de la voir partir au moment où ils avaient appris tous deux à se mieux connaître.

Mais il ne ressentait pas cette douleur aiguë, sauvage, que le malheur éveillait si facilement en lui. Une impression de solitude l'envahissait. Il se sentait prisonnier d'un désert sans fin.

Il commanda pour Josefa un enterrement tout simple — rien de ce qu'il avait fait pour la petite Elena. Et, rentrant du cimetière, morne, il cita aux amis qui l'accompagnaient le vieux dicton : « Au tombeau les morts, à la table les vivants. »

Ceux-ci, soulagés, purent voir qu'il prenait sans éclat le nouveau malheur qui le frappait, et lui-même se crut débarrassé de l'ennemi tapi dans son propre cœur.

8

Sa mère vint, à l'improviste, de Saragosse pour le consoler. Elle sut trouver des mots flatteurs pour la morte. Habitant Madrid, elle s'était mal entendue avec Josefa.

Elle avait voyagé toute seule. Naturellement Tomas avait voulu l'accompagner, et aussi Manuel Bayeu, le curé. Mais elle avait tenu à épargner à Francho leurs incessantes demandes d'argent. Elle aurait accepté la compagnie de Martin Zapater. Mais il était malade, de sa vieille toux, et cette fois, il avait craché beaucoup de sang.

Goya était atterré. Les mots mesurés de sa mère éveillaient en lui une terreur superstitieuse : il craignait pour Martin. Beaucoup de ses amis dont il avait fait le portrait étaient morts et ne vivaient plus qu'en image. Josefa n'était-elle pas morte à peine son portrait terminé ? Oui, c'était bien cela : quand il peignait avec son cœur, il ôtait à son modèle un morceau de sa vie. Il portait malheur, tout comme Cayetana; c'était sans doute ce qui les avait unis, tous les deux.

La présence de doña Engracia l'aida à surmonter ses affres. La vieille dame était solide et, bien qu'il eût peint son portrait, ne semblait pas vouloir partir dans un autre monde.

Il était seulement dommage qu'elle ne pût pas souffrir son petit-fils Javier : — Le garçon ne me plaît pas, disait-elle de sa rude façon. Il a tous les mauvais côtés des Bayeu et des Goya. Il est prétentieux, menteur et prodigue. Tu devrais lui parler une bonne fois, Francho, et elle citait le vieux proverbe : « Ae hijo y mulo para el culo : A ton fils et à ton âne parle sur le derrière. »

La rude grand'mère venue d'Aragon déplaisait autant à l'élégant Javier qu'il lui était peu sympathique. Par contre les amis, Agustin, Miguel, Quintana, s'empressaient autour de la mère de Francisco. Don Miguel proposa à son ami d'amener sa mère à la cour et de la présenter à Leurs Majestés, pour que la señora pût voir de ses propres yeux en quelle estime les souverains tenaient son fils. Mais la vieille s'en défendit :

— Je ne suis pas de la cour, Francho, dit-elle, pas plus que toi. « Oignon ne sera jamais rose. »

Elle ne resta pas longtemps et, malgré les prières de son fils, tint à repartir seule. N'était-elle pas venue de même ?

— Une vieille comme moi se tire mieux d'affaire qu'un sourd, déclara-t-elle.

Sur le point de partir, elle lui donna des conseils qui lui rappelèrent les objurgations de Josefa. Il devait être prudent, épargner, ne pas trop donner à son frère et à son beau-frère, ce corbeau rapace.

— Tu peux toujours lui reconnaître une jolie somme dans ton testament, conclut-elle, mais à ta place, tant que je vivrais, il n'aurait pas un sou de plus. Et surtout fais-toi petit, Paco ! Pas de présomption ! Tu sais ce qu'il en advient : « Plus beau est l'habit, plus sale est la boue qui l'atteint. »

Elle prit sa place dans la voiture de poste. Le mayoral, le premier cocher et ses aides lancèrent les chevaux : « Macho, macho ! » et comme la bête de pointe n'avançait pas : « Qué perro ! » La mère penchait la tête à la portière : « Que la Sainte Vierge te protège, Paco ! » Francisco vit les cris des postillons et la bénédiction, et le tout se mélangea dans son esprit. Dans un grand bruit, la lourde diligence démarra, et il sut qu'il y avait peu d'espoir qu'il revît la pauvre vieille.

Cela le gênait qu'elle n'eût pas pu s'entendre avec son fils Javier. Il aimait et gâtait le garçon comme avant; tout ce qu'il disait était bien. Javier faisait chaque jour des progrès dans son cœur. La mère avait tort, devait avoir tort : ce garçon était digne de ce qu'il faisait pour lui.

Il fit son portrait, ce qui était une façon de le mieux connaître. Il ne négligea, n'oublia aucune des faiblesses qu'avaient signalées Josefa et sa mère; faiblesses que Javier avait peut-être de commun avec ce sot de marquis de San Adrian. Mais il peignit aussi tout son amour pour son fils. Peignit un jeune prétentieux mais avec l'indulgence du père pour le fils bien-aimé. Le jeune homme, presque un enfant encore, debout, porte un costume gris perle d'une élégance exagérée, pantalon collant avec de hautes bottes noires. Il a des gants jaunes. Une main tient canne et tricorne, il a passé l'autre dans son jabot de dentelle. Du gilet pendent des breloques trop riches. Aux pieds de Javier, un petit chien de manchon. tout blanc et gras, avec un ruban rouge en guise de collier. Le visage est allongé; des boucles blond roux encadrent le front; entre les yeux, qu'il tient de sa mère, et sur la longue lèvre supérieure saille le gros nez du père. Mais le tableau tout entier est noyé dans un flot de gris clairs ou sombres qui s'allient miraculeusement.

Devant le portrait de Javier, Francisco comprenait sans peine ce qui avait déplu en son fils à sa femme et à sa mère. Il l'aimait, lui, justement à cause de son affectation et de son désir d'élégance et de luxe.

Par contre, sa maison si magnifiquement meublée de la Carrera de San Jeronimo ne lui plaisait plus. Elena était morte, Mariano aussi; il restait tout seul avec Javier. Cette maison, ces meubles avaient fait leur temps.

Il s'acheta une autre maison, presque à la campagne, au bord du Manzanares, tout près du pont de Segovie. Une construction déjà vieille, à deux étages, une vraie quinta, avec beaucoup de terrain.

La vue qu'on y découvrait était admirable : d'un côté la predera de San Isidro, tant aimée et si souvent peinte, et plus loin s'étendait Madrid; de l'autre côté, les monts de Guadarrama.

Il se meubla très simplement, observa non sans un sourire les mines de son fils et le poussa à organiser à son goût sa chambre. Il lui abandonna chaises et fauteuils précieux, le tabouret recouvert de damas brodé d'or, tout ce qui venait de la maison de San Jeronimo, et la plupart de ses tableaux, ne conservant pour lui que ce portrait de Cayetana qu'il avait peint pour sa joie personnelle. Dans sa propre chambre, très grande, il ne mit que le strict nécessaire. Les murs de la quinta restèrent nus.

Ces murs, il les regardait fréquemment, avec un petit sourire. Il les décorerait à sa façon, plus tard, avec des images de son temps. Ses yeux, son imagination, conduiraient son pinceau, il n'observerait de règles que les siennes, et ce monde intérieur serait cependant le véritable.

Mais avant de se mettre au travail, il lui faudrait encore beaucoup apprendre. Il n'en était encore qu'au premier échelon de son art. Comme le montagnard qui a franchi la première crête et découvre soudain le pic qui se dresse vers le ciel sans nuages, en cette année de souffrance et de folie, de solitude, il avait entrevu son vrai but, très loin, très haut. Une première fois, il l'avait pressenti après l'affreuse comédie de la condamnation de Pablo Olavide, quand il avait peint la tribune de l'Inquisition et ses autres petits tableaux. Aujourd'hui il le sentait plus nettement. Il fallait enrichir ce visage du monde, cette vérité nue de ses propres rêves. C'est alors seulement qu'il se mettrait à peindre les murs de sa quinta.

Si pauvrement qu'elle fût meublée, il n'en donnait que plus de soin à sa façon de s'habiller. Il suivait la nouvelle mode de Paris. Ne portant plus l'habit de cour que lorsque le protocole l'exigeait, il avait remplacé la culotte par le pantalon long et le tricorne par le chapeau haut et dur, le « bolivar ». Il dégageait ses oreilles qui pourtant n'entendaient plus. Les passants le voyaient souvent se promener dans son grand jardin envahi par les herbes folles, très noble, très léonin, portant canne et chapeau. On l'appelait El Sordo en la huerta, le Sourd du jardin, et la maison, la quinta del Sordo.

Il avait sans cesse papier et crayon en main, pour se faire écrire ce qu'on voulait lui dire. De plus en plus souvent, il chargeait son carnet de croquis hâtifs, d'esquisses, aperçus, reflets de sa perspective extérieure et intérieure. Il tint aussi à apprendre le procédé de gravure d'Agustin, travailla beaucoup avec lui, n'hésitant pas à lui demander son avis.

Comme dans la maison de San Jeronimo, il partageait son atelier avec Agustin. Mais quand il se mit à dessiner, à graver à sa nouvelle manière, toute présence lui devint insupportable, même celle de son aide fidèle. Il loua donc dans le quartier le plus bruyant de la ville, au coin de la calle de San Bernardino, une pièce au dernier étage d'une haute maison très peuplée. Là non plus, il ne fit nuls frais : on n'y voyait, en dehors du mobilier indispensable, que les outils dont il avait besoin pour ses gravures, des clichés de cuivre, une presse et ses accessoires.

Ses riches habits ne faisaient que mieux ressortir la pauvreté du cadre, et souvent il souriait à la pensée que Josefa n'était plus là pour lui faire la grimace et lui reprocher de ne pas mettre de blouse de travail. D'en bas, de partout, le tumulte de la rue lui venait, mais un grand silence l'entourait que rien ne viendrait rompre. C'était là qu'il se livrait à ses essais les plus hardis, et l'atelier aux murs nus devint sa retraite préférée, l'ermita.

Le nouveau procédé d'Agustin lui permettrait de reproduire des tons jamais obtenus encore, et c'était bien ainsi.

Car le monde qu'il portait en sa tête, qu'il voulait représenter sur ses clichés, était riche et divers. On y voyait les choses vécues de sa jeunesse à Fuendetodos et à Saragosse, les gens et les choses de sa vie à la cour, Madrid, ce monde et celui des résidences royales. Longtemps il avait cru que tout était mort en lui du début, du passé, pour ne plus laisser que Goya, l'homme de cour. Mais depuis sa surdité et son voyage à dos le mulet avec Gil, il avait compris que le vieil homme était en lui bien vivant, ce qui n'était pas pour lui déplaire. C'était un Goya neuf, un Goya plus sage qu'il avait appris à connaître, de sa vie avec paysans et bourgeois, grands et petits, racaille et fantômes.

Dans sa jeunesse, il s'était insurgé, s'était battu avec le monde. Mais il l'avait appris depuis : qui veut réformer, le destin le brise. Plus tard, il s'était adapté, fait à la vie facile et douce de la cour. Et il avait su alors que celui qui s'abandonne, le destin le frappe aussi à la tête : il se perd et perd son art. Il savait maintenant qu'il ne faut pas vouloir renverser l'obstacle, qu'il faut le tourner.

Tout ce qu'il avait vécu n'avait eu qu'un but : celui de l'amener dans cette grande pièce claire de la calle de San Bernardino, comme si tout ce qu'il avait fait jusqu'ici n'avait été qu'un exercice avant la grande tâche. Dans son ermita, il permettait au monde de s'imposer à lui et il le forçait à être tel qu'il le voyait.

Il le jetait sur le papier, le gravait sur ses plaques. Hombre ! C'était autre chose que de peindre un portrait et de veiller à ce que l'autre, le client, cet imbécile, s'aperçoive que c'était bien lui, sur la toile ! Ici on pouvait peindre la vérité vraie. Hombre ! Cette joie !

Comme la nudité de sa quinta, la sobriété à laquelle le contraignait son nouveau mode d'expression lui plaisait. La lumière et la couleur sont magistrales ; il s'en était souvent enivré et s'en enivrerait encore. Parfois, pourtant, dans sa solitude, il pestait contre ses tableaux. Bariolés comme le derrière d'un singe ! Non, pour sa vue nouvelle des choses, nette, mordante, rien de tel que le burin, et du noir sur du blanc.

Il avait fait savoir à l'Académie que, le cœur lourd, il était contraint de demander d'être relevé de ses fonctions ; son infirmité l'y contraignait. L'Académie le nomma président d'honneur et organisa une exposition de ses œuvres.

Le roi prêta en cette occasion *la Famille royale*.

On parlait beaucoup de la hardiesse de ce tableau et tous voulurent assister à l'ouverture de cette exposition, amis ou protecteurs de Goya, et partisans des idées de progrès. Ceux qui le voyaient pour la première fois en eurent le souffle coupé.

Goya, accompagné du président du bureau de l'Académie, le marquis de Santa Cruz, fendit la foule respectueuse pour s'approcher de son œuvre et s'arrêta devant elle. Trapu, un peu à l'étroit dans ses vêtements, plus vieux que son âge, les yeux à demi fermés, la lèvre inférieure en avant, il contempla ses Bourbons et, derrière lui, se pressaient gens de cour, bourgeois et artistes de Madrid. Et soudain, une immense acclamation s'éleva :

— Vive l'Espagne ! Vive Francisco Goya ! Viva !

Goya n'entendait rien, et le marquis de Santa Cruz dut le prendre par la manche et le faire se retourner, pour qu'il saluât.

9

Don Manuel avait bien calculé en proposant au roi de nommer le libéral Urquijo au poste de premier secrétaire d'Etat, et de confier au réactionnaire ultramontain Caballero le ministère de la Justice. Mais il n'avait pas compté sur le fait que don Mariano de Urquijo était plus qu'un politicien égoïste, que ses idées étaient pour lui autre chose qu'un thème de conversations de salon. Les deux ministres se combattaient, chacun s'efforçant d'amoindrir l'action de l'autre, mais Urquijo se montrait patriote sincère et homme d'Etat, ce que son adversaire n'était pas. En dépit des intrigues de Caballero, Urquijo parvint à amoindrir l'autorité de Rome sur l'Eglise d'Espagne, et à faire venir aux caisses de l'Etat des sommes importantes qui, sans lui, seraient allées à Rome. Il sut limiter l'action et le domaine de l'Inquisition. Enfin et surtout, il remporta des succès de politique étrangère. Non content d'éviter toute nouvelle concession à la République française, il parvint, en cédant sur des points de détail pour mieux résister dans les questions d'importance, à renforcer la position de la couronne espagnole à l'égard de sa puissante alliée et voisine.

Don Manuel était déçu. Doña Maria-Luisa, loin de lui tendre des bras implorants, le traitait avec froideur et couvrait son nouveau premier ministre des marques de sa satisfaction et de sa bienveillance.

Don Manuel, tout en entretenant apparemment d'excellentes relations avec Urquijo, s'efforçait par mille intrigues de contrecarrer ses plans. Les dirigeants français trouvaient dans le nouveau secrétaire d'Etat un adversaire particulièrement habile et travaillaient à sa chute. Manuel procura au Directoire le prétexte qui devait lui fournir l'occasion de demander son éloignement. Le frère du roi Carlos, Ferdinand de Naples, entré dans la coalition contre la France, s'était vu rapidement vaincre et déposer, et Manuel conseilla aussitôt au roi de demander la couronne de Naples pour son second fils. Urquijo protesta, alléguant que la prétention royale allait tout gâter; pour toute réponse, il reçut l'ordre de poser officiellement la candidature du prince espagnol à la couronne de Naples. Le Directoire ne fit qu'en rire et réclama au roi la démission du ministre qui avait osé lui présenter une requête aussi blessante. Le roi, selon le désir de la reine et pour ménager sa dignité, maintint Urquijo à son poste, mais lui exprima en termes assez vifs son mécontentement. « Ce renard laissera bientôt sa peau chez le fourreur, à Burgos », dit Manuel, citant le vieux dicton.

Puis survint un de ces coups heureux du sort, toujours favorable à don Manuel. Napoléon Bonaparte, rentré d'Egypte, s'était fait nommer premier consul. Le général victorieux n'entendait pas traiter avec Urquijo et ne cacha pas son désir de voir son ami, l'infant don Manuel, reprendre les rênes du gouvernement. Rappelant l'ambassadeur Truguet, il le remplaça par son frère Lucien. Celui-ci informa secrètement don Manuel que le premier consul avait l'intention de créer un nouveau royaume composé du grand-duché de Toscane et des biens pontificaux. Ce royaume d'Etrurie reviendrait au beau-fils des souverains espagnols, en compensation de la perte du duché de Parme. En récompense, le premier consul demandait à l'Espagne la cession de la Louisiane.

Manuel comprit aussitôt que ces propositions, pour ne pas être très favorables à l'Espagne, ne déplairaient pas à la reine et promit à Lucien Bonaparte de les appuyer de tout son poids auprès des souverains.

Doña Maria-Luisa, depuis sa querelle avec Manuel, ne lui avait pas donné une seule fois l'occasion de lui parler en tête à tête. L'infant demanda une entrevue et l'obtint, exprima sa joie de voir s'améliorer les relations avec la France, compromises un instant par les maladresses de son successeur.

Doña Maria-Luisa l'écouta, attentive, émue. Elle avait remplacé Manuel par le lieutenant de la garde Fernando Mallo et l'avait nommé premier chambellan du prince héritier de Parme. Mais ce Mallo était bête et brutal, et la reine, en présence de son ancien amant, se sentait invinciblement attirée par lui. Luis Urquijo était évidemment un homme d'Etat de tout autre envergure, mais Manuel avait raison : le premier consul, c'était visible, refusait de traiter avec Urquijo, exigeait Manuel.

— Si je vous comprends bien, dit-elle, vous prétendez être le seul à pouvoir faire aboutir ces négociations ?

Manuel la regardait en souriant.

— Le fait que Son Excellence l'ambassadeur Lucien Bonaparte me tient au courant des intentions secrètes de son frère me paraît en fournir la preuve. Mais rien ne vous empêche, Madame, de vous le faire confirmer par l'ambassadeur lui-même.

— Ah ! je te vois venir ! soupira tendrement la reine. Tu veux, à tout prix, redevenir premier ministre, Manuelito.

— C'est là une profonde erreur, Madame, répliqua poliment don Manuel. Au point où en sont les choses, je n'accepterai certainement pas le poste. Je ne pourrais, en votre présence, m'empêcher de me rappeler la honte endurée, ce coup reçu...

— Je sais, dit la reine, tu es très délicat. Que veux-tu encore me tirer, chico, mon petit ?

— Comprenez, Majesté, reprit don Manuel, qu'il m'est impossible de reprendre mon poste sans une légitime compensation.

— Fais-moi grâce de tes grands mots et dis-moi franchement ce que tu exiges pour que ma fille soit reine d'Etrurie.

— Je prie respectueusement Votre Majesté de prendre la comtesse de Castillofiel au nombre de ses dames d'honneur.

— Tu es ignoble, dit Maria-Luisa.

— Nullement, riposta Manuel. Je suis ambitieux, pour moi et pour les miens.

Lorsque Pepa apprit par une communication écrite du marquis d'Ariza, premier chambellan, qu'elle était, au nom de Leurs Majestés, convoquée à la cérémonie du besamanos, du baise-main, qui aurait lieu à l'Escurial, le jour anniversaire du roi, la joie inonda son visage. C'était un heureux coup du sort que de se voir présentée à la cour un jour de gala — l'année n'en comptait que huit. Manuel serait là, et aussi le premier peintre. Elle affronterait la reine, et chacun pourrait comparer, la cour tout entière, et Manuel, et Francho.

On s'occupa avec fièvre des préparatifs. Il fallait tout d'abord envoyer un exprès à Malaga qui ramènerait le vieux, son comte d'époux, à Madrid, puisque sa présence était nécessaire. Il ferait des difficultés, le voyage coûterait dans les deux mille réaux, mais l'affaire en valait la peine. Très heureusement, la robe verte de chez Odette, de Paris, commandée par Pepa, venait d'être apportée. Il faudrait élargir un peu la taille, elle n'en irait que mieux. Pepa eut de longs entretiens avec Mlle Lisette, de la Puerta Cerrada, la couturière chargée des modifications. Le reste, Pepa l'étudia assidûment dans le *Manuel du protocole*, opuscule de quatre-vingt-trois pages grand format qu'on ne trouvait pas dans le commerce. Le maréchal de la cour le distribuait aux personnes de qualité ayant leurs entrées à la cour.

Le jour de la réception, très grande dame, elle passa en carrosse la grand'porte de l'Escurial, aux côtés de son époux au chef branlant. Cette fois-ci, elle entrait de plein jour au palais, sur invitation des souverains. Elle passa, noblement, devant les gardes présentant les armes, les laquais inclinés jusqu'à terre, traversa les vastes salons bâtis sur les tombes des rois morts. Les jours de gala, tout le personnel de la maison royale était sur pied, la garde wallone et la garde suisse, toute la haute et basse domesticité, en tout mille huit cent soixante-quatorze personnes.

Pepa fut accueillie par le camera major, marquis de Monte Alegre, auquel la tâche incombait de préparer les dames qu'on devait présenter. Elles étaient ce jour-là au nombre de dix-neuf, la plupart très jeunes. Toutes semblaient très émues, sauf la comtesse Castillofiel ; elle avait eu des rôles plus difficiles à jouer, alors qu'elle étudiait le théâtre.

Quand le camerera major entra dans la salle du trône suivi de son petit troupeau, les grands prélats et les ambassadeurs avaient déjà pris place. La petite noblesse et les hauts fonctionnaires s'étaient massés sur les côtés et dans les galeries. L'entrée de Pepa fit sensation. Très sûre d'elle, elle cherchait au passage les figures connues. Beaucoup saluèrent ; elle répondit d'un léger mouvement de tête Elle aperçut Francisco dans la galerie et lui fit un signe amical de la main.

Une fanfare de trompettes dans l'antichambre, des commandements brefs ; les hallebardes des gardes cliquetèrent. Puis le deuxième majordome frappa trois fois le parquet de sa canne et annonça : « Leurs Majestés Catholiques. » Et, entre une double haie de têtes inclinées, suivi de sa famille, dont l'infant Manuel et l'infante sa femme, le couple royal s'avança, gravit les marches du trône et s'assit. Le majordome major déclara que les grands du royaume d'Espagne s'étaient réunis en ce jour de liesse pour porter à Leurs Majestés les vœux de la noblesse. « Que la Vierge protège notre roi et lui accorde longue vie, pour le plus grand bien de l'Espagne et du monde ! » s'écria-t-il. Tous répétèrent la formule traditionnelle, les fanfares éclatèrent dans tout le château et les cloches se mirent à sonner.

La rumeur assourdie emplissait encore l'immense salle sombre que déjà douze grands d'Espagne de premier rang, accompagnés de leurs épouses, s'approchaient du trône pour le baise-main. Puis vint la présentation des dix-neuf dames, par ordre hiérarchique. La comtesse Castillofiel était la septième. Quand le marquis d'Ariza prononça son nom aussitôt répété par le marquis de la Vega Inclan, malgré la solennité du lieu, un frémissement de curiosité agita l'assistance. Le premier chambellan conduisit Pepa au roi. Carlos, quand elle lui baisa la main, ne put réprimer une petite moue très paternelle.

La comtesse Castillofiel se tournait vers la reine. C'était la minute attendue de tous. Manuel Godoy, infant d'Espagne, prince de la Paix, l'homme dont l'influence sur la reine et l'histoire de l'Espagne était souveraine, celui dont les aventures amoureuses défrayaient le monde entier, était présent. Ses deux maîtresses s'affrontaient face à face, la souveraine et la femme du peuple. Et la femme légitime de don Manuel assistait à cette rencontre et aussi l'époux de doña Maria-Luisa, et celui de Pepa Tudo.

Maria-Luisa, engoncée dans sa robe de lourd damas, écrasée de bijoux, diadème en tête, parée comme une idole. Devant elle Pepa Tudo, fière de toute sa jeunesse, au teint éblouissant, aux cheveux d'or rouge, très sûre d'elle. Elle fléchit le genou, pas assez peut-être à cause de sa grossesse, baisa la main de la reine, et se redressa. Les regards des deux femmes se rencontrèrent. La reine réprimait sa colère. Cette femme était plus belle qu'elle ne l'avait cru et surtout plus forte, plus habile. Elle était invincible. Dans les yeux de Pepa brillait le triomphe. Deux secondes, ainsi que le voulait le protocole, la comtesse Castillofiel dévisagea la reine. Puis, lentement, elle se tourna vers le prince des Asturies.

De sa place dans la galerie Goya voyait les visages des deux femmes et sourit. « La poule n'appartient pas à l'église », mais Pepa en avait pourtant forcé la porte. La grosse Pepa était señora de titulo, avec ses lettres de noblesse, et l'enfant qu'elle portait serait comte.

Après le dîner, Pepa prit part au jeu de la reine. Doña Maria-Luisa avait un mot aimable pour chacune. Pepa attendit longtemps son tour :

— Gagnez-vous, comtesse ? dit enfin la reine de sa voix chaude, agréable.

Elle avait résolu de se montrer aimable — n'était-ce pas le plus sage ?

— Peu, Madame, répondit Pepa.

— Quel est donc votre prénom, comtesse ? reprit la reine.

— Josefa, répondit Pepa. Josefa-Maria. Le peuple de Madrid m'appelle aussi comtesse Pepa ou plus simplement Pepa.

— Oui, dit la reine, le peuple de ma capitale est aimable et sûr.

Ces paroles surprenaient dans la bouche de la reine : Maria-Luisa, l'Italienne, la pute, la voleuse, était haïe, et la police s'efforçait, à chacune de ses sorties, d'éviter les manifestations hostiles.

— Vous avez des terres en Andalousie, doña Josefa ? reprit la reine.

— Oui, Madame.

— Mais vous préférez le séjour à Madrid ?

— C'est que, comme vous le disiez, Madame, le peuple de votre capitale est aimable et sûr. Pour moi.

— Et le comte, votre époux ?

— Assurément, Madame. Malheureusement, son état de santé exige qu'il passe la plus grande partie de l'année en Andalousie.

— Je vois, dit Maria-Luisa. Vous attendez un enfant, je crois ?

— Par la grâce de la Très Sainte Vierge, répondit Pepa.

— Quel âge a donc votre époux, le comte ? demanda la reine aimable.

— Soixante-dix ans, Madame, dit Pepa. Mais j'espère, je suis persuadée que notre bonne Vierge d'Attocha me donnera un fils vigoureux et sain.

Elle lançait à la reine un regard plein d'innocence.

10

Pour des raisons de dignité personnelle, doña Maria-Luisa ne voulait pas avoir l'air de se laisser imposer par le consul la nomination de Manuel. Elle remit l'opération à plus tard.

Cela convenait parfaitement au prince de la Paix. Dès le début il avait su, et Miguel le lui avait démontré en toute logique, que le nouveau traité avec la France aurait pour l'Espagne de graves inconvénients. L'élévation du beau-fils de la reine à la couronne d'Etrurie flattait évidemment la vanité de la souveraine, mais, en définitive, ce serait l'Espagne qui paierait les frais. Il ne pouvait être qu'agréable à Manuel qu'un autre que lui endossât cette responsabilité.

D'un autre côté don Manuel était sûr de pouvoir renverser Urquijo quand il le voudrait, et cette certitude le poussait à se montrer très aimable envers lui. Après même qu'on lui eut rapporté qu'Urquijo parlait de lui en termes méprisants, son attitude ne changea pas. « Donne-moi de bons ennemis, Sainte Vierge del Pilar, et une douce, une longue vengeance. »

Don Manuel, comblé, repu, bien disposé, entendait que d'autres participassent à son bonheur. Sa bonne vieille Maria-Luisa se conduisait bien et il lui montrait sa reconnaissance, chantant devant elle, évitant de s'afficher avec Pepa. A celle-ci, il déclarait qu'il éprouvait déjà, pour l'enfant qu'elle portait, les sentiments les plus tendres, puisqu'il était de lui, incontestablement. Il avait prié le comte Castillofiel de ne pas quitter Madrid avant les couches de sa femme. Lui-même, Manuel, par raisons de convenance et quoiqu'il lui en pût coûter, verrait rarement son amie. Pepa accepta sans discuter : elle désirait que le jeune comte Castillofiel vînt au monde de la façon la plus noble, la plus digne.

A l'infante Teresa elle-même, Manuel montrait sa joie et tint à la lui prouver. La reine d'Espagne lui avait donné des enfants qui, malheureusement, ne portaient pas son nom. La femme qui l'aimait en attendait un qui lui non plus ne serait pas un Godoy. Mais cette infante très noble allait accomplir son vœu le plus cher. A dire vrai, il n'avait jamais cru que chèvre aussi maigre pût concevoir. Il fallait néanmoins lui prouver sa satisfaction. Si, pour des raisons majeures, elle devait accoucher à Madrid, rien n'empêchait que, suivant en cela son désir, elle quittât la capitale pour aller passer deux ou trois semaines dans le calme et le silence de son château d'Arenas de San Pedro qu'elle aimait tant.

Enfin — et de cela aussi elle se réjouissait — Francisco peindrait son portrait.

Il ne déplairait pas à Francisco d'aller à Arenas ; ce nom réveillait en lui de bons souvenirs.

Sur la recommandation de Jovellanos, alors que Goya était encore un inconnu, le père de doña Teresa, le vieil infant don Luis, l'avait fait venir à Arenas pour peindre son portrait et ceux de sa famille. Il avait fait sur Francisco une impression profonde, bouleversé sa conception du monde. Ce prince du sang, frère du roi, ne s'en croyait pas plus que le premier Pedro ou Pablo venu, de Madrid ou de Saragosse. Francisco avait passé un mois au château d'Arenas, et l'infant Luis et les siens l'avaient traité comme un des leurs. Pendant cet heureux séjour, il a fait connaissance de doña Teresa. Elle n'était alors qu'une toute petite fille, très timide, qui pourtant lui avait accordé sa confiance.

Maintenant, bien mieux qu'autrefois, Goya comprenait la sagesse et le grand cœur de don Luis. Il aurait pu, d'après les règles successorales reconnues par les Bourbons, prétendre à la couronne et y avait renoncé pour épouser une femme d'un rang inférieur au sien, dame Vallabriga d'Aragon. Il avait préféré vivre sur ses terres d'Arenas avec la femme qu'il aimait et les enfants qu'elle lui avait donnés, s'occuper d'agriculture et de chasse, de ses tableaux et de ses livres. Goya, au fond, l'avait cru légèrement dérangé d'esprit. Maintenant, il comprenait mieux, bien que, même aujourd'hui, s'il avait eu à choisir, il n'aurait pas renoncé.

Il avait fait un second portrait de doña Teresa quand elle avait dix-sept ans. Ses parents étaient morts depuis longtemps. Digne fille de ses père et mère, elle vivait heureuse de son obscurité, loin des pompes ridicules de la cour. Et c'était cette enfant innocente et charmante que l'immodeste Maria-Luisa avait jetée dans les bras de Manuel Godoy, brutal et coureur, pour qu'il revienne, de temps à autre, dans son lit ! Et Manuel, de son côté, n'avait accepté doña Teresa que pour s'assurer un titre convoité, auquel il ne pouvait autrement prétendre.

Depuis que Francisco avait tâté du malheur, il comprenait mieux celui des autres. Il vit sa triste grossesse. Il vit combien elle souffrait de la situation dans laquelle on l'avait mise, de force, qui heurtait tout son être. Il la peignit avec soin, avec délicatesse, avec toute la pitié qu'elle lui inspirait.

Il en sortit une œuvre toute de douceur. La petite princesse est assise. Son corps enfantin et débile, déformé par la grossesse, est caché par une robe blanche serrée au-dessous de la poitrine. Le cou et les épaules émergent doucement de la soie souple. Le visage un peu long, sans beauté mais attirant, s'encadre d'une masse de cheveux blonds. On devine l'âme troublée, chavirée de l'enfant jetée dans la vie brutale, bestiale, qu'elle ne comprend pas.

A la vue du portrait, don Manuel s'étonna : il n'aurait pas cru que son infante eût pu avoir l'air si doux, si attendrissant. Un sentiment presque pieux, une ombre de remords l'agita :

— Por la vida del demonio, tu l'as peinte de telle sorte, Francisco, que pour un peu je tomberais amoureux d'elle !

Cependant don Manuel n'était pas venu pour admirer le portrait de doña Teresa, mais pour le ramener à Madrid. L'enfant devait venir au monde à Madrid pour que la cour assistât au baptême. Tous deux, doña Maria-Luisa et don Manuel, voulaient montrer au monde qu'ils s'étaient réconciliés.

Le 15 octobre un courrier spécial de don Manuel à l'Escurial annonça à la reine que l'infante avait mis au monde une petite fille en bonne santé. Doña Maria-Luisa se rendit aussitôt chez le roi pour lui demander que la cour, interrompant son séjour à l'Escurial, rentre à Madrid. Le baptême aurait lieu au château royal dans les appartements du roi. Don Carlos hésitait. Ce voyage à Madrid lui épargnait sans doute une visite désagréable à la crypte des ancêtres de l'Escurial, mais la durée des séjours dans tous les châteaux royaux était fixée par le protocole, et feu son père avait risqué sa vie pour ne pas enfreindre la règle. Doña Maria-Luisa fit valoir les services extraordinaires rendus par l'infant Manuel au roi et à l'Espagne : et le roi consentit.

Mandant le premier chambellan, il lui fit connaître sa décision. Le marquis d'Ariza, bouleversé, éleva une respectueuse protestation : le *Manuel du protocole* était très net. On observait religieusement ses prescriptions depuis deux siècles et demi.

— Il y a un commencement à tout, dit froidement la reine.

Le roi remua sa grosse tête et dit au marquis :

— Tu entends, mon cher ?

Le marquis d'Ariza, le marquis de la Vega Inclan et le marquis de Monte Alegre se réunirent pour en discuter, pleins d'indignation.

— Le mieux serait, dit le marquis d'Ariza qui, de sa vie, n'avait jamais laissé voir la moindre émotion, que je déchire de mes mains la page du *Protocole* et que je me retire sur mes terres.

Cette rupture d'étiquette fit sensation. Tous les ambassadeurs l'annoncèrent à leurs gouvernements. C'était, d'après eux, un signe certain que don Manuel avait repris en main les destinées de l'Espagne.

Le séjour des souverains à Madrid ne devait pas dépasser trente-six heures. Mais tous les ministres, tous les grands dignitaires, le grand et le petit service du roi et de la reine, les membres de la chapelle royale, la maison des souverains et les infants devaient accompagner Leurs Majestés Catholiques.

Le baptême donna lieu à des réjouissances telles qu'il n'en était d'ordinaire qu'à l'onction d'un prince héritier. La camera mayor, escortée d'un peloton de gardes suisses, se rendit au palais d'Alcudia pour aller chercher l'enfant de don Manuel et le porter au palais royal. La nourrice suivait dans un carrosse royal. Le baptême fut célébré dans les appartements du roi par le grand inquisiteur don Ramon de Reynoso y Arce, qui donna à l'enfant le nom de Carlota-Luisa. Puis don Carlos se fit présenter l'enfant. Avec précaution pour qu'il ne se blessât pas à ses nombreuses décorations, il le berça, lui offrit un doigt en faisant : « Ta, ta, ta, ta, ta. »

— Un bel enfant, déclara-t-il. Une jolie princesse qui fera honneur à la maison des Bourbons.

Pour finir, la camarera mayor, escortée cette fois de la garde wallone, rapporta la petite infante au palais de don Manuel.

Une heure plus tard, Leurs Majestés se rendaient en personne chez don Manuel. Ils roulaient pour la première fois dans le carrosse dont la République française leur avait fait présent trois semaines plus tôt; il sortait des écuries de Louis XVI, mais on l'avait quelque peu modifié.

Don Manuel donnait un dîner de gala. Y prirent part tous les grands dignitaires et aussi l'ambassadeur de la République, Lucien Bonaparte. On avait exposé les cadeaux faits à la jeune princesse; ils emplissaient deux salons; Lucien avait, au nom du premier consul, offert un hochet d'or. De ses petits yeux vifs, doña Maria-Luisa inventoriait, évaluait; il y en avait bien, au total, pour deux ou trois millions. Elle-même avait conféré à la petite infante l'ordre créé par elle : « Pour la noblesse, la vertu et le mérite : Nobilitati, Virtuti, Merito. »

L'infant don Manuel fit jeter cinquante mille réaux au peuple qui n'en grogna pas moins.

Quelques semaines plus tard Pepa mettait au monde un petit comte Castillofiel que vint baptiser l'évêque de Cuenca sous les noms de Maria-Luisa et de beaucoup d'autres, dont ceux de Manuel et de Francisco. La fête eut lieu au palais Bondal Real. Don Manuel y parut en qualité de représentant du roi. Il remit le cadeau du souverain : une dent de saint Isidro, très artistement sertie d'or. Qui la portait acquérait le pouvoir de se rendre agréable à tous et de se créer de nombreuses amitiés.

11

La veille du départ de la cour pour Madrid, Lucien Bonaparte avait rendu visite au premier secrétaire d'Etat, Urquijo. En prenant congé l'ambassadeur avait dit, incidemment, qu'on se reverrait le lendemain à Madrid. Urquijo avait répondu qu'il ne se sentait pas bien et qu'il ne serait pas du voyage. Sur quoi Bonaparte, légèrement surpris et ironique, avait répliqué :

— Cette indisposition, Excellence, vient bien mal à propos.

Elle devait être la cause de la chute du premier ministre. Celui-ci avait, ces derniers temps, multiplié ses attaques et parlé en termes blessants de don Manuel : cette abstention était clairement une provocation. Don Manuel releva le défi. On avait attendu assez longtemps ; d'accord avec Maria-Luisa il résolut d'exiger à la première occasion le renvoi de l'insolent.

L'occasion ne tarda pas à se présenter. Le pape se plaignait dans une lettre confidentielle des déclarations faites par l'ambassadeur d'Espagne auprès du Saint-Siège. Le représentant espagnol avait verbalement annoncé certaines réformes envisagées par le premier secrétaire Urquijo, réformes telles qu'elles allaient à l'encontre des droits séculaires de l'Eglise. Le pape conjurait le Roi Catholique de renoncer à ces mesures, de ne pas se ranger du côté des persécuteurs de l'Eglise, mais, bien au contraire, de réconforter et de défendre celle-ci.

Le pape avait chargé le nonce de remettre en mains propres cette lettre au roi. Le nonce, sachant don Manuel l'ennemi mortel d'Urquijo, avait pris conseil du prince de la Paix. Manuel fit en sorte que Carlos reçût le nonce en sa présence et en celle de la reine.

Le prélat remit le pli au roi et le pria, au nom du Saint-Père, d'en prendre immédiatement connaissance. Carlos lut et fut bouleversé. Les réformes dont le pape se plaignait devaient, selon l'expression même d'Urquijo, parfaire sa grande tâche, libérer l'Espagne de l'emprise de Rome, renforcer le trône, et Carlos avait déjà signé l'édit donnant à ces dispositions force de loi. Non sans hésiter, il est vrai, mais Urquijo était si habilement parvenu à le convaincre qu'en fin de compte le souverain avait cédé. Et même... quand Urquijo lui avait dit que les ultramontains allaient pousser des clameurs de désespoir, il lui avait formellement promis sa protection contre les assauts des frailucos, des curés. Et voici ce qu'il en retirait !

Le roi bégaya quelques excuses, les assurances de son plus profond respect à l'égard du Saint-Père, de son plus sincère attachement. Le nonce répondit qu'il ferait part au Saint-Père de ces nobles sentiments sans pouvoir toutefois assurer que celui-ci s'en trouverait satisfait.

Après le départ du prélat Manuel et doña Maria-Luisa entreprirent le roi. Urquijo, ce renard, l'avait trompé, avait soutiré au roi sa signature au bas d'un édit offensant Dieu. Les remords du souverain se transformèrent en colère contre Urquijo. Manuel et doña Luisa l'utilisèrent aussitôt. Il fallait convoquer Urquijo sur l'heure.

Il était au lit, malade. Il dut se lever et, habillé en hâte, comparaître devant les souverains et Manuel, son pire ennemi.

— Que t'es-tu permis ! lui cria le roi. Tu m'as trompé, trahi ! Tu me crées des difficultés avec le Saint-Père, appelles sur moi la malédiction de Dieu ! Païen ! Hérétique !

— J'ai exposé à Votre Majesté le pour et le contre, ainsi que mon devoir m'y forçait, répondit le ministre. Vous avez entendu l'exposé de mes raisons d'agir, Sire, et vous les avez pesées avant de vous décider à signer. Plus encore, Sire, vous m'avez promis votre protection contre les attaques, prévues, des ultramontains.

— C'est faux ! C'est un affreux mensonge ! hurla le roi. J'ai voulu te protéger des frailucos, des soutanes, mais pas du nonce et du Saint-Père. Tu es le seul responsable de ce que je me trouve, autant dire, en guerre avec Rome, et c'est sur moi que tu veux rejeter ta faute !

Et pour que sa sainte colère ne tombe pas trop vite, criant de plus belle, il ajouta :

— A Pampelune ! A la forteresse !

On le retint avec peine. Il voulait se jeter sur Urquijo.

Le ministre sortit pâle comme un mort, mais digne. Doña Maria-Luisa pensa soudain qu'il était dommage de perdre cet homme. Mais Carlos lui dit en secouant la tête :

— C'est curieux, ce matin, il m'était encore très sympathique, et voici maintenant que c'est un criminel qu'il me faut jeter en prison.

— Ne pensez plus à lui, Sire, risqua don Manuel. Reprenez votre calme et laissez faire votre Inquisition et son zèle !

12

Sur le conseil de Manuel, le roi Carlos, pour prouver son amitié et son estime au premier consul, avait demandé au grand peintre David, de Paris, un tableau à la gloire du général Bonaparte. David avait proposé, comme sujet, le « Passage du mont Saint-Bernard ». L'artiste n'était pas bon marché, il réclamait un quart de million de réaux et le droit de faire du tableau trois copies légèrement modifiées. Mais il était important d'entretenir de bonnes relations avec le premier consul, et la cour avait passé la commande. David s'était mis à l'ouvrage, le tableau arriva et on le plaça dans le salon d'Aranjuez. Francisco Goya, Miguel Bermudez et Agustin Esteve allèrent le voir.

C'était une grande toile de deux mètres et demi de large et plus haute encore. Dans un paysage alpestre, Napoléon Bonaparte caracolait sur un cheval fougueux ; autour de lui, petites ombres floues, passaient des soldats tirant des canons. Sur les rochers, des lettres pâles rappelaient les deux grands guerriers d'antan qui avaient franchi les Alpes : Annibal et Charlemagne.

Après un long silence, Miguel donna son avis :

— Une œuvre de génie, presque incroyable, laissa-t-il tomber. L'Alpe se fait petite devant la grandeur de Bonaparte et, malgré la touche classique, le peintre a su faire du héros un portrait très ressemblant.

— Pour un quart de million, dit Goya tout bonnement, on peut aller jusqu'à la ressemblance.

— En tous cas, le cheval est un miracle de la nature, fit séchement remarquer Agustin.

— C'est vrai, reconnut Goya. Tes culs de chevaux sont meilleurs.

Déjà Miguel entreprenait Agustin.

— Vous n'allez tout de même pas reprocher à David de ne pas s'être laissé guillotiner pour la Révolution ! s'écria-t-il. Quant à moi, je suis heureux que ce grand artiste nous ait été conservé. Rien ne permet de dire non plus qu'il ait trahi son modèle, la Rome antique. Romain, il eût certainement, devant les erreurs de la République, embrassé le parti d'Auguste. En apprenant le coup d'Etat de Brumaire, il a eu un mot admirable. Il a dit : « Nous n'étions pas assez vertueux pour une République. »

Goya n'avait pas compris.

— Quoi ? Qu'a-t-il dit ? demanda-t-il.

La salle était très grande et Miguel répéta, très haut :

— Nous ne sommes pas assez vertueux pour une République.

— Je vois, répondit Goya, laconique.

Ce qu'il voyait clairement, c'était que David n'était que le héraut, le valet du jeune général comme il avait été celui de la Révolution. Lui aussi, Francisco, avait, à Parme, dans sa jeunesse, peint un passage des Alpes, celui d'Annibal, pour un concours. Il avait accumulé la pompe soldatesque, guerriers bardés de fer, éléphants, étendards. David avait été plus économe dans sa technique magistrale : mais la conception de David, à cinquante ans, n'était pas plus profonde que celle de Goya à vingt.

Agustin donnait libre cours à son ironie.

— Pour un politicien avisé, David a un pinceau bien raide. Il peint lentement, mais il intrigue vite.

— Vos convictions vous égarent, don Agustin ! déclara Miguel très docte. Qui se manifeste en politique le fait sans haine. Qui veut s'occuper de politique, qu'il soit acteur ou spectateur, doit avant tout être juste ! D'ailleurs, ajouta-t-il en articulant soigneusement ses mots, nous serons bientôt renseignés de première main sur M. David. Doña Lucia a mené à bien sa mission à Paris. Elle sera ici dans une quinzaine de jours.

Goya vit se crisper le visage d'Agustin. Il avait donc bien compris, et l'émotion le gagnait à son tour. Ainsi donc Lucia revenait à Miguel comme si de rien n'était, et il la reprenait, tout comme s'il n'y avait rien eu ! Et l'abbé ? Elle abandonnait l'un, puis l'autre. Elles étaient toutes les mêmes, les Cayetana et les Lucia !

Deux semaines plus tard, doña Lucia parut à Madrid et, aussitôt, invita ses amis à une tertulia. Les mêmes que le soir de la première rencontre de Pepa avec Manuel. Seul l'abbé manquait.

Lucia était aussi à l'aise que si elle venait de rentrer d'un séjour à la campagne. Goya l'observait avec attention. Son portrait était bon, il convenait peut-être mieux à la Lucia d'aujourd'hui qu'à celle qui avait posé devant lui. On la sentait masquée, rusée, très maîtresse de soi. C'était une parfaite grande dame et cependant on sentait plus que jamais l'aventurière. Il y avait entre cette Lucia et lui-même, Francisco, certains points communs. Tous deux appartenaient à la haute classe, mais quelque chose rappelait leurs origines inférieures.

Lucia parlait de Paris; mais sans un mot sur celui dont ils auraient tous voulu connaître le sort, sur l'abbé. Et sa froideur mondaine interdisait toute question directe.

Plus tard Lucia et Pepa se rapprochèrent, amies comme avant, mais dans une entente qui excluait tout autre. A les voir, on devinait qu'elles s'amusaient de l'infériorité masculine. Un point était acquis : si Lucia devait confier à quelqu'un ce qui s'était passé entre elle et l'abbé, ce serait à Pepa.

Avec Francisco, Lucia parla peu. Elle articulait assez mal ses mots et peut-être la conversation avec un sourd la fatiguait-elle ? Peut-être aussi sentait-elle qu'il la connaissait mieux que les autres et se méfiait-elle ? Francisco ne lui en voulut pas pour cela.

Il fut cependant agréablement surpris de la voir, par la suite, venir fréquemment le visiter à la quinta. Elle s'asseyait sur une chaise, dans l'atelier, en compagnie du peintre et de son aide. Elle ne prêtait d'ailleurs pas plus d'attention à sa surdité, n'articulait pas mieux ses mots et, quand il ne comprenait pas, ne se donnait pas la peine d'écrire sur le carnet ce qu'elle avait dit. Mais elle restait volontiers auprès de lui, à le regarder travailler.

Parfois Pepa l'accompagnait. Elles bavardaient toutes les deux; ou se taisaient, paresseuses.

Agustin, en dépit de l'amitié et de l'estime qu'il éprouvait pour Francisco, sentait, à la vue des deux jolies femmes, sa vieille jalousie lui mordre le cœur. Francho, vieux et sourd, attirait encore les femmes. A lui, elles n'accordaient pas un regard. Pourtant il s'y connaissait mieux en art que quiconque en Espagne et, sans lui, Goya n'aurait jamais été Goya. D'ailleurs, Francisco montrait aux deux femmes la même indifférence. Au fond, il ne pensait qu'à celle qui avait fait son malheur; cette fille d'Albe, dont il avait gardé le portrait à l'exclusion de tout autre, qui regardait du haut de son cadre les deux femmes en visite.

Agustin, à voir Lucia sous le portrait de la duchesse, ne comprenait pas comment celui qui pouvait avoir Lucia se contentait d'une Cayetana. L'Albe, dans ce déguisement, ne serait jamais qu'une duchesse ridicule; le génie même d'un Goya n'en avait pas pu faire une maja. Elle avait certainement plus d'une fois joué à la grande dame devant le pauvre Francisco rien que pour lui montrer la distance infinie séparant un petit peintre d'une duchesse d'Albe, le jetant dans des colères noires. Tandis que cette Lucia est vraiment devenue une grande dame tout en restant une vraie fille du peuple. Peu lui importait l'opinion, le jugement du monde. Elle va à Paris avec l'abbé, à sa guise, elle revient quand il lui plaît auprès de son âne savant de mari.

Un jour que Lucia se trouvait à l'atelier, sans Pepa, avec les deux peintres, elle dit soudain :

— Je vous croyais l'ami de notre abbé et je trouve étrange que vous ne m'ayez jamais demandé de ses nouvelles.

Elle ne s'adressait à personne en particulier et le reproche allait aussi bien à Goya qu'à Agustin. Goya continuait à peindre : il n'avait pas entendu. Agustin, muet de surprise, parvint enfin à dire :

— Voulez-vous que je lui écrive votre question ?
— De quoi s'agit-il ? demanda Francisco de son chevalet.
— De l'abbé, prononça très distinctement Agustin.
Goya s'arrêta de peindre et regarda attentivement Lucia.
— Il va bientôt revenir, déclara Lucia très à l'aise.
Agustin se laissa tomber sur une chaise. Goya, posant son pinceau, se mit à se promener de long en large.
— Comment avez-vous fait, doña Lucia ? fit-il.
La jeune femme le fixait de son regard voilé, légèrement ironique.
— Je lui ai écrit de rentrer, dit-elle.
— Mais... l'Inquisition ? s'écria Agustin.
— C'est le bûcher pour lui, ajouta Goya très ému. Jamais le Saint-Office n'acceptera ce défi !
— Nous avons, dit Lucia de sa voix un peu traînante, Pepa et moi, vu don Manuel, qui a parlé au grand inquisiteur. L'abbé aura évidemment quelques ennuis, mais il est prêt à les accepter pour pouvoir rentrer en Espagne.

Doña Lucia avait parlé très simplement sans montrer aucune vanité, mais Francisco et Agustin se sentaient glacés. La haine au cœur, ils imaginaient le sentiment de triomphe que cette femme devait éprouver. Elle venait d'obtenir du chef de son mari le retour de son amant. Et celui-ci revenait, acceptant tous les sacrifices et les dangers, pour respirer le même air qu'elle. Quel prix le grand inquisiteur avait-il exigé pour renoncer à brûler l'hérétique ? Ce que don Manuel avait « dit » à Reynoso coûterait cher sans doute à beaucoup. Et cette femme parlait, aussi calme que s'il s'agissait d'une « tertulia » ou d'une nouvelle coiffure. Et Francisco revoyait en pensée la vendeuse d'amandes sur le Prado, celle qui, en bonne maja, l'avait entrepris un jour, dans la foule, le couvrant de lazzis, qui l'avait si bien assaisonné, *ajos y cebollas*, à l'ail et à l'oignon. Lucia, elle, s'amusait du premier ministre, du grand inquisiteur, du pays tout entier.

Il semblait pourtant qu'elle se fût vantée trop tôt. Les semaines passaient, les mois, et on ne parlait pas du retour de l'abbé.

13

Goya, assis à sa table, dans son atelier de l'ermita, travaillait. Fatigué, il repoussa cuivre et burin, sourit d'un air absent à ses mains salies et se leva pour aller les laver.

Un homme attendait, debout, peut-être depuis longtemps, un nuncio, un des messagers habillés de vert de l'Inquisition. Il s'inclina poliment, dit quelques mots que Goya ne comprit pas, lui tendit une fiche tout en montrant un pli cacheté. Goya la prit, signa machinalement mais avec soin. L'autre reprit la fiche, donna l'enveloppe et s'inclina. Ses lèvres remuèrent. A tout hasard, Goya répondit : « Louée soit la Sainte Vierge. » Et l'homme sortit.

Goya, dans sa solitude plus profonde que jamais, la lettre à la main, regardait sans penser le cachet : la croix, l'épée et la verge. L'Inquisition en savait assez sur lui. Cayetana, la sorcière, la corruptrice, avait laissé voir le tableau où il avait peint sa nudité ; si Manuel savait, l'Inquisition aussi. Beaucoup de ses réflexions pouvaient être jugées répréhensibles par un esprit mal intentionné ; dans ses tableaux même on trouverait çà et là ce que l'on pourrait qualifier d'hérésie. Le grand inquisiteur n'avait-il pas fait sentir à plusieurs reprises que Goya et son œuvre étaient suspects ? Naïvement, il s'était fié à la faveur du roi, à sa propre gloire, et voici où il en était : il avait dans les mains une invitation à comparaître devant le Saint Tribunal.

Il respirait mal ; une angoisse folle le trempait de sueur. Au moment même où il émergeait du gouffre de l'anéantissement, ayant sondé ses profondeurs, il allait y être précipité encore une fois. Cette année, si riche d'enseignements, au cours de laquelle il avait compris enfin la vie et son sens, su ce qu'étaient l'art et la peinture, serait la dernière. Non. Il était impossible que l'Inquisition le saisît dans ses griffes impitoyables.

Il n'osait rompre le cachet, ouvrir cette lettre. Ils avaient attendu longtemps avant d'oser procéder contre lui ; d'où venait cette soudaine décision de le frapper ? Il se souvenait de ces apartés, de ces chuchotements de Lucia et de Pepa, plus dangereuses que les deux majas sur leur balcon. Peut-être était-il compris dans le marché passé par Lucia pour le retour de l'abbé ? Depuis ses déboires avec Cayetana, il était plein de soupçons ; on ne pouvait avoir confiance en personne.

Il déchira l'enveloppe.

Le tribunal de l'Inquisition de Tarragone l'invitait à assister à un *auto-particular,* au cours duquel serait rendu public le jugement prononcé contre l'hérétique Diego Perico, ex-abbé, ex-secrétaire du Saint Tribunal de Madrid.

Un instant, Goya éprouva un grand soulagement. Puis un profond dépit : pourquoi l'Inquisition le contraignait-elle, lui, sourd et incapable de saisir un seul mot de ce qui serait dit ou lu devant lui, à ce long voyage et à ses fatigues ? C'était un avertissement et une menace à peine déguisée.

Francisco, s'il n'avait été affligé de son infirmité, aurait certainement confié ses soucis à Agustin ou à Miguel. Il ne l'osa pas; il avait honte de parler de ce terrible danger autrement qu'en termes voilés. Il n'aurait pas compris les réponses et il eût été ridicule, humiliant, de devoir insister, faire répéter. Et si ses amis avaient écrit sur son carnet, les démons toujours à l'affût en auraient profité pour se rapprocher, menaçants. A plusieurs reprises, il pensa parler à son fils Javier. Devant lui, il n'aurait pas éprouvé de honte. Mais il était trop jeune.

Goya porta donc son lourd secret, partagé entre la peur et l'espoir. Tantôt il était sûr que le grand inquisiteur enverrait l'abbé au bûcher sans se soucier de don Manuel, et le jetterait, lui, Goya, en prison. Tantôt il se répétait que don Manuel était rusé, et Lucia habile comme le serpent; ils s'étaient assuré des garanties : le procès ne serait qu'une farce sinistre et la condamnation une menace impuissante.

Entre temps, l'Inquisition, bien que tenue au secret, annonçait à mots couverts l'autodafé, représentant le retour de l'abbé comme une glorieuse victoire. Dieu avait touché l'âme du pécheur, de l'hérétique, et il était revenu, de sa propre volonté, se présenter devant ses juges.

Agustin, quand ces bruits vinrent à ses oreilles, fut bouleversé. L'érudition pleine de préciosité de l'abbé, ses mines et ses affectations le repoussaient, il était infiniment jaloux de ce que Lucia eût pu s'enticher de cet homme; mais il admirait aussi don Diego de s'être livré à l'Inquisition pour l'amour de Lucia. Il reconnaissait enfin l'esprit de progrès qui avait toujours animé don Diego, et il déplorait le triomphe de l'Inquisition sur cet homme.

Déchiré par ces sentiments contradictoires, il vint trouver Goya:

— Saviez-vous que l'abbé est revenu ? Avez-vous appris qu'il y aurait un autodafé pour lui ?

— Oui, dit Goya sombre, qui lui montra l'invitation du Saint Tribunal.

Dans sa terreur, Agustin éprouva une grande fierté. A quel point ces prêtres devaient-ils redouter le génie de cet homme, sourd et solitaire, pour lui envoyer cet avertissement ! Mais déjà sa pensée allait ailleurs, se réfugiait dans la colère, à l'idée de ce voyage imposé.

— C'est une honte, s'écria-t-il, de vous infliger une telle épreuve !

Cette attitude ne pouvait que plaire à Goya. On ne maudissait plus l'Inquisition ni Lucia, mais seulement les difficultés du voyage.

— Je t'accompagne, naturellement, dit Agustin peu après.

Francisco avait, dès le début, été fortement tenté de demander à son ami de l'accompagner, mais s'en était abstenu non sans peine, car il fallait du courage pour escorter un suspect jusqu'au lieu où l'avertissement lui serait signifié. Mais Agustin s'offrait, de son propre mouvement, et Goya, protestant pour la forme, accepta sa compagnie.

Le grand inquisiteur — sans doute après que le gouvernement n'eut pas admis l'autodafé à Madrid — avait choisi Tarragone, non sans d'excellentes raisons. Le seul nom de cette ville évoquait dans la mémoire de tout Espagnol l'un des plus grands triomphes de l'Inquisition.

Cela s'était passé en 1494. La peste sévissait alors à Barcelone, et l'inquisiteur de cette dernière ville, de Contreras, avait fui avec ses employés vers Tarragone. Aux portes de la ville, les notables étaient venus avertir l'inquisiteur qu'il ne pouvait pas entrer sans que les fonctionnaires du roi l'eussent dispensé de quarantaine. L'inquisiteur avait répondu qu'il donnait aux envoyés le temps de trois miserere pour réfléchir. Si on ne lui ouvrait pas les portes, il excommunierait toute la population et la frapperait d'interdit. A la fin de sa prière, il envoya le greffier du Saint Tribunal frapper à la porte. Celle-ci ne s'ouvrant pas, il se retira dans un couvent de dominicains voisin, y écrivit l'acte d'excommunication et le fit placarder aux portes de la ville. Huit jours plus tard, Tarragone faisait savoir à l'inquisiteur qu'il pouvait entrer. Le prêtre, offensé, exigea que tous les dignitaires et notables de la ville fissent publiquement amende honorable. En présence du vice-roi de Catalogne, tous les personnages de quelque importance de Tarragone vinrent se présenter en tenue de pénitence, cierge en main, à l'inquisiteur trônant dans l'église.

C'était pour commémorer son triomphe, le rappeler à tous les pécheurs que l'Inquisition avait choisi la ville de Tarragone pour l'autodafé de l'abbé.

Après une longue et pénible route, Goya et Agustin arrivèrent — juste à temps — au but de leur voyage. Ils descendirent dans une auberge sans prétention, et Francisco se présenta au palais archiépiscopal. Il n'y vit qu'un simple vicaire qui lui déclara que l'autodafé aurait lieu le surlendemain dans la grande salle du conseil du palais. Le prêtre ajouta, sèchement, qu'il serait sans doute très utile à Monsieur le premier peintre d'assister à cette cérémonie.

Francisco n'était jamais venu à Tarragone. Il visita la ville en compagnie d'Agustin, vit les innombrables antiquités romaines et la très vieille et magnifique cathédrale, ses murs puissants, ses colonnes et ses sculptures païennes naïvement transformées. Goya s'amusa des plaisanteries que s'était permises, çà et là, un sculpteur anonyme et disparu depuis longtemps.

Non sans une moue de satisfaction, il s'arrêta devant le bas-relief représentant l'histoire du chat qui fait le mort et se laisse porter en terre par les souris, pour les tuer plus commodément quand elles sont réunies en nombre suffisant. Au temps où l'artiste avait manié maillet et ciseau, l'histoire avait dû avoir un sens caché moins innocent peut-être qu'on n'aurait pu le croire. Sortant carnet et crayon, Goya dessina à sa façon l'histoire du chat qu'on porte en terre.

Toujours avec Agustin, il visita le port et ses magasins. Tarragone devait sa réputation à ses vins, à ses noix et ses massepains. Dans une vaste salle, les filles triaient les noix, jetant les mauvaises sous la table, mettant les bonnes dans un panier tenu sur leurs genoux. Elles travaillaient très vite, mécaniquement, sans cesser de bavarder, de rire et même de fumer. Elles étaient bien deux cents et Goya, oubliant l'autodafé, dessina.

Le lendemain matin, il alla prendre sa place dans la salle du conseil du *palacio del patriarca*. Une vaste pièce, moderne et simple. Les invités semblaient être surtout des gens de Tarragone ou de la capitale de la Catalogne, voisine. On regarda beaucoup l'invité de Madrid et personne ne lui adressa la parole.

Les juges firent leur entrée. Les bannières, la croix verte, les robes sombres des prêtres, toute cette pompe jurait étrangement avec la décoration de la salle et les toilettes au goût du jour des assistants.

L'abbé fut introduit. Goya s'attendait à ce qu'il portât la chemise jaune des pénitents, le sambenito, mais — c'était sans doute une concession que l'on avait dû faire au gouvernement — don Diego portait un costume de ville, coupé à la mode de Paris, et s'efforçait visiblement à l'élégance et au calme. Mais, conduit sur l'estrade des accusés, enfermé derrière une barrière de bois, devant l'appareil imposant du tribunal, on vit son visage se crisper, puis ses traits s'amollir, s'affaisser, et il fut soudain aussi pitoyable qu'il aurait pu l'être dans un sambenito.

Le prieur des dominicains commença son prêche. Goya ne comprit pas et ne chercha pas à le suivre; il regardait. Cet autodafé, pour être moins solennel que celui d'Olavide dans l'église de San Domingo, n'en était pas moins impressionnant ni moins sinistre. Quoi qu'eussent pu obtenir Lucia et Manuel du grand inquisiteur, à quelque peine, lourde ou légère, que dût être condamné don Diego, un homme allait être anéanti dans cette enceinte — et le visage de l'abbé le laissait bien voir. La terrible humiliation vécue par cet homme était de celles dont personne ne se relève, bien qu'il ait bardé son cœur d'une triple cuirasse de scepticisme, de raison et de courage. Les ans passeraient, mais, libéré, il porterait toujours la marque de l'hérétique condamné par l'Eglise, et ses compatriotes s'écarteraient de lui avec horreur.

La lecture du jugement commençait. Elle dura longtemps. Fasciné et empli d'effroi, Goya voyait sous ses yeux le visage de l'abbé se décomposer, perdre son masque mondain pour ne plus exprimer que la honte, le désespoir, la souffrance.

Cet abbé avait en son temps assisté à l'anéantissement d'Olavide dans l'église de San Domingo. A son tour il comparaissait, prisonnier, sur l'estrade d'infamie du palais épiscopal, et Goya ne pouvait plus en détacher son regard : ne serait-il pas lui-même, un jour, debout devant une croix verte, devant ces cierges, aux pieds d'un même tribunal, derrière une barrière de bois ? Goya sentait les démons s'approcher de lui, le menacer, griffes dehors. Et il devinait, il voyait les pensées qui s'agitaient derrière le front du malheureux abbé. En cet instant, il ne songeait plus à la femme aimée, à la tâche déjà faite et à celle qui lui restait à accomplir, rien qu'à la misère sans fond de la minute présente. C'était en vain que Goya se répétait que tout cela n'était que du théâtre, une triste farce suivie d'une condamnation à une peine légère, fixée d'avance. Il éprouvait l'émoi qui s'emparait de lui lorsque, enfant, il avait peur de l'homme noir, El Coco, le croquemitaine.

Maintenant, l'abbé abjurait. Le prêtre prononçait les terribles formules que l'abbé répétait, écrasé de honte.

Et soudain, avant même que Goya l'eût compris, ce fut la fin. On fit sortir le condamné et les invités s'éloignèrent. On laissa Goya seul, dangereusement. D'un pas mal assuré, de l'allure gauche du sourd, il sortit de la pénombre de la grande salle.

Agustin était assis à une table de l'auberge, devant une bouteille de vin, contrairement à son habitude. Il voulut savoir à quelle peine l'abbé avait été condamné. Goya n'en savait rien, il n'avait rien compris. Mais l'hôte les renseignait déjà : don Diego serait enfermé trois ans dans un cloître. L'homme parlait timidement, avec une sorte de pitié. Il se montrait aussi plein d'attentions pour Monsieur le premier peintre. Il lui restait dans sa cave, dit-il, un vin étonnant de treize ans d'âge. Sept bouteilles seulement qu'il gardait pour ses clients de marque. Il en apporta une que Goya et Agustin burent en silence.

Sur la route du retour, ils parlèrent peu. Une fois pourtant Goya sortit brusquement de son mutisme pour dire d'un ton de sombre satisfaction :

— Tu vois à quoi cela mène, la politique ? Si j'en avais fait, il y a longtemps que je serais à pourrir dans les prisons du Saint-Office !

Mais, en son cœur, il le sait déjà : ce Saint Tribunal, il le peindra, il le dessinera dans le silence de son atelier, de son *ermita*. Il peindra l'Inquisition telle qu'elle est, les moines, les frailucos, les enfroqués qui se regardent gras et satisfaits tandis que le pénitent se débat dans le piège, pantin triste. Il dessinera aussi le condamné à mort qu'on garrotte sur l'échafaud, plus vrai encore. Et aussi, El Coco, le croquemitaine, la terreur des enfants, cet homme noir qui n'est rien et qui est tout.

14

A peine arrivait-il à Madrid que son fils Javier lui apprit que la duchesse d'Albe voulait le voir. Elle était rentrée dans son palacete Buenavista de Moncloa, voisin de la quinta. Que savait son fils de ses relations avec Cayetana, Goya l'ignorait. Réprimant un tressaillement, il répondit du ton le plus calme qu'il put trouver :
— Je te remercie, mon garçon.
Il avait cru terminé le terrible règne de Cayetana ; il ne lui en restait plus que des images, des rêves, bons ou mauvais, mais tous dans les chaînes de la raison. Il en avait été ainsi tant qu'elle avait vécu en Italie, par delà la mer. Mais maintenant qu'il la savait tout près de lui, ses rêves retrouvaient la vie et la force.
Il n'alla pas la voir. Presque tout son temps il le passait à l'ermita, seul dans son atelier. Il voulut travailler, mais Tarragone n'était plus qu'un souvenir qui s'effaçait chaque jour. Seuls demeuraient les rêves affreux, les cauchemars de Sanlucar. Il restait des heures entières assis, écrasé sous le poids de sa passion et de sa surdité.
Il leva les yeux. Doña Eufémia était devant lui. Tout en noir, très digne, emplie d'une haine poliment dissimulée, sans âge et pourtant très vieille.
— Que la Vierge protège Votre Excellence, dit-elle. Il n'est pas facile de vous joindre et de vous porter un message.
Elle inventoriait d'un œil méprisant l'atelier, ses meubles pauvres et son désordre. Il n'était pas bien sûr d'avoir compris, tant il était ému.
— Ecrivez ce que vous avez à me dire, doña Eufémia, répondit-il d'une voix rauque. J'entends encore plus mal qu'auparavant.
Tout en écrivant, la duègne ajouta :
— Je vous l'ai toujours dit, Monsieur le premier peintre : votre peinture, digne de l'enfer, vous perdra.
Prenant le carnet, il lut attentivement, et répondit qu'il attendrait doña Cayetana le lendemain soir à sept heures et demie.
— Ici, dans mon atelier de la calle San Bernardino, ajouta-t-il, très haut.
Il s'habilla avec un soin particulier pour ce soir-là, tout en se moquant de lui-même. Dans cette chambre aussi tristement meublée qu'au temps de sa pauvreté, il était ridicule dans son habit élégant. Pourquoi avoir donné rendez-vous à Cayetana dans cet atelier ? C'était un défi, niais, enfantin, il l'avait vu sur le visage de doña Eufémia. Viendrait-elle ? Savait-elle à quel point il avait changé ?

La duègne ne lui dirait-elle pas qu'il n'était plus qu'un vieil homme sourd, occupé à remâcher ses souvenirs ?

Sept heures quarante. Cayetana n'était pas là. Comment avait-elle vécu depuis Sanlucar ? Quelle avait été sa vie avec Peral, l'éternel amoureux sans espoir, avec les cavaliers italiens, encore plus frivoles que les espagnols ? Courant à la porte, il l'ouvrit, regarda au dehors. Peut-être était-elle venue, avait-elle frappé, et était-elle repartie sans penser qu'il était sourd, uniquement occupée de soi, comme toujours. Il laissa la porte entr'ouverte, pour qu'on pût voir la lumière. Huit heures. Personne. Elle ne viendrait pas.

Elle arriva à huit heures cinq, en retard comme toujours. Elle enleva son voile, sans un mot. Elle n'avait pas changé. Son visage d'un ovale très pur, radieux sur le corps mince et souple vêtu de noir. Ils se regardaient et ce fut comme autrefois, quand il l'avait vue sur l'estrade, bien avant leur grande querelle.

Des jours, des mois passèrent et tout était comme autrefois. Peut-être parlaient-ils un peu moins, mais, dès le début, ne s'étaient-ils pas mieux compris d'un regard ou d'un geste qu'avec des mots ? Les mots leur avaient porté malheur. D'ailleurs, il la comprenait facilement, lisait sans peine sur ses lèvres. Il se souvenait si bien de sa voix enfantine et dure. Il se souviendrait toujours de ses dernières paroles, de celles qu'elle avait prononcées sans savoir qu'il l'entendait.

Ils allaient au théâtre, bien qu'il ne pût que voir la musique et les acteurs, fréquentaient les auberges de la manoleria où on les recevait aussi bien qu'avant. Partout, il était El Sordo, le Sourd. Mais il savait rire avec les autres quand il lui échappait un quiproquo amusant, et il devait être un gaillard pour que l'Albe tînt tant à lui.

Ses souvenirs n'étaient pas morts et il savait les profondeurs trompeuses de l'âme de Cayetana, mais les rêves restaient à la chaîne. Remonté du fond à la surface, il retrouvait la lumière. Jamais il n'avait tant goûté le bonheur de la posséder et elle lui rendait son ivresse.

Il n'éprouvait plus la tentation de la peindre et elle ne le lui demandait plus. Les grands portraits qu'il avait faits d'elle n'étaient que mensonge; ils ne donnaient que la surface, mais il savait, lui, ce qui était au-dessous, il l'avait vu et peint au temps de son désespoir et de sa solitude. Peint et dessiné aussi, et cela avait été le remède, la guérison. Elle lui avait fait la chose la plus cruelle, la plus amère qu'un être pût faire à un autre, pleine de ruse innocente et de vice inconscient, mais lui avait aussi donné ce remède qui ne faisait pas que guérir, qui l'avait fait plus fort.

A cette époque Goya peignit de nombreux portraits d'une main légère, tout aussi bien qu'il aurait pu le faire des années auparavant, tout en sachant, et Agustin avec lui, qu'il pouvait mieux maintenant. Il peignit beaucoup de jolies femmes d'un pinceau gai et sensuel qui faisait leur beauté plus brillante. Il peignit des seigneurs de la cour, de l'armée, de riches bourgeois, et ils paraissent en image plus sérieux, plus importants, sans que l'artiste ait pourtant dissimulé leurs faiblesses. Ses portraits lui apportaient renommée et argent. Cour et ville en étaient bien sûres : il n'était pas en Europe plus grand peintre que Francisco Goya, le sourd.

Il gâtait toujours davantage son fils Javier, prenait un intérêt passionné à tout ce que faisait le jeune homme. Il le fit entrer dans l'atelier de Ramon Bayeu pour qu'il ne contractât pas, en restant à la seule école de son père, un certain maniérisme. Il prenait très au sérieux les jugements de Javier en matière d'art. Fréquemment, il acceptait la présence de son fils quand Cayetana venait le voir dans sa quinta isolée. Pour Javier, c'étaient de belles, de grandes heures. Elle le traitait à la fois en enfant et en jeune cavalier, lui donnant de la façon la plus charmante des conseils sur ce qu'il devait ou ne devait pas faire, tempérait son goût de la toilette, lui apportait des cadeaux, une breloque, une paire de gants ou une bague, l'habituait à remplacer les objets un peu voyants dont il aimait à s'entourer par d'autres, plus nobles ou de meilleur goût. Il usait de son mieux de sa chance d'être admis dans le cercle de la première femme du royaume, et l'étroite amitié qui existait entre elle et son père lui prouvait la très haute estime dans laquelle elle tenait son talent et son art.

Sebastian Martinez, l'armateur de Cadix, de passage à Madrid, voulut voir Goya, et usa largement du carnet et du crayon. Francisco, fasciné par la vitesse à laquelle il couchait ses longues phrases sur le papier, faillit regretter de ne pas avoir donné plus de soins à ses mains, sur le tableau qu'il avait fait de lui.

« On dit, écrivait señor Martinez, que vous n'avez pas, à Cadix et à Sanlucar, fait que peindre les tableaux de Santa Cueva. On parle notamment d'une Vénus. Serais-je indiscret en vous demandant une copie de cette Vénus ? »

Avec un petit sourire, il tendit le carnet à Francisco.

— Oui, répondit Goya.

Et l'armateur d'écrire aussitôt : « J'en offre 50.000 réaux pour une simple *copie*. » Il souligna le dernier mot, fit mine de rendre le carnet et, se ravisant, ajouta : « Suis-je encore indiscret ? »

— Oui, répéta Goya.

« Cent mille, écrivit Martinez en très gros chiffres. Le suis-je toujours ? »

— Oui, dit Goya une troisième fois.

Señor Martinez, découragé, haussa les épaules et, détachant ses mots :

— Vous êtes difficile, Excellence.

Señor Martinez alla présenter ses devoirs à la duchesse d'Albe qui l'invita à une fête qui dura tard dans la nuit. On y dansa le « desmayo », cette danse de la langueur et de la pâmoison dans laquelle le danseur, puis la danseuse, s'abandonnent aux bras de leur partenaire, les yeux fermés, sans forces. Puis ce fut la « marche chinoise », dans laquelle les danseurs marchent d'abord à quatre pattes tout autour de la salle. Puis les danseuses font la « muraille de Chine ». Se tenant les unes à côté des autres, elles se penchent en avant jusqu'à ce que leurs mains touchent le sol, et les cavaliers passent en rampant sous la voûte ainsi formée. Pour finir, ce sont les danseuses qui passent sous les bras étendus des hommes.

Cayetana dansa le desmayo avec le marquis de San Adrian et la marcha china avec señor Martinez. Francisco regardait, méprisant, et, involontairement, se rappelait l'aquellare qu'il avait dessiné, ce *Sabbat des sorcières* où le grand bouc bénit de ses pattes étendues la ronde infernale conduite par Cayetana.

Mais ce dégoût amer qui emplissait le cœur de Francisco était bien loin de cette rage folle qui l'avait empoigné, autrefois, à ce fandango de Sanlucar. A voir ici Cayetana, San Adrian, Martinez et les autres se traîner de cette façon ridicule et vulgaire, il comprenait, avec plus que sa raison, de tout son être, que l'homme est fait des contradictions les plus surprenantes. Cette femme, il le savait pour l'avoir vécu, pouvait donner sans compter, se montrer tendre et passionnée, plus qu'aucune autre. Elle pouvait dire : « Je n'aime que toi, toujours », d'une voix qui faisait souhaiter mourir et qui perçait la muraille de la surdité, et la voici rampant à terre, vulgaire, grivoise, obscène presque, riant d'un rire chatouillé, pointu, qu'il devinait, voyait. Telle elle était, et lui-même n'était rien d'autre. Il s'élevait jusqu'au ciel le plus pur et plongeait dans le cloaque le plus immonde. S'enthousiasmait pour la tonalité magique des couleurs et abandonnait brusquement son pinceau pour aller se jeter, brûlant de stupre, sur une prostituée. Ainsi est l'homme. On se gorge d'olla podrida et l'on rêve de Vélasquez, on brûle de son propre génie et on se vautre sur un lit avec une fille à cinq réaux; on dessine des démons et on se demande si on ne pourra pas tirer mille réaux de plus de Davila.

Quittant la fête, il courut, dans la nuit, à son ermita.

Là, dans son silence éternel, il s'expliqua une toute dernière fois avec Cayetana, sachant qu'elle était la seule qu'il eût jamais aimée, qu'il aimerait jamais.

A la lumière tremblante des bougies, dans les ombres dansantes s'étirant au mur, il revit ses visages. Tous les visages de Cayetana, les plus affreux, il les revit grimaçants, diaboliques, et aussi les autres, ceux de l'amoureuse qui se livre, qui s'abîme dans la passion. « Je ne dois pas oublier les autres ! » se commanda-t-il.

Il voulait être juste, équitable. Ne pouvait-elle pas avoir ses démons, elle aussi ? Et les amis de ces démons ? Voudrait-il vivre, lui, sans les siens ? Sans eux, la vie serait monotone. On ne serait plus qu'un Miguel. Lui, Francisco, il tenait les siens en laisse, il pouvait dessiner tout ce qui en lui était bas, vulgaire. Cayetana n'avait pas su enchaîner les siens, elle ne pouvait même pas décrire Brigida, encore moins la représenter sur le papier. Il lui fallait s'exprimer autrement, en mots et en actes, faire ce que lui soufflait Brigida, la morte. C'était pour cela qu'elle avait dû danser le desmayo et la marcha china. Souvent elle était Cayetana, puis elle redevenait Brigida.

Fermant les yeux, il les vit, Cayetana et Brigida, en un seul être, et il les dessina, sa dernière vérité, d'elle comme de lui. Dessina le rêve, le mensonge, l'inconstance.

Elle était couchée, dans une jolie pose, et il lui donna deux visages. L'un est tourné vers l'homme qui, éperdu d'amour, la tient embrassée. Cet homme a ses traits à lui, Francisco.

Son autre visage, très beau aussi, mais impérieux, se détourne et jette une œillade à d'autres hommes. Elle laisse une de ses mains à l'amoureux, la lui abandonne, mais, de l'autre, elle reçoit un billet de Brigida, une grosse fille qui pose son doigt sur ses lèvres. Et devant la femme allongée, tout autour d'elle, s'agite et grouille un monde ignoble, crapauds, vipères, et un démon grimace. Mais au loin, très haut, léger, aérien, inaccessible, brille un château, sans doute fait des rêves du fou imbécile qui aime.

15

Dans la vallée du Manzanarès, non loin de la Casa del Campo où le roi aimait à chasser, dans la Florida, nichait une petite église dédiée à saint Antoine de Padoue. Elle se trouvait sur le chemin du roi, qui s'y arrêtait parfois pour faire sa prière du soir. Mais elle tombait en ruine, et don Carlos, grand constructeur, ordonna à l'architecte Venturo Rodriguez de la reconstruire. Señor Rodriguez aimait les belles nefs claires, comme celle du XVIe et du XVIIe siècle, et proposa de faire de l'ermita de San Antonio de la Florida un écrin, et don Carlo l'accepta volontiers. Francisco Goya avait en son temps dessiné de jolies tapisseries si gaies; il était l'homme qu'il fallait pour peindre la petite église.

Francisco se réjouissait de cette tâche. N'était-ce pas bonne protection contre les attaques prévues du grand inquisiteur que cette décoration de l'église préférée du roi pieux venant après l'invitation à l'autodafé ? Par ailleurs, il se sentait toujours un peu gêné quand il lui fallait entreprendre un sujet religieux.

— Evidemment, confia-t-il à Cayetana, qui sait son métier peut tout peindre. Mais je n'excelle pas à représenter des saints. Il me serait facile de faire le portrait du diable. Je l'ai vu souvent. Les saints, plus rarement.

Il lui fallait représenter un des principaux miracles de saint Antoine. Pour sauver un innocent accusé d'un meurtre, le saint rappelait à la vie la victime afin qu'elle pût témoigner devant le juge.

Après une longue période de dures souffrances et de découragement, Francisco avait retrouvé la joie de vivre et il lui déplaisait d'évoquer le meurtre et le drame. Il trouva la solution.

Le miracle vint décorer la coupole de l'église. Saint Antoine, ascétique dans sa robe de franciscain, devant un ciel gris, s'incline, l'air inspiré. Sous son regard le cadavre se lève à demi, et l'innocent, transporté de joie pieuse, tend les bras vers lui. Mais le miracle a de nombreux témoins et — c'est là la solution — Goya les a peints avec un soin tout particulier. Le saint, le mort et l'accusé innocent ne sont que des accessoires; c'est à la foule attentive qu'est allée toute son attention. Dans ces gens assemblés, il a exprimé sa joie de vivre, sa nouvelle jeunesse.

Ce ne sont pas des contemporains du saint, ce sont des Madrilènes du propre entourage de l'artiste, de vrais Madrilènes dont bon nombre viennent de la manoleria, les quartiers populaires de la capitale. D'ailleurs, le miracle n'éveille pas en eux de sentiments pieux; ils sont là comme aux courses de taureaux ou à un « auto sacramentale » de première grandeur. Ils s'appuient négligemment à la balustrade richement drapée que de petits gamins des rues enjambent et chevauchent en jouant. On bavarde, on se signale les péripéties du spectacle qui s'offre aux yeux. Les uns, émus, cherchent à s'assurer, la mine attentive, si le mort est bien vivant; d'autres, plus indifférents, flirtent et se racontent des histoires qui n'ont pas nécessairement de lien avec le miracle. De l'innocent, nul ne s'occupe.

Au bas des voûtes, dans les arcs de la coupole et les cadres des fenêtres, Goya a peint des chérubins, des têtes d'anges. Les anges très beaux, très féminins, aux visages voluptueux, très habillés, selon les prescriptions de l'Inquisition, mais très occupés cependant à mettre en valeur leurs rotondités. Ces anges femelles, Goya les peignit avec beaucoup de plaisir. Hors leurs ailes, ils n'ont rien d'angélique, et il leur a donné de ces visages à la fois anonymes et très reconnaissables, des visages de femmes bien connues, de lui ou d'autres.

Peignant l'ermita de San Antonio, Goya ne fut plus que le Goya insouciant et hardi de se premières années à la cour, alors qu'il prenait sans crainte et largement sa part des plaisirs de cette vie facile. Sa surdité n'était plus qu'un léger contretemps, un peu irritant; il était, lui, redevenu le majo déguisé en homme de cour, le majo bruyant plein de couleur et de vantardise. Les fresques de l'ermita évoquaient les tapisseries de sa jeunesse, mais leur auteur était passé maître de la couleur, de la lumière et du mouvement.

La petite église était voisine de la quinta de Goya et du palais Buenavista. Cayetana venait souvent voir travailler le peintre, Javier aussi, et Agustin était presque toujours là. Nombreux étaient les visiteurs, amis, grands seigneurs, habitués des tavernes des faubourgs.

Goya travaillait sans effort, très vite. Tous se réjouissaient de le voir, agile et preste, monter sur son échafaudage et peindre couché sur le dos. Il était merveilleux de voir cette foule bigarrée, ces chérubins jolis, ces anges aux formes voluptueuses naître du néant sous son pinceau.

Deux jours après que Goya eut annoncé que son œuvre était terminée, le roi, revenant d'une chasse fructueuse, inspecta sa nouvelle église.

Seigneurs et grandes dames en habits de chasse se pressaient dans la petite église claire, envahie par la foule enjouée des Madrilènes avec et sans ailes. On s'étonnait un peu de l'aspect hautement temporel donné au saint événement. Mais d'autres maîtres étrangers n'avaient-ils pas déjà illustré de façon très vive et colorée des faits glorieux ? A eux-mêmes, spectateurs du moment, les soucis n'étaient pas épargnés ; il leur plaisait que cet homme vieillissant et sourd affichât avec un tel élan sa joie de vivre. Il était agréable de se replonger dans ces années où l'on avait vécu joyeux comme ces anges et ce peuple. Au fond n'était-ce pas une joyeuse aventure ? Il était rare qu'un saint intervienne pour sauver un malheureux condamné ; il était réjouissant de contempler une merveille aussi pure. Peut-être Dieu accorderait-il aussi un miracle, les délivrant de la guerre, des Français et des éternelles difficultés financières ?

Ainsi pensaient-ils et, volontiers, ils eussent applaudi. Mais le roi n'avait encore rien dit. Le silence se prolongeait. On n'entendait rien que, par la porte restée ouverte, les bruits confus d'une foule et les hennissements des chevaux.

Carlos se taisait toujours, indécis. Certes, il comprenait la plaisanterie. On ne prie pas mieux dans l'ombre qu'entre des murs clairs, entouré de visages avenants. N'avait-il pas lui-même demandé une église où le soleil et la gaieté entrassent ? Mais ce que son premier peintre s'était permis n'était-ce pas frivolité, paganisme ? Ces anges n'avaient rien d'angélique.

— Celui-là, aux ailes fermées, je le connais, dit-il soudain. C'est Pepa ! Et celle-ci, c'est Rafaela, l'ancienne maîtresse d'Arcos, qui se fait maintenant entretenir par le petit Colomero et dont le nom ne revient que trop souvent dans les rapports de police ! Vraiment, mon cher Francisco, ces anges ne me plaisent point. Je sais : l'art ennoblit tout, mais, à mon avis, votre Rafaela n'est pas très noble.

La voix puissante du roi emplissait la petite nef et grondait aux oreilles de tous comme le tonnerre, sauf pour Francisco qui n'entendait rien. Il tendit au souverain son cahier :

— Pourrais-je demander à Votre Majesté, en la suppliant de pardonner ma hardiesse, de vouloir écrire ses paroles flatteuses ?

Doña Maria-Luisa intervint. C'était vrai : cet ange aux ailes repliées ressemblait à cette fille, Pepa, et l'autre, aux ailes étendues, à la trop notoire Rafaela, et Goya aurait pu prendre d'autres modèles que ces filles perdues. Mais ce n'étaient pas non plus des portraits, seulement des ressemblances, et l'on pouvait en trouver de si nombreuses dans les fresques d'églises !

C'était dans la manière de Goya et, au demeurant, ne pouvait-on pas regretter qu'elle-même, Maria-Luisa, n'eût pas été évoquée sur ces murs ? En tout cas, il était amusant de voir Pepa à côté de cette pute de Rafaela. Cette peinture rappelait à la reine une autre, très semblable, de Correggio, à Parme, et Maria-Luisa se souvenait toujours avec plaisir de sa chère ville de Parme.

— Vous avez fait là un chef-d'œuvre, don Francisco, dit-elle en détachant bien les mots. Vos anges et certains des spectateurs, à dire vrai, se conduisent un peu trop gaiement et, sur ce point, je ne puis qu'approuver le roi, mais tous, anges et simples mortels, sont à la joie du miracle dont ils sont les témoins.

Maria-Luisa approuvait et le roi s'adoucit. Frappant cordialement sur l'épaule du peintre :

— Cela doit être bien fatigant de grimper là-haut et de peindre, dit-il. Mais vous êtes un luron, je le sais.

Et tous, grands et prêtres, de chanter les louanges du nouveau chef-d'œuvre.

Au dehors, le peuple de la vallée du Manzanarès s'était assemblé pour assister au départ du roi et de sa suite. On acclama le souverain. Goya fut un des derniers à quitter l'église, on le reconnut et, à sa vue, une nouvelle clameur s'éleva. Il était en habit de gala, le tricorne sous le bras. Il s'en coiffa pour l'ôter aussitôt, rendant le salut, et les cris redoublèrent. Oui, on l'aimait bien à Madrid.

Dans sa voiture, il demanda à son valet ce qu'on avait crié, et Andrès, qui grognait moins et servait mieux depuis que Goya était sourd, s'empressa de répondre en détachant les mots :

— Vive saint Antoine ! Vive la Très Sainte Vierge Marie et toute sa cour céleste ! Vive Francisco Goya, le peintre du saint !

Les jours suivants tout Madrid défila dans l'église pour voir l'œuvre nouvelle. Une gloire neuve s'édifiait autour de son nom. On parlait extatiquement de la dernière création de Goya : « En Florida, il y a deux miracles, écrivait le critique d'art Iriarte. Celui de saint Antoine et celui du peintre Francisco Goya. »

Le grand inquisiteur goûtait fort peu la fresque de Goya. On avait convoqué l'hérétique à Tarragone et voici qu'il était plus insolent que jamais.

— Quand il peint des saints, grommelait le cardinal, il y ajoute les sept péchés capitaux et les fait plus attirants que les vertus.

Avec joie, il aurait jeté le pécheur en prison et fermé l'église. Mais ce Goya était rusé. Pas une nudité, rien de nettement immodeste et, par malheur, le roi pas plus que la masse n'avait décelé ces subtilités du vice et de l'incroyance.

Oui, ceux de Madrid aimaient ces fresques. Les majos des tavernes, amis de Goya, les petits paysans de la vallée et les laveuses des bords du Manzanarès les avaient vues les premiers, répandaient leur renom, et tout le peuple de la grand'ville vint admirer le saint révéré. Ils étaient de cœur avec ceux de la balustrade ; témoins du miracle, ils se seraient tenus comme eux. C'est ainsi qu'ils aimaient leur religion : vivante, touchante, rutilante, telle qu'ils la voyaient aux grandes processions et aux autodafés. Ils ne faisaient qu'un avec cette foule joyeuse et bigarrée dont leur peintre avait empli l'église. C'était eux-mêmes qu'il avait peints et ils l'en remerciaient.

Quelques jours plus tard, Goya se trouva dans l'église de la Florida, déserte sous les ardeurs du soleil de midi : il voulait voir ses fresques sans être dérangé. Il se mit dans un coin sombre d'où il avait la meilleure vue de la partie de son ouvrage qu'il était venu étudier.

Une vieille entra sans le voir. Elle regarda les fresques, rejeta la tête en arrière pour mieux voir le miracle au sommet de la coupole, fit un petit signe du menton, et pieusement, à petits pas, fit le tour de la nef, regardant de-ci de-là. Pour finir, regagnant le milieu, elle s'inclina de tous les côtés, profondément. Le saint planait au-dessus de sa tête, en sorte que ce devait être aux anges et au peuple joyeux qu'elle adressait ses révérences.

Goya s'étonnait.

— Que fais-tu donc, la mère ? Pourquoi ?

Sa voix de sourd sonna très haut dans l'église, et la vieille eut très peur. Se retournant brusquement, elle vit l'étranger.

— Que fais-tu ? répéta-t-il. Pourquoi t'inclines-tu devant la foule que tu vois peinte ici ? ajouta-t-il en souriant.

Sérieuse, la vieille répondit — il lut ses mots sur ses lèvres :

— Quand on voit une belle chose, il faut saluer.

16

Avec le Directoire, le gouvernement de Madril avait toujours su gagner du temps et reculer la solution de la question portugaise. Mais Bonaparte, premier consul, n'était pas homme à se payer de mots. Il exigea, en termes précis, que l'infant Manuel contraignît sans plus tarder le Portugal à rompre avec l'Angleterre : si le Portugal refusait, une armée franco-espagnole irait s'emparer de Lisbonne. Pour appuyer ses exigences, le premier consul massa à la frontière d'Espagne un corps d'armée sous le commandement du général Leclerc, qui reçut l'ordre de mettre dans les dix jours ses troupes à la disposition du roi Carlos — en territoire espagnol — à l'effet de marcher sur la capitale portugaise.

L'ambassadeur français, Lucien Bonaparte, trouva, à sa première visite, un Manuel boudeur et plaintif auquel il exposa qu'il comprenait la répugnance qu'éprouvait le Roi Catholique à marcher contre la maison royale portugaise qui lui était apparentée. Aussi tenait-il à soumettre au premier ministre un projet dont il était l'auteur, mais que son frère Napoléon connaissait, et qui rendrait sans doute moins pénible à la reine la triste nécessité dans laquelle elle se trouvait de faire la guerre à sa propre fille. Le premier consul ne pouvait attendre des enfants de son épouse Joséphine, et il avait conçu le projet de se séparer de celle-ci pour contracter un nouveau mariage. Lui-même Lucien, avait pu admirer la grâce de l'infante doña Isabel, qui n'était encore qu'une enfant mais qui pouvait se fiancer dans un avenir très proche; il avait pressenti son frère le premier consul dans ce sens, et Napoléon avait montré un très vif intérêt.

La plus jeune fille de doña Maria-Luisa, l'infante Isabel, était — la ressemblance le prouvait — une fille de Manuel et, au premier moment, la joie envahit celui-ci que sa fille pût voir s'ouvrir devant elle un aussi brillant avenir.

Les propositions de Bonaparte firent une forte impression sur la reine. Il lui en coûtait, évidemment, de peiner son excellente fille Carlotta et de porter la guerre sur son royaume. Mais le général Bonaparte avait jusque-là tenu ses promesses : il avait fait de sa fille Maria-Luisa la reine d'Etrurie. Il était très possible qu'il voulût s'allier à la maison des Bourbons et qu'il fît de sa fille Isabel une souveraine de France.

— Nous autres, Bourbons, nous occuperons alors tous les trônes d'Europe.

Elle convainquit don Carlos d'accepter l'inévitable. Le roi, le cœur lourd, manda Lucien Bonaparte et lui déclara qu'il allait envoyer un ultimatum au roi du Portugal :

— Tu vois, mon cher ambassadeur, lui dit-il les larmes aux yeux, qu'il est parfois bien dur de porter une couronne. Tel que je connais mon excellent beau-fils, il ne cédera pas et il faudra envoyer mon armée contre ma propre fille qui ne m'a rien fait et ne sait même pas de quoi il s'agit, en définitive.

De fait, le prince régent de Portugal repoussa l'ultimatum, et une armée espagnole placée sous le commandement de don Manuel passa la frontière, le 16 mai.

Le 30 du même mois, le Portugal sans défense demandait la paix. Les pourparlers eurent lieu à Badajoz, la ville natale de Manuel. Le traité fut signé avec une étonnante rapidité. Manuel, qui avait reçu du Portugal de riches présents, consentit à l'adversaire vaincu des conditions généreuses. Lucien Bonaparte, ayant également reçu de beaux cadeaux, signa le traité au nom de la France.

Le prince de la Paix ajoutait encore un peu de gloire à son nom, tout en ménageant l'ennemi à terre. La paix de Badajoz fut fêtée des deux côtés avec le même enthousiasme. Un décret du roi Carlos permit à l'infant Manuel une entrée triomphale à Madrid. Mais Bonaparte, qui venait de remporter sur l'Autriche une victoire décisive à Marengo, déclara aussitôt, dans une note assez brutale, que l'ambassadeur avait outrepassé ses pouvoirs. Quant à lui, premier consul, il ne songeait pas à reconnaître cette « ridicule » paix de Badajoz et se considérait toujours en guerre avec le Portugal. Et pour qu'on ne se méprît pas sur ses intentions, il fit entrer en Espagne un deuxième « corps d'armée de secours ».

L'ivresse de la victoire troublait la vue de don Manuel. Dans une note, aussi sèche que celle du premier consul, il réclamait le rappel immédiat par le gouvernement français de ses armées inutiles; sans quoi il lui serait impossible de penser à une révision du traité de Badajoz. Bonaparte répondit que les souverains d'Espagne, fatigués du trône, éprouvaient sans doute le désir de partager le sort de leurs parents français.

Manuel avait tu au peuple espagnol et même au couple royal le mécontentement du premier consul. La cour et la ville continuaient à lui tresser des couronnes. Etourdi par les acclamations, il résolut de répondre à l'insolence par l'insolence, et prépara une contre-note que l'ambassadeur d'Espagne à Paris, Azaro, serait chargé de remettre en mains propres au général Bonaparte. Dans sa réponse, don Manuel attirait l'attention du général parvenu au pouvoir sur le fait que Dieu seul, et non pas un premier consul, décidait du sort des peuples et aussi qu'un jeune chef d'Etat, à peine en place, pouvait perdre le pouvoir plus aisément qu'un souverain oint des saintes huiles dont les ancêtres portaient la couronne depuis plus de mille ans.

Miguel, auquel il lut son projet de lettre, se sentit mal à l'aise. Envoyer semblable note à Napoléon Bonaparte, vainqueur sur tous les fronts, confinait à la folie. Le secrétaire représenta à Manuel que le premier consul agirait immédiatement en lançant ses armées sur Madrid. Le ministre regarda d'un air sombre son conseiller, mais la brume de gloire qui l'aveuglait se dissipait :

— Cette lettre ne servira donc à rien ? fit-il rageur.

Miguel proposa alors de l'envoyer à Paris mais de donner pour instructions à l'ambassadeur d'Espagne de ne la remettre qu'à toute dernière extrémité. Manuel y consentit, de mauvaise grâce.

Entre temps, les conditions auxquelles le premier consul acceptait la paix avec le Portugal étaient arrivées à Madrid. Elles étaient dures. Le Portugal devait abandonner à la France sa colonie de la Guyane, signer avec la France un accord commercial très avantageux pour cette dernière, payer une indemnité de cent millions et, bien entendu, rompre toutes relations avec l'Angleterre. Pour assurer l'exécution du traité, une armée française resterait en territoire espagnol jusqu'à la conclusion de la paix avec l'Angleterre. L'unique concession du premier consul était que ce nouveau traité avec le Portugal serait, lui aussi, signé à Badajoz.

Don Manuel répondit par des plaintes et un refus. Sur quoi Napoléon donna à son frère Lucien l'ordre de ne plus discuter avec le premier ministre espagnol et lui envoya une lettre qu'il devait remettre à la reine sans la faire connaître à don Manuel. L'ordre était rédigé en termes tels que Lucien dut obéir. « M. le premier ministre de Votre Majesté, écrivait Napoléon, a, ces derniers mois, adressé à mon gouvernement une série de notes blessantes, employant à mon égard des expressions injurieuses. J'ai assez de ces stupides manifestations. Au cas où j'en recevrais encore une, je me verrais contraint d'agir. »

Maria-Luisa, terrifiée, fit venir Manuel.

— Tiens ! Regarde ce que m'écrit ton bon ami Bonaparte ! fit-elle en lui lançant la lettre, et elle vit le visage de cet homme généralement si sûr de soi s'altérer, ses épaules grasses se courber. Votre avis, je vous prie, Monsieur le premier ministre ! ajouta-t-elle avec ironie.

— Je crains, répondit Manuel piteux, que ta Carlota ne doive renoncer à la Guyane.

— Et payer les cent millions, conclut Maria-Luisa, furieuse.

Le traité fut signé qui n'avait avec le premier qu'un point commun, le nom de Badajoz. L'armée française resta sur le territoire d'Espagne, aux frais du Trésor royal.

17

Goya peignait un portrait de don Manuel à Aranjuez. En dépit des apparences, nombreux étaient ceux qui jugeaient la paix de Badajoz paix boiteuse. Francisco était assez avisé, pensait Manuel, pour être de cet avis et, pour le gagner, il le comblait de prévenances, déjeunait ou sortait en voiture avec lui.

Avec celui qu'il estimait son ami, il employait parfois le langage des doigts, mais, le plus souvent, il parlait si vite et si peu distinctement que Francisco le comprenait mal. Au reste, Manuel tenait-il à être compris ? Il se montrait en tout cas très bavard et très libre dans ses propos, critiquant en termes amers le premier consul et n'épargnant pas l'ironie à doña Maria-Luisa et au roi.

Don Manuel avait demandé à Goya un portrait très officiel où il paraîtrait dans tout l'éclat de son rang, en grande tenue, portant les insignes de généralissime. Bref, l'équivalent du portrait de Bonaparte franchissant les Alpes, de David. Goya le représenta dans un uniforme brillant, sur le champ de bataille, assis sur un banc d'herbe, après la victoire, une dépêche à la main.

Entre deux poses, couché sur le divan moelleux qui, sur la toile, deviendrait le banc d'herbe sur lequel se reposait le général vainqueur, l'infant bavardait. Goya n'éprouvait plus d'indulgence pour lui ; cet homme engraissait et non pas seulement de corps mais aussi d'esprit et de cœur. Francisco pensait à l'indifférence brutale avec laquelle il avait brisé la vie de l'infante doña Teresa, à l'ignoble vengeance qu'il avait tirée d'Urquijo, son adversaire politique qui valait cent fois mieux que lui. L'ancien premier secrétaire était toujours dans un cachot humide et noir de la forteresse de Pampelune. On le nourrissait insuffisamment, allant même jusqu'à lui refuser encre et papier. Et Goya rendit sur la toile toute la magnificence du généralissime, et aussi son empâtement, sa moue vaniteuse. « Plus le singe grimpe haut, mieux il montre son derrière », dit le vieux proverbe.

Pepa assistait souvent aux séances de pose. Elle se sentait parfaitement chez elle à Aranjuez ; elle était dame d'honneur de la reine et bien vue de la souveraine, elle l'était encore mieux du roi. Nul ne pouvait prévoir où s'arrêterait son ascension. Elle voyait dans le fait que Goya avait donné ses traits à un ange de l'église de la Florida la preuve du grand rôle qu'elle avait joué dans la vie du peintre. Elle voulut qu'il vînt voir son jeune fils. Francisco, qui aimait les enfants, sourit au bébé et le laissa jouer avec un de ses doigts.

— Il a confiance en vous, dit Pepa. Voyez comme il rit de bon cœur ! Ne trouves-tu pas qu'il te ressemble ? ajouta-t-elle.

Le portrait de Manuel était fini ; le prince et Pepa vinrent le voir.

Don Manuel, dans son uniforme éclatant, chargé d'or, s'appuie à une petite butte de terre. Le grand cordon du Christ barre sa poitrine et la croix brille au niveau du pommeau de l'épée. A gauche, un drapeau portugais pris à l'ennemi ; des chevaux et des soldats passent dans le fond, dans l'ombre. Derrière Manuel, beaucoup plus petit que lui, son officier d'ordonnance, le comte Tepa. Le tout sous un ciel couleur de plomb, tragique. Le chef d'armée, las de ses victoires, lit une dépêche d'un air ennuyé ; les mains soignées, charnues, sont en évidence.

— La pose n'est pas naturelle, dit Pepa, mais c'est bien lui. Il est très ressemblant. Tu as grossi, infant.

Manuel contestait ce jugement. Ce portrait était l'image d'un homme et de sa réussite. Il respirait la force, la puissance.

— Une superbe peinture, répétait-il. Un vrai Goya. Quel dommage que je ne puisse pas poser un second portrait, mon cher ami ! Malheureusement, soupira-t-il, les affaires d'Etat prennent tout mon temps.

Il avait en effet beaucoup à faire. Cette force que le général Bonaparte lui empêchait de montrer au monde, il entendait la faire sentir au moins aux Espagnols. Il leur montrerait qu'ils avaient à leur tête un tout autre homme que son prédécesseur, Urquijo, un homme qui ne se laisserait pas dicter sa politique par une France impie. Il gouvernait donc contre les libéraux, se rapprochant de plus en plus de la noblesse réactionnaire et du clergé ultramontain.

A sa manière douce, Miguel Bermudez s'efforçait de combattre cette nouvelle évolution par ses conseils sages et réfléchis. Mais le premier ministre ne voulait rien entendre et lui laissait voir que ses avis le fatiguaient. Il avait dû faire appel à l'expérience de Miguel en certaines circonstances qu'il n'aimait pas qu'on lui rappelât. La conduite maladroite, si peu virile, de son secrétaire avec Lucia fournissait une bonne raison à l'infant pour s'attribuer personnellement tous les mérites.

Miguel, malgré son calme, éprouvait un violent dépit de voir Manuel échapper à son influence. Sa vie était pénible, accablée de soucis. Le retour de Lucia les redoublait. Au lieu de se ranger de son côté, Lucia ourdissait avec Manuel des intrigues qu'elle lui cachait. Le retour de l'abbé était certainement dû à quelque convention secrète de Manuel avec le grand inquisiteur. Lucia et Pepa y avaient sans doute leur part.

Miguel se voyait de plus en plus tenu à l'écart par don Manuel. Celui-ci, à l'encontre de ses avis, opprimait de plus en plus lourdement les libéraux. Son dernier coup fut le plus dur.

A sa clémence envers l'abbé don Diego Perico le grand inquisiteur Reynoso n'avait posé qu'une condition : le renvoi ignominieux de l'hérétique et rebelle Gaspar Jovellanos. Manuel avait d'abord résisté : il lui déplaisait de frapper un homme dont il avait lui-même provoqué le retour et la nouvelle élévation. Mais, au fond de son cœur, il ne lui déplaisait pas de se débarrasser de cet homme intègre, d'une haute moralité, dont la seule vue était pour lui un reproche. Après quelque résistance, il s'était plié aux exigences du grand inquisiteur, avait promis d'agir. Le temps lui semblait venu de tenir son engagement.

L'occasion s'en présenta bientôt. Jovellanos venait de publier un nouveau livre, très hardi, et, dans une lettre sévère, le Saint-Office réclamait l'interdiction immédiate de cet ouvrage subversif, impie, et des poursuites contre son auteur.

— Ton Jovellanos ne sera jamais bien malin, dit en soupirant don Manuel à Miguel. Je crains bien d'être forcé de procéder contre lui.

— Vous n'allez pas interdire ce livre ? demanda Miguel. Laissez-moi vous préparer une réponse apaisante à Reynoso.

— Je crains fort que cela ne suffise pas, cette fois-ci, dit Manuel en lançant à son secrétaire un regard froid.

— Songez-vous vraiment à réprimander Jovellanos ? reprit Miguel, sérieusement alarmé, et gardant avec peine son calme.

— Cela ne suffira pas non plus, répondit Manuel qui, élevant sa main grasse dans un geste étudié, poursuivit : Don Gaspar me crée chaque jour de nouvelles difficultés avec le grand inquisiteur et avec Rome ; il ne comprend rien !

Et, jetant le masque, avec la méchanceté boudeuse de l'enfant gâté :

— J'en ai assez. Je vais l'expédier dans ses Asturies. Je vais demander au roi de lui envoyer une carta orden.

— C'est impossible ! s'écria Miguel en se levant d'un bond.

L'amer souvenir du long combat qu'il avait fallu soutenir pour obtenir le retour de Jovellanos lui revenait à l'esprit. Cette lutte avait changé le destin de Francisco, celui de Pepa, de Manuel et le sien même. Ces peines, ces sacrifices auraient-ils donc été vains ?

— Excusez-moi, don Manuel, reprit-il. Céder aux exigences du grand inquisiteur ne le rendra que plus encombrant dans l'avenir.

— Fais en sorte de ne pas oublier, don Miguel, répliqua non sans ironie Manuel, que je sais fort bien tenir ma place devant le pape et le grand inquisiteur, quand il le faut. A-t-on déjà vu, dans l'Histoire, qu'un abbé ayant fait passer la frontière à un hérétique condamné par le Saint Tribunal soit revenu en Espagne sans perdre la vie ? Eh bien, mon cher, j'y suis parvenu ! Notre abbé est en Espagne, il se porte bien et se portera encore mieux dans quelque temps. Reconnais-le donc, Miguel. Nous avons porté un coup très dur au Saint-Office ; il est juste que nous lui donnions une petite compensation.

— Une petite compensation ! s'écria Miguel qui ne se contenait plus. Jovellanos, le grand homme de l'Espagne, banni ! Nous ne nous relèverons jamais de cette défaite ! Réfléchissez, don Manuel, avant de faire un tel pas !

— Tu m'imposes un peu trop tes conseils, mon cher, répondit le ministre avec un calme surprenant. Crois-moi, je sais penser tout seul. Et puis, vous vous montrez bien insolents, vous autres libéraux. Je vous ai trop gâtés.

Il se leva, dominant de sa masse charnue le maigre Miguel.

— C'est tout réfléchi, conclut-il. Ton ami don Gaspar recevra sa carta orden !

Dans sa voix on sentait un frémissement de triomphe et de vengeance satisfaite.

— Je vous prie d'accepter ma démission, dit don Miguel.

— Ingrat ! s'écria don Manuel. Imbécile ingrat ! Alors, tu n'as rien compris ? Tu n'as pas deviné que c'est là le prix du retour de notre abbé ? Ta Lucia ne t'en a rien dit ? C'est avec elle et avec Pepa que j'ai arrangé l'affaire. Et c'est cet imbécile qui voudrait me donner des conseils !

Miguel ne laissa pas voir à don Manuel le tremblement qui l'agitait tout entier. Oui, tout cela il l'avait su, depuis longtemps, et se l'était caché à lui-même.

— Je vous remercie de cette explication, dit-il, la bouche sèche. Je crois que tout est dit, ajouta-t-il, non sans peine.

Il s'inclina et sortit.

18

Sous l'influence de son différend avec Miguel, don Manuel renonça à faire bannir Jovellanos par décret royal. Il se contenta, au cours d'une entrevue personnelle, de lui déclarer que sa présence à Madrid irritait le clergé romain et le grand inquisiteur et mettait en danger la politique royale. Il conseillait à don Gaspar de se retirer dans son Asturie natale, et la couronne souhaitait que son départ pour Gijon eût lieu dans les quinze jours.

Don Miguel, très touché de savoir Lucia la cause principale de la mesure qui frappait don Gaspar, poussait celui-ci à se réfugier en France. Il l'eût fait lui-même s'il n'avait pas craint de passer pour un lâche aux yeux de sa femme et s'efforça de convaincre son ami de passer la frontière.

— Y pensez-vous ! s'écria Jovellanos. Je n'aurais pas franchi la crête des Pyrénées que j'entendrais déjà le rire de mes ennemis me poursuivre ! Je ne donnerai certainement pas à ce coquin de Manuel l'occasion de triompher : « Voyez votre héros : il a passé la frontière ! » Non, don Miguel, je reste.

Le jour de son départ pour l'exil, il assembla ses amis. Miguel, Quintana, Goya, Agustin et — chose étrange — le docteur Peral.

Cet homme déjà d'un certain âge montrait le courage que l'on avait pu attendre de lui. Il était logique, dit-il, que don Manuel cherchât à masquer ses échecs à l'extérieur par un redoublement de brutalité à l'intérieur du pays. Mais la paix avec l'Angleterre ne se ferait plus longtemps attendre, et cette triste marionnette s'efforcerait de nouveau de se concilier les bonnes grâces du parti libéral et de la bourgeoisie. Cet exil, le sien, ne serait pas de longue durée.

On l'écoutait, non sans embarras. Il était seul à espérer ; l'attitude cruelle de Manuel envers Urquijo ne laissait présager rien de bon pour Jovellanos.

Ce fut le docteur Peral qui parla le premier après un lourd silence. A sa manière calme et logique, il exposa que Manuel, après ce premier pas décisif, ne s'arrêterait pas en si bon chemin. D'après lui, tous ses amis présents auraient avantage à gagner Paris. Tous firent chorus, et Quintana se montra le plus net :

— Vous vous devez, à vous et à l'Espagne, de veiller à votre sécurité personnelle, don Gaspar, déclara-t-il avec feu. Nul ne saurait vous remplacer dans la lutte pour la liberté et la civilisation.

L'avis unanime de ses amis et les instances de Quintana, dont il appréciait particulièrement le feu et le courage, parurent faire impression sur don Gaspar, dont le regard pensif allait de l'un à l'autre. C'est en souriant qu'il répondit enfin :

— Vous vous inquiétez par trop de mon sort, mes chers amis. Si même la mort m'attendait en Asturie, cela vaudrait peut-être mieux pour notre cause que si j'allais m'abriter à Paris où je ne serais jamais qu'un réfugié, un bavard. Dans la lutte pour l'esprit, personne, jusqu'ici, n'est mort en vain. Juan Padillo a été vaincu, mais, aujourd'hui, il vit, il combat à nos côtés.

S'il n'avait pas compris chaque mot, Francisco avait cependant saisi le sens général de la discussion et de la réponse de Jovellanos. Il réprima un sourire. Oui, Padillo vivait encore : c'était le Padillo de Cadix, le fou oublié de tous du grand-père de Cayetana.

Le docteur Peral parla de Bonaparte. Sans aucun doute, il se faisait en Europe l'artisan du progrès. Mais l'attitude de don Manuel le forçait à prescrire envers l'Espagne des assurances d'ordre militaire. C'était grand dommage et le premier consul se garderait d'exciter la haine populaire en exigeant, en Espagne, des réformes libérales. Dans l'état des choses, le premier consul n'interviendrait pas auprès du premier ministre espagnol dans sa lutte contre la libre pensée :

— C'est pourquoi, conclut Peral, répétant le conseil déjà donné, à votre place, je ne resterais pas en Espagne.

Les autres, et particulièrement don Miguel, s'attendaient à une riposte violente de la part de Jovellanos. Mais don Gaspar gardait tout son calme :

— Je me souviens sans amertume du temps de mon dernier exil, dit-il. Ces loisirs forcés m'ont fait beaucoup de bien. J'ai pu chasser, lire à mon gré, j'ai étudié et écrit certaines choses qui ne sont peut-être pas absolument sans valeur. Si la Providence me renvoie dans mes montagnes, c'est qu'elle a ses raisons.

On l'écoutait poliment, sceptique. On privait Urquijo d'encre et de papier ; il était peu vraisemblable qu'on permît à don Gaspar d'écrire en Asturie un second ouvrage comme *Du pain et des jeux*.

— La défaite ne devrait pas vous faire oublier, mes chers amis, poursuivait Jovellanos, tout ce que le noble et brave Urquijo a obtenu. L'Eglise espagnole s'est libérée de Rome. Des sommes énormes auparavant versées à Rome prennent maintenant le chemin du Trésor royal. Que signifient, en face de ces succès, les petites misères que je vais avoir à supporter ?

— Après avoir osé vous chasser de Madrid, jeta soudain Agustin très sombre, on n'hésitera pas à révoquer l'édit royal.

— C'est impossible ! s'écria Jovellanos. On n'admettra pas de nouveau que Rome nous opprime, suce notre sang jusqu'à la dernière goutte ! Je vous le dis, mes amis : ils n'oseront pas ! Ils ne révoqueront pas l'édit !

Tout en l'écoutant d'une oreille complaisante, tous déploraient silencieusement la naïveté de Jovellanos. Même pour Francisco, peu versé en politique, la chose était bien claire ; comment don Gaspar, après une vie de luttes et d'expériences cruelles, pouvait-il croire à l'honnêteté, à la bonté du monde ?

Au mur pendait le portrait qu'il avait fait, très jeune encore, de Jovellanos dans toute la force de l'âge. Une mauvaise toile. S'il lui fallait le faire aujourd'hui, il montrerait que Jovellanos, dans son pathos banal, était plus touchant que ridicule. Ce naïf qui restait à portée des coups de son puissant ennemi au lieu de mettre au plus vite les Pyrénées entre ses adversaires et lui-même ! Il n'avait pas encore compris que l'essentiel, pour atteindre son but, est de se garder en vie. Et pourtant, cette stupidité ne provoquait pas le dédain. Oui, Goya, au fond, admirait la naïveté entêtée de don Gaspar, son intransigeance même.

Mais Jovellanos se tournait vers lui et lui parlait :

— C'est à vous, don Francisco, disait-il, de prendre ma succession. Les puissants du jour sont étrangement aveugles et n'ont pas encore compris le sens profond de vos tableaux, le rôle de votre pinceau dans la lutte contre les prêtres et les exploiteurs. Profitez de cette protection du roi et des grands. Exprimez-vous librement, Goya. Présentez le miroir à notre triste époque. Vous serez le Juvénal de cette cour et de cette ville.

Rien n'était plus éloigné de Goya. Son premier mouvement fut de repousser avec force les extraordinaires prétentions de don Gaspar. Mais tout aussitôt il se représenta que cet homme vieillissant allait au-devant d'un destin incertain, que, risquant tout pour sa cause, il pouvait exiger beaucoup des autres.

— Je crains, don Gaspar, répondit-il avec douceur, que vous ne vous exagériez l'influence de mon art. Le gouvernement la juge à sa juste valeur et c'est pour cette raison qu'il n'intervient pas. Si le roi et ses grands consentent à ce que je les peigne tels qu'ils sont, c'est surtout par esprit de cour. Ils se croient si supérieurs, si grands que rien ne peut les amoindrir, qu'aucune vérité ne peut les toucher, qu'elle vienne du fou du roi ou de son peintre.

— Vous vous calomniez, don Francisco ! s'écria avec feu Quintana. Nous autres écrivains, nous ne disposons que de notre langue castillane, qui peut plaire aux oreilles exercées. Mais votre *Famille royale* ou vos fresques de la Florida émeuvent tous les cœurs. C'est *l'idioma universal*.

Francisca eut un regard amical pour le poète mais ne lui répondit pas. Il ne se donnait même plus la peine de suivre la conversation. Toute son attention, toutes ses pensées allaient maintenant au portrait de Jovellanos, et il déplorait le départ du proscrit. Il aurait voulu lui demander de poser à nouveau.

Parce que cet homme, il le comprenait maintenant, peu lui importait la victoire pourvu qu'il combattît. Il était né lutteur. Il y avait en lui du don Quichotte, comme en tout bon Espagnol. Don Gaspar brûlait du désir de se battre pour la justice. Il ne comprenait pas qu'elle n'est qu'un idéal perdu dans le bleu du ciel, un de ces buts qu'on peut se proposer mais qu'on n'atteint jamais. Comme don Quichotte, il lui fallait enfourcher sa bête — et chevaucher.

19

Les gravures que Francisco avait faites au cours des derniers mois n'étaient que des retouches des esquisses jetées sur le papier lors des jours heureux de Sanlucar. Mais ces croquis pleins de gaieté revêtaient un nouveau caractère, avaient pris un sens plus profond, plus riche, plus aigu et plus sombre à la fois. Cayetana n'était plus que Cayetana. Derrière Eufémia, la duègne, on devinait l'ombre de Brigida la morte. Fruela, la femme de chambre, Serafina, la danseuse, étaient des majas madrilènes. Lui-même, Francisco, apparaissait souvent sous des aspects divers : tantôt le galant niais, tantôt le majo dangereux, mais presque toujours le rêveur qu'on trompe, le pantin qu'on brise.

Elles formaient un recueil étourdissant, un peu fou, des avatars des femmes de Madrid, beaucoup de mal et peu de bien. Elles épousaient d'horribles petits vieux, attiraient dans leurs filets l'innocent amoureux, détroussaient qui se laissait faire, pillées à leur tour par les usuriers, juges et avocats. Elles aimaient, flirtaient, paradaient dans leurs robes et, vieillies, usées, laides comme la mort, s'asseyaient devant leurs miroirs pour se faire peindre et farder. Elles roulaient carrosse ou s'agitaient, en chemise de pénitente, pitoyables, devant l'inquisiteur, pleuraient sur la paille des cachots, se courbaient au pilori, marchaient demi-nues au supplice. Et toujours autour d'elles un essaim, une meute de libertins, d'élégants débauchés, de policiers brutaux, de majos, de duègnes et d'entremetteuses.

Les démons aussi les entouraient et, avec Brigida, toute une armée de spectres souriant ou hurlant, la plupart grotesques. Rien qui ne fût à double sens; un défilé, une farandole. La fiancée qui s'avançait sous son voile blanc avait un second visage, bestial. La vieille, derrière elle, se faisait guenon affreuse et, dans l'ombre, grimaçaient les témoins ironiques. Les hommes, les prétendants aux visages qu'on croyait reconnaître, l'entouraient comme un flot d'oiseaux avides, tombaient et, sitôt plumés, étaient balayés à la rue. Au fiancé on présentait le registre immaculé des nobles ancêtres de la fiancée, il l'étudiait et ne reconnaissait pas encore le visage simiesque de celle qu'il allait épouser. Elle-même l'ignorait. Chacun portait son masque qui le faisait paraître, à tous et même à lui, ce qu'il voulait être et non ce qu'il était. Personne ne reconnaissait personne, pas même soi.

De ces dessins. Francisco en avait fait aussi, ces derniers temps, avec fougue, avec passion. Mais depuis l'adieu de Jovellanos, l'entrain l'avait abandonné. Assis, désœuvré, dans son ermita, les derniers mots de don Gaspar le hantaient et il s'opposait en pensée aux autres. Que voulaient-ils de lui ? Qu'il se mêlât aux proyectistas, à la Puerto del Sol, et qu'il montrât aux passants des dessins révolutionnaires ? Ne comprenaient-ils donc pas, les Jovellanos et les Quintana, que tout martyre est inutile ? Depuis trois siècles qu'ils s'étaient laissé torturer, écorcher et tuer pour le même idéal, qu'avaient-ils obtenu ? Que le vieux dans ses montagnes d'Asturie attende que les messagers verts de l'Inquisition viennent le chercher, s'il y tenait. Quant à lui, Francisco, il ne laisserait pas un faux courage obscurcir sa raison. A tuyo tu ! Prends soin de toi !

Impossible pourtant d'oublier ce que lui avait dit Jovellanos. Il revoyait don Manuel, repu et arrogant, se vautrer sur son divan qui avait été censé représenter le champ de bataille ; il revoyait l'infante et ses grands yeux regardant ce monde affreux qu'elle ne comprenait pas.

Et, brusquement, avançant sa grosse lèvre, il s'assit à sa table et se prit à dessiner. Non point de grandes dames cette fois, ni de petites maîtresses, ni des majas, ni des entremetteuses, rien de mystérieux, d'énigmatique. De simples dessins que chacun comprendrait.

Un vieil âne apprend avec zèle l'A.B.C. à un plus jeune ; le singe donne sur la guitare une sérénade à la vieille ânesse ravie, et sa suite applaudit, transportée d'aise. Un âne très noble étudie son arbre généalogique dont les racines se perdent dans la nuit des temps ; ailleurs un petit singe preste, agile, peint le portrait d'un âne très fier, et sur la toile apparaît une tête qui n'est pas sans ressembler au modèle, et pourtant plus celle d'un lion que d'un âne.

Goya passait en revue ses dessins. C'était trop naïf, trop simple, trop dans l'esprit de ses amis. Il dessina encore deux grands ânes portant sur leurs dos arrondis deux hommes très voûtés. Il rit, de joie méchante. « Tu que nos puedes, elevame a questas. Toi qui ne le peux pas, porte-moi et me panse. » On voyait au premier coup d'œil la noblesse et le clergé montés sur le dos de l'Espagne patiente.

Croire à l'action politique de ces griffonnages eût été folie. Mais cela faisait du bien de laisser courir son imagination. Il passait maintenant presque tout son temps à l'ermita, travaillait avec fièvre. Jusque-là, ses dessins étaient demeurés anonymes ; il les appela *Satires*.

Il dessina encore des jeunes, mais avec plus d'ironie, moins de pitié. Un couple d'amoureux aux pieds desquels deux minuscules petits chiens à la mode, très occupés, comme leurs maîtres.

Un amoureux debout devant une énorme masse de pierre, désespéré à la vue de son amie morte. L'homme, le ciel, l'enfer se mêlaient, et au milieu de cet étrange mélange passaient, dansaient Francisco, Cayetana, Lucia, et tout n'était plus qu'un jeu hardi.

Il dessina la joie du jeu. Un satyre perché sur un globe, la terre sans doute, et l'être aux pieds de bouc, un gros démon jovial, fait un peu d'acrobatie pour passer le temps. Une joie enfantine se lit sur son visage. Entre ses doigts il tient devant ses yeux un homme dans un uniforme éclatant constellé de décorations et portant une énorme perruque qui jette feu et fumée. Dans sa main l'homme tient un flambeau qui fume lui aussi. Sur un côté du globe, un autre homme tombe, que le satyre, fatigué de jouer, vient de lancer dans le néant. De l'autre côté de la boule terrestre, un autre tombe également dans l'espace infini, tête la première, autre pantin qui n'amuse plus le satyre.

Francisco se réjouissait du jeu de mots qu'il venait de faire; humear, fumer, veut dire aussi se donner de grands airs, et cet imbécile satisfait l'amusait, ce pantin avec lequel joue le destin et qui ne se doute pas qu'il ira bientôt rejoindre les deux autres dans le néant. Don Manuel était-il le satyre jouant comme un enfant à la poupée, ou le joueur qui n'en croit pas son bonheur, l'imbécile ? En tout cas, l'esprit le plus simple saurait, à voir ces dessins, que la fortune n'est pas une jolie femme capricieuse, mais un satyre jovial, très dangereux dans sa stupidité.

Francisco pensait aussi à son propre destin, aux hauts et aux bas de sa vie, subir y bayar. Plus jamais il ne serait le pantin. Il tomberait peut-être au néant, mais la bête aux pieds fourchus ne saurait le surprendre. Non, on ne l'abuserait plus. Il était prêt à tout.

Il allait apprendre que sa confiance n'était que vantardise vaine. Le satyre se moquerait de lui comme des autres. De Saragosse vint la nouvelle que Martin Zapater était mort.

Francisco ne parla à personne de son malheur et courut à l'ermita, se jeta sur une chaise, y resta longtemps, immobile. Un morceau de sa vie qui s'en allait. Plus personne maintenant à qui parler d'autrefois, avec qui rire, devant qui il pourrait laisser voir la joie de son cœur, le bonheur du succès. Martin était mort. Son « gros nez », son ami !

— Tu m'as fait ça, à moi, coquin !

Il avait parlé tout haut. Et soudain, dans l'atelier désert, il se mit à danser. Dans ce désordre de clichés, de presses, de papiers, de pinceaux. Il dansait, raide, de la petite à la grande cheminée, la jota, ce pas noble et guerrier de l'Aragon, sa patrie et celle de Martin. C'était l'adieu à Martin.

Vers le soir, il se souvint qu'il avait un rendez-vous avec Cayetana. « Les morts au cimetière et les vivants à table ! » se répéta-t-il, furieusement. Contre son habitude, il était mal habillé. Il n'avait pas demandé sa voiture, et il y avait loin de l'ermita à Moncloa. Il y alla à pied. Cayetana s'étonna de le voir arriver couvert de poussière et mal vêtu, mais ne lui posa pas de question. Il ne lui dit rien de la mort de Martin, mais resta longtemps près d'elle cette nuit-là et la prit brutalement, avec fureur.

Le lendemain, à l'ermita, la vieille folie le reprit tout entier. Il était responsable de la mort de Zapater, ses portraits en étaient la cause. Et, cette fois, il n'osa pas dessiner les esprits qui le harcelaient. Ils se jetaient sur lui, griffes dehors; il entendait leur rire.

Longtemps il se tint immobile, écrasé par la peur. Puis la colère s'empara de lui. Contre lui d'abord, puis contre Martin. Ce Martin s'était collé à lui, s'était glissé en lui, s'était fait indispensable, puis l'avait délaissé, trahi. Il n'avait que des ennemis; ceux qui se disaient les plus proches de lui étaient les plus dangereux. Qu'était-ce Martin, après tout ? Un imbécile rusé, un banquier, une nullité qui ne comprenait pas plus son art que Juanito, le petit chien. Et laid ! Etait-il possible de l'être davantage ? Comment pouvait-on avec un nez pareil oser s'immiscer dans les secrets de son prochain ? D'un crayon rageur, il le dessina mangeant, à grands coups de cuiller, une assiettée de soupe. Le nez grossissait et soudain tout le visage ne fut plus qu'une obscénité. Les parties honteuses d'un homme.

Francisco tremblait de rage et de remords. Il offensait, injuriait un mort ! Ce qu'il venait de dessiner, c'était sa propre débauche, sa grossièreté sans fond. Parce que Martin avait été le meilleur et le plus dévoué de ses amis, il lui prêtait, par envie de sa bonté, ses sentiments les plus vils. Martin avait été d'une simplicité si sainte que les démons n'avaient pu arriver jusqu'à lui. Et lui, Francisco, n'était qu'un sot d'avoir pu se croire leur maître. Déjà ils l'entouraient, l'assaillaient. Dans sa surdité, il entendait leurs croassements, leurs ricanements; il sentait sur lui leurs haleines fétides.

Dans un effort immense, il se redressa sur sa chaise, serra les lèvres, rejeta en arrière ses cheveux en désordre. Francisco Goya, premier peintre du roi, président d'honneur de l'Académie, ne ferme pas les yeux, ne se cache pas le visage devant les spectres; il les regarde bien en face, même après qu'ils ont tué son ami Martin.

Il va en finir avec cette engeance, une fois pour toutes. Il va la mettre sur le papier.

Son crayon vole. Il se dessine lui-même, couché sur la table, cachant son visage entre ses bras et, tout autour de lui, la nuit grouille de monstres, chats ou chiens, de hiboux et de chouettes énormes. Tout ce monde démoniaque l'encercle, se rapproche lentement. Un monstre hideux ne s'est-il pas déjà perché sur son dos ? Mais ils n'entreront pas en lui. Car il a réussi à insérer dans la patte griffue d'une de ces horribles bêtes un burin. Ces spectres vont maintenant le servir, lui mettre en main l'arme qui lui permettra de les jeter, de les bannir sur le papier où ils ne pourront plus faire le mal.

Dès lors, il ne craignit plus ses démons et ses spectres. Il n'avait qu'à les appeler pour qu'ils vinssent, obéissants. Ils se montraient à lui, partout, à toute heure. Les nuages courant au ciel, les rameaux et les branches des arbres de son jardin, les taches aux murs de l'ermita, tout fut désormais contours et visages de ceux qu'il portait en lui.

Dès la jeunesse, il s'était occupé de l'histoire naturelle des démons et en savait davantage sur eux que la plupart des artistes et des poètes d'Espagne, plus même que les démonologues, les experts de l'Inquisition. Maintenant, surmontant sa crainte, il se força à évoquer ceux qui s'étaient tenus à l'écart et, bientôt, il les connut tous. Tous : les ables, les mandragores et les sorciers, les lémures, incubes et loups-garous, les elfes, fées et gnomes, les vampires et stercoraires, les ogres et basilics. Et les esprits souffleurs, les sophones ou mouchards, les plus répugnants de tous, qui portaient, justement, le même nom que les espions de la police et du Saint-Office. Et aussi les duendes et les duendecitos, les petits lutins qui, reconnaissants, font dans la nuit le ménage de leur hôte involontaire.

Beaucoup de ces fantômes avaient figure humaine, ressemblances d'amis et d'ennemis confondus. Une seule et même sorcière était Cayetana, ou Pepa, ou Lucia. Certain esprit à la face brutale et grossière était tantôt don Manuel, tantôt don Carlos.

Ces spectres se vêtaient souvent de l'habit religieux, apparaissaient en moines, en juges au Saint Tribunal, en prélats. Ils singeaient aussi fréquemment les rites d'église et dispensaient communion, sacre ou extrême-onction. Une sorcière à califourchon sur les épaules d'un satyre prononçait ses vœux d'obéissance ; de saints fantômes portant robes d'évêque, volant au-dessus d'elle, lui présentaient le Livre sur lequel elle prêtait serment et, des profondeurs d'un lac, des novices, tête levée, chantaient.

Goya perdait toute crainte de ses esprits tourmenteurs et, du fond de son cœur, montait une immense pitié mêlée de dédain ironique pour tous ceux qui vivaient dans la peur du revenant, de l'illusion. Il dessina la foule, pleine de ferveur, adorant le croquemitaine, coquin rusé affublé par un tailleur d'un suaire de revenant. Il dessina le peuple soumis, exploité, les pauvres d'esprit sans cesse occupés à nourrir, à soigner leurs oppresseurs, les chinchillas, les chats fourrés, les gros rats, les grands et les prêtres ; les simples aux paupières collées, aux oreilles fermées d'énormes cadenas, aux membres embarrassés dans d'antiques vêtements coûteux, trop longs pour eux et les paralysant. Il représenta la masse des humbles, des parias, des esclaves qui attendent, stupides, sans un geste, sans une pensée, tandis qu'un ilote épuisé s'arc-boute dans un dernier effort à une énorme pierre tombale qui va les écraser tous.

Ses créations étaient de plus en plus hardies, riches de sens. Ses dessins, il les appelait maintenant : idées ou caprices. Caprichos.

Il épiait la vie de ses fantômes dans leurs occupations les plus intimes, quand ils s'enivraient, ou faisaient leur toilette, se taillant le poil ou les griffes. Il voulait découvrir comment ils allaient chevauchant, au sabbat, à l'aquelarre, comment ils entretenaient le feu sous la marmite au milieu des vagissements d'un nouveau-né, devaient l'initier au cérémonial du besemanos, du baise-pied du grand bouc, lui confier les secrets et formules qui leur permettaient de transformer un homme en bête, en bouc ou en chat.

Fréquemment il apportait son déjeuner à l'ermita : pain, fromage et un peu de vin de manzanilla. Ses fantômes, il les conviait à sa table, s'asseyait au milieu d'eux. Appelant le bouc son ami, et un autre, un diable de taille colossale, « chico », petit. Il bavardait, plaisantait avec ses monstres, tâtait leurs griffes et leurs cornes, leur tirait la queue. Il étudiait leurs faces cruelles et stupides, hilares ou rusées, et, dans le silence qui l'entourait, éclatait d'un grand rire moqueur.

20

Goya avait interdit qu'on vînt le déranger à l'ermita, même dans les cas les plus urgents. Une seule avait le droit de franchir sa porte : Cayetana.

Elle ne lui parlait jamais de son travail. Un jour pourtant, elle lui dit :

— Tu es toujours ici. Qu'y fais-tu donc ?

— Je dessine, répondit-il, de petites choses sans importance. Ce nouveau procédé à l'acide s'y prête fort bien.

En soi, il enrageait de décrier ainsi son œuvre. Il espérait qu'elle ne lui demanderait pas de lui montrer quelque chose et, en même temps, il l'attendait.

Et, comme elle gardait le silence, il ajouta à contre-cœur :

— Si tu le veux, je puis te faire voir quelques dessins.

Il les lui mit sous les yeux, au hasard, tels qu'ils lui tombaient sous la main, tout en cachant ceux dans lesquels elle aurait pu se reconnaître. Elle jetait un coup d'œil bref, à sa façon. Devant la vieille qui se farde devant son miroir, elle dit, sur un ton satisfait :

— Si ta Maria-Luisa se voyait ainsi...

Du reste, elle ne dit rien et Goya en éprouva du dépit. Il se risqua à lui montrer les feuilles sur lesquelles elle paraissait. Elle les regarda avec la même complaisance sans montrer plus d'intérêt. Devant le couple amoureux en galante conversation, avec les deux petits chiens à leurs pieds, elle dit simplement :

— Cela ne fera pas plaisir à tes amis Manuel et Pepa.

Un instant, il resta interdit. Mais n'avait-il pas écrit lui-même : « Nul ne se connaît » ?

Elle étudia plus longtemps les rondes démoniaques.

— Tu as bien réussi Brigida, dit-elle négligemment. Oui, des amusettes, reprit-elle après un silence. A dire vrai, je m'attendais à quelque chose de plus gai. C'est même un peu brutal, barbare. C'est sans goût, conclut-elle en détachant avec soin les mots.

Francisco était stupéfait. Il s'était attendu à ce qu'elle s'écartât avec horreur, avec colère. Mais barbare ? Sans goût ? C'était là tout ce qu'elle trouvait à dire devant le fruit du travail de cinq années d'heur et de malheur ? Il venait de découvrir un monde nouveau et c'était dépourvu de goût ? Le jugement d'une grande dame. Elle avait le droit de danser le desmayo, de faire mourir l'homme qui la gênait, mais quand il voulait, lui, anéantir les fantômes qui l'assaillaient, les réduisait à sa merci, c'était sans goût !

Sa colère dura peu. Elle était très loin de lui, il le savait, et il n'aurait pas dû lui montrer son travail. L'idioma universal ! Le jeune Quintana était dans l'erreur. Il sourit, et remit ses dessins dans le coffre.

Le lendemain, il fit un nouveau dessin. Un homme et une femme liés ensemble à un arbre et qui cherchent, d'un effort désespéré, à se libérer ; mais au-dessus d'eux, une énorme chouette portant lunettes, les ailes étendues, se retient d'une patte à l'arbre et de l'autre croche dans les cheveux de la femme. Jovellanos et Quintana devineraient sûrement dans l'oiseau l'Eglise et la loi qui veillent sur l'intangibilité du mariage. Quant à Manuel, il verrait dans la bête le destin qui unissait Miguel et Lucia, et Miguel penserait à la liaison de Manuel avec Pepa. Lui seul, Francisco, savait que son dessin signifiait tout cela et aussi les liens indestructibles qui l'unissaient à Cayetana.

Quelques jours plus tard, le docteur Peral se présenta à la quinta del Sordo. Goya, méfiant de nature et plus encore depuis qu'il était sourd, pensa aussitôt que Peral venait au nom de Cayetana.

Voilà donc le pouvoir de son art nouveau ! Encore une fois la vague noire de la colère faillit l'engloutir. Puis un grand rire intérieur le secoua. Elle n'avait pas caché son opinion. En admettant même qu'elle se soit prise pour Pepa, ne le jugeait-elle pas un pauvre fou ?

— Avouez, docteur, que Cayetana vous envoie, dit-il gaiement. Vous voulez vous rendre compte de mon état.

— Oui et non, dit Peral sur le même ton. Je ne viens pas voir mon ancien malade, mais Goya le peintre. On n'a rien vu de vous depuis longtemps, et voici que la duchesse m'apprend que vous avez beaucoup travaillé, dessiné et gravé. Vous savez mon admiration pour vous. Je serais heureux et fier de pouvoir jeter un coup d'œil sur votre œuvre.

— Soyez franc, don Joaquin, répondit Goya. Cayetana vous a dit que je m'enfermais pour produire des insanités. Elle vous a dit — il élevait le ton — que j'étais fou encore une fois, dérangé, fatigué, malade du cerveau, fou à lier, furieux ! — Il criait maintenant. — Vous avez pour cela quantité de mots savants, de classifications, de rubriques. « Il faut me modérer, pensait-il, sans quoi il pourra justement me dire fou. »

— Doña Cayetana a trouvé vos dessins très surprenants, dit avec calme le docteur Peral. Mais j'ai pu, au cours de notre voyage en Italie, me convaincre qu'en art, les jugements portés par notre chère duchesse sont assez arbitraires.

— Oui, dit Francisco, les sorcières ont une conception très personnelle de l'art.

— Vous savez aussi, poursuivit le docteur Peral sans paraître avoir entendu, à quels préjugés se heurte un maître quand il innove. Je n'ai pas l'intention de vous contraindre, don Francisco, mais croyez bien que ce n'est ni la simple vanité ni un intérêt médical qui me font désirer aussi vivement voir votre travail.

Après le vain bavardage de Cayetana, Francisco éprouvait le besoin d'avoir l'avis de cet homme plein de mesure, et bon connaisseur.

— Venez demain à mon atelier, dans l'après-midi, lui dit-il. Dans la calle de San Bernardino. Ou plutôt non. Demain, c'est mardi, le jour du malheur. Disons mercredi, mais je ne peux pas vous promettre de me trouver au rendez-vous.

Peral vint le mercredi. Goya l'attendait.

Il lui montra quelques-unes de ses « satires ». Aux yeux avides de don Joaquin, il jeta encore en pâture quelques « caprices ». Il voyait les narines du docteur se gonfler, aspirer avec délices l'air lourd d'encens et de soufre qui s'en dégageait. Il lui montra Cayetana volant au sabbat et se réjouit de la lueur méchante qu'il vit dans les yeux de Peral.

21

Il délaissait son chevalet, et les clients s'impatientaient. Agustin lui rappela qu'il aurait dû livrer depuis plus de trois semaines le portrait du comte Miranda. Le duc de Montilano, lui aussi, lui rappelait sa promesse. Agustin avait avancé les deux toiles autant qu'il le pouvait. C'était à Goya de les finir.

— Fais-le, toi, répondit négligemment Goya.
— Parles-tu sérieusement ? demanda Agustin plein d'espoir.
— Mais oui ! dit Goya.

Depuis que Cayetana avait vu ses dessins, peu lui importait l'opinion de ses nobles clients.

Agustin travailla sans relâche et termina les deux portraits en dix jours. Le comte Miranda se dit très satisfait et le duc de Montilano ne le fut pas moins.

Dans la suite, Goya confia de plus en plus souvent à Agustin les toiles sur lesquelles il n'avait guère fait que des ébauches. Nul ne le remarqua, et Francisco s'amusait beaucoup de l'incompréhension de ses admirateurs.

— Doña Cayetana voudrait que je fasse d'elle un nouveau portrait, dit-il un jour à son aide. Si je le peins, j'y mettrai, je le crains, trop de moi. Tu sais ce que je veux : mets-toi à l'ouvrage. J'ajouterai quelques coups de pinceau et ma signature, et tout le monde sera content.

Et comme Agustin le regardait, stupide :
— N'as-tu pas confiance en toi ?
C'était, pensa Agustin, une plaisanterie dangereuse qui pouvait mal tourner pour lui.
— La duchesse a de profondes connaissances, hasarda-t-il.
— Oui, comme les autres, dit Goya.
Agustin peignit le portrait et le réussit. C'était bien la duchesse d'Albe, son beau visage à l'ovale parfait, ses yeux immenses, ses sourcils fiers, ses magnifiques cheveux noirs. Mais sous ce front, nul n'aurait soupçonné Brigida. Personne n'aurait admis, à voir cette femme, qu'elle avait peut-être hâté la mort de son mari, et n'aurait pu croire qu'elle avait infligé à celui qu'elle aimait d'horribles souffrances, par orgueil et perversité. Francisco étudia avec soin le portrait, y ajouta quelques coups de pinceau et signa. Cela restait un tableau d'Agustin Esteve.
— C'est parfait, dit-il. Tu verras que Cayetana sera contente.
De fait, elle goûta beaucoup ce visage calme et fier.
— Tu as peut-être fait de moi de meilleures toiles, dit-elle, mais celle-ci me plaît plus que toutes. N'ai-je pas raison, don Joaquin ? ajouta-t-elle.
Peral, gêné, ne savait que répondre. Goya avait sans doute voulu plaisanter.
— Ce tableau viendra enrichir votre collection, murmura-t-il.
Francisco avait lu la réponse sur les lèvres de Peral et resta impassible. Il était quitte avec Cayetana.

22

Le soir dès adieux de Jovellanos, Agustin, de sa voix creuse, avait prédit que don Manuel révoquerait l'édit assurant l'indépendance de l'Eglise d'Espagne. La réponse passionnée de don Gaspar : « Ils n'oseront pas » avait fait impression et permis l'espoir. Espoir bref. L'édit fut rapporté et la nouvelle frappa Agustin au cœur. Le maître, en signant les tableaux peints par Agustin, avait donné à son aide la preuve d'une étroite amitié. Mais sa joie n'avait pas été de longue durée. Depuis des semaines Goya ne lui avait pas donné l'occasion d'un entretien amical avec lui, et maintenant qu'Agustin avait besoin de lui, il n'était pas là. Lentement, sa colère se tourna vers Francisco.
Il courut à l'ermita.
A l'entrée d'Agustin, Goya repoussa vivement le cliché auquel il travaillait, pour que son aide ne pût le voir.
— Je te dérange ? dit celui-ci très haut.

— Qu'est-ce que tu dis ? demanda Goya en colère en lui tendant son carnet. « Je te dérange ? » écrivait Agustin plein de fureur.
— Oui ! hurla Francisco qui ajouta : Qu'y a-t-il ?
— Manuel a rapporté l'édit !
— Quel édit ?
— Tu le sais très bien ! cria Agustin hors de lui. Et c'est en grande partie ta faute !
— Imbécile ! Ane au carré ! dit Francisco avec une douceur qui ne présageait rien de bon. Puis, d'une voix de tonnerre : — Et c'est pour cela que tu me déranges ? Je l'aurais aussi bien su ce soir ! Que te figures-tu donc ? Crois-tu que je vais courir chez don Manuel pour le poignarder ? Quoi encore ?
— Ne crie pas si fort ! jeta Agustin. Tu veux donc te perdre ?
Il écrivit sur le cahier : « Cette maison a des murs très minces. Ne provoque pas tes ennemis. » Et, à voix contenue, il poursuivit :
— Tu t'enfermes, tu fais tes petites affaires, et quand un ami court à toi, le cœur chaviré, tu lui cries de te laisser en paix ! Qu'as-tu donc fait, ces derniers mois, pendant que l'Espagne opprimée s'enfonçait dans la nuit profonde ? Tu as fait le portrait de Manuel, ce chef de bande, cet aventurier, César, Alexandre et Frédéric en une seule et même personne ! C'est tout ce que tu as trouvé à dire, Francisco ! Es-tu donc pourri, fini, embourbé ?
— Ne crie pas si fort, répliqua Goya doucement. N'est-ce pas toi qui m'as dit que ces murs étaient minces ?
Il avait repris tout son calme. La colère d'Agustin l'amusait. Etait-il quelqu'un pour avoir vu plus clair dans l'avenir de l'Espagne que lui, Francisco Goya, pour avoir mesuré l'immense détresse de ce pays ? Et ce pauvre Agustin, à deux pas de l'armoire qui abritait ses dessins, ses « caprices », qui lui reprochait son aveuglement, son incompréhension !
— Mon cœur se gonfle, gémissait Agustin, quand je pense à Jovellanos, que je l'entends te crier : « Pour l'Espagne ! Travaillez pour l'Espagne ! Peignez pour elle ! » Rien que pour ton art, tu n'aurais pas dû fermer les yeux. Mais tu ne penses qu'à toi. M. le premier peintre se doit d'être prudent ! Son Excellence ne doit pas se risquer à déplaire à la clique élégante, à nos seigneurs ! Valet ! Tu n'es qu'un plat valet ! Que verguenza ! Quelle honte !
Le sourire de Francisco mettait Agustin hors de lui.
— Naturellement ! Cette femme est la cause de tout. Pour elle, tu as accepté le risque, tu as prouvé ton courage. Mais tu te moques de ce que peut te dire un Jovellanos, tu hausses les épaules, tu fais tes sottises, pendant que l'Espagne est jetée aux chiens !
Goya avait écouté Agustin crier sa colère impuissante contre Cayetana.
— Pauvre imbécile ! fit-il avec pitié. Tu ne comprendras jamais rien aux hommes, au monde, ni à moi ? Te figures-tu que j'ai passé tous ces mois à me tourner les pouces, à rêvasser à mes peines romantiques ? Non, ce que j'ai fait ici était tout autre. Regarde !

Allant au coffre, il en tira un paquet de dessins et de gravures et les posa devant Agustin.

Ulcéré des paroles de mépris de Francisco, Agustin hésita, mais le désir de savoir fut le plus fort. S'asseyant, il regarda et tout fut oublié, jusqu'à l'édit de don Manuel.

Emu jusqu'au plus profond de lui-même au point que Goya pouvait à peine lire ses mots sur ses lèvres, il parla enfin :

— Et tu nous a laissés discourir ! Sans rien nous dire ! Tu as dû bien rire de nous !

Et voyant que Goya ne comprenait pas bien, il tenta vainement de faire parler ses doigts. Cela n'allait pas assez vite et dans son enthousiasme, tout d'un trait :

— C'était en toi, tu le jetais déjà sur le papier et tu nous laissais dire !

Une à une, il reprenait les feuilles, les admirait, fou de joie :

— Tu n'es qu'un mauvais chien ! Tu t'enfermes ici, tout seul ! Sournois, menteur ! Ah ! tu les as tous placardés, collés au mur, ceux d'autrefois, et ceux d'aujourd'hui !

Eclatant de rire, il avait entouré de son bras le cou de Goya, comme un enfant, et Francisco était heureux.

— Ce n'est pas trop tôt ! Enfin, tu comprends ton ami Goya ! Tu sais ce qu'il vaut. Mais tu ne sais que te plaindre, que te fâcher. Tu n'as aucune confiance en moi. Tu n'as pas pu attendre. Il a fallu que tu viennes me surprendre, ici, au galop de charge. Alors ? Je me vautre dans la boue ? Dis-moi : suis-je toujours pourri, un valet ? Ils ne sont pas amusants, mes petits bonshommes ? Dis-moi ? Et ton procédé ? Ai-je su m'en servir ?

Agustin, les yeux sur un dessin, un des plus étranges, s'humiliait :

— Ça, je ne le comprends pas encore. Mais le reste ! Tous comprendront. C'est affreux ! Magnifique ! Il faudra bien qu'ils comprennent. Idioma universal !

Goya, à l'entendre, se sentait étrangement gêné. Il s'était souvent demandé, sans doute, quel serait l'effet produit, et aussi s'il convenait qu'il laissât voir son œuvre nouvelle. Mais cette pensée, il l'avait rejetée, laissée sans réponse. Après la froideur de l'accueil que lui avait fait Cayetana, il avait résolu de garder le tout pour lui. Ce combat terrible et grotesque avec les démons, c'était lui-même, c'était son affaire. Montrer les caprichos, cela serait comme s'il courait nu les rues de Madrid.

Agustin lut la gêne dans les yeux de son ami et l'interpréta à sa façon réaliste. Il lui vint à l'esprit ce que Goya devait savoir : que ces dessins présentaient un danger, mortel. L'homme qui les publierait ferait aussi bien d'aller se livrer sans attendre à l'Inquisition.

Agustin le comprenait et devinait la solitude morale de Francisco. Cet homme avait eu le courage de concevoir, de mettre au jour cette œuvre puissante, terrifiante, sans même l'espoir de la montrer jamais à qui que ce fût.

Il semblait que Goya eût lu dans les pensées de son aide :

— Il aurait peut-être mieux valu, dit-il, que tu ignorasses ces dessins.

D'un geste brusque, il les rassembla. Agustin n'osa pas l'aider.

Il ne retrouva la parole que lorsque Francisco repoussa le tiroir de la commode. N'était-il pas inconcevable que ces feuilles demeurassent inconnues, peut-être pour toujours ?

— Montre-les au moins aux amis, supplia-t-il. A Quintana, à Miguel ! Ne t'enferme pas dans ton orgueil, dans ton silence ! C'est ainsi que tu fais croire à ton indifférence !

Goya protesta, jura, mais il ne désirait rien tant que montrer son travail à ses amis. Pour finir, il invita Miguel et Quintana à l'ermita, et pria son fils de l'accompagner.

C'était la première fois qu'on voyait plus de deux personnes à l'atelier, et cela paraissait à Goya une sorte de sacrilège. Les amis s'étaient assis, et tous, à l'exception de Javier, montraient leur gêne et leur impatience. Leur hôte avait fait apporter du vin, des petits pains et du fromage. Lui-même parlait peu, d'un ton brusque. Puis, d'un pas lourd, maladroit, il alla tirer ses dessins de leur tiroir, pour les passer un à un à ses invités. Et soudain l'ermita se peupla de ces monstres mi-bêtes, mi-diables. Sous leurs masques, tous reconnaissaient sans peine des visages familiers, bien vivants. Dépouillés de leur grime, dénudés puis rhabillés d'un crayon plus cruel que la réalité.

Tous se taisaient.

— Buvez donc ! fit enfin Goya. Buvez et mangez ! Verse, Javier !

Et comme le silence se faisait plus lourd :

— J'ai appelé mes dessins « caprices » ou « fantaisies ».

Seul, Javier osa répondre :

— Je comprends, dit-il.

— Caprices ! s'écria soudain Quintana retrouvant la parole. Caprices ! Vous faites le monde et vous appelez cela des « caprices » !

Goya avançait sa grosse lèvre inférieure, et un léger sourire lui relevait le coin de la bouche. Mais il était impossible désormais d'empêcher le jeune poète de crier son enthousiasme.

— C'est renversant ! reprit-il. Que suis-je auprès de vous, avec mes vers maladroits ? Devant ces dessins, je ne suis plus que l'enfant qui va à l'école pour la première fois de sa vie et qui sent sa tête tourner rien qu'à voir au tableau noir l'alphabet que le maître vient d'écrire.

— Il n'est pas très agréable pour un connaisseur, dit Miguel, de voir toutes ses théories réduites au néant par un genre nouveau. J'ai tout à revoir, à reprendre, Francisco. Je ne t'en félicite pas moins. J'espère que tu admettras avec moi, reprit-il après avoir toussoté, retrouver dans certains de ces dessins l'influence des vieux maîtres et de leurs œuvres, certaines gravures de Bosch par exemple, certaines sculptures de la cathédrale d'Avila et de Tolède et des bois du Pilar de Saragosse.

— Il n'est de grand maître qui n'ait dû monter sur les épaules de ses aînés, dit Javier, que vint récompenser un sourire de son père.

— Le sens du plus grand nombre de ces dessins m'apparaît clairement, reprit Miguel songeur. Mais — tu m'excuseras, Francisco — il en est certains que je ne comprends pas.

— C'est fâcheux, dit Goya. Il y en a que je ne comprends pas moi-même, et j'avais espéré que tu pourrais me les expliquer.

— Je le pensais moi aussi, dit gaiement Javier. On ne comprend rien et on comprend tout.

D'un geste maladroit, Agustin renversa son verre, et quelques gouttes de vin tachèrent un dessin. On le foudroya du regard comme s'il avait commis un sacrilège.

— En admettant que le sens de l'un ou l'autre de ces dessins demeure obscur, lança Quintana, vous reconnaîtrez avec nous que le tout se laisse facilement comprendre. *Idioma universal !* Vous le verrez, don Miguel, le peuple ne s'y trompera pas.

— Ce n'est pas mon avis, répliqua Miguel. Non seulement le peuple n'y comprendra rien, mais encore une bonne partie des classes instruites. Il est fâcheux que nous ne puissions pas tenter l'expérience.

— Et pourquoi donc ? fit Quintana belliqueux. Imaginez-vous que cette œuvre admirable va rester dans ce tiroir ?

— Qu'en pensez-vous donc faire ? rétorqua Miguel. Avez-vous l'intention d'envoyer Francisco au bûcher ?

— Si ces feuilles voient le jour, intervint Agustin, l'Inquisition allumera un brasier auprès duquel les autodafés d'autrefois ne seront que lumignons. Vous le savez fort bien !

— Au diable votre prudence ! s'écria Quintana amer. Voudriez-vous faire de chacun un lâche ?

— Pensez-vous sérieusement à montrer ceci ? dit Agustin le doigt tendu. Et cela ?

— Pas tout, évidemment, concéda le poète. Mais le reste peut et doit être répandu dans toute l'Espagne.

— Impossible ! jeta sèchement Miguel, le moins dangereux de ces dessins vaudra à son auteur les rigueurs de l'Inquisition et du roi.

Et voyant les visages s'allonger, il ajouta :

— Il faut attendre le bon moment.

— Quand viendra votre bon moment, répliqua Quintana, ces dessins seront superflus. Cela ne sera plus que de l'art — inutile.

— N'est-ce pas le sort de l'artiste ? fit remarquer Javier.

— L'art n'a pas de sens, s'il n'agit pas, dit Quintana têtu. Don Francisco nous dépeint ici l'angoisse profonde du pays tout entier. Qu'on la dénonce et elle ne sera plus. Qu'on déshabille l'homme noir, le croquemitaine, et il ne sera plus dangereux. Goya aurait fait ce chef-d'œuvre pour nous cinq seulement ?

Ils discutaient, oubliant jusqu'à la présence de Goya. Celui-ci les écoutait en silence, lisant sa réponse sur les lèvres de chacun, et comprenait, sinon tout, du moins l'essentiel. Quand, à bout d'arguments, ils se turent pour se tourner vers lui, il sourit :

— Ce que tu as dit, Miguel, déclara-t-il, n'est pas sot, et, jusqu'à un certain point, vous avez raison aussi, don José. Vos vues s'opposent diamétralement, et j'ai besoin de réfléchir. Sans oublier, ajouta-t-il avec une petite moue, que je ne peux pas me permettre de travailler pour rien. J'ai besoin d'argent.

Il alla remettre en place dessins et gravures et referma le tiroir. Les amis s'en furent l'un après l'autre, songeurs.

23

Goya avait eu plaisir à constater l'impression produite par son œuvre. Le fait que ses amis, pourtant éclairés et bien disposés, n'eussent pas compris certains de ses dessins l'engagea à mettre de côté les plus obscurs.

Du reste, il fit un cahier dans lequel il n'admit que celles de ses compositions évoquant les sujets ou les anecdotes les plus accessibles. Il y ajouta ses gravures de spectres et de démons. Cet ordre montrait le chemin le plus facile vers une compréhension : du monde de la réalité, on passait à celui des esprits diaboliques, et ce deuxième groupe, celui des êtres fantastiques, évoquait le premier, celui des hommes. Sa propre histoire, telle qu'elle était décrite dans les « caprichos », ce rêve chaotique de son amour, de son ascension, de son bonheur et de ses déceptions, gagnait à cette ordonnance logique — donnait son vrai sens à toute l'œuvre. Tout allait à l'Histoire, celle de l'Espagne.

Après avoir classé, retranché, ordonné, il chercha un nom pour chaque feuille; car un bon dessin doit avoir un nom, comme tout bon chrétien. Il n'était pas écrivain et devait longtemps chercher ses mots, mais c'était là une joie nouvelle. La légende du dessin lui semblait-elle trop plate qu'il la complétait par un bref commentaire. Pour finir, chaque feuille eut, en plus de son nom, son commentaire. Proverbes, plaisanteries cruelles, mordantes, dictons de paysan, formules ironiquement pieuses, sentences pleines de ruse et de sagesse cachées, tout s'harmonisait.

« Tantale », écrivit-il sous le dessin représentant l'amant désespéré devant l'amoureuse qui, dans la mort, semble lui cligner de l'œil, et, se moquant lui-même, il écrivit : « Eût-il été plus cavalier et moins ennuyeux, que peut-être reviendrait-elle à la vie. » « Personne ne se connaît soi-même », écrivit-il sous son bal masqué, et sous la vieille qui se fait farder avec soin pour son soixante-quinzième anniversaire, il mit quatre mots : « Jusqu'à la mort. » Il commentait aussi la maja que l'on pare tandis que l'entremetteuse, Brigida, dit son chapelet : « Elle prie pour elle et n'a-t-elle pas raison ? Que Dieu lui donne le bonheur et la protège du mal, des bains, des médecins et des huissiers, qu'il la fasse adroite, éveillée et serviable comme sa mère regrettée. » Sur la feuille représentant la pauvre prostituée écoutant l'arrêt du Saint-Office, il mit : « Une brave femme qui, pour un morceau de pain, a si utilement servi le monde, pourquoi la traiter ainsi ? » Sur la gravure de la sorcière à califourchon sur les épaules du satyre qui prononce son serment blasphématoire, il écrit le dialogue suivant : « Jures-tu d'obéir à tes maîtres et de les honorer ? De balayer le grenier ? De faire sonner tes grelots ? De hurler, de crier ? De voler, d'oindre, de sucer, de souffler et de rôtir ? De faire tout ce qu'on te demande ? — Je le jure — C'est bien, ma fille, tu es sorcière. Mes souhaits de bonheur. »

Longtemps, il se demanda quel dessin occuperait la première place dans son cahier. Il se décida enfin pour celui qui le représente à demi couché sur la table, se couvrant le visage par peur des fantômes, et il l'appela : *Idioma universal*. Puis, trouvant ce titre trop prétentieux, il le remplaça par : « Le sommet de la raison », avec le commentaire suivant : « Tant que la raison dort, l'imagination crée le monstre. Mais l'imagination, mise à la raison, est la mère des arts. »

Pour finir les « caprices », il dessina une nouvelle page.

Un moine énorme, fantomatique, d'une laideur extrême, court, pris de panique, et, derrière lui, un autre. Au premier plan, une ombre de grand seigneur au front étroit et stupide ouvre une immense bouche, et un quatrième fantôme le regarde, un moine, lui aussi, qui hurle. Et, en légende, le cri qui sort des quatre gosiers : « Ya es hora. L'heure est venue. »

Oui, l'heure était venue. Il faudrait qu'il s'en allât, le grand d'Espagne, ce polichinelle sans esprit ni cœur, et avec lui ses complices, prélats et moines. Ya es hora. C'était bien le dessin qu'il fallait à la dernière page des « caprices ». Ya es hora.

24

Depuis qu'il avait montré les « Caprichos », Goya veillait moins sévèrement à sa solitude de l'ermita. Ses amis venaient plus souvent et sans façon.

Un jour qu'ils étaient là tous trois, Agustin, Miguel et Quintana, Miguel désigna du doigt le jeune poète au peintre et écrivit à l'intention de Goya : « Il a apporté quelque chose. » Et comme Francisco interrogeait du regard Quintana rougissant, Miguel continua : « Il a écrit une ode qui te met en cause. » Quintana tendit au peintre son manuscrit, mais Agustin l'exhorta :

— Lisez donc vous-même !

Et Goya de l'appuyer :

— Oui, je vous en prie, don José ! Je vous regarde avec attention et je comprends assez facilement ce que vous dites.

Quintana lut ses vers :
L'empire est sur son déclin et sa puissance n'est plus,
Mais l'ardeur qui brûlait en Vélasquez et en Murillo
Elle brûle en notre Goya !
Devant son imagination enchanteresse
La réalité s'estompe et s'appauvrit.
Un jour viendra bientôt où devant ton nom, Goya,
Le monde s'inclinera, comme aujourd'hui devant celui de Raphaël.
De tous les coins du monde les pèlerins accourront
Vers l'Espagne pour admirer, ravis, ton œuvre.
Francisco Goya ! Gloire de l'Espagne !

Souriants et émus, les autres regardaient Goya qui souriait, un peu gêné, ému lui aussi.

« *Si, vendré un dia,*
Vendrá también, oh Goya ! En que a tu nombre
El extranjero extático se incline »
murmura-t-il, répétant les vers de Qintana, et tous s'étonnèrent qu'il eût si bien compris. Le poète rougit profondément.

— Un peu excessif, ne trouvez-vous pas ? lui demanda Goya, souriant toujours. Passe encore de me dire supérieur à David, mais plus grand que Raphaël, n'est-ce pas exagéré ?

— La louange la plus haute, répliqua Quintana avec ardeur, est encore trop faible pour l'homme qui a fait ces dessins !

Goya savait la naïveté de Quintana et de ses vers et il n'avait pas besoin qu'on le dît le plus grand peintre d'Espagne depuis Vélasquez. Cependant, le bonheur l'inondait. C'était pour ses dessins « brutaux et barbares » que ce jeune homme avait écrit ces vers pleins d'enthousiasme. Et cela pour n'en avoir vu que quelques-uns, sans ordre.

Le désir envahissait Goya de montrer ses « caprichos » dans leur ordre nouveau, et d'un ton qu'il voulait dégagé :

— Voulez-vous revoir mes dessins ? Je les ai classés, mis en cahier dans leur ordre logique, et j'y ai ajouté les légendes et aussi des commentaires pour les imbéciles qui ne comprendraient pas.

Les autres brûlaient du désir d'admirer plus à loisir les caprichos, et le courage seul leur avait manqué d'en prier cet homme à l'humeur si changeante. Et pour la seconde fois, l'admiration les confondit. Oui, le nouvel ordre imaginé par le peintre leur donnait tout leur sens.

— Ce que tu as fait là, Francisco, c'est ton meilleur portrait. Tu as dépeint le vrai visage de l'Espagne.

— Je suis sans conteste possible un libre penseur, dit Quintana, mais, à partir d'aujourd'hui, je verrai dans chaque coin sombre des sorcières et des diables.

— Et il y a encore des gens qui voient en David un artiste ! conclut Agustin sombre et provocant à la fois.

Ils en étaient arrivés à la dernière page, celle des moines monstrueux et hurlants.

— Ya es hora ! s'écria Quintana. Cierra, Espana ! En avant, Espagne ! ajouta-t-il, reprenant le vieux cri de guerre.

— Les légendes sont surprenantes, il y en a beaucoup d'excellentes, déclara Miguel. Elles tendent, si je comprends bien, à faire paraître plus innocent le contenu. Mais bien souvent, elles le précisent, le font plus incisif, plus cruel.

— Vraiment ? dit Goya simulant l'étonnement. Ma plume est, je le sais, assez maladroite et j'exprime souvent mal ma pensée. Je te serais très reconnaissant de tes conseils, Miguel, des vôtres, don José, et aussi des tiens, Agustin.

Les amis éprouvaient beaucoup de fierté et de joie à pouvoir ainsi participer à cette œuvre. Miguel trouva bientôt une légende convenant au dessin représentant le vieil avare qui cache son trésor, une citation de Cervantes : « Chacun est tel que Dieu l'a fait, et souvent beaucoup plus mauvais. » Mais les autres avaient aussi des trouvailles. Ils avaient compris ce que voulait Francisco ; les légendes devaient être d'une langue simple et savoureuse.

— L'expression un peu rustaude doit être conservée, fit remarquer Miguel.

— Assurément, dit Francisco, ne le suis-je pas moi-même, un peu rustre ?

Tous travaillaient en commun, de grand cœur, et ainsi naquirent bon nombre de nouvelles légendes et de commentaires inédits. L'ermita retentissait de joyeux rires.

Seul Miguel semblait soucieux. Pourquoi Francisco, qui n'avait pas le mot facile, s'était-il donné cette peine de trouver ces légendes ? Caressait-il donc toujours l'idée de publier ses « caprichos » ?

Plus il y pensait, et plus il s'inquiétait. Sans doute cet imbécile génial de Goya s'était-il laissé prendre au fanatisme irraisonné de Quintana. Comment retenir l'ami engagé sur un chemin si plein de dangers ?

Il n'était qu'une personne pour l'aider : Lucia.

Les relations de Miguel et de Lucia n'étaient pas simples. Lorsqu'il lui avait annoncé que, ne pouvant plus suivre don Manuel dans sa politique, il lui avait donné sa démission, Lucia n'avait eu pour lui que des mots consolants mais sans chaleur. Elle avait dû déjà avoir été mise au courant par Pepa ou par don Manuel lui-même.

Lucia déplorait sincèrement cette querelle entre Manuel et Miguel, cette séparation dont elle était la cause. Elle avait l'intention de réconcilier les deux hommes, mais plus tard. Pour les mois à venir, Manuel avait un conseiller habile, patriote et sûr : l'abbé. Oui, le pacte du grand inquisiteur avec le premier ministre avait été respecté ; l'abbé était sorti de son cloître. Non pas que le Saint-Office eût annulé sa sentence, mais les familiers de l'Inquisition ne le voyaient pas, les messagers verts de la Santa le coudoyaient sans le reconnaître, et pour autant qu'il ne se risquerait pas dans les environs des résidences royales, don Manuel l'avait assuré qu'il pouvait venir discrètement à Madrid quand la cour n'y était pas. Miguel avait quitté Manuel qui avait besoin d'un homme ayant les capacités de l'abbé.

Miguel savait tout cela, bien entendu, et souffrait cruellement de ce que Lucia et Manuel l'eussent ainsi écarté pour le remplacer par l'abbé.

Maintenant, dans son inquiétude pour Goya, il trouvait le prétexte d'un entretien confidentiel avec Lucia. Après lui avoir vanté la nouveauté et l'étonnante beauté des « Caprichos », il lui confia l'intention, folle, de Goya de publier son œuvre et déplora éloquemment la bêtise des hommes, même des plus adroits. Lucia fut tout à fait de son avis. Pour finir, elle promit de tenter de dissuader Goya de son projet.

Elle alla le voir.

— J'apprends, lui dit-elle, que vous avez fait toute une série de dessins et de gravures très curieux. Il n'est pas bien de votre part de vous cacher d'une vieille amie comme moi.

Sur le moment Goya maudit la faiblesse de Miguel et son indiscrétion. Mais n'avait-il pas, lui aussi, malgré lui, montré ses « caprichos » à Cayetana ?

Lucia lui posa nettement la question : quand pourrait-elle voir cette nouveauté ? Elle ne viendrait pas seule, mais accompagnée d'un ami commun.

— Qui ? demanda Goya méfiant.

Il pensait à Pepa qui ne devait pas voir les « caprichos », à aucun prix.

— Avec l'abbé, répondit Lucia.

— L'abbé ? répéta Goya, que l'étonnement faisait bégayer... Don Diego est à Madrid ? Est-ce donc...

— Non, répondit Lucia lui coupant la parole. Ce n'est pas permis. Mais il est ici.

La surprise de Goya était extrême et aussi sa perplexité. Laisser passer le seuil de sa maison à un hérétique à l'autodafé duquel il avait assisté en personne, n'était-ce pas s'attirer les foudres du Saint-Office ? Lucia vit son inquiétude. Elle le regardait de ses yeux à demi fermés, un petit sourire railleur flottait sur ses lèvres minces.

— Me prenez-vous pour une espionne de l'Inquisition ? dit-elle.

De fait, Goya avait cru un instant qu'elle cherchait à le compromettre. N'avait-elle pas, dans un mouvement de mauvaise humeur, consommé la perte de Jovellanos ? Mais non, c'était absurde. Et sa propre hésitation à rencontrer l'abbé ne l'était pas moins. Si l'abbé pouvait se montrer à Madrid sans être appréhendé, nul ne pouvait reprocher à Goya de le recevoir chez lui. Il en était toujours ainsi avec Lucia : auprès d'elle, il s'oubliait, ridiculement. Et de tout temps : lors de leur première rencontre sur le Prado. Et voici qu'après avoir eu le courage de vaincre sa crainte, qui était celle de l'Espagne tout entière, d'avoir donné le jour à ses « caprichos », il se laissait surprendre en flagrant délit de couardise, sans raison. « Carajo », jura-t-il, in petto.

Et puis, il aurait plaisir à montrer ses dessins à Lucia. En dépit de l'éloignement instinctif qu'il éprouvait à son égard, elle l'avait toujours attiré, assez mystérieusement. Il y avait entre eux une certaine affinité, un point commun au moins. Partis d'en bas, ils étaient arrivés en haut. Elle comprendrait les « caprichos » bien mieux que toute autre femme de sa connaissance. Oui, en lui ouvrant son cahier, il se vengerait de Cayetana.

— Veuillez saluer de ma part don Diego, répondit-il froidement, et faites-moi l'honneur de venir jeudi, à trois heures, dans mon atelier de la rue San Bernardino, avec lui.

L'abbé semblait avoir peu changé. Il était habillé sobrement, mais à la dernière mode de Paris, et s'efforçait de retrouver son ton léger, spirituel, un peu cynique. Mais Goya vit ses efforts et en éprouva beaucoup de gêne. Il se hâta de sortir ses dessins de leur tiroir pour couper court à la conversation.

Doña Lucia et l'abbé vinrent, étudièrent, et il en fut comme Goya l'avait prévu. Le visage de Lucia perdit son masque, se colora, exprima une sorte de fanatisme. Ardemment elle absorbait la vie qui frémissait sur ces feuilles, s'en imprégnait et l'irradiait.

Dès le premier groupe de gravures, celui des « réalités », l'abbé se montra le connaisseur avisé qu'il était et fit des réflexions très pertinentes sur la technique de la gravure. Mais, peu à peu, il se tut, et au fur et à mesure que les dessins se faisaient plus hardis, plus fantastiques, son visage prit l'expression fervente qui paraissait sur celui de Lucia.

Tous deux se penchaient maintenant sur la gravure représentant le couple lié à l'arbre dont la chouette tient dans ses griffes le destin.
— « Personne ne viendra donc nous détacher ? » avait écrit Goya et, satisfait, Francisco vit avec quelle intensité Lucia et l'abbé contemplaient son œuvre et leur propre destinée. Dès lors, un lien nouveau unit ces trois êtres.

Enfin, cachant sa joie derrière la brusquerie, Goya dit :
— Eh bien, c'en est assez ! et fit mine de reprendre les « caprichos ».
— Non, non ! s'écria l'abbé, et Lucia ne pensa pas un seul instant à poser la feuille qu'elle tenait.
— Je croyais, dit-elle, connaître ces gens. Mais c'est en voyant ceci qu'on comprend vraiment à quel point bêtise et bassesse se pénètrent l'une l'autre.

Elle se secoua. « Mierda ! » fit-elle, et Goya éprouva une impression étrange à lire le mot ordurier sur les lèvres au noble dessin.

— Soixante-dix dessins ? dit l'abbé. C'est mille qu'il faut compter ! C'est le monde tout entier ! Toute la grandeur et toute la misère espagnoles !

Francisco parvint à leur enlever des mains les feuilles, qui disparurent dans le coffre.

L'abbé le regardait sans le voir, et Goya sut ce qui se passait en lui. Ne l'avait-il pas vu autrefois à genoux devant le tribunal, à Tarragone ? Ces « caprichos » venaient venger tous les opprimés, dont était l'abbé. Lui aussi criait sa haine et son mépris.

— Il est inconcevable, dit don Diego d'une voix basse et ardente, que ceci puisse être au monde et ne pas y être cependant.

Goya lui aussi se sentait brûler du désir de montrer au monde entier le vrai visage des scélérats qui gouvernaient aujourd'hui l'Espagne, tel qu'il l'avait jeté sur ces feuilles.

— Le monde les verra, déclara-t-il, fermement.

Mais déjà l'abbé reprenait pied dans la réalité de cet atelier et de Madrid. Et, sur le ton de la conversation :

— Vous plaisantez, évidemment, don Francisco ?

L'observant, Goya devinait sous le masque élégant une face morte. Oui, c'était un mort, cet homme. Il errait dans les rues de cette ville où toutes les portes lui avaient été ouvertes, où rien ne se faisait autrefois sans lui, vivant maintenant de la pitié, de la charité d'une femme pour l'amour de laquelle il avait accepté la ruine, l'anéantissement. C'était un mort, assis devant lui, qui s'efforçait de se montrer homme du monde et spirituel. Goya imaginait un nouveau « capricho » : un cadavre élégamment vêtu accoudé à un piano, un cigare aux lèvres.

Il éprouvait une vague crainte devant cet homme qui allait et venait comme s'il avait été vivant et que toute vie avait déserté.

— Je n'ai pas compris, dit-il naïvement.

Lucia lui lança un regard de reproche, mais sans ironie.

— L'abbé, dit-elle, voudrait vous voir plus adroit.

Tout s'éclairait pour Goya. Si Lucia avait amené l'abbé, c'était pour lui montrer, à lui Francisco, ce qu'était un martyr, ce qu'il advenait de lui. Son intention était bien claire. Son attitude était celle d'un enfant. La gloire de l'Espagne ! La louange, les vers de Quintana l'avaient grisé ; la vanité avait balayé la raison. La gloire, il avait voulu la saisir, l'étreindre. Il méritait le regard sévère que lui avait lancé Lucia. Elle avait bien fait de lui amener don Diego, pour remettre en place sa vieille tête, encore si folle. Et, humblement :

— Vous avez raison, doña Lucia, dit-il. Vous avez raison, don Diego.

Mais Lucia, montrant du doigt le coffre où il avait enfermé toute sa gloire, répondit, détachant les mots :

— Je vous remercie, Goya. Maintenant que ces images sont nées sous votre crayon, votre burin, je n'ai plus honte d'être Espagnole.

Et, sous les yeux de don Diego, se penchant sur lui, elle le baisa sur les lèvres. Ardemment, sans honte.

25

Le docteur Peral se présenta à l'ermita. Francisco vit aussitôt que l'affaire était grave.

— J'ai une communication à vous faire, dit Peral, après quelques mots de politesse. J'ai hésité à parler et j'ai peut-être tort de le faire. Mais vous m'avez permis de voir doña Cayetana avec vos yeux, dans vos « caprichos », et j'ai assisté à l'épreuve que vous avez faite de son jugement quand vous avez apporté son dernier portrait. Je ne me trompe pas en disant que nous sommes tous deux des amis très proches de la duquesita.

Goya se taisait, le visage fermé, et attendait.

— Don Francisco, poursuivit Peral d'une voix mal assurée, avait-il remarqué un petit changement en Cayetana ?

« Ah ! ah ! pensa Goya, elle s'est aperçue du tour que je lui ai joué et il vient me prévenir. » — Oui, répondit-il. Doña Cayetana m'a paru changée ces derniers jours.

— Oui, dit Peral d'un ton léger, affecté. Elle est changée. Elle est enceinte.

Goya se demandait, inutilement, s'il avait bien compris. « Esta preñada », avait dit Peral. « Palabra preñada », une expression grosse de sens, pensait bêtement Goya. L'émotion le secoua, il voulait la cacher. Peral n'aurait pas dû parler, Francisco ne voulait rien savoir de ces choses, ni rien connaître des intimités de Cayetana. Mais Peral insistait, précisait, crayon en main. « Auparavant, en des cas semblables, écrivait-il, elle a toujours pris à temps les mesures nécessaires. Mais cette fois, elle a tenu, au début, à garder l'enfant et n'a changé d'avis que plus tard. Trop tard. Il serait dangereux d'intervenir.

— Pourquoi me dire tout cela ? demanda Goya méchamment.

Peral lui répondit d'un regard et Francisco sut ce qu'il avait deviné depuis longtemps : c'était son enfant, à lui Francisco. Cayetana avait voulu le mettre au monde — et ne le voulait plus.

— Il serait à souhaiter que vous cherchiez à dissuader doña Cayetana à la faire renoncer à toute intervention.

— Il ne m'appartient pas de me mêler des affaires de la duchesse, répondit Goya d'une voix rauque. Je ne l'ai jamais fait et ne le ferai jamais.

Machinalement, il se répétait : « Preñada, palabra preñada. Elle a tué son mari, tué ma petite Elena, elle va tuer aussi mon enfant. » Et tout haut : — Je ne lui parlerai pas.

Peral avait légèrement pâli. Il écrivit à la hâte : « Comprenez donc, don Francisco ! L'intervention n'est pas sans danger. »

Goya lut et haussa les épaules :

— Je ne peux pas parler, docteur, je ne le peux pas !

Il semblait s'excuser. Pour toute réponse, Peral déchirant la feuille du carnet la mit en petits morceaux.

— Pardonnez-moi ma vivacité, don Joaquin, reprit Goya.

Allant à son coffre, il en tira deux « caprichos », celui qui représentait Cayetana dans les nuages volant au-dessus de trois têtes d'hommes — vers le ciel ou l'enfer ? — et l'autre avec Cayetana au double visage, l'amoureux transi, les soupirants autour d'elle et le château dans les airs.

— Les voulez-vous, docteur ? dit-il.

Peral rougit profondément et remercia.

Quelques jours plus tard, un message vint de lui. Goya devait se rendre aussitôt à Moncloa. Il s'y fit conduire et sut, rien qu'à voir l'expression du visage de Peral, qu'il n'y avait plus d'espoir.

Dans la chambre sombre, on avait vaporisé du parfum qui ne parvenait pourtant pas à masquer un relent douceâtre venu de l'alcôve. On avait fermé les rideaux. Peral fit à Goya un signe l'engageant à les ouvrir et se retira. La duègne, raide, comme pétrifiée, était assise à côté du lit.

De Cayetana couchée on ne voyait que le visage d'une pâleur de cire ; ses yeux creux étaient fermés. Que de fois ces longs cils s'étaient-ils abaissés sur ces yeux, voilant une pensée qu'il n'avait jamais cherché à poursuivre ! Et pourtant, qu'il aurait voulu, maintenant, que ces paupières se relèvent ! Dans ses yeux, enfin, il aurait lu la vérité.

En lui chantaient les derniers mots qu'il eût entendus dans sa surdité : « Je n'ai jamais aimé que toi, Francho, toi seul toujours, toi, vieux et laid. Toujours toi, peintre insolent. » Elle avait su que son amour pour lui serait sa perte ; Brigida la morte le lui avait dit, et aussi Eufémia. Le sachant, elle était allée à l'amour et à la mort. Et, si souvent qu'elle l'en eût prié, il n'avait jamais fait son portrait. Il n'avait pas pu le faire. Peut-être aussi ne l'avait-il pas voulu pour ne pas mettre ses jours en danger. Et cependant, dans ce lit, elle mourait.

Plein de sentiments confus, il la regardait. Il n'était pas croyable qu'elle meure : on ne pouvait admettre que ce cœur brûlant et fier, tumultueux, pût cesser de battre. Il lui ordonna de bouger, d'ouvrir les yeux, de le reconnaître, de lui parler. Il attendait, plein d'impatience, de violence. En silence, il la maudissait, accusait ses caprices, ses humeurs. Mais elle ne s'occupait plus que de sa faiblesse, de sa fuite, de sa mort.

Une monstrueuse solitude l'accablait. Ils avaient été liés, tous deux, plus étroitement que jamais deux êtres ne l'avaient été, et pourtant quels étrangers ils étaient restés l'un pour l'autre ! Comme elle avait peu su de lui, de son art, et comme il l'avait mal connue ! Son « Tantale » était faux : elle ne clignait pas de l'œil, elle mourait.

Raidie, pleine de haine, doña Eufémia s'approchait de lui, écrivait: « Retirez-vous. La marquise de Villabranca va venir. » Il comprit : il avait déshonoré la duchesse d'Albe toute sa vie, qu'il la laisse au moins mourir dignement. Il faillit sourire. Il eût convenu que la dernière du nom d'Albe partît avec sur les lèvres un mot d'ironie ou de dédain. Mais, sur cette couche, dans cet air empesté, son départ n'en serait pas plus digne parce qu'il aurait lieu devant les Villabranca.

La duègne le reconduisit à la porte.

— Vous l'avez tuée, Monsieur le premier peintre, dit-elle pleine de haine.

Peral était dans l'antichambre. Les deux hommes s'inclinèrent profondément, sans un mot.

Dans le vestibule, le prêtre accourait avec les saintes huiles. Goya s'agenouilla avec les autres. Cayetana ne saurait pas plus de cette visite que de celle de la marquise de Villabranca, ou de la sienne.

Le peuple de Madrid, à l'affût de toutes les rumeurs, parla aussitôt d'empoisonnement. Cette fois-ci, c'était l'étrangère, l'Italienne, la reine qui avait fait tuer sa rivale. L'éloignement qu'on avait montré à la duchesse depuis la mort du duc se transformait en pitié, en amour. Des anecdotes touchantes coururent sur son compte : on disait sa simplicité, la façon dont elle parlait à tous comme s'ils avaient été ses égaux, dont elle jouait avec les enfants de la rue, dont elle secourait, largement, ceux qui étaient dans le besoin.

Tout Madrid fut aux funérailles. Tout le faste qu'exigeait le deuil d'une femme d'aussi haute noblesse fut déployé. Les Villabranca n'épargnèrent rien, mais ne s'astreignirent pas à montrer une douleur qu'ils n'éprouvaient pas. Seule, la bonne doña Maria-Teresa plaignit le sort de Cayetana, si belle et si jeune. La vieille marquise n'éprouva que du mépris pour l'affliction populaire. Cayetana avait aimé la canaille qui le lui rendait bien. Le visage de doña Maria-Antonia resta impassible. Ainsi donc cette même main qui avait, sur l'instigation de cette malheureuse égarée, mis fin aux jours de son cher fils, la rayait du nombre des vivants. A la prière des morts, la vieille marquise remua à peine les lèvres, et les mots qu'elle trouva ne devaient pas être des souhaits pieux.

Dans son testament, la duchesse d'Albe laissait des legs importants à la duègne Eufemia, à Fruela, la femme de chambre, à la nombreuse domesticité de ses nombreux domaines, sans oublier Padillo le fou. Tout son caractère fantasque s'y retrouvait. Certains, qu'elle avait à peine connus, recevaient de grosses sommes d'argent : étudiants qui avaient croisé son chemin, un moine mendiant à demi idiot qui avait trouvé abri dans l'un de ses biens, un enfant trouvé dans un de ses châteaux, plusieurs acteurs et toreros. Doña Cayetana laissait au premier peintre du roi, Francisco de Goya y Lucientes, une bague très simple, rien d'autre, et à son fils Javier, une petite rente. Par contre, le docteur Joaquin Peral recevait un demi-million de réaux, un domaine en Andalousie et une série de tableaux de maître.

Il était fort désagréable à doña Maria-Luisa de penser que les bijoux qu'elle avait enviés à la duchesse d'Albe passaient à des domestiques ou autres gens de peu, au lieu de lui revenir. Car, au mépris de l'usage, Cayetana ne faisait aucun don à Leurs Majestés. Don Manuel lui aussi était déçu. Il avait espéré pouvoir échanger des tableaux avec l'héritier principal, le marquis de Villabranca, et acquérir ainsi à bon compte certaines toiles venant de la galerie des Albe.

Ces toiles allaient à ce docteur Peral, si antipathique, et bien connu pour son âpreté en affaires.

La reine et don Manuel se réjouirent donc de voir don Luis-Maria, marquis de Villabranca, quatorzième duc d'Albe, attaquer le testament. La prodigalité de doña Cayetana, son ignorance des affaires, étaient bien connues. On pouvait soupçonner certains légataires ridiculement favorisés, tels que le médecin, la duègne, la femme de chambre, d'avoir influencé la défunte. La mort brutale de celle-ci était elle-même suspecte. On était tenté de croire que le médecin, avide, passionné d'art, avait, après s'être fait porter sur le testament de la duchesse, hâté la fin de celle-ci.

La reine déclarait qu'un procès intenté au médecin mettrait fin aux bruits stupides qui couraient, d'après lesquels elle se serait trouvée mêlée à la mort de Cayetana. Elle chargea don Manuel de veiller personnellement à ce qu'une enquête vînt définitivement établir les causes et les circonstances de la mort de sa première dame d'honneur.

Plainte fut donc déposée contre le docteur Peral, la duègne et la femme de chambre pour captation d'héritage. Les suspects furent emprisonnés et la succession saisie. Il fut vite établi que la testatrice n'avait pas agi de son plein gré, qu'elle avait subi certaines influences. Le testament fut déclaré nul. Le procès contre les suspects fut poursuivi.

Les legs annulés revenaient à la masse, c'est-à-dire au légataire principal, le nouveau duc d'Albe. Celui-ci pria don Manuel de choisir dans la galerie de tableaux de la morte quelques toiles et de les considérer comme la récompense de son intervention dans le règlement de l'héritage ; d'ailleurs, plusieurs tableaux auxquels l'infant attachait du prix avaient déjà mystérieusement disparu. Doña Maria-Luisa, qui s'était employée avec tant de désintéressement à établir les causes réelles de la mort de doña Cayetana, fut humblement priée par le nouveau duc d'accepter quelques bijoux de la chère défunte, à titre de souvenir.

26

Les amis n'osaient pas parler de la mort de Cayetana devant Francisco. Ils redoutaient de le voir céder à un de ses accès de fureur confinant à la folie. Il fut épargné.

Sombre, muet, il s'asseyait entre les murs nus de la quinta. Il aurait voulu rappeler Cayetana à lui, à sa mémoire. En vain. Il ne la revoyait que sur son lit, pâle et mourante, enfermée en elle-même. Par une malice dernière, elle s'était refusée à ouvrir les yeux. Dans les mois qui avaient précédé sa mort brutale, Goya avait senti sa rancune s'affaiblir; depuis qu'elle n'était plus, il lui reprochait plus vivement que jamais les mystères de son être.

Il se promenait dans son grand jardin, digne, son chapeau enfoncé jusqu'aux yeux, avec sa belle canne, droit et fier comme il convient à un Aragonais, maussade. Cayetana n'était plus là, et c'était tout. Il ne croyait pas au ciel et à l'enfer des curés, son ciel et son enfer étaient sur terre. Cayetana n'était plus là.

Rien d'elle n'était demeuré et c'était sa faute, à lui. Ses portraits n'étaient qu'ombres tristes et piteuses qui ne disaient rien de sa splendeur. Même le portrait peint par Agustin, cette croûte, ne donnait rien d'elle. De plus net, il ne subsistait encore d'elle que ce qu'il avait mis dans les « caprichos ». Mais il n'avait vu que le côté satanique. De son éclat, de son charme, il n'y avait rien dans ses dessins ni dans ses portraits.

« Les morts ouvrent les yeux des vivants », disait-on. Il n'en était pas ainsi de Cayetana. Il ne la comprenait pas, ne l'avait jamais comprise. Pas plus qu'elle ne l'avait compris, lui. Jamais femme n'avait été plus étrangère à son art : « C'est sans goût, c'est barbare. » Peut-être était-ce les « caprichos » qui l'avaient fait changer d'avis et tuer l'enfant qu'elle avait voulu lui donner.

Il lui devait rendre justice. Si elle l'avait haï dès le premier jour, lui aussi l'avait haïe dès l'instant où il l'avait vue, sur l'estrade. Toujours, aux minutes les plus brûlantes, à sa passion s'était mêlée la haine. Cayetana avait pu dire son amour à celui qu'elle croyait endormi : il lui était impossible de dire le sien à une morte.

Il pleura, de lourdes larmes humiliantes, sur lui et sur elle. Elles ne lavèrent rien de sa haine ou de son amour.

Il était ignoble d'insulter une morte. Il se signa devant la Vierge d'Atocha, celle-là même que Cayetana avait voilée de sa mantille, pour que la sainte ne pût la voir se donner. Il pria : « Pardonnez-lui sa faute comme nous pardonnons à ceux qui nous ont offensé. » Sa prière aussi était vile; car il ne lui pardonnait pas.

En lui, tout était aussi vide que la quinta. Jusqu'alors, sa vie avait été riche et remplie. Pour la première fois, il connaissait l'ennui. Rien ne l'attirait, aucun plaisir, ni les femmes ni le boire ou le manger, ni la vanité ni le succès. Le travail non plus; la seule odeur des couleurs ou de la toile lui donnait la nausée.

Il en avait fini de tout, de son art comme de Cayetana. Ce qu'il avait à dire, il l'avait dit. Les « Caprichos » étaient dans leur coffre, terminés.

Pourtant, tout n'était pas fini avec Cayetana. L'injustice de la reine et de don Manuel envers la morte l'irritait. Quand il pensait que Peral et la duègne étaient en prison, qu'on avait sali le souvenir de Cayetana de rumeurs indignes, la rage l'étouffait. Lui seul avait le droit d'être injuste envers la morte et personne d'autre.

Il n'en avait pas fini non plus avec les « caprichos ». « L'art n'a pas de sens, qui n'a pas d'action », avait dit Quintana. Il y avait là quelque chose. Celui qui cache son œuvre n'agit pas mieux que la femme qui se débarrasse de son enfant avant de le mettre au monde.

Que se passerait-il s'il publiait ses « caprichos » ? Parfois une attaque brusquée, hardie, paralyse l'adversaire, ou le maître. Risquer le tout pour le tout eût séduit Goya dans sa jeunesse. Qu'adviendrait-il, s'il montrait à ces gens qui s'acharnaient sur une morte ce qu'il pensait d'eux ? N'était-ce pas aussi racheter le mal qu'il lui avait fait ? Un sacrifice à la disparue ? Peut-être alors comprendrait-elle ce que valaient ses « caprichos » « sans goût » et, de dépit, elle se casserait le crâne avec sa Brigida.

Assurément, publier les « caprichos » était une folie. Cela allait à l'encontre de toute raison. Ses amis le lui avaient tous déclaré et il en convenait. Mais était-il donc si vieux, si fatigué, qu'il dût obéir, passivement, à la raison ? N'était-il plus qu'un Miguel racorni ? Cacher les « caprichos », lâchement, comme une vieille femme, était indigne de lui.

Il interrompit le travail d'Agustin.

— Je fais atteler, lui dit-il. Viens. Nous allons chercher les « caprichos. »

Agustin vit son visage sombre, résolu, et n'osa pas poser de question.

Durant la route, ils n'échangèrent pas un mot. Non sans peine, ils empilèrent dans la voiture, sous les yeux étonnés des locataires de la maison de San Bernardino, clichés, gravures, le coffre et, pour finir, la lourde presse. Il leur fallut monter et descendre plusieurs fois l'escalier étroit et raide avant d'avoir tout déménagé. Andrès, le cocher, voulut les aider, et Goya l'écarta d'un geste brusque. Le retour à la quinta se fit aussi en silence. Francisco ne quittait pas des yeux le coffre. Puis, avec l'aide d'Agustin, il monta tout dans son atelier de la quinta. Il plaça le coffre le long du mur, en pleine vue.

Des visiteurs vinrent, la duchesse d'Osuna, le marquis de San

Adrian et d'autres qui pouvaient se considérer comme des amis de Goya. Il éveillait leur curiosité sans y satisfaire.

— Vous voudriez bien savoir ce qu'il y a dans ce coffre, n'est-il pas vrai ? Peut-être un jour vous le montrerai-je. Cela en vaut la peine.

L'armateur de Cadix, Sebastian Martinez, fit aussi une visite au peintre. De son crayon preste, il écrivit sur le cahier de Francisco : « Nous déplorons tous deux une grande perte, Excellence. La duchesse d'Albe — une grande dame, la fleur de l'Espagne — », et il adressa à Goya un regard compatissant. « Il est pénible, écrivit-il encore, d'assister à la dispersion de son patrimoine. Nombre de ses tableaux ont disparu, dont cette Vénus mystérieuse, votre œuvre. On n'en a pas retrouvé trace. Une proposition : ne serait-il pas possible qu'un connaisseur digne de confiance, et généreux, en acquît une copie ? » Goya lut et son visage s'obscurcit.

— Rien ! s'écria señor Martinez. Je n'ai rien dit !
Et prenant la feuille, il la déchira.

Il regardait autour de lui avec beaucoup de curiosité, et ses yeux en revenaient toujours au coffre, bien en évidence. A la fin, il s'enhardit jusqu'à demander ce que le maître avait fait, ces derniers mois. Après une brève réflexion, Goya répondit en souriant :

— L'intérêt que me porte un collectionneur aussi averti et aussi généreux que vous m'honore grandement.

Il sortit du coffre d'abord la série des ânes, puis quelques gravures concernant l'histoire des majas. Voyant la joie et la passion avec lesquelles señor Martinez examinait ses gravures, il se décida à lui montrer aussi « l'envol de Cayetana ».

Señor Martinez s'ébroua, gloussa, rougit :

— Il me faut cela ! s'écria-t-il. Tout ce qui est dans ce coffre ! Ce coffre et tout ce qu'il contient !

Bégayant d'émotion, il voulut écrire, mais le crayon était trop lent, et il eut de nouveau recours à la parole :

— Vous connaissez mes collections, don Francisco ! Avouez donc que ces admirables gravures doivent en faire partie ! Plus ultra ! C'est la devise des Martinez. Plus ultra ! C'est aussi celle de votre génie, don Francisco ! Vous avez dépassé Murillo ! Vendez-moi ce coffre, Excellence ! Vous ne trouverez jamais acquéreur plus digne, plus passionné que moi.

— J'ai appelé ces gravures « caprichos », dit Francisco.

— Un excellent titre, jeta señor Martinez enthousiasmé. Les pensées fantastiques de Monsieur le premier peintre. C'est admirable ! Bosch, Breughel et Callot en un seul, et tout cela profondément espagnol, plus surprenant, plus vaste !

— Que voulez-vous donc m'acheter, señor ? demanda amicalement Goya. Vous n'avez vu que le début de mon cahier. Dans ce coffre il y en a cinq ou six fois davantage. Dix fois autant.

— J'achète le tout, déclara Martinez. Tous les clichés, les épreuves et le coffre avec. Une offre ferme. Dites votre prix, Excellence ! Ne me ménagez pas. Demandez-moi ce que vous voudrez ! Je ne lésine pas quand il s'agit d'une œuvre de votre main. Personne en dehors de mes yeux indignes ne verra jamais ces merveilles !

— Dans le cas où je publierais les « caprichos », dit Goya, je vous enverrais une des premières épreuves.

— La première ! gémit señor Martinez suppliant. La première ! Les trois premières ! Et les clichés ! Les clichés !

Goya ne parvint qu'à grand'peine à se débarrasser de l'enthousiaste.

27

Ce printemps, il vint de mauvaises nouvelles de don Gaspar Jovellanos. L'infant Manuel ne refusait plus à l'Inquisition l'autorisation de procéder contre Jovellanos et, une nuit, le vieillard, tiré de son lit, avait été arrêté à Gijon. Après l'avoir conduit enchaîné à Barcelone, on l'avait embarqué pour Majorque et jeté dans la cellule obscure d'un cloître. On lui refusait livres et papier, on lui interdisait toute relation avec l'extérieur.

— Ya es hora, le temps est venu, dit Goya à Agustin. Je mets la dernière main aux « caprichos ». Tu me procureras le papier et nous mettons sous presse. A mon avis, trois cents épreuves suffiront pour l'instant.

Agustin, depuis des semaines, voyait avec une inquiétude croissante Francisco attirer l'attention de ses visiteurs sur le contenu du coffre.

— Tu veux vraiment... ? balbutia-t-il.

— Cela t'étonne ? jeta Goya méprisant. Qui donc est venu un jour à l'ermita pour me jeter au visage que je n'étais que pourriture ? On n'avait pas encore banni don Gaspar : depuis on l'a jeté dans un cul de basse-fosse sans air ni lumière.

— Tu es fou, Francisco ! s'écria Agustin terrifié. Ne fais pas cela ! Ne donne pas cette joie à l'Inquisition.

— Nous tirerons à trois cents exemplaires ! ordonna Goya. D'autres de mes amis m'approuveront, en particulier un certain Quintana.

— Je m'en doutais ! gémit Agustin, amer. L'ivresse, la folie de Quintana t'ont gagné, et son encens, cette ode stupide sur ton immortalité.

— Je chie sur l'immortalité, dit tranquillement Goya.

— Ignoble mensonge ! s'écria Agustin au comble de la colère.

— Ne t'emballe pas, reprit Goya de plus en plus calme. Tu as commencé par me répéter, à la moindre occasion, que je devais mettre mon talent au service de la politique. Et maintenant que don Gaspar meurt lentement, torturé par ses bourreaux, je devrais me taire ? Ah ! c'est bien de vous, politiciens et réformateurs ! Les savants discourent, les braves agissent.

— Cela sera de la pure folie, reprit Agustin, que de faire sortir les « caprichos » de leur coffre. Nous sommes en guerre, la Santa peut faire ce qu'elle veut. Reviens à la raison, Francisco. Un parricide peut parfois s'en tirer indemne ; mais publier ces gravures, c'est se suicider.

— Je t'en prie ! s'écria Goya. Je suis Espagnol. Un Espagnol ne se suicide pas.

— C'est du suicide ! répétait Agustin, têtu. Et tu le sais. D'ailleurs, ce n'est pas pour la politique que tu fais cela. Depuis que cette femme est partie, tout te paraît fade, ennuyeux, et tu veux colorer ta vie par un coup de folie téméraire. C'est cela. C'est la faute de cette femme. Morte, elle te ruine !

La colère s'emparait de Francisco.

— Tais-toi ! cria-t-il. Puisque tu hésites à m'aider, j'en chercherai un autre !

— Cherche ! Tu n'en trouveras pas ! riposta Agustin. Et moi, je serai assez fou pour rester auprès de toi !

Il sortit, quitta la maison, claquant violemment la porte derrière lui, tout en sachant que Goya n'entendrait pas.

28

Vainquant sa timidité, il courut chez Lucia ; elle était maintenant la seule qui puisse faire revenir Francisco sur la folle résolution de publier les « caprichos ».

— Je vous en prie, aidez-le, doña Lucia ! Ne le laissez pas courir à sa perte, señora ! Le plus grand homme d'Espagne !

Lucia étudiait son visage et comprenait tout ce qu'Agustin éprouvait. Cet homme l'aimait, mais, au fond de son cœur, il l'accusait d'avoir ruiné ses amis, l'abbé, Miguel et avant tout Jovellanos. Il souffrait d'être contraint de lui demander son appui.

— Vous êtes un ami fidèle, don Agustin, dit-elle. Je vais faire ce que je peux.

Lucia croyait savoir ce qui poussait Francisco à publier ses « caprichos ». Pour combler le vide de son deuil, il lui fallait le danger et le jeu. D'autre part, en bon paysan d'Aragon habitué à mêler hardiesse et prudence, même si sa résolution était bien prise de se jeter dans l'aventure, il ne refuserait pas une protection utile.

Elle voyait un moyen de le mettre à l'abri de l'Inquisition. Mais son plan demandait une longue préparation. Il fallait avant tout gagner du temps, faire en sorte que Goya ne commît pas d'étourderie.
Elle alla le voir.

— Vous savez certainement, lui dit-elle, tous les dangers de votre entreprise ?

— Je les connais, lui répondit Goya.

— On pourrait peut-être les réduire.

— Je ne suis plus un enfant, répondit-il. J'aime mieux prendre le fer chaud avec la pince qu'avec la main nue. Encore faut-il une pince.

— Les pourparlers de paix d'Amiens, reprit Lucia, ne se développent pas selon les désirs personnels de don Manuel. Il lui faudra disposer là-bas d'un homme de confiance. Si don Miguel se déclarait maintenant prêt à reprendre sa place auprès de don Manuel, il lui serait possible de rendre des services à la cause du progrès et aussi à un homme qui le touche de près.

Goya suivait avec attention le mouvement de ses lèvres, et doña Lucia poursuivit :

— Je vais bientôt donner une réception où ne paraîtront que mes intimes. L'infant Manuel y sera, Pepa et aussi, j'espère, don Miguel. Puis-je compter sur vous et sur don Agustin ?

— Je viendrai certainement, dit Goya qui ajouta, avec chaleur : Vous faites de votre mieux, doña Lucia, pour m'épargner les suites de ma stupidité. Vous allez, je le vois, jusqu'à vouloir insérer quelques clauses nouvelles au traité d'Amiens.

Il sourit largement.

— Vous ressemblez actuellement beaucoup plus à un renard qu'à un lion, riposta-t-elle, souriant aussi.

La politique n'avait plus de secrets pour Lucia et la constellation était favorable. On devait régler à la conférence d'Amiens, à laquelle prenaient part l'Angleterre, la France et l'Espagne, toute une série de questions qui touchaient de près aux intérêts de don Manuel. Lucia ne l'ignorait pas. Il voulait obtenir certains avantages pour le pape, dont il attendait une très haute distinction. Il lui fallait aussi se rendre indispensable devant la reine et, à cet effet, obtenir des conditions avantageuses pour les pays dont les princes étaient les alliés de doña Maria-Luisa. Avant tout, il désirait voir agrandir les possessions du roi de Naples et les libérer de l'occupation française. S'il y parvenait, l'obstacle tombait qui s'opposait jusque-là au mariage du prince héritier de Naples avec la plus jeune fille de doña Maria-Luisa. L'infante Isabel — il ne s'en était jamais caché, pas plus devant Pepa que devant elle-même, Lucia — était en effet sa fille et il désirait vivement poser sur sa tête une couronne. Les intérêts personnels de don Manuel ne coïncidaient pas toujours avec ceux de l'Espagne, et l'ambassadeur Azora, qui représentant l'Espagne à Amiens, n'était pas son ami. L'infant avait donc besoin, à Amiens, d'un agent chargé de faire valoir ses prétentions personnelles. Lucia était convaincue que Miguel, acceptant d'aller à Amiens, pouvait exiger un haut prix de ses services.

Doña Lucia invita donc Manuel à sa réception et constata avec plaisir la satisfaction qui se peignit sur le visage du premier ministre quand elle lui dit compter sur la présence de Miguel. Celui-ci se fit un peu prier, mais il n'était visiblement pas fâché d'avoir une occasion de rencontrer l'infant.

Chez doña Lucia se trouvèrent donc réunis ce soir-là ceux-là mêmes qui avaient assisté à la première rencontre de son amie Pepa et de don Manuel. Seul l'abbé ne pourrait pas venir.

Aux murs les tableaux de don Miguel étaient encore plus nombreux, et parmi eux se trouvait le portrait de doña Lucia. Ces derniers temps seulement la douleur avait appris à don Miguel l'étonnante et profonde vérité de ce portrait. Francisco avait, comme par magie, deviné l'être véritable et l'avenir de doña Lucia ; le modèle s'était identifié avec son image sur la toile.

Le visage de Miguel était clair et détendu : il se félicitait visiblement de rencontrer don Manuel sous d'aussi favorables auspices ; mais au fond de lui-même, il était troublé. Joyeux d'avoir, grâce à ses loisirs forcés, à peu près terminé son grand dictionnaire des arts, d'être auprès de la femme qu'il aimait, au milieu de ses chères collections. Son poste, qui lui avait si longtemps permis de conduire dans l'ombre les destinées de l'Espagne, celui qui l'en avait chassé allait le prier de le reprendre. Mais malgré son bonheur, il se sentait le cœur serré. Sous lui, le sol avait tremblé et il avait perdu sa belle assurance. Il pouvait dire avec la même netteté qu'auparavant : « Ceci est bon, et cela est mauvais », mais sa voix n'avait plus la même autorité.

Un sentiment de sécurité, une profonde satisfaction qu'il n'avait pas éprouvés depuis longtemps, emplissaient le cœur d'Agustin Esteve. Sans connaître les détails du plan de Lucia, il savait qu'elle avait organisé cette « tertulia » pour venir en aide à Francisco. Que Miguel et Manuel se rencontrent amicalement en présence de Francisco signifiait déjà beaucoup. Agustin se félicitait d'avoir vaincu sa timidité et d'avoir ainsi contribué à protéger Francisco des conséquences de sa stupidité. Son propre avenir lui paraissait plus clair, depuis ce dernier succès. Peut-être deviendrait-il un grand peintre. Il était lent et lourd, mais ceux de son espèce n'étaient-ils pas justement ceux qui arrivaient le plus loin, le plus haut ? D'ailleurs, même s'il n'atteignait pas son but, il n'aurait pas à se plaindre. Etre l'aide de Francisco Goya, c'était en soi l'accomplissement d'une destinée.

Lucia aussi prenait plaisir à cette « tertulia ». Depuis le soir déjà lointain où ils s'étaient trouvés tous réunis chez elle, ils avaient connu de grands revers de fortune ; elle y avait participé et elle allait maintenant, plus profondément encore, modifier le destin, celui de l'Espagne et celui de ses invités. Il était dommage que don Diego ne pût paraître. Il aurait goûté l'ironie de la situation : Manuel aidant à immortaliser son propre avilissement, en mettant les « caprichos » sous les yeux du monde.

Manuel était venu dans l'intention de regagner l'amitié de Miguel et de retrouver son appui. Le prince de la Paix était en passe d'illustrer sa maxime préférée : « Mieux vaut pour l'Espagne une once de paix qu'une tonne de victoire. » Les navires chargés de l'or et de l'argent des Amériques allaient pouvoir entrer dans les ports de la métropole. L'Espagne allait se réjouir dans l'abondance, et cela serait son œuvre. Dans de telles conditions, il serait aisé de montrer avec Miguel de la magnanimité. Miguel, en secouant l'arbre d'Amiens, saurait en faire tomber des fruits délectables.

A peine avait-il baisé la main de doña Lucia qu'il courut à don Miguel, lui tapa sur l'épaule et voulut l'embrasser.

— Quel plaisir de te revoir ! s'écria-t-il. Je crois qu'à notre dernière entrevue tu m'as dit certaines vérités sous une forme brutale et, moi-même, je ne me suis pas, je l'avoue, conduit très diplomatiquement. Mais j'ai oublié tout cela. Fais comme moi, Miguelito !

Miguel s'était promis de tenir ses sentiments en laisse et, pour y parvenir, avait relu avec attention son Machiavel. Ce fut pourtant avec beaucoup de raideur qu'il répondit :

— Il y avait quelque sens dans ce que nous avons dit tous les deux alors.

— Tu sais fort bien, reprit le duc, dans quelle situation je me trouvais. Mais tout a changé. Vienne la paix et tu verras comme les prêtres, les frailucos, vont perdre du terrain. Ne fais pas si triste figure, Miguel ! J'ai besoin de toi pour Amiens ! Tu ne peux pas me refuser ce service, à l'Espagne ou à moi.

— Je ne doute pas, don Manuel, répliqua Miguel, que vous soyez aujourd'hui résolu à faire une politique libérale. Mais quelle que soit la paix, je crains qu'en définitive seuls en profitent le pape, le grand inquisiteur et quelques grands nobles avides.

Don Manuel ne laissa pas paraître la colère qu'éveillaient en lui la résistance et les soupçons de Miguel et parla des vastes entreprises libérales qu'il projetait. Il ferait régulariser le cours des principaux fleuves du pays, construire des fermes modèles et de grands laboratoires. Il pensait aussi à fonder trois nouvelles universités. Bien entendu, il allait limiter l'action de la censure ou même la supprimer complètement.

— Rapporte-moi une bonne paix, s'écria-t-il, et tu verras : l'Espagne va fleurir au soleil de la liberté !

Il avait parlé avec feu, de sa belle voix de ténor. Tous l'écoutaient.

— C'est magnifique, dit Miguel d'un ton froid où l'ironie se décelait à peine. Je crains, don Manuel, que vous ne sous-estimiez les résistances qu'il vous faudra renverser pour réaliser vos plans. Vous ne voyez pas bien, notamment, l'activité qu'a montrée le Saint-Office, ces derniers mois. Aujourd'hui, un Francisco Goya en est réduit à se demander s'il est sage de publier ses admirables gravures.

Manuel, surpris, se tournait vers Goya :
— Est-ce vrai, Francisco ?
— De quelles gravures s'agit-il ? demanda Pepa.
Et Manuel grondait, bonhomme :
— Pourquoi n'es-tu pas venu me voir, cachottier ?
Il avait pris Goya par les épaules et l'attirait près d'une table.
— Il faut que tu me parles de ces dessins, déclara-t-il.
Pepa les avait suivis et s'assit auprès des deux hommes.
Goya avait admiré l'habileté de Miguel, l'art avec lequel il avait tendu le piège à don Manuel. On allait bien rire. Sa joie ne fut pas de longue durée. Déjà Manuel, lui pointant un doigt dans les côtes et clignant de l'œil à Pepa, l'entreprenait :
— Et maintenant, mon cher, avoue ta faute. As-tu encore une fois peint une Vénus sans voiles ?
Brusquement, Goya se souvint des allusions de señor Martinez inquiet du sort des deux tableaux peints à Sanlucar. Tout s'expliquait. La réponse, il la lisait sur le visage faunesque de Manuel, sur celui de Pepa légèrement ironique. On avait trouvé les tableaux lors de l'inventaire de la succession. Manuel devait être en possession du second, celui de Cayetana nue, et pensait que le peintre, ayant dans ses gravures enfreint les règles de la morale, craignait que l'Inquisition n'intervînt.
Il se les représentait tous les deux, Manuel et Pepa, devant sa toile, détaillant complaisamment le corps de Cayetana, attisant leur propre ardeur. La colère l'envahissait, le submergeait. Il se retint avec peine de crier.
Pepa vit, avec joie et angoisse, ses yeux noircir, mais Manuel se méprit sur sa mauvaise humeur.
— Oui, don Francisco, plaisanta-t-il lourdement, vous voilà découvert. Votre cas est grave. Pas un Français n'aurait mieux fait que vous. Mais vous n'avez rien à craindre. Vos tableaux sont aux mains d'un connaisseur qui, fort heureusement, est assez puissant pour vous préserver de l'Inquisition. Les deux dames, l'une comme l'autre, ont trouvé place dans ma galerie de tableaux et exactement comme elles étaient à la Casa de Haro.
Francisco, ayant, non sans peine, recouvré son calme, faillit sourire. Cet imbécile ne s'apprêtait-il pas à se faire le protecteur des « caprichos », à élever de ses mains l'échafaud sur lequel serait exposée sa triste vulgarité ? Oui, il fallait se maitriser, ne pas compromettre le plaisir d'une vengeance longue et très douce.
Pepa, très blanche et très à l'aise, faisait très comtesse Castillofiel sur sa chaise. Jusque-là, elle avait gardé le silence, mais elle ne put contenir plus longtemps sa joie de voir Francisco son obligé.
— Que sont donc ces dessins, don Francisco ? demanda-t-elle aimablement. Je suis certaine que l'infant saura vous protéger si vous les publiez.
— Sont-ils du genre de la Vénus ? s'enquit dont Manuel, très intéressé.

— Non, Altesse, répondit froidement Francisco. Fort peu sont du genre érotique.

— Alors, que craignez-vous donc ? dit don Manuel, étonné.

— Mes amis, expliqua le peintre, m'en déconseillent la publication parce que certains représentent des fantômes portant frocs et soutanes. La collection est, je crois, très amusante. Je les appelle « caprichos ».

— Vous avez toujours eu de curieuses idées, don Francisco, murmura Pepa.

Mais Goya, faisant comme si elle n'avait rien dit, poursuivait :

— Mon art déplaît au grand inquisiteur.

— Reynoso ne m'aime pas beaucoup non plus, s'écria don Manuel, et j'ai dû remettre à plus tard l'exécution de certains de mes projets, par sa faute. Mais patience ! Nous n'aurons bientôt plus besoin de tant de précautions.

Et, debout, s'appuyant des deux mains sur la table, il déclara avec feu :

— Notre ami Goya n'aura pas longtemps à attendre pour présenter au monde ses fantômes en frocs. Il suffira que tu me rapportes le traité d'Amiens, Miguel, et le temps sera venu. As-tu compris, Francisco ? cria-t-il à l'intention du sourd.

— Oui, dit Francisco qui avait suivi avec attention les mouvements de ses lèvres. J'ai compris : le temps est venu, ya es hora.

— Si, señor, répondit en souriant Miguel, de sa plus belle voix. Ya es hora.

Et Agustin, de sa voix rauque, répéta, très haut :

— Ya es hora !

— Nous voudrions bien voir ces dangereux fantômes, dit Pepa.

— Oui, vraiment, je suis curieux, ajouta don Manuel qui, la main sur l'épaule du peintre, déclara d'une voix de stentor : Sache-le bien, Francisco, tu publieras tes fantômes, tes « caprichos », même s'ils tirent un peu sur le manteau rouge du grand inquisiteur. Je te couvre de mon corps et nous verrons bien qui osera porter la main sur toi ! Il te faudra attendre, pas longtemps, deux mois au plus, peut-être quelques semaines, jusqu'à la conclusion de la paix. Celui-ci — il montrait du doigt Miguel — peut la hâter.

Poussant Goya auprès de son secrétaire, il entoura de ses bras les épaules des deux hommes.

— Bonne soirée ! s'écria-t-il. Nous allons boire à la paix ! Toi, Miguel, tu vas à Amiens. Et toi, Francisco, tu montreras au monde tes « caprichos », tes curés et tes fantômes, pour confondre les uns et pour la plus grande gloire de l'Espagne. Moi, j'étends mes mains sur toi, je te protège.

29

Pepa, apprenant la mort de la duchesse d'Albe et ses étranges circonstances, avait d'abord triomphé et voulu faire à Goya une visite de condoléances. Mais Lucia était allée plusieurs fois à l'ermita et elle n'y avait jamais été invitée; la comtesse Castillofiel ne s'imposait pas.

Plus tard, Manuel l'avait menée devant ces tableaux indécents représentant la duchesse dans son costume osé de torero et la même nue. Les obscénités de l'Albe et du païen Francho l'avaient rebutée, tout en l'attirant. Elle était revenue, avait longuement détaillé, étudié le corps de sa rivale, en connaisseuse. Non, elle n'avait rien à craindre de la comparaison; personne ne pourrait comprendre que Francho lui eût préféré cette femme affectée, vicieuse et sans pudeur.

A la soirée de Lucia, elle n'avait malheureusement pas eu l'occasion de parler franchement à Francisco. Mais il avait demandé son appui et celui de Manuel. Les tractations d'Amiens ne laissant pas à ce dernier une minute de liberté, elle assuma la tâche d'aller voir, seule, ces dangereux « caprichos ».

Elle se présenta à la quinta sans se faire annoncer, un peu émue et gênée, et expliqua à Francisco le but de sa visite. Il l'écouta poliment.

Cela tombait bien : Agustin n'était pas là. Ils se trouvaient tous les deux seuls, comme autrefois. Cela ne semblait pas déplaire à Francisco, et elle jugea opportun de lui dire quelques vérités :

— Tu n'as pas bonne mine, Francho, commença-t-elle. Cette affaire t'a fait beaucoup de mal. J'ai été très peinée d'apprendre ce malheur. Je sais bien qu'elle ne pouvait rien t'apporter de bon, ta duchesse.

Il se taisait. Le portrait de l'Albe, le seul dans la pièce aux murs nus, énervait Pepa.

— Tu n'as pas su la peindre, reprit-elle. Regarde, elle n'est pas naturelle. Et ce doigt raide, c'est presque comique. Il en a toujours été ainsi : entre ton modèle et toi, quelque chose n'allait pas, et tes portraits d'elle sont tous mauvais.

Goya allongeait sa grosse lèvre. Il se représentait encore une fois cette pute éhontée devant la nudité de Cayetana, avec l'autre imbécile, son souteneur. Un instant, l'envie le dévora de la prendre aux épaules et de la jeter dans l'escalier. Mais il avait de bonnes raisons pour s'en abstenir.

— Si j'ai bien compris, comtesse, dit-il, vous êtes venue, au lieu et place de l'infant, voir mes gravures.

Il avait parlé avec la plus grande politesse, et Pepa se sentit remise à sa place.

Il montra ses « caprichos ». Elle les feuilleta et il vit tout de suite qu'elle comprenait. Elle en arrivait à la série des ânes. Son visage se fit dédaigneux, arrogant. Goya sentit le danger. Elle avait une grande influence sur Manuel; elle pouvait le dissuader d'intervenir et enfermer pour toujours les « caprichos » dans le coffre.

— Tu es d'une impudence sans bornes, dit-elle.

Son visage s'était détendu, elle balançait sa jolie tête, une ombre de sourire aux lèvres.

Il ne s'était donc pas trompé : il l'avait bien jugée au début de leur liaison.

Elle s'amusa beaucoup de la feuille « Hasta la muerte, Jusqu'à la mort », qui montrait la vieille se fardant devant son miroir; elle avait dû reconnaître la reine. Elle ne laissa pas voir, en tout cas, qu'elle se retrouvait dans l'une ou l'autre des majas, des petites maîtresses, tristes ou prospères, des autres gravures. Mais elle sut bien trouver Cayetana :

— Tu es cruel, dit-elle. Je le savais, du reste. Oui, ces dessins sont impitoyables. Les femmes n'ont pas le bon bout avec toi. Elle aussi, elle a dû souffrir.

Elle le regardait bien en face, et il sut qu'elle était prête, malgré tout, à tenter l'aventure avec lui, encore une fois.

A dire vrai, elle l'attirait de toute sa chair saine. Il n'avait rien à lui reprocher : elle se rangeait de son côté, contre Manuel.

Il retrouvait un peu de la joie paresseuse, élémentaire, qu'il avait eue à la posséder. Il n'eût pas été désagréable d'avoir encore une fois Pepa, fraîche et ronde, confortable, dans son lit. Mais il n'aimait que médiocrement les plats réchauffés.

— Le passé est le passé, dit-il vaguement, tout en pensant qu'elle pourrait appliquer ces mots à sa cruauté envers Cayetana.

— Que vas-tu faire, Francho ? répondit-elle avec un sourire un peu forcé. Te retirer dans un cloître ?

— Si tu le permets, se hâta-t-il de dire, j'irai chez toi, un de ces jours, voir ton petit garçon.

Elle se replongea dans l'étude des « caprichos », feuilleta le cahier. C'était plein de femmes. L'Albe, Lucia, Pepa, et beaucoup d'autres que Francho connaissait sans doute très bien ou plutôt croyait connaître. Et toutes, il les aimait et les haïssait à la fois. Sous chaque visage, il avait laissé transparaître celui du démon. C'était un grand artiste, Francho, mais qui ne comprenait rien du monde des hommes et, en particulier, des femmes. C'était un pauvre Francho — un possédé — et il fallait lui montrer de l'amitié, lui rendre courage.

— Ils sont très intéressants, tes caprices, dit-elle. Ils auront une place d'honneur dans tes œuvres. J'irai même jusqu'à dire qu'ils sont remarquables mais tristes, trop pessimistes. J'ai vécu des heures difficiles, dans ma vie, mais le monde n'est tout de même pas aussi noir que tu le représentes, Francho. Autrefois, tu le voyais moins sombre, et pourtant... tu n'étais pas premier peintre du roi, alors.

« Exagéré, pessimiste, barbare, incohérent », pensait Goya. Mes dessins n'enlèvent pas beaucoup de suffrages, que ce soit chez les vivants ou chez les morts. » « Il n'a connu le bonheur qu'avec moi, pensait Pepa. On devine, à ses gravures, comme il a souffert avec elle. »

— Elle était très romantique, il faut le reconnaître, dit-elle. Mais on peut l'être sans pour cela semer le malheur autour de soi.

Il ne répondait pas et elle poursuivit :

— Oui, elle a semé le malheur. Même l'argent qu'elle a légué à ce médecin a causé la perte de celui-ci. Et elle n'a jamais su distinguer ses amis de ses ennemis. Sans quoi elle ne lui eût rien laissé.

Goya ne comprenait pas tout et gardait tout son calme. Il y avait beaucoup de vrai dans ce qu'elle disait. Oui, elle avait raison. Pepa l'avait souvent ennuyé de son bavardage stupide, mais elle ne lui avait pas apporté le malheur, et elle venait à son secours quand elle le pouvait.

— Beaucoup de bruits non fondés courent sur le docteur Peral, dit-il. La réalité est souvent bien différente de ce que se l'imagine ta jolie petite tête.

Cette façon de la traiter en petite fille déplaisait à Pepa. En même temps, elle se sentait flattée qu'il acceptât de discuter avec elle de ses affaires. C'était un peu de l'intimité d'antan.

— Qu'a-t-il fait au juste, ce médecin ? demanda-t-elle. L'a-t-il tuée, ou non ?

— Peral est aussi coupable et innocent que moi, rétorqua Goya avec chaleur. Cela serait une bonne action d'en convaincre certaines gens.

Enfin, il lui demandait un service ! C'était la première fois, et Pepa était heureuse.

— Y tiens-tu beaucoup, Francho ? dit-elle coquette.

— Sauver un innocent est une bonne œuvre, répliqua-t-il un peu sèchement. Cela doit te suffire, comme à moi.

— Ah ! tu ne voudras jamais le dire, que tu tiens à moi ! gémit-elle.

— Mais si, dit Francisco conciliant, avec un peu d'ironie et beaucoup de douceur.

— Et tu ne m'as jamais peinte à cheval, se plaignait-elle en partant.

— Je le ferai, quand tu voudras. Mais je ne te le conseille pas.

— Pourtant, la reine a grande allure, à cheval !

— Oui, fit-il sèchement. Cela lui convient.

— Tu n'es pas très aimable, Francho ! Ta franchise t'honore vraiment !

— N'est-ce pas le plus beau de notre amitié, que nous puissions tout nous dire ? répliqua Goya.

30

Señor Miguel Bermudez vint prendre congé de Francisco.

— J'obtiendrai probablement à Amiens ce que veulent don Manuel et la reine, lui dit-il. Mais je n'espère pas rapporter un traité avantageux pour l'Espagne. Tout au plus quelques mots aimables pour sauvegarder notre prestige. C'est sans plaisir, je l'avoue, que je me mêle de ces négociations de paix; je ne le fais que pour renforcer ma position auprès de don Manuel. Les obscurantistes doivent retourner à leur ombre et — son visage s'éclaira — l'un de nous au moins en tirera avantage : Francisco Goya.

— Je ne partage pas toujours tes conceptions de l'art, dit le peintre, mais tu es un bon ami.

Et se coiffant de son grand chapeau, il salua Miguel d'un geste large.

— Combien de temps cette conférence durera-t-elle, d'après toi ? demanda-t-il un peu plus tard.

— Certainement pas plus de deux mois, répondit Miguel.

— D'ici là, tout sera prêt, pensa Goya. Trois jours après la signature du traité de paix, je sors mes « caprichos ». Huit jours plus tard, on les verra dans tout Madrid. Les achètera qui pourra, conclut-il avec satisfaction.

— J'aurais volontiers revu les « caprichos » sous leur forme définitive, dit Miguel avec un peu d'hésitation. N'attendras-tu pas mon retour pour les publier ?

— Non, dit doucement Goya.

— Tu devrais reprendre les dessins concernant Manuel et la reine, pour le moins, hasarda Miguel.

— Je les ai vus et revus, cent fois, répondit Goya. Quand j'ai peint *la Famille royale* certain oiseau de malheur m'a prédit la catastrophe. D'ailleurs je vais écrire une petite préface dans laquelle je déclarerai que les « caprichos » ne visent aucune personnalité.

— Tu devrais au moins en retirer la série des ânes, insista Miguel.

Francisco refusa encore.

— Ne sois pas téméraire, Francisco ! Ne va pas trop loin !

— Je te remercie, Miguel, répliqua Goya, n'aie aucune crainte pour moi. Tiens-toi la tête libre pour la France. Fais bien tes affaires. Je saurai me tirer des miennes.

Dans les jours qui suivirent, Goya procéda à un dernier examen de ses « caprichos ». Peu lui importait de blesser Manuel ou la reine ; il ne pensait ni à la cour ni à la politique mais seulement à Cayetana : « Suis-je juste envers elle ? » Pour finir, il laissa l'envol de Cayetana mais retira du cahier le « Rêve du mensonge et de l'inconstance ».

Les « caprichos » occupaient maintenant toute sa pensée, toute sa vie.

Il éprouvait quelques scrupules à laisser en tête de ses « caprices » la gravure représentant l'artiste couché sur la table, la tête enfouie entre ses mains, assiégé par les démons. Cette feuille trouverait une meilleure place en tête de la deuxième série, celle des fantômes. Il ne fallait pas la laisser en toute première place. D'ailleurs cette gravure représentait un Goya idéalisé ; il était beaucoup trop mince et trop jeune. Et puis, il ne convenait pas qu'il cachât son visage. L'auteur d'une œuvre aussi hardie que ces « caprichos » devait se montrer à tous, reconnaissable. On devait voir à la première page un Francisco Goya, le vrai, celui d'aujourd'hui. Le Goya qui, abandonné de tous, de Josefa, de Martin, de Cayetana, émergeait du gouffre où le malheur l'avait plongé. Le Goya qui avait su contraindre son imagination à la raison, à l'art.

Il s'était bien souvent peint lui-même et dessiné. Goya jeune qui, timide encore, sort de l'ombre d'un protecteur puissant, un Goya plus vieux, un autre, provocant, en costume de torero, qui sait que le monde est à lui, un Goya habillé avec recherche qui fait la roue devant Cayetana, un autre qui sort lui aussi de l'ombre mais avec assurance et regarde la Famille Royale, un dernier Goya barbu, désespéré, possédé des démons.

Il fallait faire un nouveau Goya, celui d'aujourd'hui, le Goya qui a su suivre le dur chemin de la connaissance et a appris à se plier aux exigences de la vie et du monde, sans s'avilir.

Rejetant soigneusement ses cheveux en arrière, il réfléchit longtemps sur ce qu'il mettrait. Il fallait, pour les « caprichos », un Goya représentatif, un Goya digne, non pas un farceur, un plaisantin, mais le premier peintre du roi. Il mit la haute cravate qui l'engonçait jusqu'au menton, la grande redingote grise, et le chapeau haut de forme, le bolivar aux larges bords, coiffa sa grosse tête ronde.

Il se dessina de profil, très pressé de voir ce qu'il en adviendrait.

La surprise l'envahit. Quoi ? C'était lui, ce vieux bonhomme ? De son coin, il épie le lecteur. La lèvre inférieure pend, boudeuse. Des rides dures tombent du nez, jusqu'à la lèvre supérieure mince et sinueuse. La grosse tête, puissante, léonine, s'avance, plus imposante encore sous le grand bolivar.

Il se sentait le cœur en déroute. Avait-il l'air vraiment si vieux, si grognon ? Ou bien la solitude des ans à venir avait-elle, par avance, marqué son visage de son burin haineux ?

Il releva la tête et, l'œil dur, écrivit : « Francisco Goya y Lucientes, peintre.» Et, plus bas, ce commentaire : « Quelle gravité ! Quel sérieux ! Mais enlevez-lui son chapeau, ouvrez-lui le crâne, et vous vous étonnerez, bonnes gens, de ce que vous trouverez dedans.

31

Toutes les cloches de Madrid sonnaient. Les représentants du Roi Catholique et ceux de Sa Majesté britannique avaient signé le traité à Amiens : c'était la paix. Finie la misère. Les navires des pays d'outre-mer allaient entrer dans les ports espagnols. Les trésors des Indes allaient, pluie bienfaisante, inonder l'Espagne mourant de soif. La vie allait être joie éternelle.

Goya n'avait pas espéré une conclusion aussi prompte des pourparlers. Mais il était prêt : trois cents exemplaires des « caprichos » étaient imprimés et, avec eux, le prospectus qui devait les accompagner.

Huit jours après la fin des hostilités, le *Diario de Madrid* annonça la parution prochaine des « caprichos ». Señor Francisco de Goya, y disait-on, avait conçu un certain nombre de gravures ayant pour thème « Asuntos caprichosos », des « sujets fantastiques ». L'auteur, des mille extravagances et des excès de la société, des escroqueries si nombreuses facilitées par l'habitude, l'ignorance ou l'appât du gain, avait choisi celles qui lui avaient paru les plus aptes à une reproduction pleine de fantaisie et d'enseignement. Señor de Goya n'avait eu nulle intention d'attaquer certaines personnes ou certains groupes. Son unique but était de combattre les vices et les égarements. On pouvait voir et acheter ces « caprichos » en la boutique de señor Fragola, calle de Desengano, 37. Le carton contenait soixante-seize gravures. Le prix était d'une once d'or, ou de deux cent quatre-vingt-huit réaux.

La calle de Desengano était une rue élégante et calme ; la petite boutique de señor Fragola joliment et richement montée. On y trouvait des parfums rares, de nobles liqueurs françaises du temps de Louis XV et même de Louis XIV, des dentelles de Valenciennes, des tabatières, de vieux livres, des chinoiseries, des raretés et des antiquités de toute sorte, et même des reliques précieuses, ossements de saints ou autres. Agustin et Quintana avaient tous les deux déconseillé le maître de faire vendre ses gravures dans cet antre du luxe, mais Goya avait tenu bon. C'était là que ses « caprichos », bijoux d'entre les bijoux, verraient le jour ; les « caprichos » appartenaient d'abord à l'art avant de servir à la politique. Il se souvenait aussi de ses visites chez señor Fragola, en compagnie de Cayetana. Et puis le nom même de la rue attirait Goya : « desengano » a deux sens : il signifie déception, désenchantement, désillusion, et aussi enseignement, connaissance. Il avait connu cette route et les autres n'auraient qu'à l'imiter.

Mais les chalands venus pour voir les « caprichos » n'en tiraient, semblait-il, aucune connaissance et la désillusion ne leur venait que des gravures elles-mêmes. La critique montra peu de chaleur et de compréhension. Seul Antonio Ponz loua la nouveauté et la profondeur de l'œuvre en écrivant : « Deux paires d'yeux n'ont, dit le proverbe, jamais vu un fantôme. Goya a fait mentir le dicton. »

Quintana, qui avait cru que les « caprichos » feraient courir toute la ville, se désolait, mais non pas Goya. Il savait qu'une œuvre de cette taille avait besoin de temps pour s'imposer.

Beaucoup cependant trouvaient dans ces gravures, en dépit du commentaire de Goya, caricature hardie, allusion à certaines personnes de haut rang, persiflage de l'Eglise. Et ces messieurs de l'Inquisition étaient souvent dans la boutique de señor Fragola.

32

Un messager vert surgit soudain devant Goya. Il se retira aussi silencieusement qu'il était venu. Goya, de ses doigts mal assurés, ouvrit l'enveloppe. Il était invité à paraître le lendemain devant le Saint-Office.

Du plus profond de son être, il avait su que cela viendrait, depuis qu'il avait dû assister à l'autodafé d'Olavide, à San Domingo. Il avait été prévenu, plusieurs fois et très sérieusement. Cette citation lui portait tout de même un coup.

Il appelait sa raison à l'aide. Mais le grand inquisiteur n'était pas un de ces croquemitaines qu'on peut vaincre par le crayon ou le burin. Toutefois Francisco n'avait-il pas d'autres armes ? Il avait les assurances de ses amis, et maintenant, la guerre finie, don Manuel allait pouvoir parer sans peine cette attaque du Saint-Office.

Malgré tout, l'angoisse étreignit son cœur. Affalé sur sa chaise, visage pâle et jambes molles, personne n'aurait reconnu dans cet être suant de peur le Goya qu'on voyait passer, digne, dans sa redingote grise, coiffé de son grand chapeau.

Aucun de ses amis n'était à Madrid. Miguel et Lucia étaient encore en France, Manuel et Pepa à l'Escurial, Quintana à Séville, au Conseil des Indes. Il aurait pu se confier à Agustin ou à Javier. Mais la crainte le tenaillait des cruels châtiments qui attendaient celui qui enfreignait la défense formelle du secret.

Il portait malheur à tous. Son propre fils Javier, lui aussi, serait méprisé, perdu.

Le lendemain, habillé simplement, ainsi qu'il convenait, il se présenta à la Santa Casa. On le conduisit dans une petite pièce très ordinaire. Un juge vint, homme silencieux en tenue de prêtre, le nez chaussé de lunettes, suivi d'un secrétaire. On posait sur la table des actes et aussi un carton des « caprichos ». Un de ces premiers cartons qu'il avait fait faire pour les tirages d'épreuves. Trois d'entre eux étaient allés à señor Martinez, un à Osuna, un à Miguel. A quoi bon calculer et se demander comment l'Inquisition s'était procuré ce carton, qui l'avait trahi ? Le carton était là et rien d'autre ne comptait.

Il régnait dans cette pièce un silence plus profond et plus angoissant que jamais sourd n'en avait senti. Personne ne remuait les lèvres. Le juge écrivait ses questions, tendait son papier au secrétaire, qui prenait note dans son procès-verbal et passait la feuille à Goya.

Dans ses actes, le juge avait un exemplaire des commentaires aux « caprichos ». Il le mit sous les yeux de Goya. C'était la bonne feuille, tirée par Agustin, corrigée de la main de Goya. Le juge demanda :

— Vos gravures ne veulent-elles rien exprimer de plus que ce qui est dans ce commentaire ?

Francisco regardait devant lui, l'air hébété. Il ne parvenait pas à ordonner ses pensées; involontairement, il s'interrogeait sans fin : « D'où tiennent-ils ce carton ? Et ces commentaires ? » Pour se reprendre, il observait le visage et les mains du juge. Un visage allongé, brun, pâle, très calme. Sous les lunettes, des yeux en forme d'amande, sans expression. Les mains étaient maigres, bien faites. Enfin Goya secoua sa torpeur.

— Je suis un homme simple, dit-il prudemment et qui trouve difficilement ses mots.

Le juge attendait que le secrétaire eût enregistré la réponse. Puis, ouvrant le carton, il en tira une gravure. C'était le numéro 27; on y voyait la prostituée en chemise de pénitente à laquelle un secrétaire lit la sentence du Saint Tribunal, tandis que la foule, pieuse et curieuse, écoute. Goya regardait la feuille que la main maigre tenait devant lui. C'était un bon dessin. Oui, il pouvait en être fier. Remettant la feuille sur la table, le juge lui présenta son commentaire. Tous ses gestes étaient lents, mesurés. Pour le « caprichos » 27, Goya avait écrit : « Une brave femme qui, pour un morceau de pain, a si bien servi le monde. Quel dommage de la traiter ainsi ! » Le juge interrogeait

— Qu'avez-vous voulu dire ? Qui traite mal cette femme ? Le Saint Tribunal ? Qui encore ?

La question s'étalait sur le papier, une petite écriture nette. Effroyable danger. Il fallait surveiller ses réponses, sinon il était perdu. Et non seulement lui, mais son fils et ses descendants jusqu'à la cinquième génération.

« Qui traite mal cette femme ? » demandait le papier.

— Le sort, dit-il.

Le visage du juge restait impassible. La main écrivit : « Qu'entendez-vous par ce mot : le sort ? La Providence divine ? »

Sa réponse n'en était pas une. La question se reposait sous une nouvelle forme, polie, ricanante, menaçante. Il fallait trouver une réponse, une bonne, mais laquelle ? Il était pris au piège. Les lunettes du juge brillaient. Francisco cherchait toujours. Juge et secrétaire restaient immobiles. « Très Sainte Vierge d'Atocha, priait Goya de toute son âme, faites-moi trouver une réponse, une vraie réponse ! Si vous ne me prenez pas en pitié, sauvez au moins mon fils ! »

D'un léger mouvement de crayon, le juge insistait. « Qu'entendez-vous par ce mot : le sort ? La Providence ? demandaient main, crayon et papier.

— Les démons, dit Goya, que sa voix creuse effraya. Le secrétaire inscrivait.

Encore une question, encore une, puis une autre, dix encore, et chacune était une torture, et chaque silence entre demande et réponse une éternité.

D'éternité en éternité, l'interrogatoire en arriva à sa fin, et le secrétaire se mit en devoir de préparer son procès-verbal pour la signature. Goya regardait courir sa main, agile, mais courte et vulgaire. La pièce était ordinaire, tout comme la table devant laquelle était assis un prêtre bien habillé, au visage calme et poli, et une main très ordinaire aussi écrivait lentement, très régulièrement. Mais il semblait à Goya que les murs se resserraient peu à peu sur lui, qu'ils allaient le repousser, le rejeter, pour toujours, hors du temps et du monde.

Le secrétaire écrivait avec une lenteur insupportable. Goya attendait et aurait voulu qu'il écrivît encore plus lentement, qu'il n'en finît jamais. Car, sa signature apposée, les hommes verts viendraient l'entraîner au dehors, et il disparaîtrait pour toujours dans les caves. On se demanderait ce qu'il était devenu, on s'assemblerait, on prononcerait de grands mots. Mais personne ne ferait rien, et il pourrirait dans sa cellule.

Affaissé sur sa chaise, il sentait le poids de chacun de ses membres. Il était difficile de rester assis; il allait s'évanouir et glisser à terre. Il connaissait l'enfer.

Le scribe avait fini. Le juge lut le procès-verbal, avec lenteur, avec soin, signa et le tendit à Goya. Devait-il signer ? Plein d'angoisse, il regardait le juge. « Lisez », écrivit celui-ci, et Goya poussa un soupir de soulagement.

Une lecture bien douloureuse. Les questions s'étalaient, menaçantes, chacune d'elles un piège, puis venaient les réponses, stupides, et si pauvres ! Pourtant il lut lentement : chaque seconde était gain. Il lut la seconde, la troisième, la quatrième page. La cinquième était blanche à moitié. Voilà. Il avait fini. Le secrétaire lui tendit sa plume, désigna l'endroit réservé à la signature. Les yeux froids le fixaient, les lunettes brillaient. Il signa, les doigts raides.

Rien ne se passa. Il était libre. Il descendit les marches lentement et se trouva dans la rue. L'air frais lui fit du bien et du mal en même temps. Chaque pas était une souffrance, comme après une longue maladie, quand on se relève trop tôt.

Epuisé, il rentra chez lui, commanda son dîner. Quand le valet revint, il trouva Goya endormi.

33

Le jeune señor Javier de Goya s'aperçut, non sans s'étonner, que ses amis de la jeunesse dorée ne l'invitaient plus et l'évitaient ; quelque grand ou prélat avait sans doute pris en mauvaise part les « caprichos ».

Javier en aurait volontiers parlé à son père, mais celui-ci, depuis quelque temps, se montrait si sévère et tellement silencieux que le jeune homme, en dépit de l'insouciance de la jeunesse, hésitait à l'importuner de ses propres histoires. Mais il aimait gaieté, amis et mouvement. Il ne se sentait plus à l'aise à Madrid, et comme son père lui avait promis de l'envoyer à l'étranger en voyage d'études, il le lui rappela de son ton le plus doux.

— Tu m'y fais penser, répondit Goya, nous allons tout préparer.

Javier ne s'attendait pas à trouver son père si aimable.

Agustin aussi s'était aperçu du vide qui se faisait autour de Goya. Les aristocrates qui avaient mendié un portrait se dérobaient maintenant. Tous les prétextes leur étaient bons. Señor Fragola ne vendait plus un seul exemplaire des « caprichos ». Le seul nom de Goya créait la gêne. Le bruit courait que le Saint-Office allait procéder contre lui ; ces rumeurs semblaient avoir pour commune origine la Santa Casa elle-même.

Agustin respira plus librement quand il sut qu'on attendait les Bermudez à Madrid d'un jour à l'autre. Oui, don Miguel avait mené à bien sa mission et était avec doña Lucia sur la route du retour.

Il n'ignorait sans doute pas que la paix qu'il avait mise sur pied ne serait d'aucun avantage au royaume. Mais il avait remporté des succès quant aux désirs personnels de Manuel et de la reine. On avait agrandi les Etats d'Italie, le grand-duché de Parme était rétabli, la France s'était engagée à retirer ses troupes des Etats du pape ainsi que des royaumes de Naples et d'Etrurie. A l'immense satisfaction de don Manuel, il avait obtenu que les plénipotentiaires espagnols signassent le traité plusieurs jours avant les représentants de la République française. Don Miguel avait sans contredit bien mérité la reconnaissance de l'infant, et il était bien décidé à en user dans l'intérêt du progrès, de la civilisation et de la liberté.

Il rentra à Madrid très satisfait, mais à peine était-il arrivé qu'Agustin Esteve, hors de lui, le mettait au courant de la situation angoissante de Francisco.

Don Miguel s'en fut aussitôt voir señor de Linarès, le préfet de police, pour savoir jusqu'à quel point les craintes d'Agustin étaient fondées. Señor de Linarès, qui avait ses espions à la Santa Casa, se montra bien renseigné, et Miguel sortit de chez lui très inquiet.

Don Ramon de Reynoso y Arce, archevêque de Burgos et de Saragosse, patriarche des Indes, quarante-quatrième grand inquisiteur, avait déclaré que l'hérésie qui émanait des œuvres diaboliques de Francisco Goya était plus dangereuse que tous les livres et les discours de Jovellanos. Par la suite, il avait également déclaré que les « caprichos » puaient le soufre de l'enfer. Le grand inquisiteur n'avait pas caché son opinion, même devant des laïcs, sans doute pour qu'on répétât ses paroles. Reynoso avait certainement pris la décision d'interdire cette œuvre subversive et de poursuivre son auteur. On disait que Monsieur le premier peintre avait déjà comparu devant un juge du Saint Tribunal.

Don Miguel remercia le préfet et se concerta avec Lucia. Le grand inquisiteur, bon politique, sentant que la conclusion du traité d'Amiens allait compromettre son pouvoir, voulait sans doute procéder à une épreuve de force, et les « caprichos » lui en fournissaient l'occasion. Le danger était grand, il fallait se hâter.

Discuter avec Francisco était inutile. Miguel et Lucia établirent un plan qui devait étouffer dans l'œuf la conspiration. Le même jour, Miguel partait pour l'Escurial.

Il y trouva un Manuel débordant de joie. Tout prouvait qu'il était décidément l'enfant chéri de la Fortune. Il venait d'ajouter à ses titres une nouvelle dignité. Le pape, reconnaissant des avantages obtenus à Amiens, l'avait fait prince de Bassano; ses nouvelles lettres de noblesse lui étaient venues par l'entremise de l'infant don Luis-Maria, primat d'Espagne, celui-là même qui ne daignait pas le voir. Manuel avait, de plus, apporté à la reine la preuve qu'il était le meilleur artisan de la grandeur de la famille royale, le pilote sûr qui avait su mener sa barque à travers tous les écueils. Il avait réussi encore à faire l'infante Isabel, la fille préférée de la reine et la sienne aussi, reine d'un royaume de Naples libéré de l'occupation des Gabachos, des Français. Enfin — et c'était la plus grande satisfaction de son orgueil — son plénipotentiaire avait signé le premier le traité de paix. Oui, il avait donné à son nom un nouveau lustre — c'était lui et non pas l'orgueilleux Bonaparte qui avait rendu la paix à l'Europe. Son nom, celui de prince de la Paix, serait désormais révéré en Espagne au même titre que celui de la Sainte Vierge.

Il se montra très heureux de revoir son ami Miguel; il n'avait pas oublié que ce dernier avait aussi une part aux succès d'Amiens et lui tenait d'heureuses surprises en réserve : une lettre autographe de remerciement du roi, de nouveaux titres et une nouvelle dignité, ainsi qu'une jolie somme d'argent.

Malheureusement, don Miguel se devait de troubler cette joie. Il parla de Goya, du danger qu'il courait.

Une ombre légère passa sur le front de don Manuel. Tout occupé à briller de son nouvel éclat, il avait eu peu de temps pour penser à Goya. En effet, il avait entendu dire que Reynoso avait froncé les sourcils à la parution des « caprichos ». Et d'un froncement de sourcils à l'autodafé, il n'y avait pas loin. Mais n'avait-on pas pris ses précautions ? Non, Miguel voyait la situation trop en noir. On saurait persuader le grand inquisiteur. Et, d'un joli mouvement de la main, l'infant pensa calmer les inquiétudes de don Miguel.

Celui-ci ne voulut pas s'en contenter. Le grand inquisiteur, dit-il, voulait faire du cas de Goya une seconde affaire Jovellanos. Si on ne lui arrêtait pas le bras, Francisco serait sans tarder jeté dans un cachot du Saint Tribunal. Il serait beaucoup plus difficile de l'en tirer que de prendre aujourd'hui des mesures appropriées et efficaces.

Il était désagréable à l'infant d'entrer en conflit avec la Santa Casa, mais il fallait agir, il le comprenait.

— Tu as raison, déclara-t-il. Nous devons intervenir en faveur de notre cher Francisco, tout de suite. On a décidé de donner au double mariage royal un éclat sans précédent. La ville de Barcelone va être en fête. Et sais-tu qui je vais proposer comme organisateur de ces réjouissances ? Francisco Goya. Philippe le Grand n'a-t-il pas, en son temps, confié semblable mission à Vélasquez ? Avoue, poursuivit-il, très animé, que je viens de trouver la solution qui convient. Nous montrerons ainsi à toute l'Espagne l'estime dans laquelle Leurs Majestés Catholiques tiennent Goya. Dès demain, j'en parlerai à doña Maria-Luisa. Et nous verrons si Reynoso ose toucher à notre ami.

Miguel eut des paroles flatteuses pour l'heureuse idée de l'infant. Il craignait cependant, poursuivit-il, que le grand inquisiteur ne renonce pas pour cela à satisfaire sa haine fanatique. Il fallait d'autres mesures intéressant directement les « caprichos ». Il était indispensable d'élever un mur infranchissable autour de l'œuvre de Francisco. Manuel prenait une mine ennuyée.

— Pourquoi, continuait Miguel, notre ami ne ferait-il pas un présent à Leurs Majestés à l'occasion de ces heureuses noces ? Et s'il offrait les cuivres de ses « caprichos » ? Afin qu'à l'avenir l'imprimerie d'art du roi puisse se charger des éditions futures ?

Manuel, surpris, ne trouvait rien à répondre. Il n'avait fait que jeter un coup d'œil sur l'exemplaire que Francisco lui avait envoyé. Confusément, il avait eu l'impression que Goya s'était montré assez hardi à son égard ; puis, dans la joie des derniers succès, il n'y avait plus pensé. Devant les caricatures de doña Maria-Luisa, l'infant n'avait fait que sourire, sans y attacher d'importance. L'œuvre lui avait paru assez hardie, insolente, mais au fond innocente.

A l'énoncé de la proposition de Miguel il avait senti remonter en lui un peu de la vague irritation éprouvée à la vue de ces gravures. D'un autre côté, Maria-Luisa pouvait, si son attention était attirée sur ces « caprichos », se montrer assez désagréable. Pour des raisons qu'il ne voyait lui-même qu'obscurément, il négligea cet argument et, après un bref silence :

— Comment te représentes-tu l'affaire ? demanda-t-il. Est-ce vraiment un cadeau digne d'un roi ? Ces clichés ont-ils encore quelque valeur après la mise en vente du premier tirage ? Doña Maria-Luisa sait compter. Ne jugera-t-elle pas le présent offensant, dans sa médiocrité ?

Don Miguel avait prévu l'objection.

— Señor Fragola, dit-il, a suspendu la vente au bout de quelques jours, par crainte de l'Inquisition. Il n'y a pas deux cents exemplaires dans le public. Les clichés permettent de faire cinq ou six mille reproductions, et chaque cahier se vend une once d'or. Vous voyez, don Manuel, la valeur du présent.

Don Manuel calculait : un million cinq cent mille réaux.

— Même si la reine, poursuivit Miguel en souriant, apprend que Goya ne lui fait ce cadeau princier que pour échapper au Saint-Office, elle ne s'en formalisera pas, bien au contraire. Il n'en aura que plus de valeur pour elle ; elle sera très satisfaite de jouer un bon tour au grand inquisiteur.

— Tes arguments ne sont pas mauvais, reconnut l'infant. Mais — il lui fallait bien exposer le fond de sa pensée — certaines de ces gravures déplairont à la reine. Sa Majesté est parfois assez susceptible.

— La reine, répondit Miguel préparé à l'attaque, ne songera pas un instant qu'on puisse lui offrir une œuvre dont certaines parties la mettraient en cause. Et, si elle consent à publier en personne les « caprichos », l'idée ne viendra à personne de la reconnaître dans ces dessins.

Le visage de l'infant s'éclaira brusquement. Un grand homme d'Etat sait rendre inoffensif un libelle en le publiant lui-même. Le général Bonaparte n'avait-il pas fait mettre en pleine vue un placard très injurieux pour lui ? L'idée de confier la publication des « caprichos » à l'imprimerie royale lui plaisait, décidément.

— J'en parlerai à la reine, promit-il.

— Je vous remercie, Altesse royale, répondit Miguel.

Il informa Lucia de son entretien avec Manuel et celle-ci alla voir Goya.

Il était plein de colère amère : Miguel, après sa longue absence, était reparti pour l'Escurial sans le voir. De vrais amis qu'il avait là ! Ils faisaient le mort parce qu'il était dans la peine.

A la vue de Lucia, son visage s'éclaira.

— On me dit, commença-t-elle, que l'Inquisition n'est pas très satisfaite des « caprichos ». En savez-vous quelque chose ?

Réprimant son besoin de confier son désespoir, il répondit sèchement :

— Oui.

— Vous êtes un homme étrange, don Francisco, reprit Lucia.

Pourquoi ne vous êtes-vous pas tourné vers nous ? On vous avait fait certaines promesses.

— Bah ! Les promesses ! dit Goya haussant les épaules.

— On a décidé, continuait Lucia, de célébrer à Barcelone le double mariage royal. Vous allez être appelé à l'Escurial pour vous entendre confier, en audience solennelle, la mission de préparer les fêtes. Comme en son temps Vélasquez.

Goya réfléchissait.

— Cela suffira-t-il ? demanda-t-il, très net. D'autre part, organiser des fêtes n'est pas mon fort, pas plus que peindre des tableaux de piété.

— On compte aussi sur vous pour faire à la famille royale un présent. Vos amis pensent que vous pourriez offrir les planches des « caprichos. »

Goya pensait avoir mal entendu. « Ecrivez-moi cela », dit-il. Et Lucia, assise, faisant courir son crayon sur le papier et montrant un bout de langue, fut soudain la vendeuse d'amandes du Prado. Goya lut.

— Ne me jettera-t-on pas dans l'escalier de l'Escurial ? Les marches en sont très hautes.

— Vos amis, répliqua doña Lucia, ont calculé que les « caprichos », si l'imprimerie royale les édite, pourront rapporter un million et demi. On s'emploie actuellement à le faire comprendre à la cour.

Goya réfléchissait et sentait la joie l'envahir.

— Le plan est de vous, Lucia ?

Sans répondre à la question, elle poursuivit :

— A votre place, je retirerais certaine gravure de vos « caprichos » avant de les présenter à Leurs Majestés : celle qui porte la légende : « Hasta la muerte. Jusqu'à la mort. »

— La vieille qui se farde devant son miroir ?

— Oui, les dames d'un certain âge sont parfois susceptibles.

— Non, je n'enlèverai rien, s'écria joyeusement Goya. La vieille restera avec les autres. Jusqu'à la mort. « Qui manque de courage, n'a besoin ni de poudre ni de balle », dit le proverbe.

— Vous risquez gros, dit Lucia amusée. Mais c'est à vous de juger si le jeu en vaut la chandelle.

Goya, se méprenant volontairement, répondit :

— Oui, vous avez raison. Un humble peintre ne peut faire un si riche cadeau à Sa Majesté Catholique.

Et, après un silence :

— Vous êtes très habile, doña Lucia, et don Miguel est diplomate. Je pense depuis longtemps à envoyer mon fils en voyage d'études en Italie et en France. Ne pourrait-on pas s'arranger pour que le roi en assume les frais ?

Goya vit Lucia rire, ce qui était rare.

— Votre proposition n'est pas mauvaise, dit-elle. Si la cour hésite à accepter votre cadeau, le jugeant trop précieux, peut-être amènera-t-on le roi à accorder une bourse à votre fils si bien doué, pour le voyage. Pourquoi don Carlos ne ferait-il pas bénéficier de sa faveur le fils comme le père ?

Et la vendeuse d'amandes du Prado et le garçon laboureur d'Aragon se regardèrent en riant.

34

Don Carlos et doña Maria-Luisa étaient assis sur des sièges surélevés, en façon de trône. Derrière eux se tenaient l'infant Manuel, la comtesse Castillofiel, d'autres seigneurs et d'autres dames. Le premier peintre du roi, Francisco de Goya, un genou sur la première marche du trône, présentait son cadeau, le carton des « caprichos ».

Non sans goûter — vivement — l'énorme farce qui se jouait sous ses yeux. De toutes les plaisanteries les plus folles d'une vie qui en avait beaucoup connu, c'était vraiment un « capricho » qui dépassait en comique tous les « caprichos » du carton. L'Escurial, noble, sévère et pompeux, ce jovial imbécile de monarque et sa reine orgueilleuse et lubrique, et lui-même présentant ses gravures, monument d'arrogance, ses ânes pleins de dignité grotesque, ses prostituées simiesques, ses vieilles coquettes épuisées et ses fantômes. Et pour ces créatures nées de son humeur impudente, Leurs Majestés Catholiques allaient le remercier gracieusement, le protéger des griffes du Saint-Office, lui promettre de faire connaître au monde entier ses ironies, ses dédains ! Cela sur la tombe des anciens maîtres du monde, des fondateurs, des protecteurs de l'Inquisition ! Goya imaginait déjà un « capricho » dans lequel les rois morts cherchaient à soulever de leurs mains de squelettes les lourds couvercles de leurs bières d'argent pour mettre fin à ce blasphème.

Les Majestés regardaient les « caprichos ». Elles feuilletaient, se passaient mutuellement les gravures, étudiaient et, dans le cœur de Francisco, la gaieté faisait place peu à peu au malaise. Peut-être que la reine, en dépit de toutes les prévisions, à la vue de « Hasta la muerte », oublierait sa dignité pour rejeter son présent et abandonner son auteur à l'Inquisition.

De leur côté, Manuel et Pepa observaient doña Maria-Luisa. A coup sûr assez intelligente pour comprendre, le serait-elle assez pour fermer les yeux ?

Pour l'instant, seul don Carlos se manifestait. Ces « caprichos » lui plaisaient et surtout la série des ânes.

— Je vois sur ces feuilles bon nombre de mes grands, dit-il, égayé. A certains d'entre eux, je serais tenté de dire : « Couvrez-vous. » Et pourtant c'est avec des moyens bien simples que vous avez fait cela, mon cher don Francisco. Au fond, il est facile de caricaturer. On allonge un nez déjà long, on creuse davantage des joues caves, et le tour est joué. Un beau jour, j'essaierai, moi aussi.

Doña Maria-Luisa venait de vivre des jours heureux. Encore une fois, tous ses rêves se réalisaient. Elle avait bien tenu devant les exigences folles de ce petit général français; elle avait relevé les trônes de ses enfants; les royaumes du Portugal, de Naples, d'Etrurie, le grand-duché de Parme étaient aux mains de la dynastie et, de nouveau, ses bâtiments faisaient flotter le pavillon royal sur les sept océans, déposant à ses pieds les trésors de tous les continents.

Elle était dans les meilleures conditions pour regarder ces « caprichos ». Oui, son peintre Goya avait l'œil gai et cynique. Avec quelle âpreté, quelle netteté, montrait-il les hommes tels qu'ils étaient, comme il avait exploré leurs profondeurs si tumultueuses et si vides à la fois ! Et comme il connaissait bien les femmes ! Comme il les aimait, les haïssait, les détestait et les admirait ! C'était un homme, un vrai. Comme il montrait, ce Goya, les combats qu'une femme devait soutenir ! Il faut se parer, veiller à ce que le peigne soit bien droit dans les cheveux, le bas bien tiré sur la jambe. Il faut calculer, plumer les hommes sans trop se laisser plumer par eux — et prendre garde sans cesse qu'un hypocrite de grand inquisiteur ne prêche contre vous, ne vous jette à bas du trône.

Celle-là qui s'envolait vers le ciel ou peut-être vers l'enfer, n'était-ce pas la petite Albe ? Mais oui ! Elle apparaissait encore sur d'autres feuilles, belle et fière, mais sorcière cependant. Elle avait dû bien faire souffrir son amant, Francisco. En dépit de sa beauté, elle n'était pas très sympathique sous le crayon. La voici maintenant dans son mausolée de San Isidro; elle y pourrit, déjà oubliée, et peu lui importent ces « caprichos ». Elle est partie sous le scandale et la honte, la rivale, si belle et si fière. Tandis qu'elle, Maria-Luisa, est encore toute fraîche, qu'elle aime la vie de toutes ses forces encore jeunes, qu'elle fera bon nombre de voyages terrestres avant son envol vers le ciel ou vers l'enfer.

Goya regardait fixement les mains de la reine occupées à feuilleter ses gravures. Ces mains charnues, avides, qu'il avait si souvent peintes. Beaucoup de bagues et, parmi elles, l'anneau préféré de Cayetana. Cet anneau très vieux, étrange et plein de goût, oui, il l'avait souvent senti sur sa chair, et peint, il l'avait maudit et aimé. Le revoir à ce doigt emplissait son cœur d'amertume. Il avait bien fait de garder dans ses « caprichos » la triste, l'obscène laideur de cette femme; elle l'avait mérité -ien que pour ce qu'elle avait fait à Cayetana.

Le visage de la reine se durcissait, attentif, et brusquement Goya se sentit submergé par une nouvelle vague de peur. Il vit soudain dans toute son étendue l'impudence folle de son présent. Il avait été fou de laisser dans l'album — contrairement à l'avis de Lucia — cette feuille : « Hasta la muerte. » La reine allait se reconnaître, et aussi Cayetana. Elle devinerait qu'il avait, pour son compte, repris la lutte de la rivale morte, tant haïe.

Elle y était. Maria-Luisa vieillie et parée regardait la vieille tout à ses apprêts.

Elle-même n'était pas maigre mais forte, au contraire, et atteignait à peine la moitié de l'âge de la vieille coquette. Elle sut tout de suite : cette gueuse hors d'âge, cette horreur, c'était elle. Cette insulte, la plus ignoble qu'elle eût jamais subie dans une vie riche en tristesses, lui coupait le souffle. Sans plus penser, elle lisait, répétait le numéro de la page : « cincuento cinco, cinquante-cinq. » Cet homme, sorti de la plèbe, ce tas de boue, ce rien dont elle avait fait l'élévation, qu'elle-même avait fait premier peintre, devant son époux, le Roi Catholique, devant ses amis et ses ennemis, osait mettre sous ses yeux cet horrible dessin ! Et tous, Manuel et sa Pepa, se réjouissaient. La plus fière reine du monde était-elle donc sans pouvoir, parce qu'elle avait plus de quarante ans et qu'elle était laide ?

Mécaniquement, pour ne pas perdre contenance, elle répétait : « Hasta la muerte, cincuento cinco. » Elle se souvenait de tous les portraits qu'avait faits d'elle ce Goya. Il avait exprimé sa laideur mais aussi sa force, sa dignité. Elle avait été, sous son pinceau, bête de proie et laide, mais avec l'œil vif et de bonnes griffes, qui pouvait voler haut, épier son gibier et fondre sur lui d'un coup d'aile. Sur cette gravure, cet homme, effaçant tout ce qu'il y avait de bon, de noble en elle, avait laissé la seule laideur.

Un bref instant, une fraction de seconde, le désir l'étreignit, fou d'anéantir ce coquin. Il n'était même pas besoin de lever la main. Il suffisait qu'elle refusât, sous un prétexte quelconque, les « caprichos », laissant à l'Inquisition le soin de faire le reste. Mais tout son entourage en ferait des gorges chaudes. Si elle ne voulait pas être la risée d'un peuple, pendant des années peut-être, il fallait opposer le calme à l'insolence, la dérision à la moquerie.

Elle se taisait, et regardait. Manuel et Pepa sentaient l'inquiétude les envahir. Etait-on allé trop loin ? Une nouvelle vague d'angoisse étouffait Goya.

Enfin elle parla, un sourire aimable aux lèvres laissant briller ses fausses dents de diamant :

— Cette horrible vieille devant son miroir... Mon cher Francisco, n'avez-vous pas été bien cruel pour notre excellente Osuna ?

Tous trois, Manuel, Goya et Pepa, comprenaient : elle savait que « Hasta la muerte » la visait. Mais elle ne cillait pas, elle tenait bon. Elle ne donnait pas prise.

Une dernière fois, Maria-Luisa feuilletait le cahier, rapidement, avant de le reposer sur la table.

— Voici de bons dessins, dans leur hardiesse et leur folie. Il est possible que certains de nos grands en prennent ombrage. Mais nous avons à Parme un proverbe qui dit : « Seul le sot se fâche contre son miroir qui lui renvoie son image. »

Remontant les marches, elle reprit place sur son siège élevé.

— Notre Espagne, dit-elle d'une voix calme et fière, est bien vieille, mais très vivante encore, quoi qu'en puisse penser certain de nos voisins. Elle sait accepter la vérité quand on la lui présente avec art, et les épices qui conviennent. Cependant, don Francisco, soyez prudent, à l'avenir. Un jour peut venir, señor, où vous dépendrez de sots.

Elle tendait le doigt qui portait la bague de Cayetana, prenait possession.

— Nous acceptons votre présent, don Francisco, dit-elle. Nous nous chargerons de faire connaître vos « caprichos », aussi bien dans les limites de l'empire qu'à l'étranger.

Carlos, descendu à son tour du trône, vint appliquer sur l'épaule de Francisco une vigoureuse claque, et, très haut, comme l'on parle à un enfant :

— Parfaites, vos caricatures. Nous nous sommes amusés. Muchas gracias.

— Nous avons résolu, reprit Maria-Luisa, d'entretenir à nos frais votre fils pendant un long voyage d'études à l'étranger. Je tenais à vous l'annoncer moi-même. Est-il joli, votre jeune fils, Goya, ou bien vous ressemble-t-il ? Envoyez-le-moi donc, avant son départ. Et faites de votre mieux à Barcelone. Nous nous réjouissons à l'avance des fêtes que nous allons donner à nos enfants et à notre peuple.

Leurs Majestés se retirèrent. Goya, Manuel et Pepa étaient pleins de joie : tout s'était passé selon leurs désirs. Toutefois, il leur semblait que la reine avait eu le dernier mot.

Maria-Luisa se rendit tout droit à son cabinet de toilette et se fit apporter les « caprichos ». On se mit en devoir de déshabiller la reine. Mais à peine lui avait-on enlevé sa robe de gala qu'elle congédia tout le monde.

Sa table de toilette venait de l'héritage de Marie-Antoinette. Une pièce d'art et de haut goût, précieuse, et chargée de flacons, de sachets, boîtes et pots, peignes, pommades, poudres et fards de toute sorte, parfums à la frangipane, à la sans-pareille, à la sultane, esprits d'ambre et de roses, et d'autres extraits rares distillés par les docteurs et les artistes de la cosmétique. D'une main impatiente, doña Maria-Luisa repoussa le tout et fit place au cahier des « caprichos. »

Les gravures hardies, cruelles, révolutionnaires, se trouvèrent voisiner avec tout l'attirail de la coquetterie précieuse sur la table de la reine morte sur l'échafaud. Maria-Luisa se mit en devoir de compulser l'album tout à son aise, dans le calme. Evidemment, ce Goya ne lui avait pas présenté ce cahier pour l'insulter, mais seulement pour échapper au grand inquisiteur. Ce Reynoso avait du bon, décidément : elle faisait une excellente affaire, grâce à lui. Ces « caprichos » étaient cruels et amusants. Beaucoup les achèteraient. Manuel l'avait assurée qu'on pouvait en tirer largement un million. Le peintre serait puni en ce sens qu'il n'en aurait pas un sou.

Elle regarde la dernière feuille, celle des moines et des grands en déroute. « Ya es hora. L'heure va sonner bientôt. » Brusquement elle comprend le sens profond de la légende, dans toute sa cruauté séditieuse. Croit-il vraiment que l'heure soit venue, ce coquin, Monsieur le premier peintre ? Non, l'heure n'est pas là. Elle ne sonnera pas, de longtemps encore. Maria-Luisa n'a pas l'intention de lâcher, d'abandonner, certainement pas.

Elle en revient à cet horrible dessin : « Jusqu'à la mort. » Comme c'est facile, banal, écœurant, de se moquer d'une vieille coquette ! C'est indigne d'un peintre de classe. Il n'importe : l'idée est pauvre, mais vraie. Ce tableau de la vieille qui s'acharne devant son miroir, c'est plus qu'une plaisanterie osée, c'est la vérité toute nue, et si triste !

Qui a l'œil aussi perçant est un être dangereux. Mais elle n'a pas peur de lui. Les chiens aboient, la caravane passe. Pour un peu Maria-Luisa se réjouirait que le peintre soit de ce monde. Il lui permet de voir en elle. Elle aussi, elle a ses démons, comme lui. La reine et le premier peintre sont du même bord, ils sont complices : tous deux, ils osent, ils risquent.

Elle repousse l'album, consulte son miroir. Elle n'est pas vieille encore, non pas ! Elle n'a avec la vieille de Goya aucun point de ressemblance ! Elle est heureuse. Tout ce qu'un homme peut tirer de la vie, elle l'a !

Et soudain, ses larmes coulent, amères, pressées, larmes de colère, de rage, et les sanglots agitent ses épaules — douloureux.

Puis elle se reprend, s'essuie les yeux, poudre son nez rougi. Elle s'est redressée, elle sonne. Pour les dames de sa suite qui entrent, la reine sera toujours la reine.

35

Lorsque Goya revint de Barcelone, fatigué et chargé de nouveaux honneurs, il trouva ses affaires en bon état. L'atelier d'art royal avait, sous la direction d'Agustin, publié une forte édition de « caprichos » et on en préparait une autre. On pouvait acheter l'album dans toutes les villes d'une certaine importance. Dans la capitale, on le trouvait dans sept librairies de littérature et d'art.

Francisco allait parfois à la librairie Duran pour savoir ce que l'on disait des « caprichos ». La belle patronne, señora Felipa Duran, l'accueillait avec plaisir et parlait beaucoup. Il venait une foule de gens, surtout des étrangers, et l'album, malgré son prix, se vendait bien.

Goya remarqua que doña Felipa s'en étonnait, discrètement : elle ne comprenait pas grand'chose à ces gravures.

— Quels drôles de rêves vous faites, don Francisco, lui disait-elle, secouant coquettement la tête.

Il souriait aimablement et répondait à son regard; elle lui plaisait.

A dire vrai, beaucoup n'y comprenaient rien. Le goût se perdait, remarquait Goya, par la faute du classicisme de David. Beaucoup des acheteurs payaient de leurs deux cent vingt-huit réaux un exemplaire de « caprichos » pour la seule raison qu'ils faisaient marcher les langues. On cherchait à mettre un nom sous chaque tête, et l'on parlait à mots couverts de sa lutte souterraine avec l'Inquisition.

Cependant, parmi les jeunes surtout, on voyait dans cette œuvre plus qu'une collection de caricatures sensationnelles, on admirait cet art nouveau, personnel. De France et d'Italie venaient des lettres d'amateurs éclairés et d'admirateurs. Triomphant, Quintana déclarait que ses vers étaient devenus la vérité, que l'Europe tout entière était pleine du nom de Goya.

De nombreux visiteurs se présentaient à la quinta, et Goya en recevait un petit nombre.

Un jour — surprise — vint le docteur Joaquin Peral.

Oui, on l'avait remis en liberté. Mais il était tenu de quitter dans les quinze jours le territoire espagnol et ne devait plus jamais se laisser voir dans les Etats de Sa Majesté Catholique. Il venait prendre congé de Goya et aussi le remercier, car il pensait bien, dit-il, que don Francisco n'était pas étranger à son élargissement.

Ainsi donc Pepa avait tenu « à lui faire plaisir ». Goya s'en réjouit.

— Il n'a pas été difficile, répondit-il, d'obtenir votre libération. Le butin fait, on n'avait pas d'intérêt à vous retenir plus longtemps.

— Je vous aurais volontiers laissé en souvenir l'un ou l'autre des tableaux de ma collection, dit Peral. Malheureusement tout a été confisqué.

Puis, à l'étonnement de Goya, il compta deux cent quatre-vingt-huit réaux sur la table.

— J'ai une prière à vous adresser, don Francisco, reprit-il. Les épreuves des « caprichos » qu'on vend dans les librairies sont un peu pâles. Vous me feriez plaisir en me donnant une des épreuves du premier tirage, du vôtre.

— Agustin choisira à votre intention la meilleure, répondit Goya, esquissant une moue satisfaite.

Peral sourit et soudain il parut beaucoup plus jeune.

— Peut-être pourrai-je vous envoyer, de l'autre côté de la frontière, une preuve de ma reconnaissance. Instruit par l'expérience, je m'étais préparé à l'épreuve que le destin vient de me faire subir. Je me rends à Saint-Pétersbourg où, sauf accident, je vais retrouver quelques pièces préférées de mes collections. Tous mes Goyas, don Francisco, et, entre autres, une gravure des « caprichos » qui a été, au dernier moment, retirée de l'édition.

Et, bien qu'ils fussent seuls, s'approchant du peintre et articulant avec soin ses mots, il murmura :

— J'espère aussi trouver là-bas un tableau de Vélasquez, une toile admirable, bien que peu connue, *la Vénus au miroir*.

— Vous êtes homme de précaution, don Joaquin, avoua Francisco. Du prix de cette toile, vous pourrez vivre sans plus de soucis.

— J'espère ne pas être forcé de la vendre, dit Peral. Je suis bien placé à la cour du tzar; je puis avoir confiance en mes amis et ils m'ont fait des propositions alléchantes. Mais l'Espagne me manquera; et vous aussi, don Francisco.

La visite de Peral avait ému Goya. Lui parti, les derniers liens avec le passé se brisaient. C'en était fait des souvenirs d'années de joies et de souffrances. Le cœur étrangement vide, Francisco avait vu partir cet homme, un ami et un ennemi à la fois, qui avait tant su et compris de sa liaison avec Cayetana.

Les derniers préparatifs du voyage de Javier étaient achevés. On prévoyait un long séjour en Italie, puis en France, des études approfondies. Le fils de Goya — ainsi l'avait voulu son père — voyageait en grand équipage, avec un domestique et de nombreux bagages.

Francisco s'entretenait avec Javier; on chargeait les dernières malles.

— J'ai confiance, dit Javier. Ton fils reviendra un artiste dont tu pourras être fier. J'ose même espérer, père, peindre un jour comme toi. Je ne parle pas des « caprichos », ajouta-t-il. En cela personne ne t'égalera.

Et serrant sur lui son large manteau, très à la mode, qu'une agrafe d'argent, cadeau de Cayetana, fermait au col, il sauta légèrement en voiture. Par la fenêtre, souriant, il agitait son chapeau. Le cocher leva son fouet, les chevaux tirèrent, les roues crièrent. Javier, lui aussi, était parti.

A son père, il restait l'image d'un jeune visage souriant, d'un chapeau qu'on agite et d'un manteau qui flotte, retenu au col par l'agrafe de Cayetana.

36

Goya vécut à la quinta del Sordo seul avec Agustin et ses tableaux.

Il n'était pas vieux d'années, mais lourd de savoir et d'images. Il avait contraint les démons à le servir, mais ils demeuraient enclins à la révolte. Cela, il l'avait appris très tard, devant l'inquisiteur, le jour où l'angoisse l'avait saisi à la gorge. Mais ils ne pouvaient plus le dégoûter de la vie. L'angoisse ressentie devant le juge lui avait prouvé à quel point il y tenait.

Il pensait à doña Felipa, la belle libraire. Il lui plaisait, c'était certain, bien qu'il fût sourd et pas jeune. Si elle vantait avec une telle ardeur ses « caprichos » aux clients, ce n'était pas pour l'amour des gravures mais pour lui faire plaisir, à lui. « Quels drôles de rêves vous faites, don Francisco ! » Il la voyait parfois en songe. Il allait la peindre, d'abord. Pour le reste, on verrait bien.

Il prit son grand chapeau, sa canne, et sortit. Il grimpa à pas lents la petite butte, derrière la maison. Tout en haut, il avait fait placer un banc sans dossier. Il s'assit, très droit, comme il convient à un homme d'Aragon.

Le pays s'étendait à ses pieds, très plat, argenté sous la lumière du matin. Derrière les champs de bruyère se dressaient les monts de Guadarrama avec leurs sommets couverts de neige. Bien souvent, ce paysage avait réjoui son cœur ; aujourd'hui il n'y prêtait pas attention.

Machinalement, du bout de sa canne, il dessinait sur le sable ; silhouettes et visages naissaient, tôt effacés. Une légère surprise le fit s'immobiliser ; n'était-ce pas le profil de son ami Martin au grand nez ?

Beaucoup de morts venaient lui rendre visite. Il avait plus d'amis morts que de vivants. « Les morts ouvrent les yeux des vivants. » Les siens devaient être largement ouverts.

Il avait acquis quelque connaissance. Il savait, par exemple, que la vie, si souvent qu'il doive encore la maudire, valait la peine d'être vécue, malgré tout. Oui, elle en vaudrait encore la peine.

Il n'aurait probablement pas de si tôt à crier « Ya es hora. » Mais même si cette heure ne devait jamais sonner, il l'attendrait, en toute foi, jusqu'à son dernier soupir.

Il regardait sans les voir champs de bruyère et montagnes. Il avait atteint une haute crête. Mais que le pic voisin semblait élevé que dominaient encore les autres, derrière ! Plus ultra, c'était facile à dire. Le dur chemin se faisait toujours plus raide, plus pierreux, et l'air léger des hauteurs ôtait le souffle au grimpeur.

Il s'était remis à dessiner, pour jouer. Une image, cette fois, qui lui venait souvent aux yeux, l'ébauche d'un géant, couché, rêvassant, l'air stupide sous les cornes d'une lune mince, ridicule.

Brusquement, il s'arrêta : son visage se tendit, se durcit. Il avait vu quelque chose de nouveau. Mettre cela sur la toile ou le papier serait rudement difficile. Cela serait une montagne très haute, désolée et glacée qu'il lui faudrait gravir. Il faudrait trouver des tons encore inconnus pour rendre visible ce que personne n'avait vu encore. Quelque chose comme un blanc ou un brun teinté de noir, un gris brun sale, quelque chose de terne et de livide, d'impressionnant. « De la peinture, ça ? » demanderait-on. Oui, la sienne, la seule qui permette de peindre ses « caprichos ». Et, devant ses « caprichos » peints, les « caprichos » gravés ne seraient plus qu'enfantillage.

— Quels drôles de rêves vous faites, don Francisco !

Sous son bolivar, si digne, Goya sourit largement, se leva et rentra chez lui.

Dans sa chambre, il ôta son habit gris, se mit à l'aise, enfila la blouse de travail qu'il ne portait plus depuis si longtemps ; de nouveau, il sourit : cela aurait fait plaisir à Josefa.

Gagnant la salle à manger, il s'assit entre les murs nus. Pour ce qu'il venait d'entrevoir, la toile ne convenait pas. Rien de ce qu'on peut encadrer et transporter à son gré. C'était une partie de son monde, il ne s'en séparerait pas. Non pas de toile, ses murs.

Il regardait la muraille nue, fermait les yeux pour les ouvrir aussitôt. Un sang rajeuni coulait dans ses veines, joyeusement.

Son nouveau géant était exactement ce qu'il fallait pour son mur. Tout autre chose que celui qu'il avait vu et revu si souvent. Celui-ci serait aussi colossal mais bien plus avide et dangereux, celui-là peut-être qui dévore les compagnons d'Ulysse, ou cet autre — Saturne ? — le démon du Temps qui étouffe ses propres enfants.

Oui, il fallait pour le mur de cette salle à manger un monstre cannibale. Autrefois, il avait rencontré le démon de midi, « El yantar », et plein de crainte l'avait évité, bien qu'il ne se fût agi que d'un démon assez brave homme ; depuis il avait appris à ne plus redouter même « el jayan », le diable stupide et dangereux. Tout au contraire, il voulait s'habituer à lui, l'avoir sans cesse sous ses yeux, l' « ogro », le « coloso », le « gigante », ce géant aux mâchoires qui broyent, qui pour finir le mangerait lui-même. Ce qui vit mange et sera mangé. C'est bien ainsi, et il ne l'oublierait jamais, tant qu'il lui serait donné de manger.

Les rares amis admis à sa table l'auraient aussi devant les yeux.

Celui qui pourrait voir son géant ne s'en sentirait que plus joyeux d'être encore en vie. Il les mangera tous, l'ogro, tous, Miguel et Lucia, Agustin et doña Filipa, la belle libraire. Mais pour l'instant, on mange, on vit. On se sent bien plus fort que le géant sur son mur. On le devine dans sa toute-puissance et sa faiblesse, dans sa cruauté et dans son ridicule. On peut le railler, le taquiner, mépriser sa force et son avidité tant qu'on est à table et qu'on mange. On a jusqu'à sa propre mort pour se moquer de l'ogre sur son mur.

Son « coloso », ce n'est encore qu'une ombre vague, son « gigante » brun verdâtre et gris sale, qui tient dans sa gueule effroyable un tout petit homme. Mais l'ombre se fera corps, vivra. De l'ombre Francisco Goya tirera son géant. Comme il fera bien, sur le mur !

— « Au tombeau les morts et les vivants à table », dit Goya allant s'asseoir. Il avait belles dents et bon appétit.

Agustin, à peine entré, vit l'ami en blouse et s'étonna. Goya, joyeux, s'expliqua :

— Oui, je me remets à peindre. Quelque chose de neuf. Ces murs nus, je ne peux plus les voir : je vais y jeter quelque chose de piquant, qui ouvre l'appétit. Demain, je m'y mets.

*Achevé d'imprimer en avril 1985
sur presse CAMERON,
dans les ateliers de la S.E.P.C.
à Saint-Amand-Montrond (Cher)
pour le compte des Éditions Calmann-Lévy
3, rue Auber, Paris 9ᵉ*

*— Nº d'imp. 681. — Nº d'édit. 11 116. —
Dépôt légal : mai 1985.*